"中国新闻学丛书"编辑委员会

顾　问：柳斌杰　南振中

主　任：李　彬　赵月枝

委　员：（按姓氏笔画顺序排序）
　　　　王君超　王润泽　王维佳　王鹏飞　史安斌　吕新雨
　　　　李　珮　李　彬　李希光　杨萌芽　吴　玫　吴　靖
　　　　张　垒　张　桐　赵月枝　胡　钰　俞　凡　洪　宇
　　　　程曼丽

"中国新闻学丛书"出版委员会

主　任：杨国安　杨萌芽

委　员：（按姓氏笔画顺序排序）
　　　　马　龙　王鹏飞　纪庆芳　杨　波　杨国安　杨萌芽
　　　　陈建恩　郑　鑫　胡玲霞　姜　畅　谌洪波　薛建立

JICENG CHUANBO LUN

基层传播论

张慧瑜 著

河南大学出版社
HENAN UNIVERSITY PRESS

·郑州·

图书在版编目（CIP）数据

基层传播论 / 张慧瑜著. -- 郑州：河南大学出版社，2023.4

ISBN 978-7-5649-5439-0

Ⅰ.①基⋯ Ⅱ.①张⋯ Ⅲ.①传播学 Ⅳ.① G206

中国国家版本馆 CIP 数据核字 (2023) 第 058472 号

责任编辑	聂会佳
责任校对	林方丽
装帧设计	翟淼淼　高枫叶

出版发行	河南大学出版社
	地址：郑州市郑东新区商务外环中华大厦2401号　邮　编：450046
	电话：0371-86059715（高等教育与职业教育出版分社）
	0371-86059701（营销部）
	网址：hupress.henu.edu.cn
排　版	河南大学出版社设计排版部
印　刷	河南瑞之光印刷股份有限公司
经　销	全国新华书店
版　次	2023年4月第1版
开　本	710 mm×1010 mm　1/16
字　数	356 千字
印　次	2023年4月第1次印刷
印　张	19.25
定　价	58.00 元

（本书如有印装质量问题，请与河南大学出版社联系调换。）

总序：新时代　新征程　新闻学　新探索

李　彬　赵月枝

中国共产党成立一百年前夕，酝酿有年的"中国新闻学丛书"开始问世。

"中国新闻学"自然指立足于中国的新闻学，它离不开中华民族5000多年源远流长的文明史、中国人民近代以来180余年屡挫屡奋的斗争史、中华人民共和国70多年正道沧桑的发展史，以及其中蔚为大观的新闻与传播实践史，包括新闻学与传播学的学术传统。同时，由于主流传统同马克思主义道统水乳交融，中国新闻学又始终心系天下，关注人类命运共同体及其新闻传播实践，离不开《国际歌》寄寓的国际主义情怀——"英特纳雄耐尔"（international）。充分展现这些学术内涵，乃是这套丛书的学术工作任务，而非一篇总序所能应对的。而说明丛书的缘起，至少可以彰显"中国新闻学"的立意与定位。

早在2002年，范敬宜甫任清华大学新闻与传播学院首任院长之际，高瞻远瞩，身体力行，积极倡导以马克思主义为指导，建设具有"中国特色、中国气派、中国作风"的新闻学及其学科体系与教育体系，一时影响广泛。2008年，由于金融危机爆发以及全球资本主义体系性危机进一步加重，"马克思归来"日益成为汇聚中外前沿学术思想的时代强音，而如何赓续中国新闻学的马克思主义中国化传统，进而创新网络时代的马克思主义新闻学，愈发成为中国新闻学人迫在眉睫的时代使命。

党的十八大后，随着新时代的气息春风徐来，新闻学也迎来前所未有的良机。2016年，习近平主持召开哲学社会科学工作座谈会并发表讲话，强调加快构建中国特色哲学社会科学及其学科体系、学术体系和话语体系，并重点建设具有"支撑作用"的学科（其中引人注目地提到了新闻学），令人倍感鼓舞。

为了响应新时代召唤，中信改革发展研究基金会（后面简称"中信基金会"）于2014年成立，聚集了一批各学科守正创新的一流学者，致力于推进中国特色、中国气派、中国风格的哲学社会科学建设。2017年，中国特色新闻学研究会在清华成立伊始，就与中信基金会密切合作，举办了首届"中国特色新闻学高级研讨班"。其间，我们同来自五湖四海的青年学者一起，从不忘本来、吸收外来、面向未来的视角畅谈了理论逻辑与历史逻辑有机统一、普遍意义与中国特色若合一契的中国新闻学构想。

在此基础上，中信基金会将"中国新闻学丛书"作为重点研究项目列入基金会工作计划。之所以亮出"中国"的旗号，当然不是也不可能是"囊括四海，并吞八荒"，而只是凸显梁启超所谓"中国之中国、亚洲之中国、世界之中国"的历史意识，表明更自觉地面向中国实践、更深入地扎根中国大地、更自信地践行中国道路的学术追求，也就是中信基金会的三句宗旨——坚持实事求是、践行中国道路、发展中国学派。

——坚持实事求是。丛书作者术有专攻，论著也是各抱地势，但无论是深入历史，还是透视现实；无论是穷究学理，还是钻研实务：无不遵循实事求是的治学精神，如一代马克思主义新闻学家甘惜分晚年希冀的"立足中国土，请教马克思"。

——践行中国道路。坚持实事求是为的是践行中国道路，正如解释世界为的是改变世界。何谓中国道路？一句话，就是中国共产党领导的革命、建设、改革所开辟的道路。而这条道路的灵魂在于社会主义，即习近平所言，中国特色社会主义不是别的什么主义而是社会主义。中国新闻学说到底也是为社会主义新闻业立魂，立言，立心。

——发展中国学派。随着中国道路日渐开阔，文化自觉与学术自觉日益醒悟，中国学派也呼之欲出。事实上，近代以来，特别是新中国成立70多年以来，中国新闻学已经取得长足进展，从梁启超到邵飘萍，从邹韬奋到范长江，从邓拓到穆青，从延安窑洞人民广播的手摇发电机到数字时代融媒体，一代代中国记者以及学者以其辛勤耕耘和开创性工作奉献了无数心血和智慧，也为中国新闻学及其学派奠定了厚实基础。现在的关键在于我辈是否具有足够自信，摆脱制约中国新闻学想象力与创造力的"学术殖民"心态，用中信基金会理事长孔丹的话说，将"他信"变为"自信"，将著书立说的立足点从"彼岸"转到"此岸"。

19世纪初，西方文脉俨然在欧陆，德国柏林洪堡大学等更是文化圣城，吸引着东西南北的欧美知识精英，而在立国不过六十多年的美国，哈佛文人R. W. 爱默生（Ralph Waldo Emerson）却提出了美国文化走自己路的主张，发表了美国文化的独立宣言《美国学者》（"American Scholar"）。如今，经过建设和改革开放锻造的中华人民共和国，已经进入建设中国特色社会主义的新时代，发展中国学派以审视中国经验、提炼中国理论、贡献中国方案,更可谓名正言顺、水到渠成。

2019年立春时节,河南大学新闻与传播学院与河南大学出版社同意,将这套丛书纳入河南大学献礼中华人民共和国成立70周年的重点图书。河南,向称中原,数千年来一直被视为中华文明的腹心,一句"逐鹿中原"总能激荡人心。而河南大学又是百年名校,文脉悠长,俊采星驰,校友中就包括一代中国名记者邓拓。"中国新闻学丛书"能够落户河南大学,也是得其所哉。

大鹏之动,非一羽之轻也;骐骥之速,非一足之力也。十多年来,我们一直勉力耕耘,与各方有生力量一道推进中国特色、中国气派、中国风格的新闻学建设,这套丛书就是一批阶段性成果。我们深知,无论是中国特色社会主义事业,还是中国特色社会主义学术事业,都不可能一蹴而就,也不可能仅凭少数人埋头苦干就获得成功,而需要持之以恒的扎实工作,更需要一批又一批、一代又一代的中国学者共襄此举。

2022年6月

李 彬,清华大学新闻与传播学院教授,河南大学黄河学者(2013~2018)

赵月枝,清华大学人文讲席教授,加拿大皇家学会院士

序　言

　　基层传播是研究基层空间里的传播行为，是以20世纪中国革命和建设中形成的基层治理为基础，探究传播参与基层实践的中国经验。基层传播不仅考察信息扩散到基层的过程，而且反思媒体、媒介在基层发挥的社会功能。由于中国长期是落后的发展中国家，通过革命和改革的方式完成现代化转型，基层传播在基层社会改造和动员中发挥着重要作用。相比社区传播，基层传播有几个鲜明特色：一是基层传播依靠政党和行政来组织，是一种特殊的组织传播；二是基层传播的功能不仅是信息传递，更重要的是借助基层媒介完成群众动员；三是基层传播高度介入基层发展和社会建设，是一种中国式的发展传播学。

　　在中国基层社会，处处都有基层传播的案例。比如在学校的教室中，前面有一块黑板，后面还有一块黑板，前面的黑板是传授新知，后面的黑板则是黑板报。黑板报就是一个班级的基层媒体，由学生轮流编辑，内容都是与班级相关的事务，是班级的"自媒体"。黑板报出现在20世纪40年代的陕甘宁边区，把具有教育、启蒙功能的黑板改造为基层空间最常见的宣传媒体。黑板报从教室里挪到教室外，就变成了宣传栏，至今在社区、乡村、学校、企业等基层单位，依然有张贴基层事务、法制、卫生等公共信息的宣传栏。黑板报、宣传栏有三个特点：一是媒介成本低，立一块木制或石制的牌子，抹上黑色涂料就可以完成；二是深入基层社会内部，在学校、医院、村庄、社区等空间随处可见；三是分布广，可以放置在小广场、村口、单位入门处等场所。

　　基层是一种有中国特色的社会空间，一般指政党的基层组织和社会中的基层单位，是比个人、家庭大，比社会范围小的空间。基层和西方社会学中的社区类似，但又不同。西方社会学把社区作为现代社会的基础单位，由社区组成城市，由城市组成现代社会，背后是社区自治的理念。基层是20世纪中国通过不断地深入和改造基层来完成现代化转型，其中中国共产党从1927年建立根据地开始就形成了组织、动员群众的历史经验。基层不只是一种固定的、静态的社会空间，也体现为用政治、社会、文化等基层化的方式来建设村庄和社区。

基层传播就是用各种深入基层的媒介来参与基层社会的改造，是一种以思想教育、社会发展、文化建设为特征的软性和柔性治理，在土地革命、抗日战争、集体化等不同历史时期，基层传播都发挥着基层治理、社会建设的重要功能。与社区传播不同的是，基层传播不仅是承担居住、生活职能的社区空间，更重要的是参与工业、农业等生产的发展传播学，如工厂就是典型的基层单位，围绕着工业劳动、工业生产形成了生产竞赛、劳模评选、群众大会以及丰富多彩的群众文艺、群众联欢活动等基层传播的实践，这些竞赛、评奖、群众文艺活动等也是基层传播最常见的手段。

中国作为曾经落后的第三世界国家，现代大众传播媒介也是稀缺和匮乏的，基层传播是一种替代高资本、高技术的大众传播来完成社会动员的媒介经验。基层传播有四个特征：一是媒介成本要低，如把黑板这种非媒介"媒介化"，在墙上贴标语、写美术字等都是"物美价廉"的宣传手段；二是依靠基层社会的组织力量，如根据地时期组织读报小组、冬学运动等，都有助于扫盲和提升群众政治、文化能力；三是强调以群众为主体和群众主动参与，如基层通讯员等"群众办报"的理念让群众参与新闻生产，黑板报、广播站、群众文艺演出等都是以群众为主体的媒体实践；四是面对大众传播媒介的稀缺和不发达状态，需要动员大量的知识分子参与基层传播活动，很多信息、知识通过知识分子从城市"逆向流动"到乡村，这就形成了流动电影放映队、乌兰牧骑、下乡农技人员、下乡医务工作者等下基层的传统。正是这些知识分子的逆向流动以及群众以主体的身份参与社会生产，使得基层传播成为现代化下沉到基层、边远地区的媒介，如精准扶贫工作也需要干部、技术专家、乡村教师等下沉到基层帮助贫困群众实现脱贫。

不仅如此，如果把视野转向中国的新闻传播制度，可以说中国的主流媒体是高度基层化的。新中国成立之后，在农村建立了广播网，广播、大喇叭成为乡村的公共媒体，2020年疫情期间被重新启用，服务于防疫宣传。中国的电视制度也是"四级办电视"，每一个县城都有一家电视台，这也是县级融媒体改革的制度前提，试图激活县级广电体制的活力。而中国的"村村通"工程，保障水、电、路、网等设施覆盖城乡各地，为农村电商、直播带货等提供了信息基础设施。可以说，中国有着丰富的基层传播实践，小到黑板报、宣传栏、标语、口号，大到广播站、县级电视台，再到基层社会广泛存在的联欢会、运动会、文艺演出等丰富多彩的群众文艺活动。这些基层媒体积极参与基层事务的管理、协商，是基层社会公共化、社会化的平台。

基层传播作为一种产生于20世纪中国历史和社会发展中的经验，根植于国家、政党介入基层、改造基层的历史过程。基层空间是人民群众生活、居住的场所,也是工作、生产的空间,基层"化"本身隐含着通过政治介入、社会革命、文化教育、技术扩散等手段,让普通百姓、人民群众成为社会空间的多重主体,这并非一朝一夕能够完成的工作,而需要一场"漫长的革命"。基层传播在基层建设和治理中扮演着重要角色,是赋予基层表达、发声的平台,也是构建基层空间的公共性、社会性的媒介。如果给基层传播找一个对应的英语词语,我想用 People Communication 来表达,这联系着20世纪中国历史中以人民为主体的政治想象,也联系着在基层实现"人民当家作主"的理想。

目　录

第一章　基层传播概述 … 001
第一节　基层、社区与底层 … 001
第二节　基层传播的概念 … 005
第三节　基层传播的类型 … 009
第四节　新形态：网络基层传播 … 011

第二章　基层传播的媒介形态与国家治理功能 … 014
第一节　基层传播的媒介化 … 014
第二节　基层传播的去媒介化 … 017
第三节　基层传播的再媒介化 … 018
第四节　基层传播与国家信息基础设施建设 … 020

第三章　基层传播与乡村发展 … 024
第一节　基层传播与信息的逆向流动 … 024
第二节　城乡互助与内生性乡村发展 … 026
第三节　逆向流动的主体与扶贫攻坚的中国经验 … 030
第四节　典型报道、现实主义题材与发展传播学 … 034

第四章　基层传播的理论来源与历史实践 … 038
第一节　从宣传角度理解《解放日报》改版与延安"讲话" … 039

第二节 "好好利用报纸"：现代媒介的中国化改造 …… 042

第三节 多功能"信使"：逆向流动的知识分子 …… 051

第四节 从水到网：基层传播的历史启示 …… 056

第五章 基层传播与流动的根据地 …… 059

第一节 时间与空间的辩证法 …… 059

第二节 流动的空间，流动的根据地 …… 062

第三节 流动的媒介，流动的艺术 …… 065

第四节 从流动的空间到空间的流动 …… 069

第六章 "从无到有"：
根据地时期无线电通信网的建立与发展 …… 073

第一节 "科学的千里眼顺风耳"：红军早期无线电通信网络的兴起 …… 074

第二节 无线电：根据地游击战和运动战的媒介学基础 …… 080

第三节 "从小到大"：冀中根据地无线电通信网的建立与发展 …… 083

第四节 经验与启示：从弱者出发的辩证法 …… 089

第七章 以写作为媒介：基层传播与群众写作运动 …… 092

第一节 "'做什么'就'写什么'"：李文波营长写作的故事 …… 093

第二节 "人民的报纸"：群众写作对大众媒体的改造 …… 096

第三节 "善于利用报纸工作"：写作参与基层传播 …… 100

第四节 以群众写作为媒介的基层传播 …… 102

第八章 流动的"自媒体"与基层传播的社会功能 …… 105

第一节 从固定的黑板报到流动的门板报 …… 106

第二节 门板报的组织机制与写稿的"根据地" …… 109

第三节　门板报的社会功能："记好学好运动"与数字化管理 …… 113
　　第四节　基层传播与根据地时期基层连队的新闻宣传机制 ……… 116

第九章　逆向流动的主体：双重改造与共情式创作 …………… 120
　　第一节　空间转移与逆向流动的主体 ……………………………… 121
　　第二节　主体改造与可见的"生产" ………………………………… 124
　　第三节　共情式创作与"实践—文艺—实践"的辩证法 …………… 127
　　第四节　技术改造："不利条件下"的摄影实践 …………………… 131

第十章　逆向流动的基层传播：
　　　　　　从"帐篷话剧"到华北电影队 ……………………………… 136
　　第一节　"帐篷话剧"：根据地文化传播中的"启蒙"与"信息流动" 137
　　第二节　从抗敌剧社到华北电影队："剧影结合"的传统 ………… 143
　　第三节　华北电影队："一辆马车上的电影制片厂"的形成 ……… 145
　　第四节　根据地时期文化传播的经验 ……………………………… 151

第十一章　生产宣传：内嵌于生产的基层传播 ………………… 155
　　第一节　生产宣传：服务于生产的新闻实践 ……………………… 155
　　第二节　理论来源：列宁党报思想与《解放日报》改版 ………… 158
　　第三节　晋冀鲁豫《人民日报》的生产宣传与组织动员 ………… 162
　　第四节　中国现代历史塑造的发展新闻学经验 …………………… 169

第十二章　卫生宣传：公共卫生、群众路线与基层传播 ……… 172
　　第一节　基层传播与公共卫生宣传 ………………………………… 172
　　第二节　内嵌于生产的健康传播 …………………………………… 174
　　第三节　空间再造与流动诊所 ……………………………………… 177
　　第四节　群众路线与卫生宣传相结合 ……………………………… 181

第十三章　社会教育：性别、主体改造与基层传播 ······ 183

第一节　"新冬学"：晋冀鲁豫根据地冬学运动的调整 ······ 183

第二节　"火车头"：冬学运动、群众民主与基层治理 ······ 192

第三节　"教育与生产结合"：冬学运动与基层传播 ······ 198

第四节　基层空间与主体的双重改造 ······ 202

第十四章　社区营造：新工人、文化书写与基层传播 ······ 212

第一节　以文学为媒介：新工人文学的显影 ······ 213

第二节　在"别人的森林"里创造新工人文化 ······ 218

第三节　皮村文学小组："发出我们自己的声音" ······ 226

第四节　遍地"村歌"：城乡互助中的音乐实践 ······ 237

附录一　重返根据地：以基层传播为方法 ······ 245

第一节　以文学为底色，从事影视文化研究 ······ 246

第二节　重返根据地，以基层传播为方法 ······ 248

第三节　教学相长，以非虚构写作为媒介 ······ 253

附录二（访谈）：基层传播与 20 世纪中国新闻传播实践 ······ 258

参考文献 ······ 278

第一章　基层传播概述

要理解基层传播，首先要理解什么是基层。基层是中国政治、社会领域常用的概念，指的是政治组织的最末端和社会机构的最底层。基层看似与社区等概念相似，但其本身源于20世纪中国革命和改革过程中形成的历史和社会经验。基层不只是静态化的空间概念，还指政党组织通过政治、社会和文化的方式来对社会底层进行基层化。因为中国共产党把基层党组织作为政党的基础以及把基层社会作为政治治理的基础，这使得基层成为中国政治和社会领域最常见的关键词之一，以至于很少有人追问基层概念的来源和形成过程。基层传播不仅是信息从外部传递到基层的媒介，而且也是传播参与基层治理的重要手段。

第一节　基层、社区与底层

在古代文献或是惯常的使用方法中，基层主要指楼台、亭阁等传统建筑的地基和基座，是一个空间学的概念。到了20世纪二三十年代，基层被赋予了现代意义，从纯粹的建筑学用语变成了政治学和社会学概念，从而指涉一个组织的最底层，如政党的基层组织或者乡村的基层政治等[1]。基层概念的出现有两个背景：首先是引进西方政党的理念，政党组织的架构是从基层到中央的金字塔结构，如列宁主义式政党是由基层党支部形成严密的、高度纪律性的党组织。其次是20世纪30年代世界经济危机带来中国乡村溃败的危机，让不同立场的知识分子开始走向民间、走向乡村，乡村成为中国社会的基层。1927年，中

---

[1]《中国共产党章程》规定，党的基层组织是指在企业、农村、机关、学校、医院、科研院所、街道社区、社会组织、人民解放军连队和其他基层单位设立的党的基层委员会、总支部委员会、支部委员会。

国共产党从城市转移到乡村，创建农村包围城市、建立农村根据地、武装夺取政权的道路。毛泽东在江西三湾村改编秋收起义失败的军队，实行"支部建在连上"的组织机制，自此深入基层、管理基层就成了中国共产党在历史发展中形成的传统，也从根本上改变了封建社会"皇权不下县"的状态。中国共产党一方面在军队建立"支部建在连上"的组织原则和政治原则，另一方面根据地的社会治理也以党组织为核心，"密切联系群众""从群众中来，到群众中去"等群众路线成为基层工作的方法。直到新中国成立，中国共产党形成了通过党组织完成基层治理和建设的制度经验，基层也成为共产党的核心政治词语。基层是一个又一个的基层单位，每一个党员都在基层党支部中，每一个群众都生活在基层单位里，这里的基层可以是工厂、村庄，也可以是车间、班级，或者指街道、县城，在部队系统，基层就是连队。

与基层和基层传播最相关的学术概念是社区和社区传播。在社会学中，"社区"是最重要的研究对象和分析单位之一。一般把19世纪末期德国社会学家滕尼斯和20世纪初期美国社会学的芝加哥学派作为社区研究的先驱。滕尼斯在《共同体与社会》中论述了城市与乡村的二元对立，并把乡村指认为是同一种语言、有共同的传统、有"共同的善和共同的恶，共同的朋友和共同的敌人"的"有生命的有机体"，家庭、邻里连接为一个共同体，而作为现代社会的城市是机械的聚合，是个人主义、自私自利、理性的、计算性的、团结性消失的地方[1]。在滕尼斯看来，乡村是有共同的意义感的社区，而城市则是无机的、机械化的、没有共同体与团结的空间。但是，20世纪初美国芝加哥大学的芝加哥社会学派则与滕尼斯不同，他们对城市和社区有更肯定和积极的看法。芝加哥学派的代表性人物罗伯特·帕克在《城市社会学》中指出："城市，它是一种心理状态，是各种礼俗和传统构成的整体，是这些礼俗中所包含，并随传统而流传的那些统一思想和感情所构成的整体。换言之，城市绝非简单的物质现象，绝非简单的人工构筑物。城市已同其居民们的各种重要活动密切地联系在一起，它是自然的产物，而尤其是人类属性的产物。"[2] 芝加哥学派把城市理解为"人文生态学"："在城市社区这个范畴内有各种力量在起作用——其实在人

---

[1] 斐迪南·滕尼斯：《共同体与社会——纯粹社会学的基本概念》，张巍卓译，商务印书馆，2020，第76-128页。

[2] R.E.帕克：《城市：对于开展城市环境中人类行为研究的几点意见》，载R.E.帕克、E.N.伯吉斯、R.D.麦肯齐：《城市社会学——芝加哥学派城市研究》，宋俊岭、郑也夫译，商务印书馆，2012，第4页。

类生存环境的任何自然领域内均如此——这些力量会逐渐把人口和社会机构组合成为一种特有秩序。专门研究这些因素及其互相合作产生的人和社会机构的特有结构秩序的科学，我们就称之为人文生态学，以区别于动植物的生态学研究。"[1]这就把在城市中一定限定区域内聚集、生活的人群命名为具有共同体的社区，其是城市的最小社会单位。20世纪30年代罗伯特·帕克到燕京大学讲学时把这个概念传播到中国，当时还是学生的费孝通把"Community"翻译为社区[2]。

　　这种从共同体的角度理解的社区观念与西方对城市、社会的历史观念有关。西方社会指的是城市文明组成的联合体，城市由不同的社区组成，社区被认为是一个高度自治化的空间，也是社会组织的最小单位，社区往下就是家庭和个体。这种自治社区的想象来源于古希腊的城邦，理想的城邦是凭借自由意志结合在一起的自由人的联合体和共同体[3]。从原子化的个体结合为家庭，从家庭（居所）组成社区，再由社区联合为城市，最后由城市组成社会，这就是西方现代社会的来源。因此，社区不仅是西方现代社会的基础，也是个体、家庭走向社会的中介。在西方文化中，社区教育、社区服务是个人和家庭的必修课，定期从事社区志愿服务工作也是良好公民教养的体现。这种社区自治的传统背后隐含着国家与社会的二元对立，社会是市民从事经济、社会活动的空间，独立于国家、政治之外，政治国家不能干预市民社会，市民社会可以监督掌握行政权力的国家，而自治化的社区就是市民社会的基础。社区传播正是建立在这种社区自治理念下的传播学概念。如果说大众传播研究现代印刷、电影、电视等大众化媒介如何影响和塑造受众，公共传播讨论现代媒介的公共性、商业性以及国家、资本等力量如何影响媒体的公共属性，那么社区传播研究的则是社区空间的传播现象以及社区媒体对社区共同体的塑造，如美国社区文化中的

---

[1] R.E.帕克：《城市：对于开展城市环境中人类行为研究的几点意见》，载R.E.帕克、E.N.伯吉斯、R.D.麦肯齐：《城市社会学——芝加哥学派城市研究》，宋俊岭、郑也夫译，商务印书馆，2012，第4页。

[2] 据研究，最先把community翻译为社区的是费孝通，20世纪30年代美国芝加哥社会学派帕克到燕京大学讲学时提到community，当时作为燕京大学社会学系学生的费孝通在笔记中用社区来翻译。参见田耕：《人文与生态（代译序）》，载罗伯特·E.帕克等：《城市：有关城市环境中人类行为研究的建议》，杭苏红译，张国旺校，商务印书馆，2016，第5-21页。

[3] 杰弗里·帕克：《城邦——从古希腊到当代》，石衡潭译，山东画报出版社，2007，第1-9页。

社区报是一种服务于社区认同的媒介。由于自治社区的理念背后是对以国家为代表的政治权力和以资本为代表的市场权力的拒绝，社区自治被认为是真正的民主和民主化社群的代表，因此，社区传播凸显的也是社区自治以及市民/公民用媒介自主地参与社区治理。在这个意义上，互联网之所以被寄予理想主义的愿景，即是其在诞生之初就被认为是扁平化的、高度自治的、自由的社区空间，这为理解基层和基层传播提供了理论和历史参照。基层传播与社区传播有相似之处，但两者来自不同的历史脉络。如果说社区传播是来自西方发达国家的现代经验、城市经验，那么基层传播则是20世纪中国革命和改革过程中借助媒体参与基层治理的历史产物，联系着第三世界、发展中国家的现代化经验。

20世纪80年代以来，中国恢复社会学研究，从西方引进社区的概念，也翻译了美国芝加哥学派的著作，在社会学领域逐步设立社区研究、社会工作等专业，随之也引介了关于社区治理、社区工作的方法和经验。简单地说，主要有两种社区研究的理论脉络：一是西方社区自治的理念，强调社区是与国家、市场相对立的空间。这背后是20世纪60年代欧美反文化运动的遗产，也带有西方马克思主义的历史痕迹，即用自治化的、自我管理的社区、社群来回应苏联式的社会主义和美国式的垄断资本主义，社区是一种另类的、自由的、民主的社会试验田。这种另类社区的构想也赋予互联网，把互联网看成是扁平化的、去中心化的虚拟社区，是对等级制、科层化的主流社会的批判[1]。二是来自日本、韩国、中国台湾、中国香港等东亚发达国家和地区的社区理念，包括社区营造、社区规划、社区重建等，这些东亚区域在依次完成二战后的经济高速起飞之后，社区空间成为一种对工业社会、工业组织的反思，带有绿色革命、生态保护等反现代化的底色。而这些社区动员又与韩国、中国台湾等区域的政治民主化运动结合起来，变成一种自下而上的重塑社会形态的中介。这两种分别来自欧美国家和东亚发达地区的社区治理经验确实呼应着90年代以来中国高速现代化、城市化的发展历程，为培育中国都市社区的活力提供样板，尤其是借助非政府机构或非营利组织的模式把这些"先进"经验移植到中国社区建设中，比如汶川地震的灾后重建以及为弱势群体提供公益服务等领域。

相比"社区"及"社区传播"等来自西方发达国家的学术经验，"底层"和"底层研究"则是以印度等第三世界国家的经验总结出来的学术概念。"底层"究其本义指的是社会阶层的最底端，是政治、经济、文化等各个领域的

---

[1] 弗雷德·特纳：《数字乌托邦：从反主流文化到赛博文化》，张行舟等译，电子工业出版社，2013，第258-284页。

弱势阶层，是法律之外的、被社会秩序所抛弃的、看不见的底层，在发达国家主要是非法移民或战争难民群体，在发展中国家则是生活在都市贫民窟里的穷人，处于无政府、非正规权力的状态，是警察、媒体等现代权力都无法也无力抵达的空间。以印度学者古哈等为代表的后殖民主义理论学者提出了"底层研究"的概念。所谓"底层"指的是"Subaltern"，尤其是种姓制度意义上的"贱民"，学者们批判性地分析了西方社会学、政治学的公民（市民）社会与政治社会分化的假设，认为这种公民社会的对抗政治/国家的传统，与印度等第三世界/殖民地国家的经验不同，底层研究的代表学者帕沙·查特吉认为底层是无法进入市民社会之外的群体，在印度广大的庶民（底层）阶层被排除在公民社会之外，底层是无法被倾听、沉默的主体[1]。底层研究可以让我们反思精英史学以及西方基本的社会学框架。在中国背景下，基层空间中的群众与社会学意义上的底层有很大的相似性，他们是政治、经济、文化等意义上的弱势群众。基层化本身是把底层通过社会、政治和文化革命的方式变成群众的过程，其恰好强调的是政党、国家通过各种政治和社会力量把底层变成基层，如基层干部、片警、社区志愿者等基层工作者在为基层提供服务的过程中发挥的作用。因此，基层并非政治、社会权力之外的空间，反而是政治权力/政党权力治理和介入的空间，否则就会是陷入非正规权力控制之下的"底层"，是任何现代权力都无法抵达的边界。这种底层基层化的历史经验是中国与其他第三世界国家的区别所在，这一过程是伴随着中国现当代历史所同时发生的，因此，研究基层和基层传播要放在中国现当代历史的背景之下。

从这里可以看出，社区、基层、底层虽然强调的是相似的社会群体，但是由于历史和回应的问题不同，社区基本是以西方等发达国家为载体，面对的是城市治理和市民主体展开的社区发展经验，而底层则是以第三世界、殖民地为背景，强调被现代秩序规制之外的社会空间，是欠发达国家的经验，而基层则与20世纪中国的经验有关，回应的是底层如何翻身、如何获得自主权利的问题。

第二节　基层传播的概念

基层是一种有中国特色的社会空间，一般指政党组织的最末端和社会机构

---

[1] 帕萨·查特杰：《被治理者的政治：思索大部分世界的大众政治》，田立年译，广西师范大学出版社，2007，第62-90页。

中的最底层，是比个人、家庭大，比社会范围小的空间。但其相比社区主要指都市、城市，基层的范围更广，它既包括城市社区，也包括未实现现代化的乡村。基层也指一个又一个的基层单位，党员都在基层党支部中，群众都生活在基层单位里，这里的基层可以是工厂、村庄，也可以是车间、班级，或者是街道、县城。基层不仅是一种固定的、静态的社会空间，还是体现为用政治、社会、文化等基层化的方式改造基层，基层传播就是这种改造过程中所使用的基层媒体和宣传手段，是一种以思想教育、文化宣传为特征的软性治理。

基层传播是指发生在基层空间里的传播行为，有两个层面的含义：一是传播由外而内、下沉到基层，如报纸、广播、电视等大众媒体深入基层空间，对基层社群产生影响；二是借助基层化的媒介在基层内部进行的传播现象，如黑板报、宣传栏、歌咏比赛、广场舞、公共卫生教育、垃圾分类宣传等都属于基层传播。基层传播有双重任务：一是外部信息进入基层，尤其是现代的、城市的知识、文化传播到社会基层；二是建立基层社会的公共性和社会性，使得基层成为互助、互济、共存、共享的社会空间。要实现基层传播的双重任务，涉及四个基本问题，即基层传播的主体、媒介、形式和受众。一是，基层传播的主体有两类：第一类是扎根基层的社会工作者，包括基层干部、驻村干部等；第二类逆向流动的知识分子，包括邮递员、电影放映员以及"下乡"的文艺、科技、医务、法律等专业知识分子，他们向基层传播基本的现代化知识和信息。二是，基层传播的媒介也有两类：一类是广播、电视、电影等大众媒介；另一类是黑板报、微信群等基层媒体。三是基层传播的形式也多种多样，有群众大会等会议形式，也有联欢会、运动会等群众文体活动。四是基层传播的受众，是生活在基层的群众，可能是单位制里的工人，也可能是村庄里的村民，或者校园里的学生等。

基层传播作为一种产生于20世纪中国历史和社会发展中的经验，根植于国家、政党介入基层、改造基层的过程。这个概念一方面可以把20世纪历史中发生过的新闻经验描述出来，尤其是像中国这种第三世界的发展中国家，传播媒介更加主动地参与到经济、社会领域，另一方面也可以研究和分析当下时代如何用基层传播来构建社区文化和乡村建设，如县级融媒体改革、网络基层空间治理、乡村文化重建等。基层空间是人民群众生活、居住的场所，也是工作、生产的空间，基层"化"本身蕴含着通过政治介入、社会革命、文化教育等手段，让普通百姓、人民群众成为社会空间多重主体的意涵。第一，双向改造。与现代化理论和发展主义式的发展传播学不同，基层传播不是单向度地从外部城市对基层的扩散和改造，而是既改变乡村的生产关系、社会关系、习俗等，又对现代化知识、现代大众媒介等现代性制度进行批判，尝试创造一种以群众为主体的自主性文化。第二，信息传播和文化建设尤为重要。通过土地改革改变经济上的雇佣与被雇佣关系之后，借助"文化革命"完成从经济翻身到政治"翻心"的转变。第三，基层传播的核心是人民主体，通过群众办报等传播领域的民主化实践，确立人民的政治、文化和社会上的主体性。

相比社区传播，基层传播有四个典型特征。

首先，从历史上看，西方社区的主体是城市市民，是理性化、接受过素质教育、有私有财产（房产）的现代公民，而基层动员的是农民、妇女、老人等在传统社会中处于底层的弱势群体，基层动员把这些非现代的、前现代的主体变成革命的和社会建设的主人。基层所面对的空间主要是农村等欠发达地区，中国在落后的贫困地区进行基层建设，摸索出了一套组织群众、动员群众的工作方法，这是"农村包围城市"经验的重要组成部分。在非现代的农村地区开展基层工作，改变了五四时代在沿海城市通过精英知识分子进行文化启蒙的模式，一方面这些被启蒙的"五四"知识分子把自由恋爱、个人权利等新价值带入乡村地区，另一方面乡村的社会结构、生产方式也是被改造和重组的对象，在这个过程中党组织、知识分子与基层群众广泛结合，既让外来的现代理念本土化，又实现本土文化的现代化，这不是一个典型意义上的传统/取代的问题，而是现代启蒙理念与乡村社会的伦理结构彼此批判和融合的辩证过程。

其次，基层传播在基层建设中发挥重要作用。群众从受压迫、受欺凌的主体变成社会的和文化的主人，除却土地革命等社会变革，最为重要而有效的方式就是鼓励群众参与识字扫盲运动、群众文艺、公共卫生知识普及等文化教育活动。通过读报小组、农村夜校、群众大会等形式以及借助广播、电影、电视等大众媒介宣传，基层传播帮助群众实现从社会"翻身"到精神"翻心"的转变，获得主体性和能动性。

再次，与社区传播不同，"发展"是基层传播的核心任务。中国共产党在革命战争时期就已经意识到，基层不只是居住、生活、消费的场所，还包括单位、工厂、公司等生产性空间，这就涉及如何在基层组织生产、发展生产的问题。基层传播参与了工业、农业等社会发展，通过改造生产过程中的劳资关系、生产关系，改善科层制的等级结构，来提升工业生产的效率和劳动者的积极性。在生产过程中，基层传播发挥着双重作用：一方面城市单位提供丰富的业余文化生活，工人俱乐部、大礼堂定期上演电影、话剧或其他群众会演活动，围绕着工业劳动、工业生产形成了大量基层传播的实践，生产竞赛、劳模评选、群众大会以及丰富多彩的群众文艺、群众联欢活动，都是基层传播的手段；另一方面农村也有文化、科技、卫生"三下乡"活动，包括露天电影会放映服务于生产的科教片[1]，这些都是有中国特色的传播学实践。

最后，国家为基层传播和建设提供基础设施保障。与自由主义传统中自治社区、市民社会对国家的排斥不同，基层是国家权力的延伸，通过基层党支部和基层行政力量，国家完成对基层的管理和治理。除了国家介入基层日常事务之外，国家的角色还体现在为基层提供硬件基础设施和通信基础设施上，如路、水、电、邮政、通信、网络等，这些都是由国家或国有企业投资建设，包括"四级"办广电制度和计划经济时代的电影发行、放映制度等。不管是城市居民，还是农村、偏远地区的基层群众，他们都能享受到基本的现代化基础设施服务，从而为基层生产和建设提供便利。

基层传播在基层建设和治理中扮演着重要角色，是赋予基层表达、发声的平台，也是构建基层空间的公共性、社会性的媒介。在基层治理的过程中，基层传播发挥着重要作用，而宣传活动伴随基层治理的全过程，是基层工作的重要中介。基层治理的重要特征是借助基层传播和文化建设，让基层社会具有一定的社会性和公共性，而基层干部并不是行政化管理，更多的是通过思想工作、群众工作进行一种柔性治理，通过基层工作者身体的流动，去完成现代化的大众媒介所赋予的一般职能，如居委会大妈就是一种最典型的基层干部。基层传播在基层工作中扮演着重要角色，在"一穷二白"的限定下，只有把群众动员起来、组织起来，才能发挥基层群众的主体性和能动性。从根据地到新中国之后，下基层、服务基层成为官方话语的重要组成部分。自建立革命根据地以来，中国形成了丰富的基层传播经验，既涉及政治理念的推广，又涉及经济、社会领域的斗争，如土地革命时期分配土地，还包括如何发展生产、走向合作化，都需要大量的基层说服、宣传工作，这些都是基层传播的范畴。"全党办报、群众办报"，也体现在基层传播中，全党办报指每一位党员、干部都要从事新闻工作，有向群众宣传党的政策的任务；群众办报则是群众参与到新闻生产中，这一方面可以弥补专业新闻生产的不足和资金缺陷，另一方面可以提升群众的参与感以及培养积极分子和群众骨干。

面对如农村等落后、欠发达地区，借助国家力量，基层干部、科技人员和文艺工作者在基层从事生产、文化和社会建设，把资金、技术和生产者有机组织起来，让基层变成人民群众安居乐业的空间，这就是中国基层传播和基层建设的经验。如果没有这些基层工作，基层将会沦为底层。但通过基层工作，底

---

[1] 艾炎：《文艺战线上的新武器》，晋冀鲁豫《人民日报》1947年6月26日，第4版。

层有可能变成有活力的社区，基层是实现底层社区化的关键。中国的基本国情是，依然有40%、近6亿农村人口[1]在城市中也存在因经济发展不平衡而带来的中低收入群体，这些对新的基层建设和基层工作来说都具有十分紧迫的现实意义。

第三节 基层传播的类型

从历史的角度看，20世纪以来基层被赋予了双重意涵：一是指基层党组织，《中国共产党章程》规定，有三名正式党员可以向上级党组织申请成立党支部，党支部即是共产党的基层组织；二是指行政区划上的基层单位，如工厂、企业、城市街道居委会、农村村民委员会等都是基层单位。

中国基层形态的变化可以描述为从单位制向社区制转变。单位制式的基层空间是"中国的'单位组织'构成了一种独特的社会现象。这种独特的社会现象是指：大多数社会成员被组织到一个个具体的'单位组织'中，由这种单位组织给予他们社会行为的权利、身份和合法性，满足他们的各种需求，代表和维护他们的利益，控制他们的行为。单位组织依赖于国家（政府），个人依赖于单位组织。同时，国家有赖于这些单位组织控制和整合社会"[2]。单位制同样形成于根据地时期，最初在苏区时期实行军事共产主义，到抗战时期的根据地逐渐形成以公有制和供给制为基础的社会制度，解放战争时期东北地区的城市最先实行城市单位制。所以，"在单位制度的创制进程中，东北地区捷足先登，扮演了关键的'典型示范'角色"[3]，这一点对理解单位体制的起源极为重要。从根据地时期到20世纪80年代是单位制社区形成和发展的过程，这种以公有制为基础形成的工厂、人民公社、街道、学校、医院等，都是计划经济体制下的单位制产物。20世纪80年代以来，随着市场化改革，市场经济重组了生产、消费单位，出现了公司制企业、商业化社区等非单位制基层单位。在农村，"人

---

[1] 国务院第七次全国人口普查领导小组办公室编《2020年第七次全国人口普查主要数据》，中国统计出版社，2021年7月。

[2] 李路路、李汉林：《中国的单位组织：资源、权力与交换（修订版）》，生活·读书·新知三联书店，2019年，第2页。

[3] 田毅鹏：《"典型单位制"的起源和形成》，《吉林大学社会科学学报》2007年第4期，第56页。

民公社"解体,"社员"重新变成了"村民"。在城市,"国营企业"转轨为"国有企业",而大量的国有企业又破产重组,单位人变成了社会人。只有党政机关、国有企业、事业单位等下属的公共部门还保有一些单位制的形式。在这种背景下,出现了社区文化、社区建设和公共文化服务的理念。1986年,民政部提出开展"社区服务",这是官方文件中第一次使用"社区"的概念。1999年,民政部制定《全国社区建设实验区工作实施方案》,明确提出"社区自治"的概念,基层管理体制开始从行政化管理向法制框架下的社区自治转变。在从单位制向社区制转变的过程中,基层治理的主体也发生了变化,从以党组织为主导的基层治理,开始出现一些新的社会主体,如非政府组织、公益机构等社会力量介入社区治理。按照不同的标准,基层可以分成不同的类型。从城市和乡村的角度看,基层可以分为城市社区和乡村社区;从社会功能的角度看,基层可以分为生产型社区和消费型社区,前者指代企业、公司等生产单位,后者则是家属院、商业化社区、商场等消费、生活空间;在互联网时代,基层又分为实体化的基层和虚拟化的基层或曰互联网基层空间。这种虚拟基层又分为两种:一种是依附于原有社区的基层的虚拟版,如公司、单位的微信群,是与原有社区具有一致性的网络版;二是纯粹的虚拟社区,它们没有实体对应的空间,主要是网络虚拟社群,从Web1.0时代的论坛、BBS到Web2.0时代的贴吧、微信群等。如果按照传播媒介的性质,基层传播区分为两类:一是外部媒介下沉到基层,如广播、电影、电视等大众媒介通过广播网、电影网、电视网渗透到基层空间,承担着信息从外部传递到基层的职能;二是媒体本身的基层化,也就是属于基层空间的媒体,如黑板报、宣传栏、广播站、社区文艺活动等,从表面上看,它们是非典型化的媒体,但又是事实上在基层内部、服务于社区的传播行为。从大众媒介的类型,基层传播可以区分为组织传播、大众传播和人际传播,组织传播主要指政党或基层社会组织在基层展开的传播活动,如在单位制基层中依靠工会、妇联、团委等群团组织开展传播活动;大众传播是指电影、电视、报纸等下沉到基层的过程;人际传播在基层传播中也非常重要,大量的传播活动、传播实践是通过社区工作者与居民进行面对面的人际传播展开的,包括走访、调研、慰问。

通过基层传播的历史经验以及与社区传播的区别,可以看出基层传播是借用传播的手段参与基层治理的经验,与20世纪中国共产党深入基层和群众路线的传统有着密切关系。80年代以来,随着市场化改革,单位制式的基层单位逐渐瓦解,无论是学术界还是行政界,通过重新从西方引进社区的理念,强调在城市进行一种与西方类似的社区建设工作。但是基层传播的经验并没有消失,反而成了有中国特色的新闻传播传统，继续发挥重要的社会治理功能。

第四节　新形态：网络基层传播

20世纪末互联网进入中国，确实形成了一种新的社区形态，这就是网络社区。随着移动互联网的普及，社交媒体、虚拟社区成为现代生活的常态。网络社区有四个突出特点：一是去空间化。与真实地理空间上的社区、基层不同，网络社区是一种去空间化的、脱域化的媒体，这不是人类历史第一次实现脱域化，广播是一个改变了空间限制的现代媒介，在此之前，信息的传递、文化艺术的传播都需要借助人力、畜力、道路、河流等交通工具。二是交互性（社交性）。与广播、电视、电影等单向度的媒体不同，互联网实现了信息交流的双向度和互动性，这动摇了专业化、精英化的新闻传播制度。三是平台化。互联网、移动互联网的应用大多是平台化产品，互联网公司负责搭建平台，用户既是内容生产者，也是消费者，从而提升了用户参与生产的积极性，从网络文学到短视频平台，都是平台化媒体，传递信息的渠道比传递信息内容更重要。四是社会化。从数字化文艺产品到网络购物，再到互联网金融，网络空间与真实的社会产生越来越密切的关联，数字化生存、网络生存变得越来越"真实"，互联网空间的"虚拟自我"也越来越重要，原有的政治、经济、法律框架面临挑战。

互联网被认为是一种扁平化的、去中心化的虚拟社区，是对科层制、等级化的资本主义政治、经济秩序的逃离，但是互联网依然要"镶嵌"到既有的政治和社会结构中，这导致三对基本矛盾。第一，美国的互联网霸权。作为互联网的发源之地，美国是互联网技术、应用、资源最发达的国家，掌握着大部分互联网运转的根服务器和产业标准，使得国家之间的互联网主权不平等。第二，互联网平台的社会化与互联网企业的私营化之间的矛盾。随着互联网平台的社会化，互联网公司取代了政府、社会机构的一部分社会职能，或者说政府、机构需要借助互联网平台完成社会治理，而这些应用平台又是互联网巨头追求利益最大化的商业产品，这就会损害这些平台的社会化和公共性。第三，国家与互联网企业联手监管、监控社会。互联网信息看起来虚无缥缈，不像刻在石头或者写在纸上那样容易保存，但一旦接入网络，就会"雁"过留痕。随着大数据、云计算的成熟，大量社会化的数据成为互联网企业的"私人财产"，而国家也以社会治理的名义收集、分析海量的公民数字信息，这些都使得互联网更像一个现实版的"1984"[1]。这使得国家与互联网企业在社会治理领域既是竞争者，又是合作者。

在中国，互联网与社区有两种结合方式。

第一种，90年代末期以来，中国出现了一系列本土的互联网虚拟社区。第一个阶段是Web1.0时代，这是门户网站时期，大致从1998年到2008年前后，连接互联网的端口是电脑，虚拟社区主要有QQ、网络论坛BBS、网络文学社区、个人博客等。QQ是第一代远距离社交软件，先是点对点交流，后来出现了QQ群。论坛BBS多是不同主题的兴趣小组，当时出现了一批知名的校园BBS，如北大未名BBS、水木清华社区等和文艺思想论坛如西祠胡同、天涯社区、世纪中国等，延续90年代对于民间社会、公共领域的想象。这个时期使用互联网的多是大学生，上网的空间多在校园机房和社会网吧。第二个阶段是Web2.0时代，这是移动互联网时期，大致时间从2008年前后开始至今，连接互联网的设备是智能手机，网络基础是3G、4G网络，出现了微博、微信、豆瓣、B站、百度贴吧等社交平台，互联网应用更加社区化，网民变成粉丝，粉丝圈层变成饭圈，这一方面使得大众文化进一步分众化、圈层化、小众化，即便同一个年龄层也可能处于不同的二次元的"次元之壁"中，另一方面社交化、圈层化的传播又经常引发"破壁""出圈"的网络公共舆情，出现小粉红、网络民族主义、工业党、帝吧出征、肖战粉丝风波等现象。2012年以后，互联网使用更加社会化，网络购物、共享单车、滴滴打车、美团、支付宝、抖音、快手等各种应用在中国迅速普及，这使得中国成为世界上少有的互联网应用最发达的国家之一。

第二种，互联网应用到社区治理中。这不仅体现在原有的基层社群互联网化，如业主群在BBS时代就成为业主维护合法权益的媒介，更重要的是政府把互联网网格化的理念搭建到基层治理中，建立了社区网格员，随时把各种基层事务连接到网上，与其他部门联合处置。网格化和网格员完成了对基层社区的全面管理，如北京市西城区的"数字红墙"、朝阳区双井街道的"双井13"社区融媒体平台、丰台区的"掌上四合院"、西城大妈等，把大数据技术、一站式平台、线上虚拟社区、融媒体与群众动员结合起来，把"街乡吹哨，部门

---

[1]《一九八四》(*Nineteen Eighty-Four*)是英国左翼作家乔治·奥威尔于1949年出版的长篇政治小说。小说中描述了一个高度集权统治的社会，其中，具有监视功能的"电幕"被用以控制人们的行为。因此，"1984"隐喻了一个处于监视下的、无隐私的极权空间。

报道"的基层治理制度放在融媒体平台上。2014年，北京西长安街街道联合科技公司开发了全响应网格化社会服务管理系统"数字红墙"，把人口与法人库信息、地理信息标识、社会治安综合管理等信息都整合到统一的平台，通过这些数据，街道制作了智能数字地图，实现实时汇聚和动态监管，使民生服务、应急指挥等功能实现网络化。双井街道的"13社区"集合了所属的九龙、富力、大望、百子园等12个社区，成为双井街道的第13个社区，也是唯一的虚拟社区。"13社区"提供多重社区公共文化服务，联动线下举办各种公益和文化活动，居民通过"幸福双井社区卡"进行积分，社区卡有党员、居民、学生等身份标识，引导不同群体参与各项公益志愿活动，有效地提升了社区凝聚力，使得双井街道成为一个和谐互融的社区共同体。

第二章　基层传播的媒介形态与国家治理功能

基层传播指的是在基层空间里发生的传播实践活动，依据对媒介的使用方式不同，基层传播具有媒介化、去媒介化和再媒介化三种媒介形态，它们所展示的是在根据地基层空间中在地化改造、灵活运用媒介的方式，并以这三种形态进入基层空间的治理中。基层传播是以20世纪中国革命和建设中形成的基层治理为基础，探究传播参与基层实践的中国经验。这意味着基层传播不仅考察信息扩散到基层的过程，而且反思媒介在基层空间中发挥的社会功能。20世纪的中国由于长期处于落后的欠发达状态，需要通过革命和改革的方式完成现代化转型，基层传播在基层社会的改造和动员中发挥着重要作用。作为一种治理手段，基层传播发挥了柔性治理与说服传播的职能，通过各种形式的说服与动员工作完成对基层群众主体性的锻造。

第一节　基层传播的媒介化

基层传播需要借助基层化的媒体，也需要基层工作者来组织。现代大众媒介的优势是实现信息的远距离、即时传输，如无线电、广播、电视、网络等。而对于基层来说通常要面临两个困境：一是基层是非现代、非都市的乡村或远离现代化的区域，缺乏现代化的信息基础设施（公路、电、网络等）；二是生活在基层的群众也是缺乏教育的、非现代的主体。基层传播正是要解决这样两个问题，除了信息从中心区域传播到边缘的、落后地区的"最后一公里"问题外，还有基层内部的传播问题，用说服、人际传播的方式完成信息传递的有效性。基层传播有三种媒介形态：一是基层的媒介化，让大众媒介深入基层和建立基层化的媒介；二是基层的去媒介化，用人际传播、剧场化的传播来完成信息传递；三是基层的再媒介化，把非典型性的媒介进行媒介化，用文艺演出、群众文艺等方式来实现基层传播的任务。这些既涉及对都市化的大众媒介进行改造，使其适应农村的环境，又涉及在农村就地取材，创建低成本的基层化媒体。

基层传播的媒介化是指大众媒介下沉到基层空间的过程，如报纸、广播、电影等大众媒体变成一种基层化的媒体。这些大众媒体带有都市、现代的属性，在城市有成熟的发行、放映网络，但很难在农村或非现代区域扩散。自根据地时期以来，基层传播的历史经验是把这些都市化的大众媒体改造为适合农村的环境，变成农村的基层媒体。简而言之，有三种路径。

第一，通过"邮发合一"的制度把报纸发行到农村。与城市中采用报房、报童售卖报纸的模式不同，山东抗日根据地创造了一种"邮发合一"的发行制度，用邮政来向农村发行报纸，目的是让报纸可以覆盖到基层，新中国成立之后，这种邮发合一的报刊制度推广到全国，使得报纸、杂志可以传播到偏远地区[1]。解决报纸发行到农村只是第一步，第二步是帮助农村阅读和理解报纸，这就需要基层组织各种临时的或常态化的读报小组[2]，通过把"阅"读实现从抽象文字向"朗"读声音的媒介转变，从而把阅读报纸转化为一种具有现场感的会议。

第二，建立覆盖农村的信息传播网络。比较有代表性的实践是在农村建立广播网。由于广播是一种能够实现远距离传输的听觉媒介，不识字的群众也能听懂，比报纸具有更大的传播优势，而且相较于电视媒介成本又大大降低。20世纪50年代中期，政府整合邮电、电力和广播资源，建立了覆盖农村广播站的农村有线广播网，一方面可以实现信息自上而下的传播，另一方面广播也是一种服务于基层的媒体，县级、公社都有基层广播站。广播站除了发布国家、国际新闻外，还借助基层广播通讯员报道本县、本公社的新闻[3]。广播是50年代到70年代中国覆盖面最广的大众媒介——直到当下的农村地区，广播、高音大喇叭依然是重要的传播方式，是村庄组织公共生活的重要媒介平台。还有一个例证是电视网。1983年中国借助行政力量开始"四级办电视"，使得电视成为覆盖全国城乡的大众媒体，也形成了有中国特色的广电制度，只是相比广播的

---

[1] 梁骏：《旧组织与新思路：战时邮局与中共宣发工作的机制创新》，《出版发行研究》2022年第8期，第91-99页。

[2] 张慧瑜：《基层传播：空间与主体的双重改造——以1960年的木刻版画〈学习〉为例》，《四川戏剧》2021年第2期，第11-16页。

[3] 潘佼佼：《扩散、转型与流变：对中国广播发展历程的回溯》，《现代视听》2019年第9期，第5-8页。

大众性，作为置身于家庭内部的电视更多地发挥基层社会与外部世界的沟通功能，中国的电视台可以精确到具体的省、市、县级所属单位，并且数量非常多，与欧美国家内部总是几大电视台占据主流节目内容的设置形成鲜明对比，"四级办电视"实质上就是在延续农村广播网的基层传播的民主化建设。但新世纪以来，基层的广电媒体受到互联网兴起、中央和省级卫星电视等多重挑战，近些年推动的县级融媒体中心建设就是试图重新激活基层广电媒体的公共性和在地性，让县级广电在数字化、信息化的融媒体时代更多地参与到地方政府的基层治理中。

第三，依靠逆向流动的专业技术人员完成信息传递。新中国建设初期，在电影发行上实行"统购统销"的方式，建立了一套行政化的电影发行放映网络，其和广电制度一样，一级政府对应着一级发行放映公司，农村和偏远地区则采用流动电影放映队的方式。这种实践也与中共根据地早期的经验有着密切联系。在农村，流动电影放映队放映露天电影，从而突破了封闭电影院放映电影的空间限制，通过扯上一块白色幕布，架上一台放映机，就可以把村庄、街道的某块空地临时变成一座没有围墙的电影院，四乡八镇的群众自己带着板凳，像赶集一样，去享受现代电影的魅力，农村露天电影院成了一座"移动城堡"[1]。这种流动的露天电影院也来自根据地时期的流动演剧队、流动电影队的传统。电影虽然不能像广播那样实现即时的远距离传输，但是可以依靠几十万从城市向乡村"逆向流动"的电影放映员的"身体"实现跨空间放映。这和报纸通过邮递员发行的"邮发合一"制度也是一致的，反映了计划经济时代所形成的行政化的文艺、新闻作品传播与流通的特殊模式。这种制度的优势在于让电影深入农村，让更多的群众变成电影观众。还比如乌兰牧骑的传统，乌兰牧骑是50年代在草原上流动的"文化馆"。乌兰牧骑的蒙语原意为"红色的嫩芽"，意思是红色文化工作队，他们活跃于农村牧区间。1957年6月17日，第一支乌兰牧骑在群众文化工作比较活跃的锡林郭勒盟苏尼特右旗宣告成立。全队只一辆马车便能拉走，因而被誉为"一辆马车上的文化工作队"。乌兰牧骑以演出为主，兼做宣传、辅导和服务性工作，属于文化事业单位而不是单一的艺术表演团体；队伍短小精干，人员一专多能，节目小型多样，装备、轻便灵活。他们使用图片展览、幻灯放映、时事宣讲、图书借阅以及辅导创作的模式，教授歌舞，欣赏录音、录像，开展摄影活动，代写书信、代售图书、代修收音机，乃至理发、诊病等；除此之外，还注意搜集整理民族民间文艺遗产，如民歌、民谚、宗教、

---

[1] 艾炎：《文艺战线上的新武器》，晋冀鲁豫《人民日报》1947年6月26日，第4版。

舞蹈、寺庙壁画、民族图案、民间饰物等。乌兰牧骑依然像根据地时期流动演剧队一样，是"观众不动，演员流动"的基层媒介。2017年11月21日，习近平总书记给锡林郭勒盟苏尼特右旗乌兰牧骑队员的回信，依然把这种流动乌兰牧骑，作为一种文艺为人民服务的典型[1]，是"从群众中来，到群众中去"的艺术。

第二节 基层传播的去媒介化

基层传播的去媒介化指的是在基层空间不依赖大众媒介，主要通过人际传播、口语传播的在地化传播方式来实现面对面的基层宣传。这主要体现为召开各种类型的群众大会，通过"开会"的方式，实现信息的传递和群众参与政治生活的民主化。会议本身是一种现代民主化的形式，"苏维埃"（Soviet）的本意就是会议。自根据地时期以来，最重要的群众工作就是召开群众大会，通过组织者引导，从而培养群众学会发言、学会协商、学会得出共同意见。通过开会，一是干部把党的政策和方针传达给群众，二是群众可以表达自己的意见。比如土地革命中通过诉苦会、批判大会等群众大会的方式对农民完成阶级启蒙和动员。

大卫·柯鲁克夫妇的《十里店（二）——中国一个村庄的群众运动》中记录了河北省武安县十里店村土地复查工作中驻村工作队动员群众召开会议的过程，有大会、小会（碰头会）、闭门会、公开会、党员会、群众会、预备会、群众性的批评会、群众参与的党支部会议等类型。干部开会前要对群众进行充分的走访和调研，然后再开会，这样更容易完成开会的任务。工作队是从外部介入基层政治的非正规的政治模式。"对工作队来说，搞清楚如何划分阶级是非常必要的，因为只有这样，工作队才能教农民如何去划分成分，而不是为他们包办代替。就像这时期的《人民日报》的一篇文章里说的：'工作队无权

---

[1] 习近平：《习近平总书记给内蒙古自治区苏尼特右旗乌兰牧骑队员们的回信》，新华社，2017年11月22日。这封回信的内容是："60年来，一代代乌兰牧骑队员迎风雪、冒寒暑，长期在戈壁、草原上辗转跋涉，以天为幕布，以地为舞台，为广大农牧民送去了欢乐和文明，传递了党的声音和关怀。乌兰牧骑的长盛不衰表明，人民需要艺术，艺术也需要人民。在新时代，希望你们以党的十九大精神为指引，大力弘扬乌兰牧骑的优良传统，扎根生活沃土，服务牧民群众，推动文艺创新，努力创作更多接地气、传得开、留得下的优秀作品，永远做草原上的'红色文艺轻骑兵'。" http://www.gov.cn/xinwen/2017-11/22/content_5241435.htm。

决定任何人的阶级出身；工作队员在划成分的工作中只起到"把灯拨亮"的作用。'"[1] "把灯拨亮"是政治工作的方法，工作队不是替群众"包办代替"，不是什么事都替群众做主，但也不是对群众放任自流、完全不干预群众运动，而是要掌握恰当的"火候"，让群众在党的政策、方针指导下自主地做出决定，这种理念与保罗·弗莱雷在《被压迫者教育学》中所论述的群众与知识分子的关系有一脉相承的地方，"解放者必须承认人对于世界的意识，放弃灌输式教育，放弃储存信息的教育目标，而是提出人类与世界的关系的问题（认可问题意识），'提问式教育'（problem-posing education），将可认知的客体转化为认知主体，必须要在教师与学生之间建立一种对话关系。人民以世界为中介，以在灌输教育中由老师所'拥有'的可认知的客体为中介相互教育。提问式教育不把教师与学生二分，老师不将可认知的客体视为自己的私人财产，而是自己与学生思考的对象"[2]。

第三节　基层传播的再媒介化

基层传播的再媒介化，指的是"就地取材"地创造基层化的媒体，既可以把非典型媒介再媒介化，如利用黑板报、宣传栏、口号、墙报、广播站等低成本、低技术的媒介手段，也可以通过群众文艺的形式参与基层宣传。

实际上，在中国基层社会，处处都有基层传播的案例。比如在中国学校的教室中，一般以前后两个黑板进行布置，前面的黑板是老师传授新知的工具，而后面的黑板则一般用于班级"黑板报"。"黑板报"是一个班级的基层媒体，由学生轮流编辑，其内容均是与班级、学校相关的事务，是班级的"自媒体"。黑板报实际上最早出现在20世纪40年代的陕甘宁边区，彼时的根据地把具有教育、启蒙功能的黑板改造成为基层空间中最常见的宣传媒体。黑板报从教室里挪到教室外，就变成了宣传栏。至今在社区、乡村、学校、企业等基层单位，依然可以看到有张贴基层事务、法制、卫生等公共信息的宣传栏。黑板报、宣传栏有三个重要的特点：一是媒介成本低，二是深入基层社会，三是分

---

[1] 伊莎白·柯鲁克、大卫·柯鲁克：《十里店（二）——中国一个村庄的群众运动》，安强、高建译，燕凌校，上海人民出版社，2007，第49页。

[2] 保罗·弗莱雷：《被压迫者教育学》(修订版)，顾建新、赵友华、何曙荣译，华东师范大学出版社，2014，第35页。

布广，随处可见。黑板报是最简便易得的基层媒介，发挥着基层宣传和群众民主的职能。有时候布告栏里也会贴上好人好事或者坏人坏事，起到榜样和警示的作用[1]。在基层还有一种常见的传统媒介就是"刷墙"，从战争年代一直到现在，房屋沿街的外墙都会粉刷上各种用美术字写的标语，"美术字"也是一种把文字视觉化的特殊书法，这种标语式的传播是战争年代的宣传发明，好处是简便、醒目、扎眼、随处可见。

自根据地时期以来，由于农村缺乏现代大众媒介而逐渐形成了20世纪中国革命过程中文艺参与宣传工作的传统，通过文艺的方式来填补大众媒介的匮乏状态。这体现在文学、戏剧、美术等文艺媒介的再媒介化，改变了它们作为艺术媒介的都市属性，变成了深入基层的宣传媒介。话剧工作者通过到不同村庄进行戏剧演出的方式来实现党的政策和现代文化的启蒙工作。文艺成为传播媒介则需要完成双重改造：一是把都市化的媒介如文学、电影、戏剧等改造为适应农村环境的媒介，其通过流动演出的方式，形成了"演员流动，观众不动"的农村传播模式，比如流动的戏剧演出队；二是改造使用媒介的人，这些从城市流向农村的文艺工作者是逆向流动的主体，他们不只是给农民进行艺术演出，更重要的是与群众一起创造表现群众新生活、反映土地改革的新故事。这种逆向流动的主体就是延续至今的干部下乡、记者下基层的历史来源。

群众文艺是20世纪中国革命和社会主义建设过程中形成的一种特殊的文化、艺术形态，是服务于群众、为了群众展开的基层文艺活动。群众文艺与大众文化的不同在于：群众文艺带有左翼、社会主义实践的底色，具有政治宣传和教育的功能，大众文化是"娱乐至死"的文化工业；群众文化是公益属性，大众文化则是消费文化、商业文化；群众文艺强调群众参与、群众创造，尝试塑造一种有主体性的人民主体，而大众文化中的"大众"是被动的主体，是非理性的"群氓"。群众文艺起源于20世纪二三十年代的大众化、群众化运动，形成于中国共产党领导的根据地实践，是根据地时期群众动员和文化宣传的媒介。群众文艺的制度和传播机制首先依赖于扎根基层的群团组织，如工会、团委、妇联等群众组织，是一种组织化的文艺形态；其次，新中国成立之后，在硬件设施上，建立了文化馆、群艺馆、工人文化馆、农村俱乐部等基础设施，这些都是服务于群众的文化空间，而有了群众组织和硬件保障之后，群众文艺还需要下基层的知识分子参与，他们与群众一起参与群众文艺的创作。群众文

---

[1] 关于黑板报的研究，可以参见田中初：《黑板报："全党办报、群众办报"的一种实现方式——以中国革命根据地实践为视界》，《新闻与传播研究》2008年第4期，第38-44页。

艺的特点是群众参与、群众观看，群众不仅是文艺的欣赏者，也是文艺的创造者。最典型的群众文艺形态是联欢晚会——从革命年代的群众联欢活动，到80年代以来的电视春节联欢晚会，都带有群众文艺的特色。

群众文艺有三种社会职能：一是承担着政治宣传、思想教育的功能，二是群众均等化地享受文化、艺术权利，三是群众创造自主性、主体性的人民文化。从80年代开始，群众文艺逐渐衰落，基层群团组织也随着单位制的瓦解而被边缘化。新世纪以来，从西方重新引进的公共文化服务理念取代了群众文艺的位置，与组织化的群众文艺不同，公共文化服务是政府通过市场的方式购买服务，把一部分公共服务功能"打包"给民营企业来承担的过程。另外，还有一些非政府组织、公益机构从事社区文化服务工作，这种模式也来自欧美发达国家的经验。这种公共文化服务"外包"的实践，改变了文艺工作者与群众一起创造主体性文化的可能性，其脱离了人民群众，也意味着群众文艺形态的转变，背后则是国家功能的变化。这种公共文化服务更像是从"公民自治"的角度去"向下地关怀"群众，关怀的人群首先是带有某种社会情怀、接受过一定素质教育的市民，这种公民身份是一种主体视角的转变，在这一过程中，人民与群众的边界就被重新拉开。征用文艺进行政治宣传活动，是20世纪赋予文艺的新职能，至今在社区文化、社区营造中，文艺活动、妇女歌唱队、广场舞等都是重要的传播载体。

第四节　基层传播与国家信息基础设施建设

基层传播是一种组织传播，是中国共产党依靠组织力量深入基层进行社会和文化建设。但与组织传播所定义的企业、社会组织不同，中国共产党是列宁主义式政党，是"马克思主义的基本原理同中国具体实际相结合"的产物。基层传播内在于中国共产党的宣传策略，通过新闻传播建立党与群众的关系，也是实现群众参与基层治理的中介。治理作为一个学术概念，与两种学术路径有关：第一条脉络是法国哲学家福柯，福柯把治理引入了政治、法律等关于现代性的研究中。在传统政治学的研究视野内，国家、政党、统治、制度、帝国、主权等是核心关键词，而福柯对于西方现代社会的观察，则将研究重心转向了人口、身体、医疗制度、监控、惩戒等生命政治的领域，从而把现代性的规训深入到微观权力、日常生活的权力，这些无处不在的权力就是一种现代治理，它不只是自上而下的统治，或者外在的、强硬的法律和律令，还是一种自我监控、自我治理，一种身体性的、主体性的内化。可以说，科学、理性的现代性规训"深入骨髓"。第二条脉络是国家治理、社会治理的观念来自管理学、组织学等企业管理的概念。20世纪中期美国兴起管理学革命，研究如何通过管理来提高人力资本和企业运营的效率，并衍生出一系列提高企业运营的管理学模型。治理则是把这种技术化的管理应用到政治和社会领域，从而变成一种政治治理或公共治理等。福柯对治理的理解是发现日常生活、非政治领域的政治性，强调知识、文化、观念对主体的建构作用。第二种治理视角则恰好是完成对政治和社会领域的去政治化，把政治问题转化为一种技术性和管理性的议题。在这样两种治理脉络中，文化、艺术都是治理的重要手段，通过文化、传播手段达成一种政策宣传和思想教育，基层传播就是一种说服传播和柔性治理。

国家在基层传播中扮演着重要角色，尤其是对于像中国这种第三世界国家来说更是如此。从20世纪中国近现代历史来看，国家作为一种新的政治和社会形态处于持续重构过程中，这体现在双重转型上，一是从封建王朝向现代民族国家演变，二是从半殖民地国家向主权独立国家转变，也就是从半封建、半殖民地国家变成与西方形式上平等的现代主权国家，这两个任务是依靠中国共产党带领中国人民经历几十年漫长的武装革命实现的。与西方发达国家通过资产阶级革命完成现代转型不同，中国共产党这一中国化的列宁主义政党成为塑造中国国家制度和品性的核心，这种历史经验使得政党处在国家与人民的中介位置上，党代表国家，又代表人民，党既可以动员人民从事国家建设，又可以代表国家为人民谋发展。

具体到通信设施、交通网络来说，这是与国家治理能力和人民现代化生活都相关的领域。在古代，道路、河流、文字是帝国统治的媒介基础。中国很早就有"大禹治水"的传说，也被认为是中国集权化制度的缘起。秦国统一六国，建立了"书同文，车同轨，行同伦"的制度，确立文字、道路和伦理规范，这些都有利于幅员辽阔的帝国统治。在美国，有很多学者研究过美国国家制度与全国邮政网络建设的内在关系，深入社区和边疆的邮政系统有利于美国形成有效的国家治理，至今邮政部门还是美国少有的国有企业[1]。近代以来铁路、电

---

[1] 丹·席勒：《信息资本主义的兴起与扩张——网络与尼克松时代》，翟秀凤译，王维佳校译，北京大学出版社，2018，第15-64页。

报、邮政、报纸等成为物资、信息交流的关键载体,也是构建现代国家的基础网络。直到新中国成立、国家主权独立之后,中国才逐渐建立自上而下、覆盖城乡的通信网络。

中国通信基础建设有这样几个特点。第一,跨越城乡的行政化发行网络。中国区域发展非常不平衡,城乡二元结构长期存在,东、西部差异比较大,但是在信息资源分布上,中国基本按照"全国一盘棋"的模式,相对均等化地分配信息资源。有一级政府,就建立一级发行渠道,如邮政、新华书店、广播站、电视台等都是如此,实现在基层也有邮局、书店、广播站、电视台等配套设施。第二,政府重视对水、路、电、网等基础设施的投资,50年代到70年代修建了大量水利设施、公路和铁路建设,80年代以来"想致富先修路"成为地方政府拉动经济的发动机,这使得高速公路、高铁、机场等"铁公鸡"项目被作为刺激经济的法宝,也为物资、人员、资本流动提供了基础。第三,与发达国家由民营资本控制通信基础设施不同,中国主要依靠国家和国有资本来掌握基础设施投资和建设,不容易受短期利益驱动,瞩目于长远目标,而且修建的速度和质量非常快,这也是中国被称为"基建狂魔"的来源,中国超级工程也成为"厉害了,我的国"的象征。

互联网的兴起改变了政府与通信网络的原有关系,在互联网之前,报纸、广电、电影等都是政府控制的文化宣传媒介,互联网对于中国来说是第一次以民营公司为主体形成的媒介制度。不过,互联网的网络基础设施由国有通信公司如移动、联通、电信等建设完成,这就使得中国的互联网延续广电制度,实现城乡全覆盖,这带来三重效果。一是中国网民数量增长迅速,2022年6月,中国网民规模达到10.51亿,互联网普及率达74.4%,短视频的用户规模增长最为明显,达9.62亿,占网民整体的91.5%。即时通信用户规模达10.27亿,占网民整体的97.7%,千兆光网具备覆盖超过4亿户家庭的能力,累计建成开通5G基站185.4万个,实现"县县通5G、村村通宽带"[1]。二是中低收入群体使用网络也很普遍,相比其他媒介形态,互联网既是底层发声、看见底层的主流媒介,又是底层休闲娱乐的廉价平台。三是农村用户借助网络进行电商活动,这也是淘宝村、快手村、农村直播等互联网电商能够快速发展的前提。还比如短视频网红李子柒得以出现,也与其所在地具有良好的通信网络有着直接关系。因此,

---

[1] 中国互联网络信息中心:《第50次中国互联网络发展状况统计报告》,新华社,2022年8月31日,http://www.gov.cn/xinwen/2022-08/31/content_5707605.htm。

基层传播的前提在于国家和地方政府掌握通信基础设施，可以用基层网络服务于地方生产和生活。从第三世界的角度看，这种国家主导的通信基础设施建设也是一种中国经验。

第三章　基层传播与乡村发展

疫情防控期间，医务工作者被称为"逆行者"，他们既包括走向病房、救治病人的白衣天使，也包括临时从其他城市支援疫区的医务志愿者。在脱贫攻坚战中，成千上万扶贫干部下沉到贫困地区，担任第一书记、驻村干部，帮助贫困户实现脱贫。在文化社会领域也有文化、科技、卫生"三下乡"活动，让文艺作品、科技知识和公共卫生等现代信息传播到农村。在新闻领域，新闻工作者"走基层"、深入基层也是基本工作方法。这种从上到下、从城市到乡村、从发达到边远区域的干部、医务、文艺、技术等专业知识分子，就是逆向流动的主体。这是一种有中国特色的社会制度，其功能有两个：一是实现现代知识向农村的传播，改变农村缺乏现代信息、技术和文化的状态，因此，逆向流动的主体多是专业化的技术知识分子；二是弥合城乡差距、实现均衡发展，这是对现代化、工业化所带来的区域发展不平衡的回应，用"逆向流动"的方式支援、帮助欠发达地区完成现代化。本章将从历史视角探讨这种知识分子的主体状态是如何产生的，为什么专业知识分子能够下基层、深入到群众提供专业化服务。在这个过程中，知识分子及其所携带的现代知识也完成了双重改造：一是，知识分子不是救世主，而是"与群众打成一片"，帮助其成为社会、文化建设的主体；二是，这些现代化知识需要与农村的实际状况相结合，创造一种适合农村、以群众为主体的新文化。这些都与中国共产党创建革命根据地过程中形成的历史和社会经验有关。

第一节　基层传播与信息的逆向流动

现代社会以来，信息、资源和人员的流动方式主要有两种，一种是从低到高、从乡村向城市、从欠发达到发达，进而形成以城市、超级城市为核心、以乡村、欠发达地区为边缘的空间结构，借助沃勒斯坦的世界体系理论和大卫·哈维的历史地理学,资本主义所带来的现代化与其说促进了农村、第三世界的发展,不如说这种发展主义式的现代化制造了城乡区隔和发达与欠发达的等级关系。正是这种发展程度的等级化使得信息、资源朝向中心区域聚集,如果把这种朝向中心、发达地区流动的信息、资源命名为正向流动,那么从中心向边缘、从城市向乡村、从发达向欠发达的流动则是一种逆向流动。

五四新文化运动之后,一些知识分子走向民间、走向乡村,一是进行社会调研,用现代社会科学的方法研究中国社会,如费孝通等社会学家把乡土作为中国社会的缩影,二是以晏阳初、梁漱溟等为代表的乡村建设者从不同的路径探究乡村现代化的经验,晏阳初倾向于用欧美现代化的方法改变中国乡村的"愚、弱、穷、私",而梁漱溟则倾向于传统中国的自救来回应现代化所带来的破坏性。1927年中国共产党在经历大革命失败后,开始探索建立根据地的"农村包围城市"的路线。在进行军事游击战的同时,用土地革命、社会建设的方式积极改造乡村社会。从井冈山、苏区,经过长征之后开辟陕甘宁根据地,再到抗日战争时期建设晋冀鲁豫、晋察冀等华北敌后根据地,中国共产党形成了以政党组织为基础、以群众运动为方法的乡村基层化模式。其中,新闻、出版、文化、艺术等基层传播活动发挥着重要作用。一方面通过土地革命、大生产运动把群众组织起来,使其成为社会建设、基层政治的主体,另一方面充分利用戏剧、文学、冬学运动、扫盲班等方式开展大规模的扫盲运动,使农民群众成为现代化、理性化的主体。

在这种基层发展和基层传播的过程中,需要大量外来的知识分子参与和介入,承担政治、社会和文化的组织者和引导者。笔者把这种根据地时期形成的从城市到乡村参与社会和文化建设的知识分子命名为逆向流动的主体,通过他们使得科技、教育、文化、公共卫生等现代知识"逆向流动"到乡村,这种下基层、深入群众在新中国成立之后成为一种常态化的社会制度。这类逆向流动的主体主要有三类群体:一是深入基层和群众的共产党干部,他们承担着领导土地革命、参与基层治理的各项工作;二是流动演出的文艺工作者,在抗日战争和解放战争中出现了大量文艺工作者,承担着在农村、敌后根据地进行文化宣传、政治教育的职能,如抗日以来在农村和大后方出现了流动戏剧演出队活动;三是农业、科技专家,他们把农业生产、科技成果扩散到乡村。借助这些逆向流动的知识分子,帮助乡村、贫困和边远地区实现现代化发展。

新中国成立之后,这种逆向流动的主体变成一种常态化的社会制度,成为弥合城乡差距、向农村和偏远地区提供科技、文化、卫生等服务的制度基础。这种逆向流动的制度具有两种社会功能。

第一种是完成现代信息从城市向偏远地区的传递。"一穷二白"的新中国面临着巨大的城乡差距，尤其是广大的农村地区缺乏基本的信息、技术等现代条件，也没有剧院、电影院、医院等现代机构，逆向流动可以缓解农村在文化、教育、技术等方面的匮乏，通过文化站、技术站、流动文艺演出的方式，让现代信息下沉到基层，为农村提供基本的文化和医疗保障。尽管新中国逐渐建立了农村广播网等现代化的信息基础设施，但报纸、电影等大众媒介依然需要"身体"的逆向流动才能覆盖农村，如形成了邮发合一的邮政制度、流动电影的放映制度和乌兰牧骑制度。

第二种是参与基层内生性发展。通过无线、有线等现代通信手段可以把信息从城市扩散到乡村，但信息的传递不只是简单的流通过程，更重要的是作为接受者的群众如何更好地使用和改造现代信息，这依然需要有批判意识的逆向流动的知识分子与基层群众一起创造适合农村实际情况的技术和文化。在逆向流动的主体中更多的是驻村干部、科技工作者、乡村教师等，他们是基层社会经济和文化发展的重要组织者和参与者。

第二节　城乡互助与内生性乡村发展

2015年，中国实施"脱贫攻坚战"[1]，到2021年初宣布"区域性整体贫困得到解决，完成了消除绝对贫困的艰巨任务"[2]。近代以来，摆脱积弱积贫的状态是中国实现现代化转型的核心任务。20世纪80年代实行改革开放，中国的经济实力和现代化水平取得显著提高，但随着经济高速发展也产生了城乡差距拉大、东部/西部区域不平衡等发展难题。从1986年开始，中国自上到下建立了专门的扶贫机构，借助国家和行政力量推动贫困地区的经济开发和社会发展。随着2015年启动大规模的"脱贫攻坚战"，扶贫题材电视剧也成为主题剧创作的重要类型，2021年初在各大卫视和视频平台播映的《山海情》是近些年最成功的扶贫剧，这部"土得掉渣"的农村剧以其原生态的方言效果和众多一线明

---

[1]《中共中央 国务院关于打赢脱贫攻坚战的决定》，中国政府网，2015年第35号国务院公报，2015年11月29日，http：//www.gov.cn/xinwen/2015-12/07/content_5020963.htm。

[2] 习近平：《在全国脱贫攻坚总结表彰大会上的讲话》，新华网，2021年2月25日，http：//www.gov.cn/xinwen/2021-02/25/content_5588869.htm。

星的精彩演绎广受好评，被认为是"山海相逢，史诗再生"[1]。下面从社会治理和发展传播学的角度把这部剧放在当代中国文化与社会史的脉络下来解读，主要有三个层面：一是探讨《山海情》与80年代形成的路遥式的乡村书写之间的辩证关系，《山海情》既延续了这种现代化视角下的乡村叙事，又从国家发展的角度改写了这种传统；二是从这部剧中反思中国脱贫攻坚的治理经验，这些逆向流动的主体（下乡干部、技术专家、乡村教师等）、依靠行政力量动员基层群众整体搬迁和易地重建以及东部发达地区帮扶西部地区等都是有中国特色的扶贫实践，与中国革命和社会主义现代化建设的历史经验有着密切关系；三是发展传播学关注传播在推动国家现代化过程中所发挥的作用，这种用现实主义题材影视剧来表现脱贫攻坚的政策就是一种发展传播学，只是与这种携带着发展主义意识形态的传播学不同，中国的主题创作影视剧更强调用影视等文化传播手段介入社会建设，这种积极参与式的宣传模式来自根据地时代，是一种第三世界国家现代化过程中形成的发展传播经验。20世纪中国积累了丰富的现代化经验，如何把这些经验变成有主体性的中国故事，需要文艺工作者深入生活，从中国革命和改革内部来总结中国实践。

20世纪的中国故事主要以乡土中国为核心展开，从传统到现代、从乡村到城市是中国追求现代化转型的重要任务。从五四时代开始，中国被指认为乡土中国，到三四十年代中国共产党领导新民主主义革命对乡村空间进行社会和政治改造，再到七八十年代之交新的现代化图景展开。可以说，改变乡村和农民的命运是20世纪中国革命和改革的基础。一百余年，在中国现当代文化史中大致形成了四种乡土书写的模式。

第一种是发现乡土，把乡土书写为他者之地。五四时期，在西方、现代和城市的位置上指认中国为落后的、非现代的乡土文明，出现了最早的乡土文学和农村研究。在文学上，主要是鲁迅的"故乡"模式和沈从文的"湘西"模式，前者是把乡土中国指认为需要被打碎的"铁屋子"[2]，后者是把故乡变成原生态的、浪漫的空间。同样都是现代视角下的传统乡村，但对乡村的态度不同，鲁迅是站在现代、启蒙视角来批判乡村的封建性和压迫感，沈从文则把乡村表现为现代之外的诗意之所，是女性化的、自然化的空间。与这种文学化的故乡相

---

[1] 毛尖：《山海相逢，史诗再生》，微信公众号"保马"，2021年3月8日，https://new.qq.com/rain/a/20210308A0191Y00。

[2] 张慧瑜：《异乡人与"少年故乡"的位置——对鲁迅〈故乡〉的重读》，《粤海风》2009年第5期，第60—65页。

伴随的是社会学科视野下的两种中国农村形象：一种是西方社会学、人类学视野中的乡村，如写作《江村经济》《乡土中国》的社会学家、人类学家费孝通把乡村作为研究中国社会的最小社群，从经济、宗教、礼俗等层面勾画中国乡村的社会结构；另一种是马克思主义学者从政治经济学的角度研究中国农村问题，把农村作为遭受资本主义、封建主义双重压迫的空间，集中体现在二三十年代中国社会性质、社会史和农村社会性质的论战[1]。不管是文学中的乡村，还是社会学科视角下的乡村，中国都是一个非城市的、非现代化的乡土中国。

第二种是走向民间、参与和改造乡土社会，这是二三十年代以晏阳初、梁漱溟、陶行知等为代表的知识分子从不同立场发起的乡村建设运动，通过非政府的民间社团和协会对乡村进行文化、社会、教育等方面的改造，来缓和30年代世界经济危机对中国农村造成的破坏和影响。与此同时，中国共产党开辟根据地建设，通过土地革命、农村包围城市、武装夺取政权的方式来完成对农村的社会、政治和经济的改造。在这场彻底改变农村结构的新民主主义革命中，形成了以农村为主体的革命叙事。这些农村题材的社会主义现实主义作品有四个显著特征：一是以一个村庄的变化作为中国的隐喻，从乡村内部展开的叙述，如丁玲的《太阳照在桑干河上》、赵树理的《三里湾》等[2]；二是故事的主线是土地改革、阶级斗争和农业合作化道路等政治、经济议题，叙述的起点经常是干部和知识分子组成的工作队从外部来到村庄开始，如周立波的《暴风骤雨》等；三是鼓励青年人扎根农村，重点呈现农业生产、集体劳动的场景，对未来的共产主义社会充满期待，如柳青的《创业史》、浩然的《金光大道》等；四是这些文学艺术作品参与到同时期进行的政治、社会实践，是文艺介入政治、文艺成为社会治理的中介。这些以乡村为主体、以农村社会主义革命为内核的作品在50年代到70年代又被称为人民文艺，代表着一种特殊的乡村现代化的尝试。

第三种是离开乡土、走向城市，这是七八十年代之交改革开放时代形成的现代化视角下的乡村叙事，农村再度成为五四时代的落后空间，是需要被启蒙的地方，也是被现代化、城镇化抛弃和淘空的对象。在这种从50年代到70年代的革命乡村叙事向80年代的现代化乡村叙事转型的过程中，出现了以路遥为代

---

[1] 周展安：《农民问题、生产关系论与中国革命的政治经济学脉络——中国社会性质问题论战的思想和政治动能》，《中共党史研究》2021年第1期，第61-81页。

[2] 贺桂梅：《书写"中国气派"：当代文学与民族形式建构》，北京大学出版社，2020，第71-138页。

表的发展主义乡村故事。路遥的文学带有双重性，一方面路遥的书写是对赵树理、柳青等现实主义文学传统的继承，延续了人民文学以乡土为主体的叙述模式，另一方面又代入了现代化和发展主义的维度。在《人生》《平凡的世界》等作品中，农村的形象既是温暖的、坚实的、浪漫的、劳作的大地，也是贫穷的、落后的、没有希望的欠发达空间，因此，离开农村、走向城市成为路遥笔下农村青年们最大的梦想。"进城"的方式主要有两种：一是通过接受教育、读书获得学历，完成从农民向知识分子或者干部身份的转变，如《人生》中的高中生高加林一心想进城成为干部；二是以招工的方式进工厂或者进城打工，如《平凡的世界》中高中毕业的孙少平最终到国营煤矿当了工人。有趣的是，在路遥的小说中经常会采用浪漫主义文学的"灰姑娘"模式，让高阶层的女性爱上低阶层的男性来实现阶层的逆袭，这是一种特殊的男版"灰姑娘"的故事。

第四种模式是城乡互助的乡村叙事。新世纪以来，随着中国经济崛起和工业化水平提升，出现了工业反哺农业、城市支持乡村的逆城市化趋势。从2005年党的十六届五中全会提出推进社会主义新农村建设、2006年取消农业税到2010年新型农村合作医疗制度基本覆盖全国农村居民，从2017年党的十九大提出乡村振兴战略到2021年中国脱贫攻坚目标如期完成、国务院扶贫办更名为国家乡村振兴局，国家出台了一系列促进农村社会建设、绿色生态可持续发展的乡村现代化政策，在这种背景下，乡村不再是城里人眼中的"诗和远方"，而是城乡融合、人与自然和谐发展的现代空间。

电视剧《山海情》讲述的就是这种城乡互助、东西部协作扶贫的农村发展，表面上看起来这是一个贫困乡村如何发家致富的故事，但是这个故事呈现了改革开放的另一重面向。对于缺少各种资源、自然环境差的宁夏西海固地区来说，恰好是80年代以来无法像沿海地区那样实现经济发展，不是"先富的地区"，在这种背景之下，《山海情》呈现了中国经济发展的另一种经验，就是欠发达地区借助国家、地方行政资源完成自身发展的机制。在叙事模式上，《山海情》回收和改写了80年代启蒙视角下的乡村故事。与《平凡的世界》中孙少安、孙少平兄弟一样，《山海情》也有马得福、马得宝兄弟，考上农校的马得福与李水华的恋爱关系也像《人生》中高加林与农村姑娘刘巧珍的设定。《人生》《平凡的世界》中农家子弟渴望城市、现代化，《山海情》里的年轻人也向往外面的世界。在电视剧的第一集马得宝带着几个小伙伴和逃婚的李水华一起"私奔"，就像80年代的经典短篇小说《哦，香雪》一样，火车是现代文明的使者，马得宝们去看火车，尝试登上火车，离开贫瘠的家乡，到远方寻找未来，这种落后农村与发达城市（外部世界）的想象是典型的80年代的文化空间隐喻。

从这些都能看出《山海情》与以路遥为代表的80年代乡土文学的呼应关系，但是，《山海情》的不同之处在于：第一，国家和政治组织视角的出现。电视剧的第一集就是马得福陪着扶贫办主任张树成返回涌泉村，马得福虽然像80年代的高加林那样，农校毕业后成为县城干部，但他没有留在县城工作，而是被借调到扶贫办，成为一名下乡的扶贫干部，后来长期担任闽宁村的党支部书记。自此之后，马得福成为带领、动员村民搬迁、致富的基层干部。这种从县城到乡村的返乡模式又回到了周立波、赵树理和柳青的传统，一个土改干部或者知识分子从外部进入乡村，成为改造乡村社会的组织者和中介。第二，贫困的原因不同。80年代以来有两种贫困，一种是落后的、未发展的偏远地区，二是经济发展不平衡制造的贫困，城乡发展速度不同，城市把农村淘空，城市越发展，农村越贫困。剧中所采取的是第一种贫困，涌泉村是一望无际的、自然环境恶劣的戈壁滩，这种自然、地理原因带来的天然贫困，采取的致富策略也是村庄整体移民和搬迁，改变不适宜的生存环境。第三，发展理念不同。80年代以来经济发展也有两种思路，一是80年代通过发展乡镇企业，实现在地现代化，二是90年代农村的劳动力和资源向中心城市集中。这部剧采用的是第三种方式，是依靠中央和地方的行政力量，从优势地区向欠发达地区输血，这是一种非市场化的逆向调配资源的模式。在这个意义上，《山海情》用路遥的乡村叙述讲述了一个新的发展、改革和现代化的故事。电视剧的结尾，年轻人都长大了，拥有了自己的事业和家庭，变成了城里的中产阶层，曾经被抛弃的家乡也没有变成荒漠或者废墟，而成了绿色生态的海洋，这一方面以一个村庄为代表显示了贫困地区/西部脱贫攻坚的成功，另一方面也暗示着百余年的乡村中国有了一个曲终奏雅的光明结尾，不再是鲁迅式的铁屋子和路遥式的城乡焦虑，而是一种已然实现了现代化的中国，这是一种新的中国经验。

第三节 逆向流动的主体与扶贫攻坚的中国经验

《山海情》主要讲述宁夏贫困地区西海固涌泉村90年代以来在政府号召下易地整体搬迁并在福建省对口支援下脱贫致富的故事。这种以一个村庄为叙述主体的模式来自人民文艺的传统，涌泉村既是中国的基层单位，也是当代中国的隐喻。这种从戈壁滩的涌泉村到绿意盎然的闽宁村的"山乡巨变"，是通过艰苦卓绝的扶贫攻坚工作来完成的，从中可以看出丰富的社会治理经验。

这种中国式扶贫的经验是为了解决中国现代化过程中区域发展不平衡的问题，而解决方法延续了中国革命中积累的群众路线和有组织化的基层建设的经验。《山海情》主要反映了两种扶贫政策：第一种是地方政府进行易地搬迁、整体安置，体现在涌泉村从大山里搬到更适宜发展也靠近城市的平原地带，这需要地方政府协调各种资源才能实现；第二种是东部发达地区对口支援西部地区，这需要中央政府协调全国资源，让先富起来的区域带动后富的区域，90年代福建省对口支援的是西部的宁夏回族自治区。这样两种政策都依靠地方和中央政府的行政和组织能力，这是一种有中国特色的政治介入经济、社会发展的制度。随着七八十年代之交农村地区在政治上从政社合一的人民公社制度向政社分开的乡镇政府制度转型，在经济上从集体化、组织化的乡村经济模式转变为以家庭联产承包责任制为基础的小农经济模式，乡村社会的行政力量逐渐从经济领域退出，这某种程度上造成90年代面对以城市为中心的现代化，乡村基层权力开始弱化，乡村社会也处在人才、资本流失的状态。与这种状态不同，《山海情》呈现了组织化、行政化力量对农村社会的改造。这主要体现在两个方面：一是基层干部用政治的方式恢复基层社会治理，二是逆向流动的主体把资源回流到乡村。

首先，通过组织化的力量来建设乡村社会。相比路遥式的乡村叙事把个人的进城作为现代化和进步的象征，那么《山海情》所选择的是村干部带领群众发家致富的道路。剧中最重要的基层干部是男主马得福。马得福既是80年代走出农村的高加林，又是返回农村成为扶贫干部的返乡青年。中国的干部不是一般的科层制官僚或者专业主义的职员，他们通常具有这样几个鲜明的特征：一是大多拥有共产党员的政党身份；二是具有一专多能的综合素质，既有专业技能，又是各项全能，即便是村主任也能管理社会生活的方方面面；三是干部是落实党的政策的执行人，也是解决人民实际问题的能人，遇到问题时既能坚持原则，又能掌握灵活性；四是干部要全心全意为人民服务，不能为自己谋私利，老百姓的口碑是最重要的评价，如剧中意外去世的扶贫干部张树成，没有用自己的权力为家人提供帮助，其儿子还是临时工，这就是百姓眼中的好干部。涌泉村脱贫的第一步是动员村民搬迁，这对于扶贫干部马得福来说不是一件容易的事情。在村民从吊庄移民点逃回来、完不成移民指标的背景下，扶贫主任张树成和马得福主张召开村民大会，用动员会的方式再次向群众宣传移民搬迁的重要意义。在会议之前马得福说服做村主任的父亲来想办法，而父亲的办法是做老村主任的思想工作。在群众大会上，村里具有道德威望的老村主任主动参加移民搬迁，在老村主任和马得福父亲的模范带头作用下，移民搬迁指标顺利完成。在村民搬到吊庄村之后，吊庄村的重建既涉及通水通电、开荒浇地等日常生产和生活，也涉及帮助村民发家致富的问题，在福建扶贫副县长陈金山的帮助下，村民通过养殖蘑菇来致富。还有一次村民大会是动员剩余的村民整体搬迁到闽宁村，因为要抛弃祖坟和世代居住的地方，这遭到村庄老人们的抵制，马得福的做法依然是求助于父亲，父亲讲述了涌泉村两大家族本土李氏与外来的马姓之间融合相处的故事，马得福通过耐心说服李氏辈分最长的老人，为了年轻人获得更好的未来，老人们同意搬迁。这种村干部组织、村民参与讨论的大会形式，是政治说服和民主化的过程，这种群众大会的模式来自根据地时期，是中国共产党在农村包围城市的革命斗争中摸索出来的群众路线的工作方法。而遇到困难和危险，党员、干部主动带头也是基层群众动员经常采用的办法。在这个过程中，马得福作为基层干部的中介意义非常重要，他是上级政策能否落实的关键，也是村民意见及时向上级反映的代表，马得福需要细致入微地向群众说服国家政策，也需要向上级软磨硬泡以获得政策支持。

　　其次，借助组织力量完成社会资源配置的逆向流动。流动是社会学的经典主题，一般指社会阶层和人员的流动，主要是从底层向上层、从农村向城市的正向流动，这是"水往低处流，人往高处走"的社会法则，也是个体改变命运、实现城市梦的现代故事，但是在《山海情》中出现了"逆向流动的主体"，如携带着行政、科技、文化、教育等资源的扶贫干部、下乡干部、科技知识分子、乡村教师，他们从城市、东部逆向流动到乡村和西部，这种反发展主义的流动方式弥补了城乡、东西部的差距。第一类逆向流动的主体是扶贫干部、驻村干部、下乡的基层干部，最典型的就是马得福。第二类是掌握科技、农业技术的专业知识分子。剧中福建干部陈金山请在宁夏做菌草科研项目的专家凌一农传授双孢菇种植产业技术，一开始对蘑菇不熟悉的农民并不敢尝试种植，《山海情》详细展示了农民接受这种新技术的过程。种植前掌握先进技术的专家免费提供技术支持，种植后也提供技术指导，给农民解除了不懂专业技术的后顾之忧。村民也不愿意贷款种植，害怕承担风险，马得福采用的办法是动员自己的弟弟马得宝和好朋友李水花先来种植，他们起带头作用。在种植过程中，分散经营的小农无法抵御市场带来的不确定性风险，出现了价格波动，这会伤害种植户的利益和种植积极性，这也需要马得福、凌一农动用行政资源来帮助种植户打通销售渠道，为小农经济提供技术和行政保护。蘑菇种植就体现了"输血式"扶贫向"造血式"帮扶的转变，让基层群众掌握内生性的专业技术。这种组织、技术与群众的结合是一种中国式的技术推广经验。第三类逆向流动的主体是教育工作者。剧中有一位小学教师白老师，作为一位知青，他劝说学生读书，通过考学来改变命运。他在涌泉村培养了无数学生，虽然是涌泉村的外乡人，但是白老师受到百姓尊敬。作为乡村知识分子，白老师把现代知识、文化传授给贫困地区的孩子，他的作用不仅是知识的传授者，也是很多事件的协调者，包括青年人的人生选择，也会找白老师商量。正是白老师以及不断支教的青年大学生，使得基层也有知识分子，这是改善乡村文化环境的重要力量。

正是一代又一代成千上万逆向流动的知识分子成为城乡互助、信息普及、文化共享的中介，缓解欠发达地区缺乏现代化信息的困境，向资本、技术稀缺地区"逆向"传播现代化知识，这是中国在现代化发展中形成并延续至今的社会制度，是一种低成本的中国式现代化的经验。这些逆向流动的知识分子主体来自20世纪中国革命的传统。在20世纪二三十年代，中国革命从城市转向偏远的、落后的乡村地区去创建根据地。面对非现代、非城市、没有现代技术，也没有现代文化的农村地区，中国共产党及其追随者一方面在乡村社会发动土地革命，让农民完成经济和社会翻身，另一方面用扫盲、教育等方式使农民实现政治和文化翻身，也就是翻心。然后再借助群众路线、群众运动，使得这些落后的、愚昧的主体组织成有政治意识、社会意识的主体，这成为中国革命成功的关键，在这个意义上，解决农村贫困、农民贫穷问题，也是中国革命的初心。新中国成立之后，广大区域依然是一穷二白的乡村，这就需要不断地把资源、人力等从中心城市向乡村地区进行逆向流动，如遍布城乡的电影放映员和邮递员，实现了把文艺、信息等传播给普通民众的制度安排，包括鼓励大学生到农村、到边疆、到祖国最需要的地方去。这些流动的主体又形成另一种主体状态，就是培育扎根基层的知识分子，也就是如下乡干部、下乡文艺工作者、知识青年、邮递员、电影放映员、赤脚医生、代课老师、基层通讯员、技术员等来自基层、服务基层的科技、医疗、文化工作者。正是这些知识分子的逆向流动成为城乡互助、信息普及、文化共享的制度基础，"将非现代的群众社会化、主体化，使其成为理性的、现代的主体"[1]，这些都是中国在现代化发展中形成并延续至今的社会制度。在2015年的脱贫攻坚战中，有超过1800人牺牲在基层，正是这些逆向流动的主体使得信息、文化、技术与基层群众产生密切的互动，这就是一种有中国特色的发展经验和中国式的扶贫模式。

---

[1] 张慧瑜：《触摸二十世纪的基层传播文化经验线索》，《社会科学报》2020年2月13日，第6版。

第四节　典型报道、现实主义题材与发展传播学

如果说这部剧表现了中国式扶贫和发展的故事,那么这部剧所采用的现实主义叙事模式也是一种有中国特色的发展传播学。发展传播学兴起于20世纪五六十年代,是以美国为代表的发达国家把大众传媒作为实现现代化的媒介基础,特别是第三世界国家需要大力借助大众传媒来传播现代化的、发展主义的理念,以促进自身从欠发达的、落后的状态也完成向发达国家一样的现代化。

发展传播学的出现有三个背景:一是二战之后,面对第三世界国家获得民族解放和国家独立,发展成为这些新兴国家完成现代化转型的关键,为了回应以苏联为代表的通过社会主义革命来完成国家现代化的路线,美国社会学家提出了用和平、改良的发展主义的方式来实现现代化的路线,发展传播学也是一种"作为意识形态的现代化"[1];二是这种以西方发达国家的经验为基础总结的发展传播学,回避了殖民主义、帝国主义的现代资本主义历史,一方面把现代化"中性"化为一系列衡量国家、经济、社会的客观指标,另一方面把西方发达国家的现代化经验普世化,认为第三世界国家也能学习发达国家的经验,这正是世界体系理论和依附理论试图揭示的"真相",发达国家的发达是以欠发达国家的不发达为前提的,或者说欠发达国家虽然获得了国家独立,但在经济、文化上依然与前殖民地国家有主动和被动的依附关系;三是发展传播学凸显技术和现代媒介在现代化过程中所具有的中介性,如电影、电视等现代媒介向落后地区和人传播技术。发展传播学的代表作罗杰斯的《创新的扩散》讨论的就是农业技术推广的问题,通过农业技术的传播来帮助非洲等落后国家完成现代化转型,特别探讨现代技术被农民接受的问题,使用了哪些传播模式和传播技巧,如分析"埃及村庄饮用纯净水的研究""哥伦比亚农村的农业创新－扩散研究""在多米尼加共和国建立光伏扩散网络""埃及婴儿脱水夭折事件"等案例[2]。从这里看,《山海情》也是一种发展传播学,是用电视剧这种大众媒介来推广发展的理念,而且从《山海情》中可以看出很多技术推广、政策扶贫等多

---

[1] 王维佳:《社会发展视角下的健康传播——重访20世纪"第三世界"的历史经验》,《兰州大学学报》(社会科学版) 2020年第2期,第58-67页。

[2] E.M.罗杰斯:《创新的扩散》(第五版),唐兴通、郑常青、张延臣译,电子工业出版社,2016,第109-357页。

重方式来改善贫困地区的经验。但是与这些相信新技术、现代理念向落后地区扩散的发展主义专家不同，《山海情》的发展经验来自中国20世纪革命与改革的历史，是一种借助政党、国家等组织力量和"逆向流动的知识分子"等措施来完成的普惠式发展。不是技术专家凌一农直接向农民传播先进技术，而是依靠一系列中介，如福建扶贫副县长陈金山、基层干部马得福和乡村教师白老师。如果没有这些基层干部以及在地的知识分子组织群众、与群众一起谋发展，是很难实现村民整体搬迁和易地社会重建的。

《山海情》的剧本来自真实的扶贫案例，是主创团队根据在宁夏西海固地区实地调研的素材创作而成。宁夏永宁县有一个闽宁镇，是西海固贫困群众90年代移民搬迁到贺兰山脚下，在福建对口支援下完成了荒滩改造和家园重建的地方。剧中的很多角色都有原型，如扶贫干部张树成的原型是闽宁镇党委书记李双成，在工作途中遭遇交通事故以身殉职；姚晨扮演的吴月娟的原型是福建省扶贫办主任林月婵，从1997年开始到2007年退休一直负责闽宁协作工作，40多次到宁夏，亲身经历了移民吊庄、坡改梯、井窖建设、劳务输出、菌草推广、联办医院、援建学校等每一个福建援宁项目，就连每一批援宁挂职干部也由林月婵送去和接回；还有农业专家凌一农的原型是福建农林大学的专家林占熺，菌草技术发明人，被誉为"世界菌草技术之父"，攻克"菌林矛盾"，研究菌草生态治理，把菌草技术推广到全国各地和世界上一百多个国家，2021年被授予"全国脱贫攻坚先进个人"称号；马得福的原型是闽宁村第一任村支书谢兴昌，剧中住地窝子、蘑菇滞销等情节都是谢兴昌的真实经历。这种以典型人物和事迹为原型进行主题剧创作是一种现实主义文艺创作的模式。

典型本来是文学批评的术语，如现实主义文学创作的基本原则是恩格斯所总结的"真实地再现典型环境中的典型人物"[1]，赵树理、柳青、路遥等都是现实主义文学创作的代表作家。这种文学创作领域的典型性在新闻领域同样存在，在党报、党刊等党媒中也把抓典型、塑造典型作为主题报道的重点。与之类似，现实主义题材影视剧也通过塑造典型人物进行文化宣传。之所以在新闻和文艺领域强调这种典型性报道和创作有两个目的：一是对典型人物和事例进行表彰和表扬，如把英雄、模范变成新闻报道、文学作品或影视剧；二是把典型人物、事迹作为示范来推广，具有社会治理功能。在这里，文学、影视都参与到新闻宣传中，是重要的传播媒介。这种典型性的新闻报道、文学创作和影

---

[1] 中共中央马克思恩格斯列宁斯大林著作编译局编《马克思恩格斯选集》（第4卷），人民出版社，1972，第462页。

视剧创作有这样几种特征：一是，树立典型是为了政策宣传，树立典型的意义是让群众更好地理解党和国家的政策。在革命年代，文学是最具有大众效应的传播媒介，现实主义文学成为重要的宣传手段；在50年代到70年代，电影作为群众喜闻乐见的艺术，那些表现工农兵基层生产和生活的故事成为电影宣传的重心；80年代以来，电视剧是最具大众性的媒介，这些现实主义电视剧也被作为重要的宣传方式。二是典型来自基层和地方经验，把这种地方经验抽象化为一种具有典型性的样板，是传播和推广一种制度经验，典型性带有地方治理的作用。三是寻找典型、树立典型，往往需要新闻记者、作家、编剧"身体力行"，到基层了解真实情况，对于记者而言是下基层，对于作家来说是深入生活，对于编剧来说是体验生活，这既是一种与社会学家、人类学家类似的田野调查和民族志式的工作，也来自中国共产党的群众路线的传统，是"从群众中来，到群众中去"和"没有调查，没有发言权"的实地调研精神的体现。

这种典型报道和现实主义文学、影视剧都是让新闻、文艺更主动地介入、参与到现代化实践和经济发展中，这是一种中国式的发展传播学。而新闻记者、作家、编剧所采取的这种实地调研式的写作方式，也是一种新闻、文艺的逆向流动，通过向偏远的乡村、边缘地区流动来完成对这些区域的新闻、文艺的再现，进而传播这些偏远地区的发展经验，从而实现用文艺、文化来推广中国经验的功能。另外，电视剧《山海情》的出品方是拍摄制作过《北平无战事》《琅琊榜》《伪装者》《欢乐颂》《大江大河》《都挺好》《清平乐》《我是余欢水》等精品剧的东阳正午阳光影视有限公司，邀请民营公司参与到"理想照耀中国"的主题创作，也是一种用市场化的机制完成主旋律题材的生产。与50年代到70年代所采用国家出资、国家组织文艺生产的宣传模式不同，这种国家宣传与民营影视公司结合的文艺生产方式，更有助于实现社会效益与经济效益的统一。

现代化是20世纪中国从传统社会向现代社会转型的核心命题，也是很多发展中国家尝试解决贫困落后状况的重要方式。关键问题不是要不要现代化，而是哪种发展模式更符合每一个国家的国情。面对已经完成现代化的发达国家和既有的国际秩序，发展中国家面临更多困境，甚至国家发展失败的例子在亚非拉地区成为一种常态。中国在20世纪历史中积累了丰富的发展经验，主动或被动地探索出一条适合中国国情的、自力更生与对外开放相结合的、以内生性发展为主的现代化之路，尤其是依靠政党组织和国家协调的力量来追求一种普惠性的、人民共享的现代化，这就包括借助行政力量在人力、物力等方面协调城乡、东西部的不平衡发展等扶贫攻坚的特殊制度安排，这种欠发达地区整体脱贫的中国方案其实是一条更适合第三世界国家的现代化道路。因此，文艺工作者需要有足够的自信和敏感来发掘和总结这些中国经验，这不仅是一种特殊的、独特的中国式发展故事，对于发展中国家来说也具有一定的普遍性。

第四章　基层传播的理论来源与历史实践

基层传播是在基层空间展开的传播活动，是中国在根据地时期（1927—1949）形成的服务于群众宣传和社会动员的传播实践。直到今天，在基层社会依然存在着丰富的基层传播，如随处可见的电子黑板报、电子宣传栏、墙面标语和街头口号，又如在国家机关、企事业单位中有行业报、广播站、电视台等基层化的大众媒体。在新冠疫情防控的时代，乡村广播和大喇叭重新被"唤醒"，成为农村公共卫生防疫的基层媒体。而在常态化的疫情管理中，"群防群治、联防联控"是基层疫情管理的制度基础，这种把群众组织在基层以及基层与基层之间彼此联动的网络结构，都来自根据地时期把农村"基层化"的传统。换句话说，并非互联网时代才出现自媒体、用户生产内容、平台化媒体、互联互通等数字传播现象，在20世纪中国革命和改革实践中，为了组织和动员群众参与社会建设，形成了媒体深入基层、现代信息下沉到基层的传播机制，如宣传队、基层通讯员、流动电影放映队、乌兰牧骑等文化宣传制度。这种"从群众中来，到群众中去"的组织化、群众化和基层化的传播实践就是基层传播。基层传播的兴起需要对传播内容（现代知识）、传播主体（知识分子）、传播媒介（都市化媒体）和传播受众（群众）等四个传播学要素进行改造，使其适应欠发达的农村和非现代的农民的需要。可以说，基层传播的理论来源于1942年进行的《解放日报》改版和《在延安文艺座谈会上的讲话》（简称延安"讲话"）这两个在新闻、文学领域展开的整风运动，奠定了"全党办报，群众办报"的党报理论和工农兵文艺/人民文学的理论基础[1]。本文结合具体的基层传播实践来呈现传播内容、传播主体、传播媒介和传播受众的重塑过程，主要分析四个问题：一是从宣传角度理解《解放日报》改版和延安"讲话"；二是《解放日报》

---

[1] 基层传播的实践在《解放日报》改版和延安"讲话"之前就存在，从苏区、长征，再到抗战时期敌后的晋察冀和晋冀鲁豫根据地等都展开了广泛的群众宣传活动，但是1942年新闻、文学这两个领域的"整风运动"对这些实践做了理论总结，使其成为更自觉的、常态化的宣传制度。

改版和延安"讲话"对新闻、文学等现代媒介的改造；三是逆向流动的知识分子不仅是信息传播的信使，也是深度参与基层建设的代言人/中介者；四是这种对媒介和主体/人的双重改造所形成的基层传播的历史启示。

第一节　从宣传角度理解《解放日报》改版与延安"讲话"

中国共产党作为列宁主义式政党，有三个典型特征：一是高度的组织性，建立了以基层党支部为基础的组织化、纪律性的政党；二是高度的宣传性，重视宣传工作，把宣传员和思想教育作为组织建设的基础；三是高度的群众性，形成了"从群众中来，到群众中去"的群众路线传统。中国共产党自诞生以来，就把宣传作为政治工作的核心，在党史中有"先有报，后有党"的说法[1]。从五四新文化运动时期借助《新青年》《每周评论》等现代大众媒介进行政治宣传和思想动员，到1927年从城市转向农村开启了在农村根据地进行军事游击战、社会建设和文化宣传的实践。这种从现代空间到非现代空间的转换面临着三个挑战：一是，相比都市拥有现代化的大众媒介，农村始终面临资本、技术、人才的多重匮乏；二是，都市的、现代的知识/文化如何传播到农村，需要解决媒体和传播主体朝向基层的问题；三是，面对非现代、非都市的农民受众，他们如何成为大众媒介的主体是实现革命从翻身到"翻心"的关键。在这种背景下，中国共产党形成了深入群众、把农村"基层化"的新闻传播实践经验。

在1927年大革命失败的背景下，中国共产党重建了更为组织化的宣传系统。"强调只有说服群众才能领导群众，只有说服群众才能取得群众"的宣传路线[2]，党和群众不是命令式的关系，而是说服与被说服的柔性政治。1928年10月1日的《中央通告第四号——关于宣传鼓动工作》中指出"在党内宣传方面，要求从上至下（从中央以至支部）建立经常的宣传鼓动工作，建立并强健各级党部的宣传机关（上级党部设宣传部，下级党部设宣传科或宣传干事）"，"使支部成为党内以及对于群众宣传鼓动工作的基础"，1929年6月，中共六届二中全会通过《宣传工作决议案》，要求"每个支部必须有专门的宣传干事"[3]，

---

[1] "先有报，后有党"是指1921年中国共产党诞生之前，所从事的通过《新青年》(1915年)、《每周评论》(1918年)、《共产党》(1920年)等报刊进行的理论、宣传活动。

[2] 中共中央宣传部：《中国共产党宣传工作简史》，人民出版社，2022，第55页。

[3] 中共中央宣传部：《中国共产党宣传工作简史》，人民出版社，2022，第55-57页。

这使得宣传工作成为基层党支部的职责，并用党的基层组织来进行组织化传播。1928年10月，中共湘赣边界第二次代表大会，毛泽东起草决议案，指出"共产党是要在左手拿宣传单，右手拿枪弹，才可以打倒敌人的"[1]，口头演讲、标语口号、群众大会、军民诉苦大会等都成为井冈山、苏区广泛开展的基层宣传活动。1931年1月，中共中央政治局通过《关于党报的决议》，党报必须成为党的工作及群众工作的领导者，成为群众的组织者。1931年4月，中共中央发布《关于苏区宣传鼓动工作的决议》，指出各苏区中央分局"必须创办一种党的与苏维埃的机关报"，同时对设立工农通讯员与读报小组、创办当地小报、建立出版部和编辑通俗小册子、设立党校、在红军士兵和白军士兵中的宣传鼓动等工作提出了明确要求[2]。1933年6月，毛泽东在《查田运动的群众工作》中指出，为发动广大群众积极参加，首先要做宣传，"第一口头讲话，第二贴布告，第三写标语，第四出传单，第五演新剧，第六墙报上做文章"[3]。1927年至1937年，苏区创办的报刊近300种。

经过苏区、长征和抗战时期的救亡宣传活动，20世纪40年代初期，陕甘宁边区发起了延安整风运动。1941年5月19日毛泽东在延安高级干部会议上作《改造我们的学习》的报告，1942年2月1日在中央党校开学典礼（中央宣传部干部会议）上作了《整顿学风党风文风》（后改为《整顿党的作风》）的报告，2月8日在中央宣传部召集的干部会议上作了《反对党八股》的报告，这三篇报告成为全党整风运动的理论基础。整风运动是抗日战争时期展开的党内马克思列宁主义教育运动，其核心任务是"反对主观主义以整顿学风，反对宗派主义以整顿党风，反对党八股以整顿文风"[4]。整风运动带来三个后果：一是，在抗日战争时期，中国共产党逐渐完成从阶级革命向民族解放与阶级革命双重任务转变的政党，这从毛泽东的《中国共产党在民族战争中的地位》《中国革命和中国共产党》《新民主主义论》等论著中能看出；二是，通过对主观主义、宗派主义的批判，完成"马克思列宁主义的普遍真理和中国革命的具体实践日益结合"[5]，这也是马克思主义中国化的理论自觉；三是，主观主义、宗派主义的表

---

[1] 中共中央宣传部：《中国共产党宣传工作简史》，人民出版社，2022，第60-61页。

[2] 中共中央宣传部：《中国共产党宣传工作简史》，人民出版社，2022，第71-72页。

[3] 中共中央宣传部：《中国共产党宣传工作简史》，人民出版社，2022，第69页。

[4] 毛泽东：《整顿党的作风》，载《毛泽东选集》（第三卷），人民出版社，1991，第812页。

[5] 毛泽东：《改造我们的学习》，载《毛泽东选集》（第三卷），人民出版社，1991，第795页。

现形式是"党八股","反对党八股"如同五四新文化运动用白话文反对文言文,改变主观主义、宗派主义的党风、文风和学风,"代之以新鲜活泼的、为中国老百姓所喜闻乐见的中国作风和中国气派"[1]。也就是说,整风运动反对马克思主义的教条主义,提倡对中国实际进行调查研究,形成民族化、大众化和中国化的党风。

延安整风运动期间,1942年3月在新闻领域展开《解放日报》改版和5月在文学领域发表《在延安文艺座谈会上的讲话》,这两个事件是对新闻、文学/文艺领域的改造,使其适应农村根据地的环境。这两个事件对"全党办报""群众办报"的党报党刊理论和工农兵文艺、人民文艺产生了重要影响。在此前的学术研究中,学者都把党报党刊的理论和工农兵文艺的起点追溯为这两次历史事件,新闻领域认为《解放日报》改版确立了党报党刊的基本原则和政治规范,文学领域认为延安"讲话"建立了延续到新中国的社会主义文学制度。很少有研究把这两个先后发生的事件结合起来思考,作为一种有着内在关系的彼此联动的事件[2]。这主要有两个原因:一是对于《解放日报》改版和延安"讲话"的研究分属两个不同的领域——新闻和文学,学科之间存在着边界和隔阂,这恐怕只是表面原因;二是笔者认为更重要的原因是缺乏宣传的视角,20世纪80年代以来很少从宣传角度理解文学,把文学作为与新闻类似的宣传媒介。对于宣传有两个态度:一是认为宣传是思想启蒙,用文化、媒介来实现政治理念的传播,二是认为宣传是洗脑、灌输,是让受众去主体化的手段,前者是从政治的角度理解宣传,后者是冷战时代资本主义阵营对社会主义宣传的污名化。宣传是一种有组织化的传播活动,在战争等特殊时期,宣传战是服务于国家的舆论战。从宣传的角度而言,这场在新闻领域和文学领域发生的"整风运动"是有内在联系的,具有相似的历史和理论逻辑,在2022年出版的首部《中国共产党宣传工作简史》中把这两个先后发生的事件作为整风运动的重要组成部分。可以说抗战时期中国共产党对新闻、文化系统的整改,使得党报党刊完成服务政党宣传的任务,也使得文学等文艺活动参与、组织到宣传工作。这种对新闻、文化领域的改造是"意识形态再生产"领域的调整,使其适合根据地时期的思想和文化动员,与军事、政治斗争更密切地配合起来。

本章从基层传播的角度来理解根据地时期的宣传活动,把这种扎根基层的

---

[1] 毛泽东:《反对党八股》,载《毛泽东选集》(第三卷),人民出版社,1991,第844页。

[2] 李海波:《新闻与文艺的合题:延安〈解放日报〉改版座谈会考论》,《新闻与传播研究》2022年第6期,第5-21+126页。

宣传命名为"基层传播"现象。简而言之，基层传播是一种在基层进行的传播活动，是用新闻传播来参与基层政治、社会建设。这涉及两个最简单、最基础的问题：一是基层的媒介有哪些，或者说现代大众媒介如何下沉到基层；二是谁在基层从事传播活动，谁是使用这些基层媒介的主体。《解放日报》改版和延安"讲话"回答了这些问题：一是对新闻领域的改造，改变党报党刊的都市属性，使其成为宣传党的政策与反映群众生产、生活的媒介平台，确立党性和人民性是党报党刊的基本属性。在新闻生产上，不仅强调记者经常下基层，而且建立基层通讯员的网络，让群众成为写稿的主体。正是通过干部写稿、群众写稿等"全党办报，群众办报"的理念改变了大众媒介的单向度传播，使报纸这一传统媒体具有了平台性和互动性。二是对文学/文艺领域的改造，使得文学、文艺变成宣传媒介，让文艺创作从为大都市的市民读者服务变成为根据地的工农兵群众服务，一方面文艺工作者要像记者一样下基层、参与基层建设，另一方面提倡用典型论的方式来创作文学，这种典型塑造是把文学宣传化的体现。从这个角度来说，《解放日报》改版和延安"讲话"是基层传播的理论来源，通过对媒介/技术和知识分子/主体的双重改造形成有中国特色的基层传播模式和方法。下面主要从三个角度来分析，一是对大众媒介的改造，二是对知识分子的改造，三是基层传播所具有的社会功能。

第二节 "好好利用报纸"：现代媒介的中国化改造

根据地时期的农村虽然缺少资本、技术支撑下的现代大众媒介，却拥有丰富的媒介化实践，尤其体现为黑板报、墙报、戏剧、歌咏、群众文艺等形式，这些在基层展开的传播活动既需要大众媒体下沉到乡村，也需要"就地取材"创造一些低成本的基层化媒体。在《解放日报》改版和延安"讲话"的影响之下，出现了三种基层媒体的形态：一是对大众媒介的改造，不仅使得带有都市属性的报纸扩散到基层，而且生产与基层相关的新闻内容；二是对现代文艺的改造，使得五四新文化运动以来形成的都市化的文学、艺术变成与农村根据地相契合的文艺作品；三是发掘基层化媒体，如把非媒介"媒介化"、把群众文艺变成宣传手段。

一、《解放日报》改版：建立平台化党报

《解放日报》是中共中央的机关报，1941年5月16日正式创刊，毛泽东亲自题写了报头并撰写了发刊词，确定了该报"团结全国人民战胜日本帝国主义"的办报宗旨。《解放日报》由《新中华报》和新华社的《今日新闻》合并而来，是抗日战争时期及解放战争初期革命根据地影响力最大的报纸，博古担任第一任社长，廖承志、杨松、陆定一、余光生等先后任报社总编辑。1947年3月18日中共撤离延安，27日《解放日报》停刊，历时5年10个月又11天，累计出版2130期。

《解放日报》整改的原因是党性意识不强，追求正规化、城市化的办报思路，教条化地模仿苏联共产党中央委员会机关报《真理报》和民营报纸、"同人办报"的《大公报》等新闻理念，把国际新闻作为头版头条，不重视对党的政策宣传和对边区群众生产、生活的报道，办报思路"轻边区，重国际"。1941年5月19日毛泽东在延安干部会议上做了《改造我们的学习》的报告，作为党中央的机关报《解放日报》没有任何相关报道。1942年2月1日毛泽东在中央党校做《整顿党的作风》的报告，标志着进入全党整风运动的阶段，《解放日报》也只是在第三版发表了一篇简讯。毛泽东在《反对党八股》中说："在会场上做起'报告'来，则常常是'一国际，二国内，三边区，四本部'，会是常常从早上开到晚上，没有话讲的人也要讲一顿，不讲好像对不起。"[1] 这种"党八股"也是《解放日报》当时普遍存在的现象，此时的《解放日报》被认为处于"不完全党报"阶段。

1942年3月16日，中宣部发布了《为改造党报的通知》，该通知指出："如果报纸只是或者以极大篇幅为国内外通讯社登载消息，那么这样的报纸是党性不强，不过为别人的通讯社充当义务的宣传员而已，这样的报纸是不能完成党的任务的。"[2] 通知共有五条内容，要求各地方党部应根据毛泽东整顿"三风"号召，分别对党报的党性原则、工作任务和编辑方法等进行整改，加强编辑部工作，使党报成为战斗性的报纸。报纸既要反映党的工作、抗日战争、群众生活，也要刊登非党人士善意的批评意见，同时要有对于敌人思想的批判，要求党报的文字要通俗易懂，指出"报纸是党的宣传鼓动工作最有力的工具"，"报

---

[1] 毛泽东：《反对党八股》，载《毛泽东选集》（第三卷），人民出版社，1991，第830页。

[2]《中共中央宣传部为改造党报的通知》，载中共中央宣传部办公厅、中央档案馆编研部编《中国共产党宣传工作文献选编（1937—1949）》（2），学习出版社，1996，第357页。

纸的主要任务就是要宣传党的政策,贯彻党的政策,反映党的工作,反映群众生活","要使各地的党报成为真正的党报,就必须加强编辑部的工作,各地高级党的领导机关,必须亲自注意报纸的编辑工作,要使党报编辑部与党的领导机关的政治生活联成一气,要把党的政策,党的工作,抗日战争,当地群众运动和生活,经常在党报上反映,并须登在显著的重要的地位,要有与党的生活与群众生活密切相联系的通讯员或特约撰稿员,要规定党政军民各方面的负责人经常为党报撰稿"。[1]这里明确了新闻工作对党的事业的重要性,强调党报不仅要宣传党的政策,报道党的工作,还要密切联系群众,反映群众生活。1942年3月31日,毛泽东、博古召开了延安各部门党内外负责同志及作家70多人的座谈会,让大家对报纸改革发表意见,朱德、谢觉哉、徐特立、作家萧军、诗人柯仲平都发了言,毛泽东最后作了总结。毛泽东确立了党报党刊的功能和基本理念,要在管理上加强党的一元化领导,落实"全党办报""群众办报"的理念,强调"利用《解放日报》,应当是各机关经常的业务之一。经过报纸把一个部门的经验传播出去,就可推动其他部门工作的改造。我们今天来整顿三风,必须要好好利用报纸"[2],"好好利用报纸"被作为政治工作的方法,利用报纸不只是把报纸作为宣传工具,而是让媒介参与政治、社会事务,使得报纸成为一种更具社会能动性的大众媒介。

1942年4月1日,《解放日报》开始改版,在改版社论《致读者》中明确提出,党报有四个典型特征,即党性、群众性、战斗性和组织性,这成为党报党刊理论形成的标志。在编辑思路上做了如下改革:一是,新闻内容和排版上做了较大修改,"第一版依旧是要闻版,但是内容由原先的以国际新闻为主转为以党领导下的各抗日根据地的新闻为主,辅以国内外的重大新闻;第二版由原先的国际版变为了国内版,重点发表陕甘宁边区和其他抗日根据地的消息,辅以国统区和敌占区的新闻;第三版由原先的国内版变为国际版,有时也发表国内的重要消息,也就是说,将原先第二版和第三版的顺序互换,把国内版置于国际版之前;第四版由原先边区消息与八大专刊混合排版的局面,变为以文艺专刊为主的综合性副刊,并正式以'副刊'命名,除了此前的八大专刊陆续不定期

---

[1]《中共中央宣传部为改造党报的通知》,载中共中央宣传部办公厅、中央档案馆编研部编《中国共产党宣传工作文献选编(1937—1949)》(2),学习出版社,1996,第357-358页。

[2] 毛泽东:《在〈解放日报〉改版座谈会上的讲话》,载中共中央宣传部办公厅、中央档案馆编研部编《中国共产党宣传工作文献选编(1937—1949)》(2),学习出版社,1996,第361页。

出现在'副刊'上外,解放日报社还根据形势和政策宣传的需要,开辟了'学习''新闻通讯'等专刊,体现了报社较大的灵活度和务实性"[1]。二是,改变少数新闻记者采访、写稿的传统,一方面组织记者下基层、深入群众进行调查研究,用群众生活的新鲜生动的素材和语言来写稿,另一方面各分区党委及县委宣传部部长担任《解放日报》通讯员,鼓励干部给党报写稿。三是,积极培养工农兵通讯员,帮助通讯员收集材料、写基层新闻稿,重视群众来信。改版之后的《解放日报》参与到对整风运动、大生产运动的报道中,塑造了吴满有、赵占魁、南泥湾等一批先进的生产典型,改变了此前以国际新闻为主的报道取向,实现了由"不完全的党报"向"完全的党报"的蜕变[2]。从1941年到1942年,中共中央先后发布了《中共中央关于统一各根据地内对外宣传的指示》《中共中央关于出版〈解放日报〉等问题的通知》《中宣部关于各抗日根据地报纸杂志的指示》《中共中央政治局关于给〈解放日报〉写稿与供给党务广播材料的决议》《中共中央关于加强晋东南通讯社广播的控制问题给彭德怀的指示》《中共中央关于根据地统一对外宣传的第二次指示》等六大文件来规范当前的新闻宣传报道。1944年《解放日报》创刊一千期时发表社论"我们的经验一言以蔽之,就是全党办报四个字",标志着《解放日报》改版事件结束。

　　《解放日报》改版的后果是建立了全党办报和群众办报的原则。所谓"全党办报"体现在:一是,加强党性,报纸传播党的政策。1948年毛泽东在《对〈晋绥日报〉编辑人员的谈话》中指出,"我们的政策,不光要使领导者知道,干部知道,还要使广大的群众知道。有关政策的问题,一般地都应当在党的报纸上或者刊物上进行宣传"[3],让"群众知道"是党报宣传的基本任务。二是,领导干部参与宣传,"什么是宣传家?不但教员是宣传家,新闻记者是宣传家,文艺作者是宣传家,我们的一切工作干部也都是宣传家"[4]。这种宣传家具体体现为从事新闻生产,干部要为党报写稿。干部对部门、地方经验的总结,变成

---

[1] 冯慧:《〈解放日报〉改版》,《人民政协报》2021年9月16日,第11版。

[2] "不完全"的说法来自《改造我们的学习》,在发起"整风运动"的这篇文章中,毛泽东指出,"我们应当说,没有科学的态度,即没有马克思列宁主义的理论和实践统一的态度,就叫做没有党性,或叫做党性不完全"。参见毛泽东:《毛泽东选集》(第三卷),人民出版社,1991,第800页。

[3] 毛泽东:《对〈晋绥日报〉编辑人员的谈话》,载中共中央宣传部办公厅、中央档案馆编研部编《中国共产党宣传工作文献选编(1937—1949)》(2),学习出版社,1996,第688页。

[4] 毛泽东:《反对党八股》,载《毛泽东选集》(第三卷),人民出版社,1991,第838页。

其他地区交流、借鉴的治理经验,这就是"好好利用报纸"参与政治和社会工作。所谓"群众办报"体现为,建立工农通讯员制度。1943年《解放日报》发表文章,鼓励根据地各行业的群众踊跃投稿,将日常生活中的意见、发现或工作经验等向党报反映。在培养基层通讯员的过程中,提出"做什么,写什么"的口号。"做什么,写什么"是把写自己的生活和工作情况作为写作的首要题材,这不只是初学者解决写作题材的问题,还具有三重意义:一是把自己的工作和生活对象化,写作的过程也是赋予意义的过程,这是一种对生活的符号化;二是写自己也就意味着把写作这种媒介方式变成写作者的"自媒体",是从被动的读者/受众变成主动的作者的过程;三是"先做后写"意味着写作在行动之后,先有行动,后有写作,写作赋予行动以意义和价值。

总之,《解放日报》改版从新闻内容生产入手,推动群众、通讯员和党员干部生产新闻内容,使得党报变成党与群众实现互动的媒体。如果说抖音、快手等是一种互联网时代的媒介化平台,那么党报党刊也是一种带有平台化思维的媒体。

二、延安"讲话":对文学媒介的改造

五四新文化运动以来,文学不仅成为社会、政治革命的中介,也成为依托现代印刷和出版系统的大众媒体,是当时最为大众化的现代出版物。如果说五四时代形成了文学以文化的方式参与政治、社会革命的传统[1],那么根据地以来,尤其是抗日战争时期,文学这一大众媒介下沉到基层,文艺工作者以更主动的方式参与农村根据地的社会革命和文化建设。这种特殊的文学实践与延安"讲话"对文学媒介的改造有关。

1942年5月2日至23日,中共中央在延安杨家岭召开延安文艺工作者座谈会,毛泽东发表重要讲话,这就是《在延安文艺座谈会上的讲话》。这篇讲话由两部分组成,分别是毛泽东5月2日讲的引言和5月23日讲的结论。延安"讲话"从文化战线和军事战线谈起,主要面向国统区来延安的文艺工作者,谈了解决文艺工作者的立场问题、态度问题、工作对象问题、学习问题以及文艺为群众、如何为群众的问题,还有党与文艺的关系,文艺与时代、生活的关系以及文艺批评的标准等文艺生产与评价的问题。毛泽东从地理空间和受众的变化来谈"文艺作品给谁看的问题","在上海时期,革命文艺作品的接受者是以一

---

[1] 汪晖:《世纪的诞生:中国革命与政治的逻辑》,生活·读书·新知三联书店,2020,第201-272页。

部分学生、职员、店员为主",而"文艺作品在根据地的接受者,是工农兵以及革命的干部。根据地也有学生,但这些学生和旧式学生也不相同,他们不是过去的干部,就是未来的干部。各种干部,部队的战士,工厂的工人,农村的农民,他们识了字,就要看书、看报,不识字的,也要看戏、看画、唱歌、听音乐,他们就是我们文艺作品的接受者"[1]。从文学阅读者/受众的变化提出文艺工作者要创作与工农兵有关的文艺作品,这就涉及文艺工作者下基层、深入生活等问题。延安"讲话"给文学创作提出两个问题,一是作家/书写者与群众/被书写对象的伦理问题,二是用典型论来进行现实主义文学创作。

首先,书写者(自我)与被书写对象(他者)的伦理问题。这种自我与他者的关系不是彼此平等的,写作者是有主体性的、具有自主意识的主体,被写作对象则是客体化的他者,是被动的客体。这种自我与他者、主体与客体的二元关系来源于现代启蒙运动和科学的理性精神,这种现代精神一方面带来对未知、对世界的科学研究和理性化规训,包括个人、自由、平等、民主等一系列基本的现代价值观,另一方面也建立了以西方(欧洲)、现代为自我,以欧洲之外、非现代的空间为他者的等级关系,前者是文明的、理性化的,后者是落后的、愚昧的、未开化的所在。延安"讲话"改变了这种文学书写者与被书写对象的权力关系,批判了小资产阶级/知识分子与工农群众之间文明/落后、干净/不干净的二元等级关系。在这种背景之下,自我与他者不再是不言自明的主体与客体的关系,而是一种主体间性和互为主体的状态。如何了解工农兵的生活,毛泽东提出的方法是改造文艺工作者的"思想情感","我们的文艺工作者的思想感情和工农兵大众的思想感情打成一片","这就叫感情起了变化,由一个阶级变成另一个阶级。我们知识分子出身的文艺工作者,要使自己的作品为群众所欢迎,就得把自己的思想感情来一个变化,来一番改造"[2]。这种"思想情感"的改造,既是从一个阶级变成另一个阶级的"变身记",也是与社会学/人类学所强调的民族志、分享人类学类似,是自我与他者互为主体的主体间性,这就使得文学创作带有社会学、人类学的"科学性"和"社会性"。

其次,延安"讲话"提倡一种以典型论为特征的现实主义文学创作。这种文学创作领域的典型性,一方面来自恩格斯所总结的"真实地再现典型环境中

---

[1] 毛泽东:《在延安文艺座谈会上的讲话》,载《毛泽东选集》(第三卷),人民出版社,1991,第849-850页。

[2] 毛泽东:《在延安文艺座谈会上的讲话》,载《毛泽东选集》(第三卷),人民出版社,1991,第851页。

的典型人物"等现实主义小说的传统[1]，另一方面与党报党刊中把抓典型、塑造典型作为主题报道有关。这种典型性的文学创作有这样几个特征：一是树立典型既是对典型人物和事例进行表彰和表扬，也是为了政策宣传，让群众更好地理解党的政策，典型和形象都使得以文字为载体的文学媒介视觉化和图像化，便于理解和传播。在这个意义上，文学是当时最具有大众效应的传播媒介，现实主义文学成为重要的宣传手段。二是典型来自基层和地方经验，把这种地方经验抽象化为一种具有典型性的样板，通过典型案例的推广变成一种地方治理经验的传播。可以说，这种典型环境中的典型人物，是一种带有治理功能的文学写作模式。三是寻找典型、树立典型，往往需要新闻记者、作家"身体力行"，到基层了解真实情况，对于记者而言是下基层，对于作家来说是深入生活。这既是一种与社会学家、人类学家类似的田野调查和民族志式的工作，也来自中国共产党的群众路线的传统，是"从群众中来，到群众中去"和"没有调查，没有发言权"的实地调研精神的体现。"从群众中来"是走向群众、深入群众，用历史唯物主义的方法对农村进行社会调查。"从群众中来"只是完成了第一步，第二步是"到群众中去"，也就是创作的新闻报道和文艺作品要让群众读到、读懂，这种"从群众中来"的文艺创作要再回"到群众中去"，"一来一去"所完成的是知识生产的"双重转化"。与社会学家、人类学家深入田野从事学术研究非常不同，这种知识生产不需要把研究成果再分享给被研究者，而"一来一去"的跨主体实践体现在从基层群众中总结、抽象和创作的知识产品要再反馈给群众，服务于群众生产和基层发展。因此，在现实主义文学中关于如何写形象、写人物、塑造典型等问题的讨论，都不只是文学内部的技术问题，也与现实主义文学参与新闻宣传、成为重要的传播媒介有着密切关系。

三、基层化媒体

由于根据地所在的农村地区缺乏现代大众媒介，这就形成了20世纪中国革命过程中文艺参与宣传工作的传统，借助文学、戏剧、美术、音乐等文艺活动来填补大众媒介的匮乏状态。在根据地时期，农村缺少报纸、电影、广播等现代属性的媒介，最重要的传播信息的方式是展开话剧、文学、音乐、美术等文艺工作，如话剧工作者通过到不同村庄进行流动戏剧演出来实现党的政策和对群众的现代化启蒙。除了把报纸等大众媒介发行到基层之外，在农村还"就地

---

[1] 中共中央马克思恩格斯列宁斯大林著作编译局编《马克思恩格斯选集》（第4卷），人民出版社，1972，第462页。

取材"创造了很多基层化的媒体,把"不是媒介的媒介"媒介化成为基层传播的媒介基础。这里举两个例子,一是黑板报,二是群众联欢会。

第一,最典型基层化的媒介是黑板报。黑板本来是19世纪末期从西方引进的教学用具,是现代教室中服务于教学的启蒙工具。1943年,绥德分区的基层干部首次发明了黑板报,黑板在教室后面变成了黑板报,改变了黑板作为现代教育的启蒙功能,变成了服务宣传的基层化媒介。如果把黑板报转移到教室外面,就变成了在农村随处可见的依靠墙面的宣传栏。在国际友人伊莎白·柯鲁克、大卫·柯鲁克所撰写的1948年晋冀鲁豫边区首府武安县的十里店展开的"土改复查和整党运动"的调查报告中,一开头就记述了:"坐着骡车,通过别致的南城门,我们进入了十里店。考究的拱门上面写着粗大醒目的白字:'毛泽东是中国人民大救星'。这是一首填上新歌词的流行民歌里的一句歌词。有的标语则是痛斥蒋介石的。在另一堵墙上有一块黑板报,用粉笔抄出当天的新闻。这些新闻是从党的机关报《人民日报》上抄下来的。这家报纸还常常为供黑板报采用而刊登一些通俗易读的短文。"[1] 这段话不仅展现了标语口号、黑板报是农村根据地广泛存在的基层传播媒体,而且通过黑板报"转载"使得《人民日报》传播到基层,黑板报就是深入基层内部的"自媒体"。

20世纪40年代,在"全党办报,群众办报"的指导下,黑板报的经验从绥德地区推广到陕甘宁边区。1944年,陕甘宁边区文教大会提倡群众性文教运动之后,黑板报在各抗日根据地全面推广[2]。黑板报作为服务于基层的"自媒体"具有两个特征:一是成本比较低,在基层很容易制作一块黑板;二是覆盖面广,可以把村庄里的任一墙面转化为黑板报。根据相关研究,黑板报的发展经过大报通讯组织"代办"、干部教师"包办"和群众"自办"三个阶段。早期,在一系列硬性规定的推动下,以《抗战日报》通信科为核心,以各县委专职通讯干事为骨干,以各地通讯小组为支撑,覆盖全边区的通讯网络自上而下迅速建立,这一时期的黑板报就是依托这一通信网络而运行。中期,随着黑板

---

[1] 伊莎白·柯鲁克、大卫·柯鲁克:《十里店(二)——中国一个村庄的群众运动》,安强、高建译,燕凌校,上海人民出版社,2007,第2-4页。

[2] 田中初:《黑板报:"全党办报、群众办报"的一种实现方式——以中国革命根据地实践为视界》,《新闻与传播研究》2008年第4期,第38-44页;李文:《群众办报思想的重要实践基础——黑板报》,《新闻知识》2008年第3期,第64-66页;乔傲龙、岳谦厚:《社会动员视域下的大众化传播实践——以革命根据地乡村黑板报为中心的考察》,《编辑之友》2018年第5期,第94-100页。

报数量的增多，许多地方新发展的黑板报开始由村干部和乡村教师主持[1]。黑板报有两种社会功能：一是，把外部的新闻、消息传递到基层内部，如党的政策以"转载"的方式抄录在黑板上，通过转载的方式可以使得信息传递到基层，在晋冀鲁豫《人民日报》等报纸上也设有"大众黑板"的栏目供各地黑板报转载内容；二是，黑板报的主体内容是反映基层生活，是实现基层公共化、社会化的媒介平台。这些黑板报上的新闻、政策，也便于群众通过"学习"，来完成读书、识字工作。

第二，以群众联欢为代表的群众文艺活动。群众文艺起源于20世纪二三十年代的大众化、群众化运动，形成于中国共产党领导的根据地实践，是群众动员和文化宣传的媒介。群众文艺和大众文化虽然都是大众化的文艺形式，但性质不同。群众文艺带有左翼、社会主义实践的底色，有政治宣传和社会教育的功能，而大众文化是"娱乐至死"的文化工业。群众文化是公益属性，大众文化是消费文化、商业文化。群众文艺强调群众参与、群众创造，尝试塑造一种有主体性的人民主体，而大众文化中的"大众"是被动的主体，是非理性的、没有脑子的乌合之众。最典型的群众文艺形态是群众联欢会，联欢会不是商业演出，而是一种带有集体主义文化、革命大家庭想象的群众联欢。在战争年代，首长与普通士兵一起联欢体现的是官兵一致、官兵平等的理念。联欢会的特色不只是演员表演，更重要的是台下的观众也参与表演，演员和观众都坐在台下。表演的时候，演员从观众席来到舞台，表演结束又回到观众席，这种演员与观众的"融合"来自人民文艺中"从群众中来，到群众中去"的传统。对于群众联欢、革命联欢的起源，列宁在1917年的《联欢的意义》中写道："有觉悟的工人和由于被压迫阶级的可靠本能而跟着工人走的半无产者群众即贫苦农民群众，是深深地同情着联欢的。很明显，联欢是一条通往和平的路径。……很明显，联欢是群众的革命创举，是被压迫阶级的良心、智慧和勇气的苏醒，换句话说，它是走向无产阶级社会主义革命的步骤之一。联欢万岁！正在开始的全世界无产阶级社会主义革命万岁！"[2] 在长征途中就出现过"战地新年联欢晚会"，毛泽东等军委首长也来与红军战士欢度元旦，"元旦当天，这支人才济济的连队在连长侯政、指导员李坚真的组织下，花几十块钱买了一头猪和一些花

---

[1] 乔傲龙、岳谦厚：《社会动员视域下的大众化传播实践——以革命根据地乡村黑板报为中心的考察》，《编辑之友》2018年第5期，第94-100页。

[2] 列宁：《联欢的意义》，《真理报》第43号，1917年4月28日，收入《列宁全集》(第31卷)，人民出版社，1985，第459-461页。

生、瓜子，美美地聚了一餐。伴着夜晚的来临，篝火熊熊燃起，李坚真情不自禁地率先唱了起来：'滔滔乌江急又深，手拉手来心连心。阶级姐妹团结紧，不怕敌人百万兵。'……随着官兵们越围越多，应大家的要求李伯钊上场演唱了一首苏联歌曲，赢来一片掌声和叫好声。叫好的观众中，就有毛泽东等几位军委首长。在掌声鼓励下，李伯钊又跳了一支苏联舞蹈《水兵舞》"[1]。这种以群众参与为主体的联欢活动成为政治宣传、社会动员的方式，有研究者指出："春节处于农闲季节，时间跨度长，各种活动民众参与度高，是对民众进行革命动员的大好时机，因此边区各级政府将春节作为'教育群众、鼓舞群众、团结抗日、密切军民关系、发展生产、提高人民文化素质的最佳时期，无不竭力以革命的文化思想为武器，加强抗战信念，开展宣传工作'，希望借助这个民众心态放松平和的闲暇时光，使'一切宣传鼓动组织动员工作，可以在新年中收到特殊的效果'。为确保该效果达到，边区政府的宣教部门在春节来临之前会制定详细周密的宣传大纲与计划，有明确的活动和时间安排，并以文件的形式逐级下发，确定了宣传中的政治导向。"[2]

群众文艺的制度和传播机制依赖于扎根基层的群团组织，如工会、团委、妇联等群众组织，是一种组织化的文艺形态。有了群众组织和硬件保障之后，群众文艺还需要下基层的知识分子，他们与群众一起参与群众文艺创作。群众文艺的典型特征是群众参与、群众观看，群众不仅是文艺的欣赏者，也是文艺的创造者。从革命年代的群众联欢活动到80年代以来的电视春节联欢晚会，都带有群众文艺的特色。群众文艺扮演着四种社会职能，一是承担着政治宣传、思想教育的功能，二是群众均等化地享受文化、艺术权利，三是群众创造自主性、主体性的人民文化，四是群众文艺是润滑群众组织、增强基层干部与群众关系的媒介。因此，群众文艺是文艺领域的群众路线的体现。

第三节 多功能"信使"：逆向流动的知识分子

根据地时期，除了对大众媒介进行改造之外，更重要的是通过对专业知识

---

[1]《战地新年联欢晚会的背后是充满必胜信心的乐观主义精神》，搜狐号"高山流水品历史"，2018年11月10日，https://m.sohu.com/a/274440498_620984/。

[2] 李军全：《民俗节日与革命动员：华北根据地、解放区乡村社会中的春节（1937—1949）》，《党史研究与教学》2014年第1期，第6页。

分子的改造，使其成为逆向流动的主体，承担着以肉身的方式完成信息传递的功能，以此来弥补农村地区大众媒介的稀缺性和匮乏性。《解放日报》改版和延安"讲话"塑造了这种逆向流动的主体，这些从城市流向农村的文艺工作者不只是给农民进行文艺演出，还组织群众一起创造表现群众生活、反映土地革命的新故事。这种逆向流动的主体就是延续至今的干部下乡，记者下基层，文化、科技、卫生"三下乡"等制度的历史来源。这种从上到下、从城市到乡村、从发达地区到边远区域的干部、医务、文艺、技术等逆向流动的专业知识分子，是一种有中国特色的社会制度，其社会功能有三个：一是信使的功能，通过下基层、下乡把现代信息从城市向农村传播，改变农村缺乏现代信息、技术和文化的状态；二是帮助群众成为社会、文化建设的主体，知识分子通过"与群众打成一片""做群众的学生"，才能"做群众的先生"，这些现代化知识需要与农村的实际状况相结合，创造一种适合农村、以群众为主体的新文化；三是参与基层社会建设，弥合城乡差距，实现均衡发展，这是对现代化、工业化所带来的区域发展不平衡的回应，用"逆向流动"的方式支援、帮助欠发达地区完成现代化。

一、"信使"：知识分子的逆向流动

现代社会创造了多重流动性，让人力（阶层）、物资（商品）、资本和信息借助交通、运输、通信媒介等现代工具高速流动和运转起来，并在时间消灭空间的运动中塑造了现代文明。因此，流动和流动性以及与之相关的贸易/移民等词语也成了研究现代社会的学术关键词。在传播学研究中也关注信息的流动问题，涉及如何借助大众媒介完成信息从边缘向中心的聚集或者从中心向边缘的散播。从传统社会到现代社会，信息的传递从口耳相传、人力、畜力转向实现脱域化的、即时的和远距离传输的无线电、电子和数字时代，以公路、铁路等为代表的现代交通工具和以电报、电话、电视等为代表的现代通信技术是实现信息流动的基础设施。在现代媒介的环境下，信息流动的过程需要"生产—流通—消费"三个环节：一是生产承载信息的大众媒介产品，如报纸、广播、电影、电视等；二是搭建报业发行网、广播网、电影放映网、电视网等信息传播的流通网络；三是消费大众媒介信息的公共空间，如书店、图书馆、电影院等，以及有能力阅读大众媒介的兼具现代化和理性化的受众。这三个环节是现代媒介实现信息传递的基本形态，需要指出的是，完成这种信息流动的物质前提是现代化的城市空间。

一般而言，流动的方向有两种：第一种是从边缘向中心集中，从农村向城

市、从欠发达地区向发达地区聚集,这也就形成中心城市和地区成为资本、物资和人力等现代资源最集中的区域,这种流动造成城市与乡村、发达地区与欠发达地区、中心与边缘之间的发展不平衡和现代化鸿沟,也就是资本主义发展所带来的中心、半边缘、边缘的地理区隔;第二种是从中心向边缘地带辐射、扩散和下沉,是对非现代区域的殖民扩张,或者是对落后地区的市场开拓。如果把第一种流动方式命名为正向流动,是从低到高、从弱到强、从欠发达到发达的聚集过程,那么第二种流动方式则是逆向流动,是从发达地区向欠发达地区、从城市向乡村的逆向转移。相比朝向中心区域的正向流动,逆向流动经常是不通畅的,甚至是被阻隔的,因为在非现代、非城市区域,一方面缺乏现代化的信息基础设施,另一方面也缺少利润和市场动力,人力、物资和资本等要素很难按市场逻辑"自然"下沉。因此,在20世纪五六十年代兴起的美国发展传播学研究中会特别讨论现代信息、大众媒介如何向这些无法下沉的区域扩散现代性理念,这种对无法下沉的区域进行"创新的扩散"就是一种"逆向流动"的过程[1]。

以中国根据地时期的媒介信息流动为例,则呈现一种有中国特色的"逆向流动"的扩散经验,也就是在现代、城市空间之外的农村地区如何进行现代化信息流动。相比现代化的城市空间,缺少资本、人才和技术的农村地区不具备大众媒介从生产到流通再到消费的"现代"基础,处在"前现代"的状态中。这种相对弱势和稀缺的大众媒介状态体现为:一是农村无法生产报纸、广播、电影等依托现代技术与资本的大众媒介产品;二是大众媒介的流通网络也经常无法覆盖农村地区;三是农村缺乏如电影院、咖啡馆等文化消费空间,农民也不是非现代化的、落后的、愚昧的群体。在这种背景之下,中国共产党所开辟的根据地区域出现了一种让现代媒介和信息实现"逆向流动"的实践,通过逆向流动的媒介和逆向流动的主体,在农村地区搭建村庄与村庄之间信息流动的网络。

在《解放日报》改版中,除了报纸的内容生产,还需要解决向农村发行和阅读报纸的问题。在发行上有两种方式:一是抗战时期山东根据地形成了通过"邮发合一"的制度把报纸发行到农村的模式。与城市中采用报房、报童售卖报纸的模式不同,山东抗日根据地创造了一种"邮发合一"的发行制度,用邮政来向农村发行报纸,目的是让报纸可以覆盖到基层。新中国成立之后,这

---

[1] E.M.罗杰斯:《创新的扩散》(第五版),唐兴通、郑常青、张延臣译,电子工业出版社,2016,第109-357页。

种邮发合一的报刊制度推广到全国，使得报纸、杂志可以传播到偏远地区[1]。二是基层报纸和黑板报转载机关报的消息。1947年5月15日，晋冀鲁豫军区副司令员滕代远在"纪念人民日报一周年"的社论中指出"如何让我们的人民日报普遍深入各个区域，深入村庄和连队，由于交通困难，报纸及时传递至各个辽远的地区是困难的，唯一的办法是有效的将人民日报的稿件组织到各地方报纸上去"[2]，在"交通困难"的条件下，增加发行量的方式不是邮递和送达，而是借助地方报纸的"转载"和"转发"，这就要求地方要有自己的基层化媒体。报纸通过邮递员和群众发行到农村，在基层还需要组织读报小组帮助农民读懂报纸。

这些逆向流动的主体不仅实现了现代信息的下沉和扩散，还承担着双重政治功能：一是把群众从愚昧、落后的受众启蒙为现代化、理性化的主体；二是对既有的现代文化、现代知识进行反思和批判，使得"反帝、反封建"的革命文化成为新的知识和价值。经过这种被改造的逆向流动的媒介和逆向流动的主体，在农村根据地建立了一个又一个临时的文化阅读和消费空间，无须固定的剧场和影院，也能在田间地头或村口广场上演流动话剧和露天电影。"逆向流动"并不只是把城市的话剧、电影、图书等现代信息传播到乡村，而是流动的文艺工作者通过实地调研、深入基层，在土洋结合过程中把当地群众的故事转变为新的文艺作品呈现出来，当群众看到文艺演出中的作品正是根据自己的真人真事改编而成，群众就成了文艺作品与舞台中的主角，并以真实之名对作品提出修改和反馈意见，促成作品进一步完善——文艺作品也就在传播与反馈的动态平衡中趋于完善。另外，这种逆向流动的文化传播过程也承担着发掘基层知识分子的功能，如基层通讯员制度就是在基层培养"业余记者"，负责把基层的好人好事、地方经验与先进典型写成新闻稿，在报纸上发表后，变成其他地方可以分享的公共经验，或者在戏剧工作者的帮助下把当地的经验变成话剧。从这个角度可以看出，在特定的时代和背景下，中国依托群众路线，创造了一种独特的"创新的扩散"，在非现代的农村空间建立了高度组织化、现代化的基层动员。新中国成立之后，这些在战争环境下形成的随时移动、临时搭建的文化宣传模式依然长期存在，成为农村、边远地区实现现代化发展的中介。

---

[1] 梁骏：《旧组织与新思路：战时邮局与中共宣发工作的机制创新》，《出版发行研究》2022年第8期，第91—99页。

[2] 滕代远：《人民日报是人民的报纸 纪念人民日报一周年》，晋冀鲁豫《人民日报》1947年5月15日，第1版。

二、下基层："群众的忠实的代言人"

延安"讲话"，对文艺工作者提出了具体要求，就是深入生活和下基层。"中国的革命的文学家艺术家，有出息的文学家艺术家，必须到群众中去，必须长期地无条件地全心全意地到工农群众中去，到火热的斗争中去，到唯一的最广大最丰富的源泉中去。"[1] 与社会学家进行社会调查和人类学进行田野调查的主体状态相似，延安"讲话"也要求文艺工作者下基层，与群众"打成一片"。对于作家来说，完成这种主体转换的方法是从作家变成记者，下基层变成新闻记者去基层采访，也就是说写作对象变成采访对象，这使得文学创作转变为一种新闻写作，先采访、调研，然后再完成书写。如作家丁玲在20世纪40年代完成《田保霖》《一二九师与晋冀鲁豫边区》《三日杂记》《袁广发》《民间艺人李卜》《记砖窑湾骡马大会》等通讯、报告文学作品，作家欧阳山创作介绍纺纱模范邹兰英的《活在新社会里》等例子。

这就形成了以下乡、下基层作为文艺知识分子/新闻记者的主体状态，这种状态可以解决欠发达地区、农村地区缺乏现代化信息的困境，向资本、技术稀缺地区"逆向"传播现代化知识。在延安"讲话"中有一段话描述了下基层之后，文艺工作者所扮演的角色："我们的专门家不但是为了干部，主要地还是为了群众。我们的文学专门家应该注意群众的墙报，注意军队和农村中的通讯文学。我们的戏剧专门家应该注意军队和农村中的小剧团。我们的音乐专门家应该注意群众的歌唱。我们的美术专门家应该注意群众的美术。一切这些同志都应该和在群众中做文艺普及工作的同志们发生密切的联系，一方面帮助他们，指导他们，一方面又向他们学习，从他们吸收由群众中来的养料，把自己充实起来，丰富起来，使自己的专门不致成为脱离群众、脱离实际、毫无内容、毫无生气的空中楼阁。我们应该尊重专门家，专门家对于我们的事业是很可宝贵的。但是我们应该告诉他们说，一切革命的文学家艺术家只有联系群众，表现群众，把自己当作群众的忠实的代言人，他们的工作才有意义。只有代表群众才能教育群众，只有做群众的学生才能做群众的先生。如果把自己看作群众的主人，看作高踞于'下等人'头上的贵族，那末，不管他们有多大的才能，

---

[1] 毛泽东：《在延安文艺座谈会上的讲话》，载《毛泽东选集》（第三卷），人民出版社，1991，第860-861页。

也是群众所不需要的,他们的工作是没有前途的。"[1] 文艺工作者一方面要参与群众文艺工作,帮助群众参与各种文艺生产,另一方面文艺工作者与群众的"代言"关系是"先做学生、后做老师"的辩证关系。

这种知识分子的逆向流动形成了双重社会效果:一是,专业化与群众性相结合,这体现为文学家、新闻记者作为专业知识分子参与基层社会改造;二是,新闻媒介、文学媒介更主动介入社会、生产宣传,成为组织群众参与社会建设的中介。

第四节　从水到网:基层传播的历史启示

通过对《解放日报》改版和延安"讲话"的讨论,可以看出基层传播四要素在这个过程所完成的改造过程。首先,是对现代知识的改造,去除现代知识所携带的殖民性和现代性。通过改造现代媒介,使得现代媒介所携带的现代性知识发生转变,如文学生产的内容从都市文学、小资产阶级文学变成工农兵文学,这使得文学媒介下沉到根据地。其次,是对大众媒介的改造,一方面把非媒介媒介化,"就地取材"充分利用农村已有的媒介形态,依托农村当地条件,遵循经济的原则,对旧媒介形态进行改造,并赋予其新媒介功能,另一方面改造现代媒介适应农村的环境,通过改造文学生产、新闻生产的过程,使得具有"城市"属性的大众媒介从城市"逆向流动"到乡村。再次,是传播主体的改造,媒介改造本身涉及对文学家、新闻记者主体的改造,作为传播主体的知识分子,一方面是现代知识、大众媒介的主体和信使,另一方面也是与工农群众打成一片的中介。由于根据地缺乏公路、铁路以及现代化的信息设施,信息流动需要借助人力完成,用流动的主体来解决信息传输的问题,如报纸发行不是依靠报贩、报童等城市售卖方式,而是通过邮递员用"邮发合一"的方式把报纸送到农村。最后,对传播受众,也就是群众的改造。体现为群众成为新闻生产的主体,参与到新闻生产之中,在文学写作中也开始培养工农兵作家。新中国成立之后,这种根据地时期形成的基层传播经验依然延续,变成新中国宣传的制度和经验,尤其是新中国依然面临区域发展不均衡以及城市、乡村的巨大差异,这就使得基层传播的经验成为文化信息从城市向乡村、向偏远地区逆向

---

[1] 毛泽东:《在延安文艺座谈会上的讲话》,载《毛泽东选集》(第三卷),人民出版社,1991,第863—864页。

流动的方式，出现了流动电影放映队、乌兰牧骑等逆向流动的文化宣传队，创造了"群众不动，演员流动的"文化宣传的经验。

这种逆向流动的知识分子、下乡干部形构了基层群众的联动之"网"，使得基层空间带有水的流动性和网络的弹性的双重特征。根据地处于敌人政治、军事权力的缝隙地带，正如根据地的命名经常是几个省或地区的简称，如陕甘宁、晋察冀、晋冀鲁豫根据地等，这意味着根据地在外部压力的夹缝中求生存，处于不稳定的空间，边界随着敌人的进攻和骚扰而变化。在"敌强我弱"的总体格局下，根据地不寻求占领固定的空间，而是在流动中实现敌人由强变弱、自我由弱变强的转化，也就是避敌锋芒、发挥自己的优势[1]。因此，根据地是一种像水一样具有高度流动性的空间状态。水的属性是柔软性和持续性，当坚硬的东西打过来时，就四散逃离，当坚硬的东西撤退后，水又流回来，水是以柔克刚、避免硬碰硬，是弱者的智慧和弱者的辩证法。根据地也具有这种水的属性，当敌人强势进攻时就四散逃开，当敌人回撤时，再聚拢回来，看起来很弱势，却无法被真正消灭。这种水的特性，就反映在军事上的游击战，经历了井冈山时期的根据地斗争，毛泽东总结了"敌进我退，敌驻我扰，敌疲我打，敌退我追"的游击战与根据地建设的经验，"这种战术正如打网，要随时打开，又要随时收拢。打开以争取群众，收拢以应付敌人。三年以来，都是用的这种战术"[2]。这种"打网"的战术，就是进攻时集中主力，进攻后迅速分散，避免阵地战，力求在运动中歼灭敌人的有生力量，与国民党内战时如此，和武器更为先进、现代的日军斗争时也是如此。

用水来比喻根据地，是想强调根据地不是一种固定化的空间，而是流动性的空间。"水"在中国传统政治中是"民"的象征，所谓"民为贵，社稷次之，君为轻"（《孟子》）、"水则载舟，水则覆舟"（《荀子》），而在中国共产党的政治话语中，人民群众是汪洋大海，用的也是"水"的意向，这种人民观来自毛泽东的人民战争思想。如果说根据地具有水的弹性和柔韧性，那么根据地并不是漫无目的、四散逃离的水，而是具有机动性、有张有弛的水，这有赖于把根据地空间从无秩序的水变成一张伸缩自如、纲举目张的网。网的特征是可以随时撒开，又能随时聚拢，这也就是组织人民、动员群众的工作。在这个意义上，中国共产党是把"水"织成"网"的政治力量，依靠社会组织和文化宣传把人

---

[1] 孙歌：《根据地哲学与历史结构意识——竹内好的毛泽东论》，载汪晖、王中忱主编《区域》（2014年第1辑，总第3辑），社会科学文献出版社，2014，第228-255页。

[2] 毛泽东：《毛泽东选集》（第1卷），人民出版社，1991，第104页。

民群众变成具有联动性和组织化的网。其中，最有效地把"水"变成"网"的机制之一就是基层传播，基层传播使得高度分散、彼此分割的根据地内部以及根据地与根据地之间实现信息、物资和人员的流通。

第五章　基层传播与流动的根据地

英国社会学家齐格蒙特·鲍曼在《流动的现代性》中提出用时间的流动性来对抗空间的固化，把"流动"状态作为一种更有活力的现代性，使得"流动"这一概念成为思考现代性问题的关键词。流动性本身确实是现代性的本质特征，19世纪的社会学家早就用劳动力的流动来研究现代城市，除此之外，资本的流动、商品的流动也是现代社会的基本特征，这种人、财、物的流动依赖于现代交通、通信技术的革新。参照这种像液体一样的时间的流动性，笔者尝试提出"流动的空间"的概念，用这个概念来描述1927年到1949年中国共产党创建的根据地实践。"流动的空间"并不意味着空间自身就具有流动性，而是在社会实践之中空间的属性随着社会实践主体的"流动"（转移/撤退/前进等）而发生弹性变化。这种弹性变化，适应的是中国革命在各种政治力量的夹缝之中完成"星星之火，可以燎原"的创造人民历史的实践。"流动的空间"对应的是一种用空间的游击战来反抗空间的现代性和殖民性的历史经验。这种根据地的空间流动也带来了流动的媒介和流动的艺术，以及让媒介、艺术流动起来的"流动的主体"，正是这种信息、媒介、主体的流动性使得根据地时期的文化、社会建设能够深入到基层。这种流动性在新中国成立之后依然延续，成为弥合城乡差异、区域发展不平衡的特殊制度。本章从四个角度来初步分析这种流动的空间在新闻传播领域的应用：一是时间与空间的辩证法；二是流动的空间，流动的根据地；三是流动的媒介，流动的艺术；四是从流动的空间到空间的流动。

第一节　时间与空间的辩证法

在现代性研究中，时间、历史是重要的维度。法国哲学家福柯指出，之前的现代理论有一种"空间贬值"的现象，"空间在以往被当做是僵死的、刻板的、非辩证的和静止的东西。相反,时间却是丰富的、多产的、有生命力的、辩证的"[1]。这种时间压抑空间的现象,来自19世纪对现代资本主义历史的进步论认识,如马克思、恩格斯在《共产党宣言》中指出"一切坚固的东西都烟消云散了"[2],呈现现代性对传统、对空间的冲击和改造以及一种历史进步的线性时间观;而波德莱尔的名言"现代性就是短暂、流变、偶然事件;它是艺术的一半,另一半则是永恒与不变",也是把现代理解为一种时间的流逝。与这些时间的现代性不同,20世纪六七十年代出现了空间理论转向。这一方面与结构主义的共时研究以及晚期资本主义的浮现有关,另一方面也联系着第三世界民族解放运动在空间上改变了殖民主义时代的空间-地理格局。

这种社会学、文化批判领域的空间理论转向,大概有四种空间的思考路径。第一种,法国马克思主义哲学家和社会学家列斐伏尔的"空间生产",从马克思主义的角度解读空间与资本主义城市的关系[3]。空间生产有两个特征:一是政治性,维持剥削统治的工具性空间,具有强制性、等级性、区隔化、控制性;二是经济性,空间生产是追求利润的手段。从城市的发展史,回应空间的扩张、分割与差异,就是资本主义从城市到国家,到全球的扩张过程,包括对土地的使用和争夺。列斐伏尔的理论回应了晚期资本主义的消费时代日常生活的空间异化、权力支配的方式。

第二种,美国马克思主义地理学家大卫·哈维,用空间地理学来改写马克思主义,时间变成一种空间的扩张和压缩,建立了资本增殖、殖民扩张与地理空间的内在关系。其中有两个核心概念:一是时空压缩,指的是跨越空间上时间缩短(高铁),使时间空间化,空间变成地球村,通过空间消灭时间,全球化;二是时间-空间修复,时间延迟,空间扩张,解决资本主义危机,资本过度积累。"资本积累向来就是一个深刻的地理事件。如果没有内在于地理扩张、空间重组和不平衡地理发展的多种可能性,资本主义很早以前就不能发挥其政治经济系统的功能了。"[4]

第三种,加拿大传播思想家哈罗德·伊尼斯的《传播的偏向》,指出传媒

---

[1] 爱德华·W. 苏贾:《后现代地理学——重申批判社会理论中的空间》,王文斌译,商务印书馆,2004,第10页。

[2] 马歇尔·伯曼:《一切坚固的东西都烟消云散了》,徐大建、张辑译,商务印书馆,2013,第15-45页。

[3] 亨利·列斐伏尔:《空间与政治》,李春译,上海人民出版社,2015,第17-33页。

[4] 大卫·哈维:《希望的空间》,胡大平译,南京大学出版社,2006,第23页。

的时间性与空间性，区分了时间偏向的媒介和空间偏向的媒介。前者属于质地较重、耐久性较强的媒介，这种传播媒介较适于克服时间的障碍，能够较为容易得到长时间的保存；后者是质地较轻、容易运送的媒介，适于克服空间的障碍，能够远距离运送。偏向空间的媒介是一种大众的、政治的、文化的、普通的媒介，强调传播的世俗化、现代化和公平化，有利于传播科学文化知识[1]。

第四种，英国社会学家齐格蒙特·鲍曼在《流动的现代性》中用流动的、液体状的现代性来批判凝固的、空间的、区隔的现代性[2]。这种批判背后是冷战时代用自由、流动的西方现代性，来反思固定的、组织化的苏联式的社会主义现代性。时间的流动和空间的固化是矛盾的，空间是一种占领、一种占据、一种填充，是把空间固定化，把空间用权力来凝固的状态，而流动是一种打破这种凝固性的力量，一方面破坏旧的空间（传统、前现代的力量），另一方面把不同质的空间变成同质化的现代空间，这就是全球化时代资本主义的流动性扩张。

这些空间理论把自然化的空间转变为社会化的、历史化的空间，借用福柯的权力概念，这些空间都是被权力所填充的[3]。从这角度来看，空间现代性背后是一种现代的、殖民的权力观，是对空间的占有、占领和主权化，是用现代的理念来改造空间、殖民空间。这种空间扩张代表着15世纪以来海外殖民扩张的历史以及资本主义从西欧向其他区域蔓延的历史，这是一种空间的现代化和殖民化。与此同时，空间的占领和时间的弥散意味着铁路、通信等交通、通信手段作为权力传输的网络和渠道。在这种空间理论的背景之下，中国根据地的实践恰好是一种用空间的流动性来改变现代、殖民的空间秩序，使得弱势状态的反抗者，可以临时建立自己的空间，完成社会改造和力量的积累。这种"弱者的反抗"通过把空间流动化、液态化，在流动与运动过程中召唤主体性并实现重新组织化与社会关系／生产关系的再造。在这种社会关系与生产关系再造的过程中，"流动的空间"显示着不同历史时期，中国在异常强大的革命对象的夹缝之中作为革命性力量生存的强弱状态。"流动的空间"的根据地实践，

---

[1] 哈罗德·伊尼斯：《传播的偏向》，何道宽译，中国传媒大学出版社，2015，第71-99页。

[2] 齐格蒙特·鲍曼：《流动的现代性》，欧阳景根译，中国人民大学出版社，2018，第23-43页。

[3] Michel Foucault, "Space, Knowledge and Power," in The Foucault Reader, ed. Paul Rainbow (New York: Pantheon Books, 1984), pp. 239-256.

是用空间的流动性来换取生存的时间，并通过这种运动的方式，将空间再次政治化，形成诸如红色区域与白区／解放区与国统区等空间的区分。在这种空间的流动中，时间与空间形成某种辩证法：空间的流动增加了生存时间与机会，而这种生存时机反过来又促成根据地空间的扩大与中国革命过程中革命力量的壮大。"空间的流动"成了美国政治学和人类学者詹姆斯·J. 斯科特意义上的"弱者的武器"[1]，并在这个过程中形成自身主体，通过空间流动性来反抗、反思现代的殖民空间，并在这个过程中形成面向未来的新政治空间。

第二节 流动的空间，流动的根据地

空间理论把空间政治描述为一种空间现代化、殖民化的过程，空间意味着一种占领、占据，是对空间的吞噬和统治，是一种产权的边界、主权的界限和领土的归属，齐格蒙特·鲍曼所描述的"流动的现代性"也是一种用流动性来掠夺空间、打破空间壁垒的过程。与这种自上而下的空间秩序和权力填充不同，空间分布的不均质、不均衡，使得空间内部充满了裂隙和褶皱，空间并不只是固定的、固体化的，20世纪中国革命历史中出现的根据地空间就是一种"流动的空间"，是弱者、弱势力量创造空间的流动性来回应现代空间和殖民空间的挑战。由于建立在西方殖民主义发展及其历史逻辑延续基础上的现代空间与殖民空间占据了统治地位，力量对比悬殊，弱势力量的反抗也只能以更为灵活的"游击战"的方式来回击，以空间"流动性"来动摇主流空间的相对稳定性，不断制造危机动摇相应的空间秩序。这种空间的流动性体现在两个方面：一是用空间的腾挪转移来换取时间，不断地寻找空间的缝隙和薄弱环节；二是"临时"占据一个空间，对空间进行社会和文化改造，让贫民、女性、老人等弱势者成为空间的主体。中国的根据地实践就是把空间的游击状态与空间的社会改造充分结合起来。这种空间流动性，并不是历史上流寇式的逃窜，而是一种新秩序与新政治播种扩大影响的现代政治实践。在这个空间政治的实践过程中，将旧的社会秩序打碎，并进行社会改造，建立新的社会秩序。即便旧秩序会卷土重来，但是新空间政治的实践结果与主体却遗留了下来，留下了"群众基础"与"组织基础"，而这是根据地流动性之中的"根"，也是相对稳定的部分。

---

[1] 詹姆斯·C.斯科特：《弱者的武器》，郑广怀、张敏、何江穗译，郭于华、邹建立译校，译林出版社，2007，第1—10页。

第五章 基层传播与流动的根据地 | 063

在历史上，一般把1927年到1949年描述为中国革命的根据地时期。1927年大革命失败、城市革命遭遇挫折之后，以毛泽东为代表的共产党人创造了武装割据、"农民包围城市"的中国革命道路。从1927年上井冈山开辟第一个根据地开始，到中央苏区的苏维埃实践，再经过战略转移、被迫"长征"，抗战前夕落脚在陕北，建立陕甘宁根据地，再到抗日战争时期开辟晋察冀、晋冀鲁豫等华北根据地，中共最终在解放战争时期以根据地为核心取得全国胜利。这22年的根据地建设大致分为三个历史时期：一是1927年到1937年土地革命时期的根据地[1]，二是1937年到1945年抗日战争时期的根据地[2]，三是1945年到1949年解放战争时期的根据地[3]。其中，抗日战争时期有19块民主根据地，面积达100多万平方千米，人口约1亿，遍布全国的19个省区。根据地实践有三种类型：一是，处在大后方的根据地，如在抗日战争时期，较少受到日军骚扰，相对稳定，可以进行深入的社会与政治建设，如陕甘宁根据地；二是，处于与敌人斗争的前线地带，如晋察冀、晋冀鲁豫等华北地区的根据地；三是，完全在敌后、在敌占区，是敌后游击根据地。面对强大的敌人，中国共产党领导的根据地不是占领固定的空间，而是避敌锋芒、发挥自己的优势，使得根据地空间像水一样具有流动性和韧性。

根据地之所以能够存在，与占统治地位主导的空间秩序的实践状况相关。毛泽东对此进行了政治分析，根据地空间是帝国主义间接统治中国及其代理人军阀割据的产物。在1928年10月5日发布的《中国的红色政权为什么能够存在》中，毛泽东指出"一国之内，在四围白色政权的包围中，有一小块或若干小块红色政权的区域长期地存在，这是世界各国从来没有的事。这种奇事的发生，有其独特的原因。而其存在和发展，亦必有相当的条件。第一，它的发生

---

[1] 如井冈山革命根据地，中央革命根据地，湘鄂西革命根据地，鄂豫皖革命根据地，闽浙赣革命根据地，湘鄂赣革命根据地，左右江革命根据地和滇黔桂边游击区，海陆丰和东江革命根据地，琼崖革命根据地，湘赣革命根据地，闽东、闽南、闽中革命根据地，通海如泰革命根据地，湘鄂川黔革命根据地，川陕革命根据地，鄂豫陕革命根据地，西北革命根据地，南方三年游击战争根据地等。

[2] 陕甘宁抗日根据地、晋察冀抗日根据地、晋冀鲁豫抗日根据地、晋绥抗日根据地、山东抗日根据地、苏北抗日根据地、苏中抗日根据地、苏南抗日根据地、淮北抗日根据地、淮南抗日根据地、皖江抗日根据地、浙东抗日根据地、广东抗日根据地、琼崖抗日根据地、鄂豫皖湘赣抗日根据地、河南抗日根据地、闽浙赣抗日游击区、东北抗日游击区等。

[3] 陕甘宁边区、晋察冀边区、晋冀鲁豫边区、苏皖边区、山东根据地、晋绥边区、中原解放区、东北革命根据地等。

不能在任何帝国主义的国家，也不能在任何帝国主义直接统治的殖民地，必然是在帝国主义间接统治的经济落后的半殖民地的中国"[1]，只有在这种非同质化的、非政权完全统一的政治空间中才有"一小块或若干小块"的空间缝隙。在1930年1月5日回复一些红军将领悲观情绪的一封信《星星之火，可以燎原》中，毛泽东认为"如果认清了中国是一个许多帝国主义国家互相争夺的半殖民地，则一，就会明白全世界何以只有中国有这种统治阶级内部互相长期混战的怪事，而且何以混战一天激烈一天，一天扩大一天，何以始终不能有一个统一的政权。……五，也就会明白红军、游击队和红色区域的建立和发展，是半殖民地中国在无产阶级领导下的农民斗争的最高形式，和半殖民地农民斗争发展的必然结果；并且无疑义地是促进全国革命高潮的最重要因素"[2]。根据地的存在是中国半殖民地、半封建社会的独特经验，是帝国主义时代在空间上的薄弱环节[3]。

在"敌强我弱"的总体格局下，根据地的特征不是寻求占领固定的空间，而是在流动中实现敌我强弱关系的转化，经历了井冈山时期的根据地斗争，毛泽东总结了游击战与根据地建设的经验，"我们的战术就是游击的战术。大要说来是：'分兵以发动群众，集中以应付敌人。''敌进我退，敌驻我扰，敌疲我打，敌退我追。''固定区域的割据，用波浪式的推进政策。强敌跟追，用盘旋式的打圈子政策。''很短的时间，很好的方法，发动很大的群众。'这种战术正如打网，要随时打开，又要随时收拢。打开以争取群众，收拢以应付敌人。三年以来，都是用的这种战术"[4]。这种"打网"的战术，就是进攻时集中主力，进攻后迅速分散，避免阵地战，力求在运动中歼灭敌人的有生力量，从而敌人从强变弱、自己由弱变强，与国民党内战时如此，和武器更为先进、现代的日军斗争时也是如此[5]。根据地空间的流动性和灵活性体现在一种空间的辩证法，也就是毛泽东在1947年撤出延安时的战略"存地失人，人地皆失，存人失地，人地皆存"。根据地是发展游击战的基础，没有了根据地，只有军事上的游击战，是无法取得胜利的，而根据地的巩固又必须依靠社会改革和文化动员，才

---

[1] 毛泽东：《毛泽东选集》（第一卷），人民出版社，1991，第48-49页。

[2] 毛泽东：《毛泽东选集》（第一卷），人民出版社，1991，第98页。

[3] 汪晖：《世纪的诞生：中国革命与政治的逻辑》，生活·读书·新知三联书店，2020，第30-42页。

[4] 毛泽东：《毛泽东选集》（第一卷），人民出版社，1991，第103-104页。

[5] 孙歌：《根据地哲学与历史结构意识——竹内好的毛泽东论》，载汪晖、王中忱主编《区域》（2014第1辑，总第3辑），社会科学文献出版社，2014，第228-255页。

能深入基层和组织群众。

这种空间的流动性，一方面体现在面对敌人的强攻或扫荡，红军、八路军带着群众转移，如1934年10月第五次反"围剿"失败后，红军被迫进行长征，这是一种用流动的空间来换取时间的战略转移，在军阀割据的夹缝中腾挪转移，寻找生存的契机。与此同时，空间的流动也是宣传和动员的过程，"长征是历史纪录上的第一次，长征是宣言书，长征是宣传队，长征是播种机"[1]；另一方面也体现在敌人撤退之后，八路军带着转移的老百姓和物资再回来根据地，如1941年12月"太平洋战争"之后日军对华北进行了多次扫荡，尽管敌后根据地遇到巨大的困难，控制的区域严重缩小，但始终没有被消灭，坚持敌后斗争到抗战胜利。因此，根据地空间就像水一样，强力打来，就四散漫开，敌人撤退到城市、城镇后，又回流到原地。正是这种空间的辩证法，使得八路军不占领具体的空间，反而让空间变成弹性的、具有流动性的场所。

根据地时期的实践使得中国共产党实现脱胎换骨，从马克思主义、列宁主义的政党，变成与中国底层社会、中国经验相结合的政党。根据地时期的社会、文化建设，也为新中国积累了丰富的社会和文化治理经验。在这种背景下，笔者用"流动的空间"来描述根据地的空间政治（游击战），用"流动的艺术"来描述根据地建设中的文化艺术实践，用"流动的媒介"来描述根据地的通讯、报纸等媒介形态，用"流动的主体"来描述专业知识分子的主体状态。这些都涉及一系列特殊的社会制度、社会主体锻造和运作机制，是20世纪历史中以中国为代表的第三世界追求现代化的独特经验。

第三节 流动的媒介，流动的艺术

作为一种特殊的政治、经济、文化空间，根据地有这样几个基本特征：一是，行政区划上不稳定，相比占领中心城市、铁路线的日军和国民党军来说，根据地的有效统治区域随着战争变化而处于变动之中；二是，物质极端贫乏，技术、资本都稀缺，在这种背景下，通过组织基层社会来保障政治和军事斗争；三是，很难建立自上而下的行政权力，权力高度分散和地方化。作为一种去空间化的、反空间化的空间，根据地是发展游击战的基础，只有军事上的游击战，没有根据地的社会建设，是无法取得胜利的，这就是根据地的"一文一

---

[1] 毛泽东：《毛泽东选集》（第一卷），人民出版社，1991，第149—150页。

"武"两条战线。"武"指的是运动中的游击战，是局部集中优势兵力歼灭敌人的有生力量，"文"指的是依靠政治、经济、"文化革命"来深入基层、组织群众，这种文化参与政治革命、社会建设的传统来自五四新文化运动[1]。

文化宣传工作依靠两种模式：一是流动的媒介，让媒介、新闻等媒介流动起来，尽可能地在根据地的乡村地区实现信息、文化传播的全覆盖，这就需要在非都市、非现代的前提下实现信息网络的流通，包括报刊的发行以及乡村邮政系统的建立；二是流动的文艺，让艺术参与宣传、文化建设，文学、戏剧、艺术等都是宣传媒介，如抗战演剧队的工作[2]。

在这个过程中，以报纸为代表的基层传播发挥着重要的职能。1946年5月15日，晋冀鲁豫根据地的机关报《人民日报》创刊，截至1948年6月14日停刊，共出版746期，此后与《晋察冀日报》合并，成为华北根据地的和党中央的机关报，后来《人民日报》跟随党中央进北京，成为中共中央的机关报。1946年到1948年的作为根据地机关报的《人民日报》一般被称为晋冀鲁豫《人民日报》。借助由代办所、乡邮站、报站等组成的农村通讯网，《人民日报》深入村庄和连队，利用"读报小组"等方式"组织人民，特别是干部普遍阅读和学习人民日报"[3]。毛泽东在对《晋绥日报》编辑人员的谈话中说道："党报的作用和力量，就在它能使党的纲领路线，方针政策，工作任务和工作方法，最迅速最广泛地同群众见面。"[4] 从晋冀鲁豫《人民日报》中呈现的大量内容来看，中共十分擅长就地取材，基层传播的手段多样灵活，黑板、幻灯、快板、音乐、戏剧、文学等等都是常见的传播形式。在晋冀鲁豫根据地还发明了一种门板报，部队行军打仗时有些连队带着一块门板，当休息的时候，就把门板立起来，战

---

[1] 关于五四新文化运动所确立的文化参与政治的模式参见汪晖：《世纪的诞生：中国革命与政治的逻辑》，生活·读书·新知三联书店，2020，第201-272页。

[2] 对于这种流动性的研究可以参见：唐小兵：《流动的图像：当代中国视觉文化再解读》，复旦大学出版社，2018；何吉贤：《行走在路上的戏剧——"流动性"与抗战时期的民众戏剧》，《艺术评论》2008年第4期，第18-23页；何吉贤："流动"的主体和知识分子改造的"典型"——1940－1950年代转变之际的丁玲》，《中国现代文学研究丛刊》2018年第4期，第18-33页；林棵、王建华：《让信息流动起来——延安《解放日报》在乡村的实践逻辑》，《人文杂志》2020年第4期，第78-85页；路杨：《革命与人情：解放区文艺下乡运动的情感实践》，《中国现代文学研究丛刊》2019年第6期，97-117页；等等。

[3] 滕代远：《人民日报是人民的报纸 纪念人民日报一周年》，晋冀鲁豫《人民日报》1947年5月15日，第1版。

[4] 毛泽东：《对晋绥日报编辑人员的谈话》，载中共中央宣传部办公厅、中央档案馆编研部编《中国共产党宣传工作文献选编（1937－1949）》(2)，学习出版社，1996，第688页。

士们写的新闻稿可以贴在上面,既能学习识字,又能相互提意见,这就是在游击战中创造出来一种流动的"自媒体",媒体的介质"就地取材",传播的方式是随身携带。1947年4月29日的报道《前线部队的新创造——门板报》就较为详尽地对"门板报"这一新形式的制作、内容、成效进行了描述:一是"谁来写",是"每个战士、干部",也就是能写、会画的都要参加,群众性要强;二是"写什么",门板报的主要内容是表扬,同时也有批评意见;三是"为谁写",其读者和作者一样,也是连队内部的干部和士兵;四是"通过什么写",即利用门板这种最方便得到的"平台";五是讲究"时效性",理论上要求每天都写;六是达到的"效果",文中提到,"官表扬兵,兵表扬兵,兵表扬官的群众性的表扬方法,使部队换了一个样子"[1]。这篇报道是一篇典型的工作经验而不是刚刚发生的事情和消息,其内容关注的不是"人咬狗"之类猎奇而富有戏剧性的内容,而是立足于当时当地建设,同当时都市新闻形态形成很大的反差。它以一种特殊的"新闻"的样态将毅字部队的先进经验告知根据地的其他部队,以便相互学习、借鉴。类似服务于基层的门板报还有很多,如前沿阵地里的火线报等。门板报是对黑板报的一种创新和改造,让固定在墙上的黑板,变成流动的"自媒体"。

在根据地时期,报纸要想实现与基层空间的融合,变成基层化的媒体,还需要三种制度。一是,读报小组的活动,大部分群众看不懂报纸,有阅读能力的干部或农民或文化教员就利用工作之余或农闲时举办读报小组,通过"读"报的方式,把印刷纸媒变成听觉媒介,这样群众就能了解、读懂报纸;二是,邮发合一的发行制度,与城市中采用报房、报童售卖报纸的模式不同,山东抗日根据地创造了一种用邮政来发行报纸的传统,目的是让报纸可以覆盖到基层。新中国成立之后,这种邮发合一的报刊制度推广到全国,使得报纸、杂志可以传播到偏远地区;三是,基层通讯员制度,互联网时代有一种说法"用户生产内容",其实基层通讯员就是一种"用户生产内容",基层通讯员是在基层给报纸写稿的普通人,不是职业记者,写的内容也是地方经验,晋冀鲁豫《人民日报》中就有很多稿子来自基层通讯员,依靠这种方式可以维系报纸与基层的关系。在那个时代也鼓励地方干部、普通士兵写稿,用写作这一理性化的表达方式来总结生产、斗争的经验——而来自基层的经验与具体状况,为其他地区提供了如何开展工作的样板。《人民日报》成了"流动的空间"之中各个

---

[1] 康健:《前线部队的新创造——门板报》,晋冀鲁豫《人民日报》1947年4月29日,第4版。

地方经验交汇与示范的空间——基层与一线的状况成为流动的空间之中人们最为关心的问题,而关注的方式不是务虚,是总结一套行之有效的具体解决问题的方式,解决问题被赋予了紧迫性。官僚主义与现代社会科层制中推诿,也成为威胁流动性与生命的大问题,因此成为当时各种运动批判与纠偏的重点。各种非正式的/因地制宜的机构组织,也以特定方式组织联系着民众,保证着"用户生产内容",并赋予了人民政治的意义。

根据地时期还有很多流动话剧演出队,从30年代抗战爆发后的抗战演剧队,到根据地时期的话剧工作者,都用流动和巡回演出的方式,宣传抗日、征兵、土改等活动。如"活报剧"是一种跨媒介实验,用戏剧来演"活"的报纸,把抽象的新闻变成没有阅读能力的老百姓也能看懂的戏剧。群众(受众)/看戏(剧),剧中故事为群众自己的故事。这种在场感、现场感,从观众变成"演员",入戏/带入感。民众在观看过程中,确立了一种新型的观众与戏剧的关系,在这种在场感中,革命时事成了活报剧关注的重点。这种直面惨淡现实的文艺形态,能够把观众带入浅白易懂的戏剧情境之中,被与现实生活紧密相连的"活报剧"所感染,激起他们的情感/情绪,进而影响他们的思想认知与社会实践。报纸中的时事,通过戏剧表演的方式传达到了观众这里,报纸所代表的理性秩序的世界也在活报剧的实践之中同现实生活的世界接轨——在这种跨媒介内容的流动过程中,理性与情感的界限被打破了,同时启蒙与被启蒙之间关系也变模糊了,理性世界与感性世界合二为一服务现实社会生产实践/战争需要。这种混杂性的背后,是充分使用取材于生活之中的廉价的物质来生产流动媒介,提供流动艺术来服务于中国社会中一度被忽略的社会基层的精神文化需要。

这种流动媒介、流动的艺术背后是流动的主体与他们的社会关系网络。这也就是20世纪中国历史中出现的一种特殊的逆向流动的知识分子主体,从战争中的戏剧工作者,到遍布城乡的电影放映员和邮递员,他们完成了把文艺、信息等带达普通民众的任务。这些流动的主体使得信息、文化、技术与底层群众产生密切的互动,也是一种有中国特色的"创新的扩散"[1]。这种流动的主体又形成另一种主体状态,就是培育扎根基层的知识分子,也就是如下乡干部、下乡文艺工作者、知识青年、邮递员、电影放映员、赤脚医生、代课老师、基层通讯员、技术员等来自基层、服务基层的科技、医疗、文化工作者。在这种双

---

[1] E.M.罗杰斯:《创新的扩散》(第五版),唐兴通、郑常青、张延臣译,电子工业出版社,2016,第109-357页。

向的运动中,"将非现代的群众社会化、主体化,使其成为理性的、现代的主体"[1],完成人的现代化。这些都是中国在现代化发展中形成并延续至今的社会制度。

第四节 从流动的空间到空间的流动

新中国成立之后,建立了稳定的国家政权,实现了从流动的根据地向相对固定的空间秩序的转型。借助国家和政党的力量,有能力自上而下传播、覆盖信息资源,这种根据地时期形成的"流动的空间"的传统丧失了历史针对性和合法性。但是,这种根据地时期形成的"流动的空间"式的文化传播方式依然发挥着重要的作用。新中国作为"一穷二白"的落后国家,其空间分布存在着巨大的差异性和不均衡的状态,东部与西部、城市与乡村、中心城市与偏远区域之间有着巨大的空间落差。克服这种文化传播上空间分布的不平等和不均质的方式之一,是重新沿用根据地时期的"流动的媒介""流动的艺术"和"流动的主体",笔者将这种方式命名为"空间的流动"。也就是说,在20世纪中国历史中存在着两种状态,第一种是流动的空间,第二种是"空间的流动",前者是在不同的空间中穿梭,在流动的腾挪转移中完成社会和文化建设,后者是处理空间内部共同体的不平衡,弥合现代化发展中产生的社会与区域的落差。从流动的空间变成了空间的流动,这体现在流动发行员、文艺下乡、下基层、邮递员等方式,用这种流动,实现空间资源信息分配的相对均等化和平衡[2]。

这种均等化与平衡并不是绝对的物质性层面的,而是在精神文化层面。典型的文化实践如电影放映队和露天电影、乌兰牧骑式的草原流动宣传队,这些

---

[1] 张慧瑜:《触摸二十世纪的基层传播文化经验线索》,《社会科学报》2020年2月13日,第6版。

[2] 对于下乡的研究参见:路杨:《"古元的道路":延安木刻下乡的情感实践》,《中国现代文学研究丛刊》2020年第8期,第1-25页;张盛满:《文艺下乡:新中国成立初期太湖流域评弹艺人的思想教育与身份重塑》,《杭州师范大学学报(社会科学版)》2020年第3期,第81-88页;路杨:《革命与人情:解放区文艺下乡运动的情感实践》,《中国现代文学研究丛刊》2019年第6期,第97-117页;沙垚、付薇:《实践中的人民性:"送戏下乡"与"群众艺人"的主体性——20世纪60年代社会主义农村的戏曲民族志》,《开放时代》2018年第5期,第66-76页;潘祥辉:《"送字下乡":晚清及民国时期扫盲运动的传播社会学考察》,《浙江学刊》2017年第5期,第145-157页;等等。

都延续了根据地时期形成的用流动的主体来实现文化、信息传播的方式。在50年代到70年代，新中国改变了民国时期只在上海天津这类大城市看电影的历史，把电影变成覆盖城乡、偏远地区的群众艺术，电影从局限于一隅的商业实践，变成了全民精神文化消费的一部分，成为一种文化权利。为了使得电影资源能够向绝对的洼地"流动"，新中国建立的电影事业从电影生产到发行两个环节上来改造电影制度。首先，在生产上，20世纪40年代后期，东北、北京、上海、八一、珠江、西安等八大国营电影制片厂陆续组建起来，分布在国家的不同区域，这就解决了电影工业偏安上海一隅的绝对垄断问题；电影生产按照计划经济的模式，划分农业、工业、军队等题材来组织电影生产，而不再简单按照市场消费来决定生产什么。其次，在电影发行上实行"统购统销"的方式，建立了一套行政化的电影发行放映网络，和广电制度一样，有一级政府就有一级发行放映公司，农村和偏远地区采用流动电影放映队的方式。这跨越了城市与农村的界限，也创造了两种新的电影院空间。第一种是城市中除了专门的电影院外，在基层单位还出现很多会议厅、剧院、大食堂兼具放映电影的职能，是一种真正的"多功能舞台"，既能开群众大会、联欢会演、集体聚餐，又能看戏、看电影。电影放映空间走向了多样化/混杂化，电影放映空间尽管是固定的，却处于"空间的流动"状态之中——基层群众可以通过在空间中干什么，改变空间的属性，在功能层面将空间的效能发挥到最大化，从而服务于生产与精神消费。第二种则是农村电影放映队放映露天电影。露天电影本身是占据一个临时的空间，把空地变成电影传播的空间，扯上一块白色幕布，架上一台放映机，就可以把村庄、街道的某块空地临时变成一座没有围墙的电影院，四乡八镇的群众自己带着板凳，像赶集一样，去享受现代电影的魅力。不同于城市电影院定义了一个绝对正确的观看屏幕的方向，人可以坐在幕布正反两面前观看，并没有电影院中定义正确观看电影的那堵墙。影像从幕布的两面"流向"观众。而观众也可以在观看电影之际进入"农闲"状态，而非城市影院中正襟危坐的标准观看状态。这突破了封闭电影院放映电影的空间限制，从而打开了电影"空间的流动"的可能。这种意义上，农村露天电影院成为一座"移动城堡"。而这种流动的露天电影院也来自根据地时期的流动演剧队、流动电影队的传统。电影虽然不能像广播那样实现即时的远距离传输，但是可以依靠几十万电影放映员的"身体"实现跨空间放映，这和报纸通过邮递员发行的"邮发合一"制度是一致的，也反映了计划经济时代所形成的行政化的文艺、新闻作品传播与流通的特殊模式。这种制度的优势是让电影深入农村，让更多的群众变成电影观众。不仅如此，50年代到70年代所生产的人民电影或者说工农兵电影也创造了一种特殊的观众与银幕的关系，银幕下的观众在基层单位观看电影，而银幕上的电影所表现的又是基层群众的故事，从而实现了观影空间（基层影院）、观影主体（基层群众）与银幕空间（基层故事）的"三合一"。现实主义题材电影不是奇幻的世界，是与真实的现实生活平行的"镜像"，或者说真实生活中所发生的社会实践就像一场银幕中的电影。

80年代以来这种国营电影制片厂和电影放映体系也遇到了经营难题。从90年代中期引进好莱坞电影，到2001年开启电影产业化改革，国营电影制片厂被民营电影公司取代、电影放映网络被商业院线制取代，中国电影也从表现各行各业的题材电影变成商业化的类型电影。在电影产业高速崛起的同时，商业院线也从一、二线城市向三、四线城市延伸，但是商业院线无法也不愿进入农村地区，因为农村没有电影市场。直到2005年国家启动了农村公益电影放映工程，采用数字化的"新"电影放映机和流动电影放映的"旧"制度来解决农村看电影的问题。虽然放映的都是城市类型片、缺乏与农村生活相关的电影作品，但是这种流动电影放映模式依然使得露天电影在农村保留一种重建村民公共文化生活的可能性。

改革开放以来，这种根据地时期形成的流动的媒介、流动的艺术发生了重要的转变，主要体现在两个方面。第一，那种依靠国家力量推动的逆向流动的信息和文化资源分配方式逐渐转变为以市场为主体的流动模式。这体现为新闻传播和文化艺术领域的产业化、市场化改革，如90年代都市化媒体的兴起，改变了"邮发合一"的发行制度，变成报社重建发行部和发行网络；[1]2001年以来电影产业化改革，也使得民营资本重新主导电影生产和商业化院线等。[2]第二，90年代中后期互联网的兴起也改变了传统媒体、文艺生产与消费的基本模式，扁平化、去中心化的网络空间成为信息、文艺生产与消费的基础性平台。在这种背景之下，这种逆向流动的媒介、文艺模式在一些领域依然存在：一是，依托体制化的行政、文化、新闻系统，干部下基层、文艺工作者下乡、新闻记者走基层成为落实"群众路线"的举措之一，是一种常态化的自上而下流动的制度要求；二是，新世纪以来，从西方引进公共文化服务体系的理念，通过政府购买服务的方式，建立均等化、普惠式的文化惠民工程，如全国文化信息资

---

[1] 闵大洪：《我国报刊"邮发合一"述略》，《新闻研究资料》1991年第1期，第114-117页。

[2] 刘汉文：《回望与期待：电影院线制改革十年的思考》，《当代电影》2012年第6期，第4-10页。

源共享工程、中国非物质文化遗产保护工程、送书下乡工程、电影放映"2131"工程等。2004年以来在农村实行数字公益放映系统,电影放映员带着数字"密钥"用数字放映设备为农村观众提供电影放映活动。与50年代到80年代的农村电影市场不同,现在农村只有公益化的放映活动,没有商业电影市场,而且放映的影片主要是针对城市市场拍摄的商业电影,而已经没有专门的电影生产体系源源不断地"量身定做"生产农村需要的电影。即便如此,也能够看到在市场无法抵达的地方、在电影数字化传播的时代,依然需要借助电影放映员这种20世纪的"流动的主体"来完成电影的流动放映,以便把电影覆盖到更多的农村及偏远地区。

此外,20世纪90年代以来,在社会领域出现一种非政府的、非商业的文化公益活动。这些活动主要是受西方、日本或中国的台湾地区、香港地区等发达区域的NGO(非政府组织)运动、公民运动、社会运动的启发和影响。在中国也出现了一些朝向基层、底层的公益机构和组织,这些机构和组织为基层社区提供文化、法律和社会服务,并仿效西方社区文化的方式形成某种共同体文化。比如新世纪以来兴起的新乡村建设运动,尝试接续百余年中国乡村建设的传统,在乡村被掏空的大背景下,通过大学生返乡、乡建青年返乡创业等活动来弥合城乡差异;还如北京新工人乐团发起的"大地民谣,行走人间"巡演活动,用音乐的方式在不同的乡村和基层社区流动演出,把乡村空间变成群众文艺活动的舞台,这些音乐人就是当下的逆向流动的知识分子;还有带有社会批判和反思意识的知识分子参与帐篷戏剧、家政女工的社区戏剧等,重新激活一种文化的流动性。这些文化社会活动,对中产化、城市化的小资文化和商业文化有所反思,尝试建立一种与底层群体、弱势群体更相关的文化实践。当然,也遇到非常多的困难和困境,如这些活动与所在社区、基层很难形成有效互动,经常处于"悬浮"状态。不过,从这些流动的戏剧、音乐等活动中,依稀可以看出一种空间的文化游击战,仿佛20世纪的历史遗产还以某种形态在当下延伸。

第六章 "从无到有"：
根据地时期无线电通信网的建立与发展

19世纪中后期电磁波和无线电的发明，使得人类摆脱物理时空的限制，实现了远距离即时信息传播，进入脱域化信息传播的时代。无线电的出现不仅改变了人们传递信息的模式，而且在交通（航海）、商业（证券交易）、新闻（报纸、广播）等领域带来根本性的变化。在第一次世界大战期间，无线电成为海战的关键，由于发挥着重要的军事功能，无线电也成为国家征用和管控的重要信息资源[1]。第二次世界大战期间，无线电广泛应用于军事、广播战和情报战中，成为决定战争胜负的核心要素之一。在大众文化领域的战争电影、谍战电影中那些智勇双全窃取情报的间谍和冒着生命危险秘密发送情报的发报员等都与无线电通信有着密切关系。本章主要以抗日战争时期冀中根据地发展无线电通信网络为核心，指出无线电这一现代通信手段是根据地开展军事上的游击战和运动战的媒介学基础，使得分散的、去空间化的根据地变成具有弹性的和流动性的空间。无线电无疑是20世纪初期的"高科技"，需要专业技术人员、核心技术和高效的组织能力才能建立无线电通信网络，而对于在华北地区进行敌后游击战的八路军来说，不仅技术落后、人才匮乏、物资也被封锁，而且随时面临日军的"大扫荡"，在这种"没有人（电信人员），没有机器和没有钱"的背景之下[2]，八路军通过无线电人才培养、无线电器材自主研发和抗日统一战线等人才、技术和政治手段来实现无线电"从无到有"的发展。对在弱势状态下发展无线电的历史梳理，可以看出这是一种在技术上自力更生、在组织上发动群众的"创新的扩散"模式，这种模式不仅有助于反思中国信息技术发展的经验，而且对第三世界国家探索自主化的技术路线也有启示意义。

---

[1] 云国强、吴靖：《重新寻找公共领域：时间、空间与"广播"的生产》，《新闻与写作》2018第6期，第48—55页。

[2] 柳：《白手起家的电讯部队》，晋冀鲁豫《人民日报》1947年10月3日，第2版。

第一节 "科学的千里眼顺风耳"：红军早期无线电通信网络的兴起

近代以来，无线电通信技术如同电灯、电报一样从西方传入中国。根据无线电发展史，19世纪60年代，麦克斯韦提出电磁场的理论，并从理论上推测到电磁波的存在。1887年德国人赫兹发现并验证了电磁波的存在。1895年意大利科学家马可尼进行了无线电波传播信号的实验。1897年马可尼成立"无线电报及电信有限公司"，1899年建立起了跨越英吉利海峡的英法之间的无线电通信。无线电的使用主要集中在三个方面：第一是军事领域，第一次世界大战，无线电被应用于海军，成为轮船在航行中确定位置和联络通信的工具；第二是金融领域，成为跨城市证券交易的通信媒介；第三是新闻领域，无线电不仅改变了现代报纸业，记者通过电讯、电报可以远距离传播新闻消息，使得全国性报纸能够出现，无线电还产生了广播媒体，1910年福斯特从纽约的大都会歌剧转播了恩里科·卡鲁索的歌唱演出，这被认为是最早的广播简讯，1920年美国人弗兰克·康拉德建立了世界上第一座广播电台，随后1921－1925年欧美、日本等发达地区和国家相继成立广播台，如英国广播公司BBC、日本广播协会NHK等。可以说，无线电是19世纪末20世纪初最重要的新技术和新媒体。

在半殖民地、半封建的旧中国，无线电通信作为重要的通信技术手段一直掌握在帝国主义列强和清朝政府、北洋军阀和国民党等政治势力手中。晚清以来，中国开始引进无线电。1880年，李鸿章在天津设立电报总局，派盛宣怀为总办。1899年，满清政府在广州等要塞及江防舰设置了无线电台。1905年，北洋大臣袁世凯在天津开办了无线电训练班，在部分军舰上使用无线电进行通信联络。南京国民政府统治前十年，无线电科技事业曾一度迅速发展。国共第一次合作期间，为了满足军事需要，无线电技术突飞猛进，短波无线电开始在中国自行制造应用。一年之内，有十余座短波电台建成通信，各军队应用的其他无线电报机有百余套。1927年，大革命失败后，由于蒋介石、汪精卫制造的白色恐怖，中国共产党的活动被迫转入地下。全国的无线电通信机关都掌握在国民党反派手中，中国共产党领导下的无线电事业发展举步维艰。1930年1月，上海党中央与远在香港的中共南方局建立无线电通信，这是共产党历史上"一次划时代的通讯革命"。

国内关于根据地无线电通信技术发展的研究并不丰富，新闻传播领域也缺乏从通信网络制度的角度研究根据地无线电事业，仅有的相关文献资料大多集中于无线电通信事业创建的史料和回忆录，相关研究思路有这样几个：

一是，在党史的范围内梳理中国无线电通信事业创建的历史，偏回忆录和文献资料。如《划破长夜的红色电波——我党早期无线电通信事业的创建》《中共第一座无线电台》《中共秘密电台的建立》《红军"一部半电台"起家》《我军第一个无线电队的组建和作用》等文章叙述了无线电事业发展的开端[1]；如《一部电台十万兵——红军电台创始人王诤电讯传奇》《永不消逝的电波——无线电专家李强》《"红色电波之父"——宋侃夫》等以无线电相关工作人员为主体的文献资料[2]。也有部分评价无线电通信技术历史作用的论文，如《中央苏区时期无线电事业的发展及其贡献》认为中央苏区无线电事业的迅猛发展，有效促进了中央苏区与全国各地的联系与沟通，打破了中央苏区消息闭塞的局面，向外界传播了中央苏区的信息，并为日后革命根据地和新中国无线电教育的发展打下了坚实的基础[3]。《反"围剿"时期红军对无线电技术的保护利用》一文认为红军对缴获的无线电台进行了重点保护，同时争取留用相关技术人员，使红军的无线电通信队得以迅速建立并充分发挥作用[4]。《试论红军的通信建设》《试论土地革命时期革命根据地的科技队伍建设》等文章也从不同视角肯定了无线电通信作用在革命战争中发挥的不可替代的作用[5]。

二是，有一些文献史料的整理，如魏天柱主编《从烽火到电讯——中国军

---

[1] 王光远：《划破长夜的红色电波——我党早期无线电通信事业的创建》，《党史博采》1994年第2期，第17-19页；周保林：《中共第一座无线电台》，《湖南党史》2000年第2期，第60页；徐涛：《中共秘密电台的建立》，《党史纵览》2017年第3期，第41-44页；曾晨英：《红军"一部半电台"起家》，《老友》2014年第1期，第13-14页；郭化若：《我军第一个无线电队的组建和作用》，《军事历史》1991年第2期，第17-19页。

[2] 沈国凡：《一部电台十万兵——红军电台创始人王诤电讯传奇》，《党史纵横》2016年第10期，第33-37页；刘子闻：《永不消逝的电波——无线电专家李强》，《上海信息化》2015年第5期，第80-82页；毛峥嵘：《"红色电波之父"——宋侃夫》，《四川统一战线》2012年第1期，第38-39页。

[3] 梁尔铭：《中央苏区时期无线电事业的发展及其贡献》，《中国井冈山干部学院学报》2016年第2期，第88-94页。

[4] 唐莲英、叶福林：《反"围剿"时期红军对无线电技术的保护利用》，《江西社会科学》2011年第6期，第124-128页。

[5] 江峰：《试论红军的通信建设》，《军事历史研究》2003年第3期，第65-74页；万立明：《试论土地革命时期革命根据地的科技队伍建设》，《兰州学刊》2018年第12期，第24-33页。

事通信史话》，以史为经，以事为纬，讲述了中国历史上军事通信的基本情况，其中第七章"红色电波"着重讲述了中国共产党从开始使用无线电通信技术到利用无线电决胜全国的历史[1]。中国人民解放军总参谋部通信部编研室编《红军的耳目与神经——土地革命战争时期通信兵回忆录》[2]和邮电部邮电史编辑室编《难忘的战斗岁月——革命战争时期邮电回忆录》均为红军通信战士的回忆录[3]，可以从侧面看出党中央创建红军通信事业的战略决策和统筹措施，还有冀中人民抗日斗争史资料研究会编的《冀中人民抗日斗争文集》（第10卷）记载了抗日战争时期冀中根据地通信工作的进展情况，以不同军区为单位，详细记载了无线电技术应用于革命根据地的历史[4]。这些史料呈现了中国无线电通信发展的早期历史，以当事人的回忆和口述为主，具有一定的史料价值，但缺乏从信息传播技术的角度进行理论分析。

三是，在新闻传播领域关于无线电的研究。有研究晚清电报与清末时政的关系，如周永明的《中国网络政治的历史考察：电报与清末时政》，将晚清电报的兴起与政治舆论联系起来，探寻无线电的电报对晚清政治的影响[5]；有把广播放在公共领域的角度来研究，如云国强、吴靖的《重新寻找公共领域：时间、空间与"广播"的生产》[6]；还有从传播政治经济学的视角研究中国农村有线广播的历史，如北京大学潘佼佼的博士论文《乡村变革中的信息与文化技术——中国农村广播网的历史研究（1949-1978）》。这些研究有利于理解无线电对广播的影响以及中国建立符合自身国情的通信网络的经验。

四是，对抗日战争时期"中共"军队无线电技术装备和通信系统的历史研究，主要体现在齐小林的《抗日战争时期中共军队无线通信技术的应用》《抗

---

[1] 魏天柱：《从烽火到电讯——中国军事通信史话》，国防大学出版社，2003。

[2] 中国人民解放军总参谋部通信部编研室：《红军的耳目与神经——土地革命战争时期通信兵回忆录》，中共党史出版社，1991。

[3] 中国人民解放军总参谋部通信部编研室：《红军的耳目与神经——土地革命战争时期通信兵回忆录》，中共党史出版社，1991；邮电部邮电史编辑室《难忘的战斗岁月——革命战争时期邮电回忆录》，人民邮电出版社，1982。

[4] 冀中人民抗日斗争史资料研究会编《冀中人民抗日斗争文集》(第10卷)，航空工业出版社，2015。

[5] 周永明：《中国网络政治的历史考察：电报与清末时政》，尹松波、石琳译，商务印书馆，2013。

[6] 云国强、吴靖：《重新寻找公共领域：时间、空间与"广播"的生产》，《新闻与写作》2018第6期，第48-55页。

日战争时期中共军队无线通信系统的危机与应对》《全面抗战时期中共军队无线通信系统的结构性扩张》[1]等论文，这些论文史料扎实，全面研究了抗战时期中共无线电装备、人员和通信制度发展的基本状况。

本章主要用历史研究的方法，以冀中根据地为个案，研究在敌后根据地创办无线电通信网络的社会机制，以及无线电通信与游击战的内在关系。这不仅涉及无线电专业人才的培养、无线电设备的制造等问题，而且也反映了八路军对技术人员的政策以及通过社会动员、群众运动的方式来完成信息、通信网络的建立，这些都需要结合具体根据地的实际情况。

1927年大革命失败，国共合作破裂，中国共产党开始建立自己的军队和探寻"农村包围城市"的道路。从这个时候开始，建立无线通信网络一方面是为了与国民党进行残酷的"白色"斗争，另一方面也是为了加强中央与各根据地之间的沟通。1927年八七会议之后，中国共产党建立了中央直达各省、各省直达各县、各县直达各乡的全国交通网。地下交通线通过交通员和武装交通员等人力来传递消息、情报和宣传品。1928年中共第六次全国代表大会在莫斯科召开，周恩来同共产国际商讨建立无线电台，抽调人员参加"国际无线电训练班"，学习无线电通信技术。1929年在中共中央特科负责人周恩来的领导下，通信科长李强、张沈川等组装了收报机、发报机，在上海建立了第一座秘密电台。1930年1月在香港九龙开辟第二秘密电台。当时通信技术人员的培养主要通过两个途径：一是向共产国际申请帮助训练通信技术人员；二是在上海秘密培训党的通信技术人员。

1930年之前，红军主要依靠交通员、传令兵和地下交通站来维系中央与各分局、各根据地之间的联络。"在红军创建初期，除军以上单位设有一两台简易电台和老式电话外，基层部队的通信联络主要通过使用运动通信和简易信号通信"[2]。1930年之后，红军领导人才开始意识到无线电通信的重要性。1930年中央苏区进行第一次反"围剿"，取得龙冈战斗的胜利后，红军缴获了国民党军第18师的无线电台一部，由于当时战士缺乏对电台的认识，把发报机、马达、充电池、蓄电池等都作为敌产而砸毁，这部弄坏的电台只有收报功能，被称为

---

[1] 齐小林：《抗日战争时期中共军队无线通信技术的应用》，《近代史研究》2021年第3期，第42-58+160页；齐小林：《抗日战争时期中共军队无线通信系统的危机与应对》，《史林》2021年第4期，第135-148+221页；齐小林：《全面抗战时期中共军队无线通信系统的结构性扩张》，《河北学刊》2021年第5期，第32-41页。

[2] 江峰：《试论红军的通信建设》，《军事历史研究》2003年第3期，第67页。

"半部电台"[1]。为了避免红军战士继续破坏电台，1930年8月毛泽东和朱德对红一方面军发布攻打长沙的命令中要求"各部队于沿途所遇之交通工具（如铁道、桥梁、火车、汽车、汽船、电线、无线电台等），非有高级长官命令不得擅自破坏，违者严究"[2]。还专门颁发了《保护与收集无线电、有线电战利品的通令》："目前反革命特别加紧经济封锁，材料供给大多数是由敌人处缴获。故通讯工作常因器材缺乏补充发生困难和障碍。今后在每次战争胜利中须将这类战利品全部收集，不得置之不顾，任其散弃。"[3] 这次攻打长沙的战斗由于两个团联络不畅通，导致战斗失利，这使得毛泽东等红军领导更加意识到无线电技术在现代战争中的价值。1931年龙冈战斗后，在江西省宁都县东韶地区对国民党军的追击战中，红军痛击谭道源师时又缴获了一部电台，战士将这部电台完好无损地送到了位于宁都小布的红一方面军总部。这样，红一方面军开始有了自己的电台，并着手创建无线电通信队。

红军早期无线电通信工作是在经济落后的农村和敌人严密封锁的情况下逐步发展起来的。朱德曾告诉红军早期无线电技术人员"先把工作搞起来。不要看红军现在没有电台，无论大小武器装备，凡是白军有的，红军也会有的；没有的，敌人会给我们送来。没有人，我们可以训练，也还会陆续有人从白军中来。革命事业是会从无到有、从小到大发展起来的"[4]。这种"从无到有""从小到大"正是包括无线电在内的中国革命各项事业发展的普遍经验。1931年2月，毛泽东同志在中国工农红军第一期无线电通信训练班开学仪式上用"鲁班石"的传说向学员们解释无线电通信工作的重要性。一座即将落成的石桥，桥梁中央还剩一块空缺找不到合适的石头进行填补。这时，路过此地的鲁班先生打造出一块不大不小正合适的石头，促成桥梁的成功落成。这块"不大不小正合适的石头"就是"鲁班石"[5]。毛泽东强调，无线电通信工作正如鲁班石一样，是军事战斗中不可或缺的重要组成，是沟通联络的关键。

---

[1] 王诤：《殷切的期望 难忘的教诲》、刘寅：《阳光雨露育新枝》，载邮电部邮电史编辑室编《难忘的战斗岁月——革命战争时期邮电回忆录》，人民邮电出版社，1982，第1-15页。

[2] 毛泽东：《向长沙推进的命令》（1930年8月24日），载毛泽东：《毛泽东军事文集》（第一卷），军事科学出版社、中央文献出版社，1993，第160-163页。

[3] 朱德：《朱德军事文选》，解放军出版社，1997，第125页。

[4] 曾春生：《隐蔽战线上的密战》，《红岩春秋》2021年第1期，第56-60页。

[5] 李辉荣：《鲁班石的故事——纪念毛泽东诞生120周年》，《下一代》2013年第12期，第4-6页。

红军早期发展无线电主要有三种方式：一是从国民党军中俘虏、改造技术人员，如1930年龙冈大捷中，俘虏了16名无线电人员，经过对起义和被俘的通信技术人员进行政治思想教育工作[1]，有10名愿意留下来参加红军，这就包括对红军通信工作做出重要贡献的王铮、刘寅等人[2]，他们成为红军无线电方面最早的技术专家和管理者，用缴获的半部电台抄收了国民党中央社发布的新闻电讯[3]，从此红一方面军开始了无线电通信工作，这种从敌人那里缴获装备和改造俘虏的方法成为红军发展无线电的重要模式。二是开办无线电培训班，1931年1月28日，毛泽东、朱德联名签发了《选调学生学无线电的命令》，明确指出"无线电收音机所收的敌人电报，确有使我们对于敌人的位置和行动的侦察得到不少的帮助，我们现在更积极的准备扩充无线电队的组织。各部接到命令后，须即按照条件和人数，选送可造就的青年来学习。要认清无线电的工作，比任何局部的技术工作都重要"[4]，要求各军选派政治素质好、文化程度高的红军战士参加无线电技术的学习培训。1931年2月初，红军第一期无线电训练班在宁都小布的陈家土楼正式开班，随后红一方面军总司令部成立了无线电队，先用于侦听情报和抄收新闻，后来发展到用于通信联络。1931年11月，红一方面军无线电训练班改组为中国工农红军无线电学校，"从第六期开始，红军无线电学校除无线班外还招收了有线班、司号班和鸽子训练班，并更名为中国工农红军通信学校"[5]。三是无线电设备主要通过缴获和自己组装两种方式获得。由于单纯通过缴获无线电设备，始终无法可持续地满足红军的通信工作，红军重视发扬自力更生的精神，积极自购、自制和自产器材设备。1932年第四次反"围剿"结束后，中央苏区建立了一家无线电材料厂，通过已有的器材、零件进行无线电维修和组装。

无线电队伍的建立具有四个功能：一是截获敌情，及时调整战术部署。如在第二次反"围剿"中发挥重要作用，王铮用第一次反"围剿"中缴获的敌人

---

[1] 江峰：《试论红军的通信建设》，《军事历史研究》2003年第3期，第68-69页。

[2] 王铮原先是国民党第18师师部电台的技术骨干，参加红军后担任红一方面军无线电通信队的首任队长，中华人民共和国成立后成为第一任电子工业部部长，1955年被授予中将军衔，还担任过中国人民解放军副总参谋长。

[3] 曾晨英：《红军"一部半电台"起家》，《老友》2014第1期，第13-14页。

[4] 朱德：《选调学生学无线电的命令》，载《朱德军事文选》，解放军出版社，1997，第41页。

[5] 梁尔铭：《中央苏区时期无线电事业的发展及其贡献》，《中国井冈山干部学院学报》2016年第2期，第91页。

电台获知国民党军要进驻东固，红军提前占领东固岭的有利地形，取得第二次反"围剿"的首战胜利，歼灭国民党军第28师和第47师一个旅的大部，还缴获一部100瓦大电台，俘虏第28师全部无线电人员。二是收听国民党军时事新闻，及时获得外部消息。由于地处偏僻，再加上敌人封锁，使得苏区无法获得国内外消息，利用缴获的无线电收报机抄收国民党中央社的新闻电讯稿，就成了红军与外界沟通、了解外界情况的唯一便捷途径，这些抄收的电讯新闻被毛泽东称为"没有纸的报纸"[1]。三是用无线电加强部队与部队、前方与后方的沟通和协同作战，也增强根据地与党中央的信息联系。在不到一年的时间里，红军缴获敌人8部电台，成立了6个无线电大队，建立了无线电侦察台和无线电指挥网。1931年9月下旬，用这台100瓦的电台，江西苏区中央局与上海党中央第一次取得了无线电通信，从此在党中央和中央苏区之间架起了一座空中电波桥梁。四是发布无线电新闻，创办通讯社，苏区出现电讯新闻、广播新闻。1931年11月7日，红色中华通讯社在中华工农兵苏维埃第一次全国代表大会开幕当天宣布成立，广播代号为CSR（Chinese Soviet Radio）。"这种使用无线电抄收国内外新闻并向国内外通报革命根据地信息的做法，作为制度一直延续到解放战争时期。"[2]

第二节　无线电：根据地游击战和运动战的媒介学基础

无线电对于红军来说不仅是通信工具，还是实现游击战的媒介学基础和前提。毛泽东高度重视无线电工作，称无线电通信是"科学的千里眼顺风耳"。在红一方面军开办无线电培训班上的讲话中指出："红军今后要大发展，这里要点火种，那里也要点火种，一块块被敌人分割的革命根据地，要靠你们在空中架起的桥梁连接起来。做任何工作，都应该知道它的重要性，你们是科学的千里眼顺风耳，你们所做的通信工作，可以帮助我们调动军队，做到随时撤得开，又收得拢。"[3] 这段话呈现了无线电传播的一般特征，"空中架起的桥梁"

---

[1] 刘寅：《幸福的回忆》，载《刘寅文集》，电子工业出版社，2001，第63页。

[2] 梁尔铭：《中央苏区时期无线电事业的发展及其贡献》，《中国井冈山干部学院学报》2016年第2期，第91页。

[3] 陈安、庄春贤：《毛泽东与红军的"千里眼""顺风耳"》，《湘潮》（上半月）2011年第10期，第4-5页。

指的是无线电依靠电磁波来进行远距离传输,与依靠人力进行的地下交通、赤色邮政等交通方式不同,无线电是一种去物质化、去主体化的传播媒介;"科学的千里眼顺风耳"说明无线电能够把信息远距离传输,传播速度和效率高;"可以帮助我们调动军队,做到随时撒得开,又收得拢"则说明无线电通信与游击战的战法密切相关,如果没有无线电指挥,"撒得开"和"收得拢"就无法实现。因此,无线电一方面把彼此分割的根据地连接起来,另一方面又使得机动灵活的游击战成为可能。

作为一种特殊的政治、经济、文化空间,根据地有这样几个基本特征:一是行政区划不稳定,相比占领中心城市、铁路线的日军和国民党军来说,根据地的有效统治区域处于变动之中;二是物质极端贫乏,技术、资本都稀缺,在这种背景下,通过组织基层社会来保障政治和军事斗争;三是很难建立自上而下的行政权力,权力高度分散和地方化。根据地处于敌人政治、军事权力的缝隙地带,正如根据地的命名经常是几个省或地区的简称,如陕甘宁、晋察冀、晋冀鲁豫根据地等,这意味着根据地在外部压力的夹缝中求生存,处于不稳定的空间,边界随着敌人的进攻和骚扰而变化。在"敌强我弱"的总体格局下,根据地不寻求占领固定的空间,而是在流动中实现敌人由强变弱、自我由弱变强的转化,也就是避敌锋芒、发挥自己的优势。因此,根据地是一种像水一样具有高度流动性的空间状态。水的属性是柔软性和持续性,当坚硬的东西打过来时,就四散逃离,当坚硬的东西撤退后,水又流回来,水是以柔克刚、避免硬碰硬,是弱者的智慧和弱者的辩证法。根据地也具有这种水的属性,当敌人强势进攻时就四散逃开,当敌人回撤时,再聚拢回来,看起来很弱势,却无法被真正消灭。这种水的特性,就反映在军事上的游击战。

在"敌强我弱"的总体格局下,根据地的特征不是寻求占领固定的空间,而是在流动中实现敌我强弱关系的转化,经历了井冈山时期的根据地斗争,毛泽东总结了游击战与根据地建设的经验。"我们三年来从斗争中所得的战术,真是和古今中外的战术都不同。用我们的战术,群众斗争的发动是一天比一天扩大的,任何强大的敌人是奈何我们不得的。我们的战术就是游击的战术。大要说来是:'分兵以发动群众,集中以应付敌人。''敌进我退,敌驻我扰,敌疲我打,敌退我追。''固定区域的割据,用波浪式的推进政策。强敌跟追,用盘旋式的打圈子政策。''很短的时间,很好的方法,发动很大的群众。'这种战术正如打网,要随时打开,又要随时收拢。打开以争取群众,收拢以应付敌人。三年以来，都是用的这种战术。"[1] 根据地空间就像水一样，强力打来，就四散漫开，敌人撤退到城市、城镇，又回流到原地。这种打开、收拢的"打网"战法就是游击战的核心思想，就是进攻时集中主力，进攻后迅速分散，避免阵地战，力求在运动中歼灭敌人的有生力量，从而敌人从强变弱、自己由弱变强，与国民党内战时如此，和武器更为先进、现代的日军斗争时也是如此[2]。正是这种空间的辩证法，使得八路军不占领具体的空间，反而让空间变成弹性的、具有流动性的场所。如果说根据地具有水的弹性和柔韧性，那么根据地并不是漫无目的、四散逃离的水，而是具有机动性、有张有弛的水，这有赖于把根据地空间从无秩序的水变成一张伸缩自如、举纲目张的网。网的特征是可以随时撒开，又能随时聚拢。这种把根据地"织"成收缩自如的"网"就需要依靠无线电这一现代信息交流的媒介。如果没有无线电通信，"网"是无法打开，也不能快速聚拢的。无线电使得高度分散、彼此分割的根据地内部以及根据地与根据地之间实现信息的快速交流，根据地虽然在政治、军事上看起来是弱势状态，但借助无线电媒介它具有了水一样的网状弹性和韧劲。

无线电通信的建立，使红军与党中央、中央军委的联系，中央苏区与周围苏区的联系，一、二、四方面军相互之间的联系，各方面军总部与所属各军团（军）之间的联系，都更加密切、快捷。由于无线电通信的建立，党中央、中央军委对全国红军的领导更加健全起来，红军的行动也更能在统一的战略意图之下互相呼应、密切配合。1930年代红军开始运用无线电进行军事上的游击战，而此时正是红军从游击战向运动战过渡的时期。面对1930年国民党对中央苏区的第一次"围剿"，毛泽东开始改变井冈山时期的游击战，实行"以游击战为主向以运动战为主转变"的军事战略，在第一次反"围剿"中把正规性的运动战与游击性的游击战结合起来。如果说游击战是参战规模较小、以连排为基础的袭扰，那么运动战则是参战规模中等、以团营为主的战斗。井冈山时期，面对小规模敌人的骚扰，游击战的核心是"敌进我退，敌驻我扰，敌疲我打，敌退我追"，而1930年中原大战结束后，蒋介石调集了10万国民党军向中央苏区发动大规模"围剿"。面对敌强我弱的局面，毛泽东提出"大步进退，诱敌深入，集中兵力，各个击破，运动战中歼敌人"的运动战方针。游击战需要战斗的机动性、在战场上灵活穿梭、寻找战机，而运动战需要把敌人分隔包围、集中优

---

[1] 毛泽东：《毛泽东选集》（第一卷），人民出版社，1991，第103-104页。

[2] 孙歌：《根据地哲学与历史结构意识——竹内好的毛泽东论》，载汪晖、王中忱主编《区域》（2014年第1辑，总第3辑），社会科学文献出版社，2014，第228-255页。

势兵力消灭敌人，这些都需要及时获取情报，并对部队做出调整和部署，无线电也正好出现在从游击战到运动战的转型时期。在苏区红军的历次反"围剿"斗争以及第五次反"围剿"失败后被迫长征的过程中，无线电通信都发挥了关键作用[1]。如第三次反"围剿"中，王诤、刘寅等对国民党电台用的番号和通报简语都很熟悉，红军能及时、准确地获取国民党军队进攻、调动的情报。而在长征中，四渡赤水的胜利就是依靠无线电通信及时获得地方信息的。因此，毛泽东曾高度评价说："由于无线电的存在，纵使我们在农村环境中，但我们在政治上却不是孤立的，我们和全国全世界的政治活动的关系是很密切的，同时，纵使革命在各个农村是被分割的，而经过无线电，也就能形成集中指导了。"[2] 以无线电为媒介基础，游击战变成了一种高度机动灵活的运动战。可以说，无线电通信的建设与应用，对促进革命斗争形势的发展，夺取革命战争的胜利，起了极为重要的作用。

第三节 "从小到大"：冀中根据地无线电通信网的建立与发展

冀中根据地的大致范围是东起津浦路、西至平汉路、北起平津、南至沧石路（沧县、石家庄）之间的区域，地处河北中部华北平原的核心地带。1937年10月14日，驻防华北的东北军第五三军第六九一团团长吕正操在晋县誓师抗日，改称冀中人民自卫军，与河北游击军合编为八路军第三纵队，归属晋察冀军区。1938年5月3日，冀中军区成立，建立了38个县的抗日政权。1942年日军五一"大扫荡"之后，冀中根据地的主力撤退到平汉路以西。1944年重新恢复冀中根据地和党委，直到1949年7月河北省委成立，冀中根据地正式撤销。冀中根据地属于晋察冀根据地，是抗战时期形成的19个根据地中比较特殊的一个，特殊之处体现在：一是，冀中根据地位于华北平原的腹地，靠近平津地区，是日军殖民华北的核心地带，处于抗战的前线地带，是敌后斗争最为残酷的区域；二是，地理环境是一马平川的平原，无法像晋察冀西部靠近太行山区有可以躲避、迂回的山地屏障，冀中根据地为了解决平原地区无法与敌人周旋的困境，创造了"地道战"这种立体性的空间游击战；三是，冀中根据地的优势是，

---

[1] 唐莲英、叶福林：《反"围剿"时期红军对无线电技术的保护利用》，《江西社会科学》2011年第6期，第124-128页。

[2] 陈伯达：《关于十年内战》，人民出版社，1965，第49页。

靠近平津大城市，可以动员知识分子、城市技术工人参与根据地建设，如国际友人白求恩、林迈可、大卫·柯鲁克、伊沙白·柯鲁克、韩丁等都到过冀中根据地。

从1937年冀中根据地成立，到1942年日军在华北"大扫荡"冀中根据地主力撤退，再到1944年冀中根据地主力部队重返冀中，抗日战争时期冀中根据地无线电通信事业的发展也大致分为三个时期：一是从无到有的创建、发展时期，二是"大扫荡"时期更加隐秘的通信网络，三是反攻时期重新创建通信线路。对于无线电通信工作来说，有三个核心因素：一是人才，也就是对发报、收报、译报等专门化技术人员的培养；二是设备，无线电需要特殊的器材，这些器材又是抗战时期被殖民者严密管控的设备，获取或者制造器材很重要；三是通信制度的建设，如何保障无线电传输的畅通和保密性，是战时通信工作的关键。冀中根据地无线电发展经历了一个"从无到有""从小到大"的过程，从人才培育、设备制造到通信制度建设，形成了具有独立性和自主性的无线电通信网络。

首先，高度重视无线电专业技术人员。为了在物质条件艰苦、科学技术薄弱的根据地进行各方面建设，共产党先后制定了若干关于团结、优待和奖励科技人员的政策法规。在第二次国内革命战争时期，中华苏维埃临时政府发布的《征求专门技术人才启事》规定：凡白色区域的医师、无线电人才、军事技术人员同情于苏维埃革命而愿意来者，得以现金聘请、订立合同，护送进入苏区[1]。抗日战争时期关于这方面的政策法规有了更大的发展，1938年1月晋察冀边区军政民代表大会通过了《文化教育决议案》，规定"造就专门技术人才建立抗战时期各种事业"，"举办特种技术人才训练，开设各种技术训练班讲习所等"[2]。1940年中共中央在《论政策》的指示中提出："吸收大量同情分子来参加军事部门和技术部门的建设……非此不能争取全国同情和扩大革命势力，所以是必要的政策。"[3]

冀中根据地无线电技术人员主要有五个来源。一是，冀中根据地的原有技术人员，冀中根据地创建之初，只有原东北军五三军六九一团有一部电台和一

---

[1] 林蓉：《浅析井冈山和中央苏区时期干部成长的途径》，《传承》2012年第18期，第6-7页。

[2] 万立明：《试论抗日根据地的科技教育》，《黔东南民族师范高等专科学校学报》2004年第1期，第79-80页。

[3] 张希坡：《革命根据地的科技政策与法规》，《法学杂志》1988年第2期，第38-40页。

部抄收新闻的收信机,原东北军的刘文粟和地方上动员的26名技术人员,刘文粟任通信营第三连连长兼电台队长。二是,其他根据地支援,从晋察冀根据地、一二〇师、延安、晋西北等地区抽调的70多名技术人员,1937年12月,晋察冀军区派报务员张鹤山带来一部电台,分配给了人民自卫军一团。三是,利用靠近平津的优势,发现技术骨干人才,如毕业于燕京大学物理系的韩重仁,1938年起担任冀中根据地电训队教务主任。四是,办技术培训班。以这些人员为骨干,其他的无线电人员主要通过开办培训班来培养。1938年初,冀中军区成立了第一期无线电训练队,随后四分区、独立第一支队也进行无线电人员培训。第一期无线电训练队四、五分区的电训班学员陆续毕业,再加上晋察冀军区无线电训练队的十余名学员,到1938年秋,冀中根据地建立了一个无线通信网[1]。"1938年底,冀中军区上与延安军委、八路军总部、晋察冀军区,下与各分区(旅)、主力团构成了一个严密的无线电网,还与冀南、冀鲁豫军区等建立了协同通信,从而保证了格次军事行动通信联络的畅通。"[2]这种办技术培训班的方式,是战争时期实现技术传播、迅速培养技术人员的重要模式。五是,通过抗战统一战线,借助国际友人的力量。原第五机械工业部部长张珍在冀中党史、抗日斗争史座谈会上发表的《知识分子在冀中抗日根据地的重要作用》讲话中强调了知识分子在革命中所起的重要作用。他提到欢迎和团结林迈可这样的国际知识分子,是做好国际统一战线的应有之义。这不仅仅有利于根据地科学技术力量的发展,还让中国共产党领导的抗日战争在国际上产生了积极的影响。在抗日战争时期,燕京大学经济系教授林迈可是对根据地无线电贡献最大的国际友人。1937年12月,林迈可与加拿大医生白求恩同船来到中国,是经济系的教授,擅长无线电技术。在燕京大学后勤校工、地下工作者肖再田的动员之下,林迈可帮助根据地组装、维修电台。1938年到1939年先后三次深入冀中、晋察冀根据地考察、参观,利用燕京大学教授的身份,多次帮助敌后根据地购买急需的医药,为了帮助根据地重建无线电台,林迈可奔走于物理实验室,亲手制作了一部发报机和九个只需要简单安装就能使用的收发报机,也多次购买无线电器材设备、组装过多部电台,经由地下交通线运送到根据地,缓解了

---

[1] 江文、张凯、屈培壅:《冀中大地的电波》,载冀中人民抗日斗争史资料研究会办公室编《冀中人民抗日斗争资料》第47期,1987,第2页。

[2] 徐震、马融、孟令仪、张增九、梁志廉整理,张凯、屈培壅审定:《抗日战争时期冀中军区直属队通信工作的简况》,载冀中人民抗日斗争史资料研究会办公室编《冀中人民抗日斗争资料》第47期,1987,第22页。

根据地在无线电通信方面的燃眉之急。1941年太平洋战争爆发后,林迈可携妻子以及同事班威廉教授一起逃离燕京大学,来到晋察冀根据地,在聂荣臻的挽留之下,一方面帮助晋察冀修理、改装电台,另一方面开办无线电培训班,培养了一批重要的技术人员。

其次,无线电通信设备的来源主要有两个路径。一是,在根据地发动群众进行"就地动员"。"一九三八年四月、五月间,人民自卫军派管理员尉志成和学员刘云卿到任邱、高阳、安国、深泽等十多个县去动员无线电器材。各县抗日政府很快就征集收音机一百多部,送到人民自卫军司令部。与此同时,四分区、五分区也分别就地动员、筹备了不少收音机。这样,在人民群众的支援下,解决了装制收报机和教具所需要的器材。"[1]人民群众本着"有钱出钱,有力出力"的积极抗战精神,大力支援共产党发展无线电通信事业。二是,利用地下交通线,从敌占区购买。在战争中从敌人缴获电台,这方面的收获不是很多,从敌伪手中缴获5部电台,更多的方式是从平津等大城市购买。由于敌人严禁私运私卖、私藏通信器材,各根据地供给处、区队、县大队都建立起采购组织,通过秘密的地下交通员到敌占区化装成商人冒着巨大风险来采购电话、无线电使用的干电池等器材零件,如依靠一些有爱国救国之心的商人冒险走私。抗日战争时期著名的爱国商人代表是邵宝珍,1939年,在冀中军区无线电中队的动员下,原本在保定无线电商行工作的邵宝珍同志巧妙利用社会关系突破敌人的封锁,在敌占区天津、上海等地购买电子管、仪表、工具、电池、马达等通信器材,成为晋察冀根据地补给电信器材的主要来源之一。

再次,技术创造和革新。物质基础是无线电通信事业的发展必不可少的前提条件。发报机、发电机、电池等器材元件都是无线电通信不可或缺的基础材料。在以前的革命战争中,共产党军队通常以缴获敌人武器的方式武装自己。但在抗日战争中缴获敌人的无线电器材是极端困难的,无线电技术人员不能寄全部希望于拥有现成的无线电器材,很多情况下需要技术人员通过发明、自己动手改造器材。抗日武装的迅速扩大和根据地的发展,迫切要求解决无线电通信,单靠上级配发是远远不能满足需求的,必须依靠自身努力,千方百计筹集器材,自力更生制作电台。[2]红军通信兵也曾在回忆录中回忆自力更生制

---

[1] 江文、张凯、屈培壅:《冀中大地的电波》,载冀中人民抗日斗争史资料研究会办公室编《冀中人民抗日斗争资料》第47期,1987,第12页。

[2] 冀中人民抗日斗争史资料研究会编《冀中人民抗日斗争文集》(第10卷),航空工业出版社,2015,第35-46页。

造无线电器材的经历:"我们自己装机器为克服器材上的困难,想出了很多办法,烙铁是自己做的,焊锡用的是地主家的锡酒壶,化掉以后就可以用,松香到山上松树上面挖,电池使用手电筒电池自己焊接……在器材极端困难的情况下,就采取这种'逼上梁山'的做法,克服困难,顺利地完成了通信任务"[1];"一九三八年七八月间,军区电台第一任机务主任张鸿烈在宋国栋、刘云卿等同志协助下,按照六九一团那部收发报机'依样画葫芦'地进行仿制。经过一个月的苦战,终于将四套(八部)收发信机仿制成功"[2];"特别是1942年底至1943年将老式哈特来发报机改装成主振放大式,不仅体积小了,耗电少了,天线也由双根改成单根,为以后冀中坚持隐蔽斗争的无线电通信工作,创造了有利条件"[3]。在无线电器材中,电池是最基础也是消耗量最大的元件之一,必须保证充足的供给。1938年中共中央军事委员会三局决定成立通信器材厂,自力更生制造通信设备所需要的器材。1939年改名为电器材料修造厂[4],1940年,在滹沱河北岸安国、安平交界地区,军区无线电中队在有限的条件下、因陋就简自办了一个由十几人工作的电池厂,为全区提供无线电装备、零配件及消耗器材等,直到1942年五一"反扫荡"后才停办。

  国际友人林迈可就善于根据需要改造无线电装备,他在了解了器材的储备情况和当时的战时需要后,提出将发报机改为主振放大式的线路的建议。"一九四二年和一九四三年,冀中无线电通信装备曾有过一次技术上的跃进。事情是这样的:太平洋战争爆发后,在燕京大学任教的林迈可先生(英国人)到了晋察冀军区。一九四二年秋冬,他来到冀中无线电中队,对现用的无线电机器进行了技术改造。他亲自动手并带领机务室主任王化南等同志,组装了一批新型的主振式发报机和高外放差式的收信机。改造后的收发报机性能稳定,效率高,特别是由原来的霍兹式双极天线改成L型单根天线,架、撒均很方便,

---

[1] 中国人民解放军总参谋部通信部编研室:《红军的耳目与神经——土地革命战争时期通信兵回忆录》,中共党史出版社,1991,第303页。

[2] 江文、张凯、屈培壅:《冀中大地的电波》,载冀中人民抗日斗争史资料研究会办公室编《冀中人民抗日斗争资料》第47期,1987,第14页。

[3] 徐震、马融、孟令仪、张增九、梁志廉整理,张凯、屈培壅审定:《抗日战争时期冀中军区直属队通信工作队简况》,载冀中人民抗日斗争史资料研究会办公室编《冀中人民抗日斗争资料》第47期,第22-23页。

[4] 万立明:《革命根据地的科学与技术(1927-1949)》,硕士学位论文,福建师范大学,2004。

易于伪装,对电台在隐蔽斗争和地道内工作,创造了极为有利的条件。"[1] 这种改进的机器,后来在抗日战争后期,直到自卫战争时期在晋察冀军区和华北军区都是很流行的。

最后,是通信组织制度建设。1939年5月,军委把一二〇师的江文调到冀中军区,加强对冀中无线电管理体制,成立冀中军区无线电中队,刘文粟任中队长、江文任政委。江文是一二〇师无线电大队政治委员,他精通无线电通信技术和红军政治工作经验。"军区无线电中队的成立和政治委员制度的建立,保证了党对无线电通信工作的领导。同时,健全了政治工作制度,建立了较正规的无线电通信工作制度,并加强了对全区无线电系统的业务指导。"[2]"无线电中队成立以后,加强了对报务人员的培训,连同中队成立前的几期,先后开办了十期无线电训练班,培养了五百余名报务员。这是冀中无线电通信的主力,它不仅保证了抗日战争的需要,还为解放战争储备了力量。与此同时,无线电中队还对全区无线电技术干部进行了统一调配管理和技术评定,并有计划地进行了交流。"[3] 八路军在根据地时期的通信工作的效果非常明显,对于通信工作的效果有两段评价。一是日本防卫厅战后编著的《华北治安战》中记述:"四月二十六日,中共方面开始实行电波管制,并变更了密码,此后以谍报人员的报告为主,而对特种情报(即无线侦听)已不能寄于过多的期望了。"[4] 二是帮助冀中进行无线升级改造的国际友人林迈可在《抗战中的中共》中对共产党的通信工作给予高度评价:"我做的工作和密电码无关,但后来了解到这正是表现共产党人效率的又一个重要方面。1967年在日本时,我碰到一位当年在战争时期负责监视敌方通讯的日本人,他告诉我,日本的密码员仅仅在1941年2月破译了一次共产党的密码。从而在将近一年的时间里,日本人得以读懂共

---

[1] 冀中人民抗日斗争史资料研究会编《冀中人民抗日斗争文集》(第10卷),航空工业出版社,2015。

[2] 江文、张凯、屈培壅:《冀中大地的电波》,载冀中人民抗日斗争史资料研究会办公室编《冀中人民抗日斗争资料》第47期,1987,第2页。

[3] 徐震、马融、孟令仪、张增九、梁志廉整理,张凯、屈培壅审定:《抗日战争时期冀中军区直属队通信工作的简况》,载冀中人民抗日斗争史资料研究会办公室编《冀中人民抗日斗争资料》第47期,1987,第23页。

[4] 徐震、马融、孟令仪、张增九、梁志廉整理,张凯、屈培壅审定:《抗日战争时期冀中军区直属队通信工作的简况》,载冀中人民抗日斗争史资料研究会办公室编《冀中人民抗日斗争资料》第47期,1987,第23页。

产党人的电文,而这正是共产党部队作战不利的一年。然而,共产党改编了它的密码,日本人直到战争结束也始终未能破译新编的密码。与此形成鲜明对照的是,国民党中央政府的密电码非常糟糕,日本人在整个战争时期对之都了如指掌。"[1] 这些说明共产党建立了严密而有效的通信组织制度。

第四节　经验与启示:从弱者出发的辩证法

从抗日战争时期冀中根据地创建和发展无线电通信网络中,可以看出在经济落后、物质贫乏的根据地地区,弱者如何建立高技术的通信技术,形成了一种"白手起家""从无到有"的历史经验。

根据地处于相对弱势的农村地区,不仅经济落后、物质匮乏,而且有大量贫困、不识字的农民。面对武器装备和单兵素养都更现代化的敌人,八路军通过军事上的游击战和对农村社会的改造来建设根据地。游击战作为一种特殊的弱者对抗强者的战争策略,是根据地能够存在的基础,而无线电通信是保障军事和信息传递的基础设施。在无线电发展的回忆录中,当事人经常使用"白手起家""从无到有"等词汇,这是八路军发展无线电事业的历史经验。在晋冀鲁豫根据地《人民日报》中有一篇报道是《白手起家的电讯部队》,"在抗日战争之初,当八路军(即中国工农红军)挺进华北敌后,用科学机动的游击战去抵抗日本帝国主义进攻的时候,我们若是没有科学的电讯联络和指挥,最后要想打败现代装备的敌人,那简直是不可想象的"[2]。晋冀鲁豫的司令员刘伯承在一次干部会上也说过:"没有好的通信联络,就根本谈不上指挥,前方那次战役彻底歼灭了敌人,通信联络工作也就是作得很好。"[3] 在这里,"科学的电讯联络和指挥"成为"打败现代装备的敌人"的重要前提。面对强大敌人,要"科学的"发展无线电通信工作,这种科学性主要体现在三个方面。

第一,重视技术知识分子的作用。在战争环境下,科技、文化、医疗等人才资源是极度匮乏的,毛泽东指出:"在长期的残酷的民族解放战争中,在建立新中国的伟大斗争中,共产党必须善于吸收知识分子,才能组织伟大的抗战

---

[1] 林迈可:《抗战中的中共——一个英国人不平凡经历的记述》,杨重光、郝平译,李效黎校,解放军文艺出版社,2013,第113页。

[2] 柳:《白手起家的电讯部队》,晋冀鲁豫《人民日报》1947年10月3日,第2版。

[3] 柳:《白手起家的电讯部队》,晋冀鲁豫《人民日报》1947年10月3日,第2版。

力量，组织千百万农民群众，发展革命的文化运动和发展革命的统一战线。没有知识分子的参加，革命的胜利是不可能的。"[1] 为了发挥知识分子的作用，具体从以下方面入手。一是重视高级技术人员，在待遇上优待科技知识分子，包括改造被俘人员如王诤、刘寅就是国民党军的俘虏，无线电是高度专业化的技术，要充分发挥技术专家的核心作用。二是利用战争间隙通过办培训班自主培养大量的技术人员。国际友人林迈可和同事班威廉逃亡到晋察冀根据地时，聂荣臻将军挽留林迈可做通信部技术顾问，帮助部队重建电台，培训一批电台培训人员，从部队中征集有文化基础的战士参加无线电训练班，电学、高等数学、大学物理、微积分、英语等基础课程都是讲授的内容。对于教授这些基础课程，林迈可、班威廉曾有过怀疑，认为这些课程战争状态下也没有使用价值。聂荣臻给出的解释是，八路军不仅仅是一支战斗队伍，更是一支人民的队伍。为了战后新中国的建设，有必要也有责任在战时就培养一批未来的工程师。林迈可在晋察冀带出的学生钟夫翔、王士光、林爽等人，后来都成了中国电信领域的专家和领导人。三是通过抗日民族统一战线，团结广大的抗日力量，争取外援，充分尊重知识分子的个人信仰。如在国际宣传上，邀请埃德加·斯诺到陕甘宁边区访问，其写作的《红星照耀中国》成为国际上认识红军和共产党的重要著作；在医学上，邀请加拿大外科医生白求恩到中国，白求恩不仅在根据地救治伤员，也帮助八路军建立了适合敌后斗争的野战医院和游击医院；在无线电通信方面，林迈可发挥了重要作用。其中，埃德加·斯诺、林迈可都不是共产党员，但他们是支持中国人民抗战的国际友人。

第二，在技术革新上自力更生。面对敌人经济上和物资上的封锁，根据地无线电是在极度困难的背景下进行通信技术的发展和无线电器材的技术更新的。把技术发展的长远规范与短期目标相结合。从长远角度，根据地的发展和建设并不仅仅是为了迎接战争，科学技术的作用也不会仅仅局限于军事作用。"吊儿大学"晋察冀无线电研究班的出现证明根据地也需要重视科学技术的基础与理论，用扎实的科学知识建设根据地，建设新中国。短期目标是利用一切可以利用的力量，充分发挥林迈可等国际友人的作用。林迈可不止一次升级了根据地的电台设备，使电台依靠有限的材料发出更大的功率。林迈可还建议军区总部统筹散落在各个分区各个部门的无线电元件进行再规划，不浪费任何可能发挥作用的资源。

---

[1] 毛泽东：《大量吸收知识分子》，载《毛泽东选集》（第二卷），人民出版社，1991，第618页。

第三，组织群众、依靠群众，让知识分子与工农群众相结合。依靠群众隐藏设备，保障信息传递的畅通。

总之，抗战时期冀中根据地发展无线电通信的历程，反映了落后状态下中国实现信息现代化的历史，对抗战时期冀中根据地发展无线电通信经验的梳理是对中国现代历史经验的总结，也有助于探索那些非原发的国家"白手起家"、自主更生实现现代化的普遍经验。这些经验对于互联网时代的中国与第三世界国家来说都有启示意义。

第七章　以写作为媒介：基层传播与群众写作运动

在根据地时期的群众教育和文化动员中，写作/写作行为扮演着重要的角色，这不仅体现为鼓励群众从事写作活动，而且这种群众写作活动参与到基层传播和基层治理中，以至于征文、征稿成为一种延续至今的群众宣传活动。这种在战争背景下、在农村地区开展的群众写作活动，一方面延续了五四新文化运动所开启的文化现代化的进程，另一方面又改变了传统中国的文人写作和五四新文化运动形成的精英写作的传统。根据地时期的群众写作是一种把现代启蒙文化扩散到更普遍的大众和群体的中介，这种文化活动产生了三重社会效应：一是写作改造了主体，让落后的、愚昧的群众变成能够言说/书写的现代主体；二是写作改造了大众媒介，使得单向传播的报纸变成具有参与感和互动性的双向媒体；三是写作改造了基层社会，以写作为媒介的基层传播塑造了基层组织内部的社会性和有机性。本章以晋冀鲁豫《人民日报》中的"李文波营长写作"为切入点，分析群众写作运动的传播机制和组织方式。李文波营长是一位指战员，也是基层通讯员，因为写稿多次受到表扬，如他发表在晋冀鲁豫《人民日报》上的作品《袄袖上的血》，获得1947年8月晋冀鲁豫边区政府教育厅颁发的"第一次文教作品征奖"新闻通讯类战斗通讯乙等[1]，在1948年8月华北文艺工作会议上也把这篇稿子列为小说、通讯、报道领域"反映人民解放战争与土地改革和抗战史实的比较成功的作品"[2]。李文波营长的写作带动更多的普通战士从事写稿，以写作为媒介可以反思党报党刊在特定历史时期形成的新闻生产形态和新闻参与基层传播的社会效应，这也有助于把"全党办报""群众办报"的原则放在具体的历史经验中来理解。

---

[1]《晋冀鲁豫边区政府教育厅 第一次文教作品奖金通告》，晋冀鲁豫《人民日报》1947年8月20日，第2版。

[2]《确定今后文艺工作方针任务 华北文艺工作者集会 两区文联合并成立华北文艺界协会》，晋冀鲁豫《人民日报》1948年9月24日，第1版。

第一节 "'做什么'就'写什么'":李文波营长写作的故事

晋冀鲁豫《人民日报》1947年3月4日第4版刊登了一篇九二部队三营营长李文波的稿子《王楼战斗中的第三营》,这篇报道是一篇战场通讯报道,讲述了三营攻占王楼的战斗故事,提到了张丙勋、王希琴、郝光禄、李永文、史德明、邢步成等战斗英雄,这些人是班长、连政治指导员、连支书、司号兵、普通战士、卫生员等参加战斗的基层官兵。这篇报道的作者不是《人民日报》的专职记者,而是三营营长李文波,也就是亲自指挥王楼战斗的指战员。这篇报道前面有一段编者按语:"这篇战斗通讯,是九二部队三营营长李文波的作品,写得朴素而生动,既写出了战斗的全过程,又描绘了战斗中的生动场面与突出人物。其所以能如此,是由于李文波同志是王楼战斗的参与者之故。我们希望军事人员多写战斗通讯,我们提倡'做什么'就'写什么'。"[1] 这篇按语体现了一种不同的写作理念和新闻生产的逻辑,下面结合李文波营长写作的典型报道,从三个角度来展开讨论:一是谁来写,也就是写作主体的问题;二是写什么,也就是写作内容的问题;三是如何写,也就是学习写作的方式。

首先,谁来写?书写、写作本身在传统社会和现代社会意味着一种政治和文化"特权",尽管在现代社会写作变成了现代公民的基本素养,但能够掌握并在媒体上发表文章的人依然是专业化的记者、作家等知识分子。而李文波营长代表一种新的写作主体,他不是从事文字工作的人,而是指挥战斗的基层指战员,他以"业余"的身份把战斗的经过写成了通讯报道。在这里,李文波拥有了双重主体身份:一是参与王楼战斗的、指挥战斗的营长;二是把王楼战斗写成新闻报道的基层通讯员。也就是说,李文波是实践者与书写者"合二为一"的双重主体。李文波不光自己写,也带动其他战士写,"不到两个月,发展了十四个通讯员,有战士,有军政干部,也有事务人员。他们由不会写到会写,由写不好到写好"[2]。在根据地时期,主要有两类这种"业余"写作者:一类是像李文波营长这样的基层干部,二类是普通战士。写作方式也有两种:一种是李文波这种个人写作,第二种是集体写作,如"在写稿当中,又出现了像王天德组的集体写作的方式。王天德本人并不会写,但他口编的才能很高,他和一

---

[1] 李文波:《王楼战斗中的第三营》,晋冀鲁豫《人民日报》1947年3月4日,第4版。
[2]《介绍李文波营的上报立功运动》,晋冀鲁豫《人民日报》1947年5月15日,第4版。

个司号员,一个叫陈贤模的战士,三个人合作写稿,由司号员先去搜集材料,陈再去调查,然后三个人共同讨论,提意见,王天德口编,司号员执笔纪录。他们编的快板如'歌唱英雄张发珍'等,已是很流行的作品了"[1]。这种非职业化的群众写作,通过从事新闻生产的方式掌握写作能力,借助写稿来塑造群众主体性,这与基层通讯员的培养和"群众办报"的党报属性有关。

其次,怎么写?写作作为一种现代知识和文化训练,是公民教育的必修课,也是理性化的现代主体自我表达和反思的中介。上文的"编者按语"中提到"我们提倡'做什么'就'写什么'",这成为群众写作的对象和写作内容。对于专业作家、专职记者来说,写作主要是写社会、写别人和写他者,如果写自己的话,就是自传或者自叙传。对于群众写作来说,写自己的生活和工作,成为写作的首要题材,这不只是初学者解决写作题材的问题,而是把自己的生活对象化并赋予意义的过程。也就是说,"'做什么'就'写什么'"本来是一种带有个人自传、自述和日记性质的书写类型,群众写作因其写作主体的特殊性使这种"自叙"式的写作转变为一种公共写作和公共表达。在1946年5月17日第2版发表的《〈新大众〉发行增至八千余份》的报道中提到:"华北新华书店编印的通俗大众刊物——《新大众》,是本区读者最多、销路最广的一个杂志。这杂志去年六月创刊,现在已出到十九期,起初是月刊,后应读者要求,改为半月刊。现在每期发行数量增至八千五百份,尚有不敷之感。其最大特点是'读者就是作者'、'做什么写什么'。给杂志写稿的人,有小学教员、区村干部、农村剧团团员、战斗员、勤务员、交通员、理发匠等。现在经常写稿的通讯员有五百多人,每天平均能收到二十件稿子。许多读者给《新大众》写信说,'新大众很好懂,内容又切合实际,对我的帮助很大。'"[2]这篇报道说,"读者就是作者","做什么写什么"与"用户生产内容"的互联网思维有点类似,只是与互联网平台借助用户的免费劳动力来生产新闻内容不同,《新大众》等党报党刊通过群众写稿来实现群众的主体性。这种"'做什么'就'写什么'"的写作规范具有三重意义:一是把自己的工作和生活对象化,写作的过程也是意义生成的过程,这是一种对生活的符号化;二是写自己也就意味着把写作这种媒介方式变成写作者的"自媒体",是从被动的读者/受众变成主动的作者的过程;三是"先做后写"意味着写作在行动之后,先有行动,后有写作,写作是行动

---

[1] 鹿特丹:《李文波营长的写作》,晋冀鲁豫《人民日报》1947年6月26日,第4版。
[2] 张容:《〈新大众〉发行增至八千余份》,晋冀鲁豫《人民日报》1946年5月17日,第2版。

意义的赋予，正如对李文波营长写作的评价，"没有他自己和三营战士们的战斗业迹，就没有他这些作品"[1]。

再次，如何写？对于李文波来说，是如何学会写作，如何从不会写、不敢写到成为优秀的基层通讯员的？在李文波给晋冀鲁豫《人民日报》的一篇"来信"中叙述了自己学习写作的经历："我是一个工农出身的大兵，过去只上过一年小学，不过我还好，有这样一些长处，就是爱看，看过爱读给旁人听，同时胆子还不小，决不怕丢脸，敢写，还爱向人学习。举个例子说罢，一九四一——四二年，我不断和王春同志通信，他在信上教我标点符号，写稿格式，以及文法等，那时我是个半文盲，可是王春同志就是那样耐心教导我（不知他是否忘了这个不见面的老学生）。今天又有曾克等同志仍是那么耐心帮助我，我将更加努力学习了。"[2] 李文波学习写作途径有这样几种：第一，自己爱读、爱看、敢写，写作需要自己训练。第二，受到王春、曾克等专业作家的指导。王春是作家赵树理的启蒙老师和入党介绍人，是著名的新闻出版工作者和新闻出版家，担任过《华北文化》总编辑（1942）、华北新华书店编辑部主任（1943）、《新大众》的创办人和社长（1945）及华北新华书店总编辑（1946）等职务，曾克是从延安到晋冀鲁豫边区工作的女记者和报告文学作家，写过《在汤阴火线上》《在战斗中》《新人》《光荣的人们》《挺进大别山》等作品。李文波学会写作与王春、曾克这些专业作家、新闻工作者的耐心指导、培养和鼓励是分不开的。第三，李文波营长学习写作，与他从事宣传工作有关。在一篇关于《李文波营长的写作》的典型报道中，介绍了李文波"参加革命以后，他有很长一段时间是在宣传队工作，编戏、演戏、编歌、唱歌，曾经对写作热心过……他究竟干宣教工作多年，写作上虽然没有奠下基础，弄出个名堂，描述事件和刻画人物的口才却有了一套，听他谈起话来，真是津津有味，部队的生活又是丰富而生动的，许多搞宣教工作的同志去他那里搜集访问材料的时候，简直都被他的叙述迷住了。宣教科长王若同志，组织干事张法生同志，一营指导员李双全同志等就时常怂恿他自己动手来写"[3]。宣传工作使得李文波了解战士和连队的情况，积累写作素材。第四，文章发表也鼓励了李文波营长写作。"经过几次督促，在郓南战役以后，他鼓起勇气投出了第一篇表扬战场纪律的小稿子，《八路军人强心好》。仅仅四五十个字，但在团的《战地》报，旅的《立功》报

---

[1] 鹿特丹：《李文波营长的写作》，晋冀鲁豫《人民日报》1947年6月26日，第4版。
[2] 李文波：《来信之一》，晋冀鲁豫《人民日报》1947年6月26日，第4版。
[3] 鹿特丹：《李文波营长的写作》，晋冀鲁豫《人民日报》1947年6月26日，第4版。

上登出来以后,起的作用却很大,很多同志看到以后,都说'王土棠有这一点好处,营长就给他写稿上报,咱们也多多注意战场纪律,立个功好上报呀!'后来战友报又转载了这篇稿子,并来信鼓励他继续写作。特别是这篇稿子在部队里面起的影响,使得他重视了这一工作,决心要抽空来写了。"[1]这使得李文波充分意识到写作工作不只是个人发表,更重要的是可以鼓舞士气、提升战斗力,是一种有效的宣传手段。

可见,李文波从学习写作到主动写作有两个环节比较重要:一是专业记者、作家对基层作者、群众作者的指导和鼓励;二是报纸发表基层作者的文章所带来的示范效应。这既联系着1942年毛泽东《在延安文艺座谈会上的讲话》对知识分子与工农相结合的提倡,鼓励文艺工作者"要和群众结合,要为群众服务"[2],也联系着1942年《解放日报》改版之后党报党刊用"群众办报"和基层通讯员的方式鼓励普通群众参与到新闻生产中。李文波营长写作的典型意味着双重改造:一是对专业知识分子的改造,使其下基层、为群众服务;二是对报纸、刊物这种现代大众媒介的改造,使其多发基层通讯员的文章,把报纸作为密切联系群众的平台。

第二节 "人民的报纸":群众写作对大众媒体的改造

从李文波营长的故事中能够看出报纸发挥着重要的功能,晋冀鲁豫《人民日报》的编辑不仅鼓励像李文波营长这样的基层通讯员给报纸写稿,而且把群众写稿当成体现党报这一"人民的报纸"的工作方法。

1947年5月15日晋冀鲁豫军区的副司令员滕代远在"纪念人民日报一周年"的社论中,从报纸的发行、阅读和内容生产等三个方面提出《人民日报》需要改进的措施。首先,是报纸的发行问题,"如何让我们的人民日报普遍深入各个区域,深入村庄和连队,由于交通困难,报纸及时传递至各个辽远的地区是困难的,唯一的办法是有效地将人民日报的稿件组织到各地方报纸上去",在"交通困难"的条件下,增加发行量的方式不是邮递和送达,而是借助地方报纸的"转载"和"转发",这就要求地方要有自己的基层化媒体。其次,是报

---

[1] 鹿特丹:《李文波营长的写作》,晋冀鲁豫《人民日报》1947年6月26日,第4版。
[2] 毛泽东:《在延安文艺座谈会上的讲话》,载《毛泽东选集》第三卷,人民出版社,1991,第877页。

纸的阅读问题，"组织人民，特别是干部普遍阅读和学习人民日报，共产党员，人民解放军的指战员阅读和学习党的机关报，并将报纸向群众宣传乃是无条件应该做到的。各级领导干部应经常检查这一工作的执行，这是领导者本身的责任和义务"，对于农村地区的群众来说既没有阅读报纸的"读报"习惯，也没有识字能力来"阅读"报纸，这就需要干部、指战员来组织群众"读报"。再次，是报纸的内容生产问题，"组织广大群众为人民日报写稿，经常反映人民当前斗争中的业绩和典型。也要有系统的暴露反动敌人的罪恶。这也要求领导者及领导机关，首先动手和亲自动手，我们应该表扬和学习营长李文波同志写作的精神"[1]，李文波营长被作为人民群众为报纸写稿的典范。只有把报纸发行到基层，群众能够学会"阅读"报纸并能为报纸写稿，才能保证"人民日报"是"人民的报纸"。

李文波营长写稿的行为带有双重身份：一是身为基层干部积极写稿，反映基层连队战斗情况；二是以普通战士的身份写稿，带动更多战士参与写稿工作。干部写稿和群众写稿也成为基层通讯员的两种来源。

首先，积极动员干部写稿。在晋冀鲁豫《人民日报》中有多篇提倡干部要写稿的报道，尤其是政工干部要写稿。在1947年4月22日第2版的《军供政治部组织政工人员写稿》中指出："军区供给部政工会议由八日开始，经七天的讨论，已于十四日胜利闭幕。该会议除检讨过去工作和今后如何开展立功运动外，政治部郑主任在其报告与总结中曾再三提及组织与发动大家给党报写稿为政治工作任务之一，政工人员应亲自动手等。与会干部均一致表示：今后不但自己给党报写稿，而且要组织大家给党报写稿。在会议期间，每个干部都拿起笔来，回忆自己所作过的工作，写成稿件。郑主任及政治部的同志们均在耐心的帮助大家一一删改。今后报道工作将会更加活跃。"[2] 这篇报道要求政工干部把写稿作为政治工作任务，而且不光要自己写稿，还要组织大家给党报写稿。写作内容是"回忆自己所作过的工作，写成稿件"，也就是说写稿本身是政工干部反思自己的工作，把工作对象化、理性化的过程。这些干部所呈现地方治理经验会以工作典型的方式，成为其他基层单位学习的榜样。在晋冀鲁豫《人民日报》中有大量对基层工作经验的报道，涉及工作的方方面面。

---

[1] 滕代远：《人民日报是人民的报纸 纪念人民日报一周年》，晋冀鲁豫《人民日报》1947年5月15日，第1版。

[2] 李乃华：《军供政治部 组织政工人员写稿》，晋冀鲁豫《人民日报》1947年4月22日，第2版。

如1947年5月9日，南飞发表《对新战士的思想领导》，详细记述了某补充团第六连对刚入伍的新战士进行思想改造的过程。这篇报道一开始就指出"对新战士的思想领导，是一个复杂而又细致的工作"，"复杂而又细致的工作"成为"思想工作"的核心。这篇报道详细展示了对新战士进行思想改造的工作步骤，其细致性体现在，面对刚入伍的新战士缺乏纪律性、擅自拿老百姓的慰劳品以及行军路上擅自离队等现象，并没有"严格制止"，因为"他们认为新战士没有脱出散漫的农村生活习惯，不能像对待老部队一样，纪律是逐步提高的"。[1] 第一步，连指导员关心战士。先制定"全班遵守的联合公约"，"到部队驻地，次日即编队，建立组织，规定生活制度，指导员以身作则，晚上与战士盖被子，替病号打水端尿。八班战士朱庆月、苏运之落后想家，开了小差，行到半路，因指导员爱护战士，关心战士，受了感动，认为自己走了对不起指导员，又自动返回来了"。第二步，诉苦运动。"先找积极分子，用说家常的形式，把有苦战士的苦指引出来，个别访苦，个别调查，在班里就有哭的。然后，召开连的军人大会，进行动员"。第三步，搞坦白运动。"发现问题，为新战士解开思想疙瘩，劝说会动员：说知心话，心事话，谁把心里话说出，谁最愉快，谁说得彻底，谁最坦白，谁说是坦白英雄，有问题说出来大家解决，解决了问题，才能练好武，才能报仇雪恨"。第四步，是总结。"把历次选拔出来的坦白英雄、反省英雄、劝说英雄都集拢来，济济一堂，每班选出一名英雄，共选十二人，再从十二人中选出三人，这三个人代表着三种类型。"[2] 这四步就体现了一种"复杂而又细致的工作"是怎么实现的。针对这种地方工作经验总结，被认为是一种好通讯报道，能起到正面指导作用。"报上的好通讯，可以影响几十万人的行动，让他们读了能够跳起来。如《对新战士的思想领导》那篇通讯，是个彻头彻尾的群众路线，他不打击一个人，把各样的战士都领导起来，个个劲头儿很大。这个典型的领导方法，对我们带新兵有多大的指导作用啊！"[3]

其次，动员群众写稿。有一位基层通讯员宋琦，1947年5月10日晋冀鲁豫《人民日报》刊登了他的遗作《为啥要投稿》："我的投稿有两种原因，一是看到大家同志们也是个兵，他们去前线上打击敌人，首长叫我在后边看守行李，

---

[1] 南飞：《对新战士的思想领导》，晋冀鲁豫《人民日报》1947年5月9日。

[2] 南飞：《对新战士的思想领导》，晋冀鲁豫《人民日报》1947年5月9日。

[3] 《周年赠言——本报周年纪念茶会纪实》，晋冀鲁豫《人民日报》1947年5月27日，第2版。

我感到非常惭愧,另外客观上大家同志为群众服了务,出了力,自己就想把他们的英雄模范事迹告给大家。"[1] 他还谈了自己的"投稿的经验":"采访稿子,应从排班长汇报中,及其他本人和群众三方面材料而编成,报登出来一定要适合群众的口味,另外还可以引诱收集稿子,这个最好在行军路中一面谈故事,一面拉笑话,有意识的从侧面谈别团的英雄模范事迹,这样一谈他可以采取人家经验提高自己。另外他也可能谈说像这样的事情咱组里有的是。其次还要照顾大家,如写信,教他认生字(如生字片,生字牌),生字一定要联系他生活,做啥学啥,生字片的应用每人要一个,一天轮流换一次。交换时,班排长要检查,看是否认会、写会、讲会。"[2] 在这篇"遗作"中,宋琦显然是一位基层通讯员,他谈了投稿的经验和目的是报道英雄、为群众服务,也是干部了解下层。从这里可以看出,晋冀鲁豫《人民日报》的内容生产特别重视基层通讯员的稿件,这是一种去专业化的、非新闻专业记者的内容生产方式。从宋琦的例子中,他从旁观者变成了新闻生产的参与者,这是靠他写稿、发表来完成的。"因为投稿,使自己揣摸了一些经验,并且帮助了干部,容易了解下层,提高自己的文化。"[3]

报道、通讯是现代大众报纸中常见的新闻类型,从新闻采编到发表往往由专业化的记者来完成,但晋冀鲁豫《人民日报》中的很多稿件来自群众通讯员。不是市场化的线人提供新闻线索,而是生活在基层的群众通讯员承担着报道基层、反映基层生产的任务。不仅如此,领导干部也要写新闻稿,这些非专业记者的稿子改变了新闻媒体的生产逻辑,使得新闻媒体以更加积极、主动的方式参与到社会生产中,这也是落实"全党办报""群众办报"的重要精神。这些读者来信或带有业余记者性质的稿件使得《人民日报》这种传统媒体变成互动性、参与性的媒介平台,并非要用互联网时代的 UGC(用户原创内容)式的新闻生产模式来类比根据地时期的新闻生产,而是需要把这种传统媒体的"平台化"实践放在历史中来理解。

这种通过群众写作来培养基层通讯员的方式发挥着双重社会职能:一是利用群众对地方经验的熟悉,可以把基层工作反映出来,既借助写作塑造了普通群众的主体性,又节约了专业记者下基层、写稿的成本;二是这对群众来说也是关注基层事务、介入基层治理的契机,这种把党的政策与基层实践进行对

---

[1] 宋琦:《为啥要投稿》,晋冀鲁豫《人民日报》1947 年 5 月 10 日,第 4 版。
[2] 宋琦:《为啥要投稿》,晋冀鲁豫《人民日报》1947 年 5 月 10 日,第 4 版。
[3] 宋琦:《为啥要投稿》,晋冀鲁豫《人民日报》1947 年 5 月 10 日,第 4 版。

比、参照和总结的过程正是实现以群众为主体参与基层工作的手段。培养基层通讯员和建立基层通讯网，与1942年《在延安文艺座谈会上的讲话》和《解放日报》改版后文艺和新闻领域的群众路线有关。文艺工作者通过从作家变成新闻记者来深入生活和下基层，他们除了书写工农兵的故事之外，还重视培养基层通讯员，就像王春、曾克等专业作家给李文波改稿一样，"尤其是经过土地改革，广大群众翻身后展开自唱自乐的文艺运动大踏步地走进文艺领域来，带来了一片新气象！而前线战斗中也还有自士兵群众中生长起来的，像李文波营长那样优秀的通讯员"[1]。可以说，通过写作、写稿使得普通群众以更大的热情参与到基层活动中，从而实现参与社会实践的、把社会实践写出来的和从报纸上读到自己写的新闻报道的多重主体的确认，在"社会行动－写稿赋权－阅读报纸"的文化实践中反复确认行动的意义，这就实现了行动者与书写者的统一，"有许多通讯员同志，直接参加了这个丰富的斗争，从而反映了实际运动的经验，发扬了群众中的典型创造，因之也更好的指导了实际运动"[2]。因此，通过写稿和报纸媒体参与政治和社会实践。

第三节 "善于利用报纸工作"：写作参与基层传播

李文波营长的写稿行为与他作为宣传员和政治工作者的身份有着密切关系，自己写稿和动员群众写稿是他进行政治宣传工作的手段。在1947年5月15日《介绍李文波营的上报立功运动》中提到："营长李文波同志，过去曾当过宣传员、指导员，他不仅是个好的军事指挥员，而且也是个很好的政治工作者，特别是善于利用报纸工作。因此报纸帮他们活跃了部队，提高了士气，增强了战斗力和上进心，提高了部队文化程度，指导了工作。"[3] "善于利用报纸工作"说明李文波自觉地用报纸参与到基层连队的管理中，也就是说，报纸不只是自上而下传递党的政策的信息的载体，也是可以进行政治宣传的媒介工具。李文波的《王楼战斗中的第三营》这篇报道之所以出现这么多战斗英雄的名字，是

---

[1] 边区文联、边区文协分会：《纪念"五四"及文艺节》，晋冀鲁豫《人民日报》1947年5月4日，第4版。

[2] 冰如：《开展典型报导发扬群众创造》，晋冀鲁豫《人民日报》1947年8月18日，第4版。

[3]《介绍李文波营的上报立功运动》，晋冀鲁豫《人民日报》1947年5月15日，第4版。

因为"好多同志在战场上向他报功,并要求上报,他把战斗中的材料收集在一块写了'王楼战斗中的第三营'。……打王楼的时候,他的指挥所在村边,当时这个人去,说我捉了俘虏给我登报;那个人送去了几支枪要求登报。要求上报的人挤了满院子"[1],"努力上报"是对战士立功的精神奖励。

立功上报、立功运动本身是解放战争时期从基层发明出来的一种提高战斗积极性的经验。1946年,华东军区的新四军宣传干部赖少其下基层工作期间,了解到从国民党军解放过来的战士有立功的要求,就写了一篇《立功作为政治工作》的报告,受到上级的重视,于是,立功运动、功劳簿成为提高战士战斗力的方法。赖少其本人是20世纪30年代受鲁迅影响的青年木刻家,他在30年代后期参加新四军,成为新四军的美术家和画报主编,用木刻服务于战时的画报创作。后来被捕,关押在上饶集中营,成功逃跑后,又回到新四军。赖少其因为积极总结和参与领导"立功运动"而被评为解放战争的"一等功臣"。这种用立功、功劳来激励战士作战的方法是一种量化管理的治理模式,把战士在战斗中的表现变成不同等级的功劳,按照功劳进行不同级别的奖励,这就要求基层干部及时确认和记录战士的功劳。这种记功、报功工作是一种数字化管理和精细化管理,让基层战士找到认同感、意义感和价值感。李文波营长通过写稿来记录战士的功劳,"上报"成为对立功战士的表扬,起到鼓舞和鼓励战士英勇战斗的功能。

在《通讯报导工作改造了人》的报道中呈现了一位解放战士通过"上了报"而完成思想转变的例子:"姜浦成刚从邵耳砦解放过来,总想偷跑回家,还秘密活动和他一同过来的六个解放战士,一块开小差。后来见到自己连队的英雄里也有解放战士,也上了报,他在诉苦运动中说了一句真心话:'中央军那边是官富民穷兵该死!'这段话在战地报上登出来。他说:'我在中央军干了七年没有见一个当兵的上过报,八路军真不埋没人材,一有好处就上报啦!上级还说我进步了。'他把这张报纸拿到班里到处念。接着又提拔他当了互助组长,更加起劲干。打金乡两枪毙两敌,战王楼活捉七个俘虏,这又上了报并提成班长。"[2] 这种"八路军真不埋没人材,一有好处就上报啦"的宣传方式通过对普通战士的尊重和精神鼓励使其获得主体认同感。

群众写稿不只是改变大众媒介新闻生产,还带来新的问题,既然发动群众写稿,就会产生大量稿件,这些稿件如何发表就成为一个重要的问题。由于要

---

[1]《介绍李文波营的上报立功运动》,晋冀鲁豫《人民日报》1947年5月15日,第4版。
[2] 方德:《通讯报导工作改造了人》,晋冀鲁豫《人民日报》1947年6月26日,第4版。

求立功上报的战士非常多，为了解决这种问题，"李文波营"采用了三种媒介手段来满足战士立功上报的要求。一是扩大写作渠道，培养更多的通讯员，让"大家动手写"，"不到两个月，发展了十四个通讯员，有战士，有军政干部，也有事务人员"，还在连队成立写稿采访小组；二是增加发表渠道，创作自己的报纸，李文波营办了《播功报》，"通讯员增加多了，他们自己又办了个《播功报》以便培养和提高战士们的文化，并及时推动本营工作，这个小报是在干部领导由战士任编辑的"[1]。《播功报》是李文波营的"自媒体"，专门播报战士们的功劳，而《播功报》的编辑和写稿者都是普通战士，这是一种典型的服务于基层的基层媒体；三是传播渠道，七连成立了"读报委员会"，"每当报纸一来，大家就乱抢，特别是营部人常围起李营长叫读报，号目、卫生长、通讯员秀龄等，都成了有名的'听报迷'"[2]，"读报委员会"解决了基层战士读不懂报纸的问题。这篇《介绍李文波营的上报立功运动》的典型报道最后指出"通讯读报工作，使李文波营的工作有生气的开展起来"[3]。通讯读报工作是用现代媒介手段来重新组织基层连队，从写稿、发表到读稿，借助"基层报纸"这一宣传媒介，实现连队内部的互动和鼓励。可见，李文波营长不仅善于写稿子，更善于用基层传播的方法来提高部队的战斗力。

在根据地时期，尽管物资匮乏、农村文化弱势，但是出现了大量的基层化媒体，也就是说基层媒介反而非常丰裕。在晋冀鲁豫《人民日报》中，除了作为机关报的《人民日报》，还存在着大量的基层媒介形式：一是黑板报、宣传栏、"门板报"；二是广播站；三是地方报纸，如《战友报》《播功报》等。这些基层化的报纸，除了转载《人民日报》的消息之外，大量的版面依靠群众自己写稿，这就使得黑板报、门板报带有"电子BBS"的属性，由基层群众、用户自己来生产，生产的新闻内容也大多是与基层相关的内容。基层传播和基层工作正是借助这些丰裕的基层媒介来实现的。

第四节　以群众写作为媒介的基层传播

在党报党刊的传统中，一般会用"全党办报"和"群众办报"来作为党报

---

[1]《介绍李文波营的上报立功运动》，晋冀鲁豫《人民日报》1947年5月15日，第4版。
[2]《介绍李文波营的上报立功运动》，晋冀鲁豫《人民日报》1947年5月15日，第4版。
[3]《介绍李文波营的上报立功运动》，晋冀鲁豫《人民日报》1947年5月15日，第4版。

党刊的典型特征，这充分说明创办"报纸"这种大众媒介是政治宣传工作的核心任务，中国共产党善于利用报纸参与政治实践。通过晋冀鲁豫《人民日报》中关于李文波营长写作的典型案例可以看出两方面内容。第一，"全党办报"体现为两点：一是各级行政机关有自己的机关报；二是党员干部要通过写稿来参与新闻生产，用报纸来完成工作总结和地方经验分享。第二，"群众办报"也体现为两点：一是在基层单位有服务于基层的报纸或类似报纸的媒介，如大众黑板报、"门板报"、《播功报》等；二是群众以写稿的方式参与报纸的新闻生产。从这里可以看出，"全党"和"群众"正是依靠报纸这一现代媒介来组织的，报纸充当平台化媒体的功能。

李文波营长从事写作的故事是晋冀鲁豫根据地政工干部和群众写稿的代表，从这个案例中可以探究写作这一既日常又特殊的文化行为，在战争年代变成群众教育和政治动员的媒介。以写作为基层媒介是基层传播的典型形态，基层传播对基层社会完成三重改造：一是改造了写作主体，通过把群众培养为基层通讯员，塑造了群众的社会参与感和主体性，写作成为主体现代化和理性化规训的手段，干部和群众对基层发生的事情非常了解，他们通过"'做什么'就'写什么'"的写作方式及时总结地方工作经验和政策落实情况，如群众运动的方法、复查运动、擦黑洗脸运动等，这使得报纸本身成为党的政策与地方实践互动的产物，报纸成为共产党进行基层治理的媒介平台；二是改造了现代媒体，把单向度的、专业主义媒体变成参与式的平台化媒体，而"上报""登报"本身是一种奖励和鼓励，"已登出来的英雄模范，感觉到上级有眼力不埋没功劳，大家都很羡慕，无意中向英雄们看齐"[1]，这有利于培养群众参与生产、战斗的积极性；三是改造了基层社会，借助新闻写作，提升了普通群众／战士参与基层事务的积极性，再加上基层的"读报"阅读活动，就形成了"新闻生产－党的政策－群众读者"之间的以报纸为中介的媒介平台，在从群众写作到发表，再到群众阅读的流程中，新闻媒体积极参与基层社会治理。基层传播的功能不只是实现"信息传输的最后一公里"，更重要的是把传媒媒介化，变成把基层社会组织化的中介。这是一种社会改造与媒介改造的双向互动，既借助社会（群众运动）来改造媒介，如基层通讯员制度改变媒介的新闻生产，也借助媒介改造社会关系，用媒介赋予群众社会参与感。

从这种双向互动中可以理解基层传播的一般特征：一是，基层传播依赖于高度基层化的媒体，不仅要求报纸尽量发行到基层，而且把基层媒体化、媒介

---

[1] 宋琦：《为啥要投稿》，晋冀鲁豫《人民日报》1947年5月10日，第4版。

化,用黑板、门板、广播、报纸等在地化的媒体在基层形成丰富的媒介化空间;二是,基层传播的新闻生产者不是专业化知识分子,而是群众自身,群众用写稿的方式参与到基层传播活动中;三是,基层传播积极参与基层社会和基层连队的实际工作,也就是宣传介入社会实践,这就形成了社会实践的媒介镜像效应,不断地赋予社会行动以意义,不断地动员群众参与到社会行动中,就像回音壁一样,不仅"'做什么',就'写什么'",还通过阅读媒介再反思自身行为的正当性。

第八章　流动的"自媒体"与基层传播的社会功能

近些年,平台社会、平台化媒体成为传播研究和媒介研究的热门话题,以移动互联网为基础、以智能手机为终端,平台媒体成为移动互联网时代最重要的传播形态。一般而言,平台化媒体具有四个典型特征:一是用户生产内容,如自媒体、UP 主等都是内容提供者;二是互动性和社交化,点赞、发弹幕或把信息发布在朋友圈、微信群、贴吧等虚拟空间,互动本身就具有社交功能;三是受众分众化,算法强化了信息发布和分享的圈层化,大众文化、公共文化变成彼此分层、隔绝的分众文化和圈层文化;四是媒介平台化,平台化媒体成为信息传播的核心,平台一旦成功搭建就具有垄断性和排他性。这些对平台媒体的理解往往建立在传统媒体与平台媒体的二元对立之上,相比传统媒体(如报纸、广播电视、电影等)的单向度、精英化和专业主义,平台化媒体更具有生产者与消费者的互动性和社交化传播的特征。这种从媒介传播形态的角度对新旧媒体的理解有一定道理,突出了新旧媒体的差异,但也带来一些简单化和去历史化的问题。一是过于媒介技术主义,移动互联网在技术上解决了用户生产内容、消费者自主传播的问题,并不意味着用户、消费者在媒介使用上完全掌握了主动性,反而在算法推荐下带来更深的"信息茧房"效应;二是虽然传统媒体受媒介技术限制属于单向度的媒体,但从历史上看传统媒体并非没有做过媒体交互性和平台化的尝试。在这个意义上,需要重新引入媒介社会学、新闻社会学的视角,以此更加辩证地理解传统媒体与平台化媒体的关系。

本章回到中国根据地新闻史,以解放战争时期晋冀鲁豫根据地的"门板报"为例,呈现在物资匮乏、技术落后的背景下,随着部队流动、"就地取材"的门板报参与基层传播的历史经验,探究在普通战士办"门板报"的过程中,这块作为深入每一个连队的"自媒体"如何使得基层空间媒介化,从内容生产到阅读反馈,完成对基层官兵的动员和组织工作。笔者借此案例尝试回应四个问题:一是突破数字媒体与传统媒体的隔阂,数字时代的媒介经验在传统媒体中也存在,如"用户生产内容"并不只是互联网时代的产物,门板报就曾成为基层战士的"自媒体";二是在中国现代化过程中,也形成了基层传播介入基层治理的经验,门板报就是把基层空间媒介化的典型案例;三是基层传播的特征之一是把"不是媒介的媒介"变成媒介,正如门板本来是起到遮蔽和阻挡作用的大门,但在战争状态下,这种易于获得的门板就被"借用"为服务于基层传播的媒介;四是对媒介技术与社会的关系进行再反思,与技术决定论、技术主义者把技术本身作为媒介效应的主导作用不同,社会关系和媒介组织方式也可以改造媒介技术,改变技术的社会属性,媒介技术与社会应用是一种相互重塑的过程。

第一节　从固定的黑板报到流动的门板报

1947年4月29日晋冀鲁豫《人民日报》连发了三篇关于门板报的报道[1],分别是《激励人民战士的新英雄主义　毅字部队创造门板报》(第一版)、《门板报活跃了毅字部》(第四版)、《前线部队的新创造——门板报》(第四版)。这三篇新闻集中报道了"毅字部队"用"门板报"进行基层宣传的经验,把门板报的形态、效果和具体做法都展现出来,供其他连队效仿。这几篇文章组成关于"毅字部队"的典型报道,一方面对创造"门板报"的"毅字部队"有表扬作用,"登报""上报"本身是一种精神鼓励,另一方面是希望其他部队也能学习"毅

---

[1] 晋冀鲁豫抗日根据地是抗日战争时期中国共产党领导的敌后抗日根据地,包括太行、太岳、冀鲁豫、冀南四个区。位于同蒲路以东,津浦路以西,陇海路以北,正太、石德路以南的广大地区。全区拥有县城105座,面积60万平方公里,人口2550万。1937年至1938年刘伯承、徐向前、邓小平率一二九师进入山西前线,以太行山为依托,创建了太行山根据地。薄一波等领导的山西"抗敌决死队"一道,开辟了太岳根据地。陈再道、宋任穷进入冀南,开辟冀南根据地。自1937至1944年共与敌战斗3万余次,歼灭日伪军19万余人,巩固和扩大了根据地。1946年5月15日,晋冀鲁豫根据地的机关报《人民日报》创刊,截至1948年6月14日停刊,共出版746期,此后与《晋察冀日报》合并,成为华北根据地的和党中央的机关报,后来《人民日报》跟随党中央进北京,成为中共中央的机关报。1946年到1948年作为根据地机关报的《人民日报》一般被称为晋冀鲁豫《人民日报》。本章所研究的门板报就来自这个时期的《人民日报》。

字部队"创办"门板报"的经验。典型报道作为一种"不是新闻的新闻"[1]，不报道新近发生的事情，而是从生产、生活中发掘、总结出"典型"案例，用"典型"的正面示范性和负面警示性来推动社会改造。这种以介绍地方经验为主体的典型报道是党报党刊中常见的题材，反映了党报党刊的基本功能是用新闻媒介参与政治和社会治理。

在《前线部队的新创造——门板报》中这样描述门板报："门板报就是每到宿营地，便竖一块门板在部队集结场所，收到稿子，经审阅修改，不管是三角四方破皱纸张，只要写了就贴上去。因为要求低，能写就写，不会写可画画。现实性强，通常昨天的事今天早饭就可在门板报上看见。"[2] 门板本来是固定在门框上的木板，是华北农村地区经常采用的一种门具，在战争状态下，门板被卸下来，用作行军床或者抬担架的木板，门板报则是门板的另一种用途。部队行军打仗时连队随身携带一块门板，当部队休息时，把门板竖起来变成一张"报纸"的展板，战士们写的新闻稿可以贴在上面，既能学习识字，又能相互提意见。"战士们每天晚上，自由的集合一起，相互找好，行军时则在进房子之后，大家边汤脚边找好，战斗下来，找好结合检讨会，每个战士、干部每天都从一天的行动中找出成绩，大家同意就记到记好本上，并由班里识字人写成（或画书）稿子，贴到支部出版的门板报上表扬（有时也有批评）"[3]。从这里可以看出门板报的新闻属性。第一，"谁来写"，门板报的写作主体多元，是每个战士、干部，能写、会画的群众都可以参与。第二，"写什么"，门板报主要呈现三种内容：一是在战斗、行军中出现的英雄模范故事，二是传递如打胜仗等战争消息，三是对干部、战士提批评意见。第三，"为谁写"，读者和作者一样，也是连队内部的干部和士兵。第四，"通过什么写"，就是利用门板这种最方便得到的"平台"。借助一块小小的门板，就可以在连队内部建立一种具有信息传播、社会交流功能的公共媒体。

相比现代大众媒介，门板报这种具有根据地特色的"流动媒介"，在传播

---

[1] 在党报党刊中有很多报道不是对新闻事件的呈现，而是涉及党和国家的政策、地方治理经验等，我把这些新闻题材命名为"不是新闻的新闻"，虽然报道的不是新近发生的事件，但这些关于不同领域、行业的生产经验、治理经验的深入报道，是用媒体介入社会治理的体现。典型报道就属于这种"不是新闻的新闻"，用塑造典型的方式来参与社会治理。

[2] 康健:《前线部队的新创造——门板报》，晋冀鲁豫《人民日报》1947年4月29日，第4版。

[3] 康健:《前线部队的新创造——门板报》，晋冀鲁豫《人民日报》1947年4月29日，第4版。

机制上有一些特殊之处：第一，是物质基础，门板本来属于不承担传播功能的非媒介，但是"再媒介化"后却被改造成能够发布信息的布告栏，由此被挖掘出新的媒介属性和赋予多元的传播价值，作为门板报物质基础的门板成本低廉，是北方农村地区常见的材料，容易"就地取材"；第二，是组织基础，门板报依靠基层连队的党支部作为组织形态，变成宣传工作的手段后，获得了新闻意义上的"编辑部"；第三，是"时效性"，门板报每天都可以写、每天都可以发布，当天的内容就能及时在晚上的门板报中反映出来，"门板报多是每天一期，昨日的事和当天的事马上都能得到反映"[1]；第四，是"流动性"，门板报方便携带，可以随时移动，是根据地时期可移动的"自媒体"，"门板报放的位置也不固定，开饭时就把门板报抬到饭厅里，游戏时就抬到操场上，行军时不能用门板，就把报分散贴在一些同志的背包上，边走边看，作战时就把门板报抬到战壕里，只要一有机会，战士们就都聚集在门板报的前面，各班争先读自己的报"[2]。门板报虽然简陋，却带有互联网时代自媒体的传播特征，一块门板就像一个 BBS，既是连队所属的"公共媒体"，也是群众自己参与内容生产的"自媒体"，而战士是发帖人（稿子确实需要"贴"在门板上），也是帖子的阅读者，而门板报的可移动性，使得门板报成为在空间能够自由移动的"自媒体"，就像现代化的手机、个人电脑一样。

晋冀鲁豫根据地把门板报作为基层连队宣传的手段，与中国共产党深入基层的宣传政策有关。1927年之前中国共产党主要在城市进行革命宣传活动，1927年从城市被迫转向农村，以毛泽东为代表的共产党人开始走"农村包围城市"、武装夺取政权的革命道路。除了军事上的游击战之外，就是对根据地进行社会和文化建设。与城市不同，农村根据地的特点是非现代、非大众的区域，缺乏现代大众媒介，也没有能够使用现代媒介的受众，这就需要发明、创造一种适合农村的宣传策略。在农村进行革命宣传有这样几个特点：一是充分使用各种媒介，如标语、口号；二是群众戏剧、大众音乐等文艺手段；三是召开群众大会等会议形式。面对非现代的、落后的农民，基层传播的作用一方面是采取各种方式进行扫盲、识字教育，另一方面把现代、革命的理念传播给农民。其中被改造成为黑板报的黑板就是最有代表性的基层传播媒介，这是一种把"不是媒介的媒介"媒介化的宣传策略。黑板本来是19世纪末期从西方引进

---

[1] 勇进：《激励人民战士的新英雄主义 毅字部队创造门板报》，晋冀鲁豫《人民日报》1947年4月29日，第1版。

[2] 张晋德：《华北人民解放军中的文化活动》，《人民日报》1949年3月15日，第4版。

的教学用具，是现代教室中服务于教学的启蒙工具。在教室后面出现了的黑板报，改变了黑板作为教育的功能，进而黑板报放在教室外面，就变成了宣传栏。在20世纪40年代的晋绥地区，黑板报成为共产党基层宣传的方式被大力推广。黑板报作为服务于基层的自媒体，有两种社会功能。第一，把外部的新闻、消息传递到基层内部，如国家大事、党的政策，以"转载"的方式抄录在黑板上。这种"转载"也是建立在两个历史背景中的：一是报纸等媒介无法下沉到基层，通过转载的方式可以使得信息传递到基层，也就是说在广播、电视等通过技术的方式可以下沉到基层之前，转载是实现信息下沉的廉价方式；二是读书、识字率低，把新闻、政策抄录到黑板上，就变成了群众"学习"的内容，通过读黑板报来完成信息的传播。第二，黑板报是实现基层公共化、社会化的媒介平台，主体内容是反映班级和基层生活。

从在这个意义上，门板报可以说是一种移动的"黑板报"，门板报是对黑板报的一种创新和改造，让固定在墙上的黑板，变成可以流动的"自媒体"，以适应连队行军打仗的特点。类似服务于基层的媒体还有很多，如前沿阵地里的火线报、战壕报、枪杆诗等。这种把基层非媒介媒介化的方式是一种基层传播的经验。基层传播是指发生在基层空间里的传播行为，是20世纪中国政治、社会变革过程中形成的新闻传播理念。借助基层化的媒介进行基层动员和社会建设，如黑板报、宣传栏、歌咏比赛、广场舞、公共卫生教育、垃圾分类宣传等都属于基层传播。相比西方的社区传播，基层传播更符合中国本土的实践。一方面基层治理、基层建设是中国行政管理的有机组成部分，另一方面文化、传播是基层治理的中介和形式，尤其是像中国这种第三世界、发展中国家，传播媒介更加主动地参与到经济、社会领域。基层传播形成于根据地时期对农村、偏远地区的战争动员和文化建设，通过"就地取材"，充分利用所在地区的"材料"，如墙壁、门板等，是一种低成本、低技术，但行之有效的宣传和动员手段。

第二节 门板报的组织机制与写稿的"根据地"

这种"战士写、战士读"的门板报能够运行起来，需要"编辑部"来组织。"它的编辑部，一般都是以连队支部为核心组成的；政指当报社主任，掌握报纸中心内容及全盘工作，文干当编辑委员，负责张贴登记稿子，督促写稿与收稿，领导通讯员；支部宣委当广播员，负责阅读，修改稿子，及时评论每班、排及个人稿子的好坏。全连队的战士群众,都是它的通讯员和读者。"[1] 从门板报的编辑部与基层党支部重叠可以看出,门板报具有特殊的组织传播和政治传播的媒介属性。传统意义上的组织传播是指某个组织凭借组织和系统的力量所进行的有领导、有秩序、有目的的信息传播活动,其最大的特征就是凭借组织自身的系统进行传播[2]。在门板报的组织系统中,门板报编辑部的组织框架与党支部重叠,政治指导员、文职干部、宣传委员同时兼任门板报的工作,他们是组织、鼓励战士写稿和阅读的基层工作者。而政治传播是指政治共同体的政治信息的扩散、接受、认同、内化等有机系统的运行过程,是政治共同体内与政治共同体间的政治信息的流动过程[3]。中国共产党作为列宁主义式政党有两个基本特征:一是高度组织化,也就是纪律性;二是高度宣传化,宣传是政党和党员的基本任务,这也是"全党办报"的理论来源。以基层党支部为基础,是列宁主义政党的组织建设方式:一方面用党组织来重构基层空间,使得政党深入到基层;另一方面以基层党组织为基础,自下而上变成一个垂直的树形的网络结构,以此实现政治信息的纵向流动。列宁在创办《火星报》时提出:"报纸不仅是集体的宣传员和集体的鼓动员,而且是集体的组织者。"[4] 由此看来,在"组织传播"和"政治传播"的概念诞生之前,共产党的政治实践已经形成了一套自己独属的对于传播媒介的组织和政治话语体系与治理机制。

门板报作为基层传播的媒介,是两种政治制度的结果。第一种支部建在连上的政治制度,如果连队没有支部,也不会出现服务于政治功能的门板报。1927年秋收起义失败之后,毛泽东带领起义部队转战井冈山,在江西省永新县三湾村进行了改编,提出了"支部建在连上"的党领导军队的基本政治制度,建立了"连支部、营委、团委、军委"四级党的领导机关,用党组织来建构军队的组织系统,形成了军事指挥官和政治指导员的双重领导机制。依靠党的基层组织,由下而上形成对士兵、基层的管理和动员。第二种制度是用政治组织的方法来做门板报工作。在《加强部队战斗力的门板报》的报道中特别指出办门板报的方法依靠的是组织工作,"门板报要想办起来,必须有细致的组织工

---

[1] 本报资料室:《加强部队战斗力的门板报》,晋冀鲁豫《人民日报》1947年5月23日,第2版。

[2] 魏永征:《关于组织传播》,《新闻大学》1997年第3期,第31-34页。

[3] 荆学民、苏颖:《中国政治传播研究的学术路径与现实维度》,《中国社会科学》2014年第2期,第79-95页。

[4] 魏永征:《关于组织传播》,《新闻大学》1997年第3期,第31-34页。

作，艰苦耐心的去发动群众组织群众，把群众组织到门板报运动中来"[1]。

"细致的组织工作"和"艰苦耐心的去发动群众组织群众"成为组织工作的基本方法。"细致的"和"艰苦耐心的"描述的是组织工作的方法和策略，不是自上而下命令式的，也不是管理式的，而是一种说服工作，这是一种政治工作的治理术，从外在的强迫变成一种内在的认同。与西方学术话语体系下的"组织"概念不同，西方的"组织"话语偏向于对政府、企业、军队等实体的部门机构的诠释，而根据地时期共产党的"组织"话语包含两层意涵：第一层是名词，即组织是指中国共产党的政党组织和支部组织；第二层是动词，即共产党如何组织和撮合群众变成一个集体和基层。此外，与传统的组织传播概念所认为的组织传播的动力来源于组织本身自上而下的强制力不同，共产党在门板报的宣传实践中，"耐心"和"细致"是一种政治工作的方法，不只是规章制度、操作手册，而是一种说服、感化和教育，而这也彰显出共产党"从群众中来，到群众中去"式的双向组织传播路径。首先，这是一种面对面的工作方法，有两个主体：一是干部、政治工作者，二是群众，干部耐心做群众工作。其次，不是强制性的规劝与惩罚、命令与执行，而是一种双向互动后产生的由衷认同和接受。再次，群众路线的基本方法，群众动员、群众运动的秘密就在于感化和说服。

就像其他基层工作一样，门板报也是用"细致的组织工作"来动员和组织群众参与。这种细致性体现在两点上。第一，是耐心地说服和教育，如"红字部队某营文干王荣堂同志，为了建立门板报，下尽苦功。他发动战士、卫生员、伙夫写稿时，有的说不识字，有的说文化水平低，他说想说啥就说啥，干什么写什么，你做饭写做饭，你出操写出操，行军就写行军。不识字，不能拿笔的，他就替他们写，写好后就对着大家念。不几天把报纸闹得红火起来"[2]。"干什么写什么"是根据地时期进行群众写作教育中常见的规范，对于群众写作来说，写自己的生活和工作，成为写作的首要题材，这不只是初学者解决写作题材的问题，而是把自己的生活对象化并赋予意义的过程。也就是说，"'做什么'就'写什么'"本来是一种带有个人自传、自述和日记性质的书写类型，群众写作因其写作主体的特殊性使这种"自叙"式的写作转变成一种公共写作和公共表

---

[1] 本报资料室：《加强部队战斗力的门板报》，晋冀鲁豫《人民日报》1947年5月23日，第2版。

[2] 本报资料室：《加强部队战斗力的门板报》，晋冀鲁豫《人民日报》1947年5月23日，第2版。

达。这种"'做什么'就'写什么'"的写作规范具有三重意义：一是把自己的工作和生活对象化，写作的过程也是意义生成的过程，这是一种文化的规训；二是"写自己"，也就意味着把写作这种媒介方式变成写作者的"自媒体"，是从读者、受众变成作者的过程；三是"先做后写"意味着写作在行动之后，先有行动，后有写作，写作是行动的"镜像"。第二，是精细化的、情感化的工作，细致入微地动员战士参与门板报工作，比如针对"怎样才能办起来？"提了七条工作建议，其中第七条是："一定要读报，使报纸发生实效，引起群众兴趣。一位理发师写了一篇稿子，文化干事忘了读，他很生气地说：'我不写了，文化干事不读我的，我写得不好吧！'文化干事马上向他陪错，他才高兴。"[1] 这种面对面的说服工作是一种细致的情感动员，把动之以情、晓之以理作为政治认同的基础[2]，同时也印证了在共产党的组织传播过程中，存在双重主体或者说双重本位，即"组织本位"+"受众本位"。门板报和党报党刊虽同属于共产党的组织宣传方式类型，但是组织传播特点却各不相同。党报党刊偏向于"组织本位"，是由专业的记者和编辑严格遵守"党性"原则进行专业化的新闻生产和自上而下的单向化的传播，新闻一旦发布后就脱离了组织的视阈，很难在传播效果层面接收到受众反馈。但门板报则是"组织本位"和"受众本位"的"有机体"：一方面，门板报本身就具有极强的政治属性，多用来宣传党的方针、政策、路线、事宜等，所以传播主体、传播目的、传播内容上都具有极强的组织系统的纪律性和宣传性色彩，凸显出"组织本位"特征；另一方面，门板报的传播受众较为固定，一般是通过同一块门板阅读信息的群众，传播范围有所边界，仅扩散在可见可得的群体之中，所以受众能够随时随地、及时有效地向门板报的"编辑部"反馈自己的意见，从而达到双向沟通、自主认同的效果，呈现出"受众本位"特征。

从门板报中可以看出，这种耐心、细致的工作目的是动员战士进行写稿，通过写稿获得主体感。门板报的功能是鼓励士兵写稿，让士兵变成基层通讯员、变成有主体性的战士。群众从被动的阅读者，变成主动的写稿者，是参与基层事务的主体，也是通过写稿完成主体化。门板报的特点是写完就能发表，解决了发表的难题。门板报不像墙报那么整齐和美观，使得战士获得发表的渠道，

---

[1] 本报资料室：《加强部队战斗力的门板报》，晋冀鲁豫《人民日报》1947年5月23日，第2版。

[2] "情感转向"成为近些年文化研究的热门概念，突出非理性的情感成为政治认同、社会认同的基础，而在根据地时期，情感教育是一种常用动员手段和治理技术。

"这些稿子无论句子怎么不通,无论错别字怎么多,无论内容怎么简单,门板报都不拒绝刊登,因此门板报从过去一切形式平凡的墙报中冲出来,获得了最广泛的群众性"[1]。通过战士写作,使得战士把门板报作为"写稿的根据地",如果说"自媒体"是借用互联网时代"用户生产内容"的概念,那么对于当时参与门板报的战士来说,门板报还是一种"写稿的根据地",说"根据地"强调的是一种自主性,就是任何战士都可以在门板报上发表作品。这种通过写作获得的主体感,有三重社会效应:一是写作改造了主体,让落后的、愚昧的群众变成能够言说/书写的现代主体;二是写作改造了大众媒介,使得单向传播的报纸变成具有参与感和互动性的双向媒体;三是写作改造了基层社会,以写作为媒介的基层传播塑造了基层组织内部的社会性和有机性。

门板报成为根据地时期基层党支部的宣传手段,是一种以宣传为媒介的组织传播实践。这种组织传播除了体现共产党在组织和团结群众方面的特殊的政治工作方法外,还有深层次的情感动员。这种情感动员与其说是说教、灌输,不如说是一种"耐心细致地"思想政治工作和意识形态劝服,这体现为谈心、说服、开动员会、解开思想疙瘩等技术手段,以及解放、民族、自由、独立等话语。因此,门板报的功能不只是传递消息,而是介入到基层治理中。借助门板报组织化、系统化、基层化、自主化、双向化地鼓励战士、群众写稿,既是群众参与生产新闻的方式,也是群众对政治宣传和思想教育潜移默化吸收和主动被改造的过程。在这个意义上,创办基层媒体,以基层媒体为中介进行政治宣传活动本身是政治实践组成部分。这种在战争中形成的流动的门板报不仅把门板这一非媒体媒介化,而且在连队内部形成了公共化、社会化的空间。

第三节 门板报的社会功能:"记好学好运动"与数字化管理

门板报成为深入连队内部的基层媒体,实现了基层连队的媒介化,使连队拥有一个"物美价廉"的"自媒体",这是一种典型的基层传播形态。这些报道把门板报树立为一种宣传典型,是因为门板报作为一种有效的政治宣传手段和新的政治工作方法,推动了当时基层连队正在进行的"记好学好运动"。"门板报的作用,不仅在于传播消息,鼓励士气,更重要的是在于发现好处,发扬

---

[1] 吴象:《门板报与记好学好运动》,晋冀鲁豫《人民日报》1947年6月5日,第4版。

正气，推动工作。"[1] 门板不再是一块沉默的木制物品，而变成了一张传播消息和思想交流的"报纸"，"用这样的门板报来联系群众，来发扬群众的积极性和创造性，这不只是一个报纸的问题，而且是一个新的好的领导方法"[2]。

门板报参与基层治理，主要有三个社会功能。

一是处理干部与群众的关系。"开始是干部带头领导找好，写稿子表扬战士，后来战士们互相表扬起来，又去表扬干部，愈经常大家愈积极，工作愈起劲。干部觉得战士太好了，以前没有积极分子是自己领导不好。战士们也觉得干部们太好了，有些困难应该体谅。"[3] 通过门板报来改善干部与群众的关系，从领导与被领导，变成相互表扬和监督的关系。可以说，借助门板报这一基层媒介手段，融洽了干部与群众之间、士兵与士兵之间的关系，实现了"官表扬兵，兵表扬兵，兵表扬官的群众性的表扬方法，使部队换了一个样子"[4]，达到塑造军民团结的政治共同体的效用。

二是处理少数与多数的关系。评选英雄模范以及召开群英会表扬英雄模范是塑造典型的宣传模式，但这种模式把少数人塑造为英雄模范，并不一定会带动群众的积极性和创造性，出现少数与多数的脱节。"表扬英雄模范是一种最好的教育与批评，可以激发群众的正气、积极性与创造性，然后英雄模范总只少数。如果英雄模范不善于照顾群众的水平，就很难把群众全部都带领起来，相反的，也许会遭到落后分子的讽刺。门板报与记好学好运动开展后，不仅英雄模范能得到表扬，广大的中间分子也能得到表扬，愿意进步的落后分子也能得到表扬。多数人都被表扬了，这就造成了一种找好、学好的风气，造成了一种伟大的群众力量。"[5] 所以门板报是一种群众路线和群众运动的媒介，群众路线是中国共产党的政治路线，也是基层工作的方法，其核心是发动群众、动员群众，让群众参与管理，来调动群众的积极性。"记好的人数常常在百分之七十以上。记了好谁都羡慕高兴，但是没有眼红忌妒。因为任何人都不须眼红忌妒，记好的标准远不如当英雄模范的条件那样高，任何人都有充分的机

---

[1] 勇进：《激励人民战士的新英雄主义 毅字部队创造门板报》，晋冀鲁豫《人民日报》1947年4月29日，第1版。

[2] 勇进：《激励人民战士的新英雄主义 毅字部队创造门板报》，晋冀鲁豫《人民日报》1947年4月29日，第1版。

[3] 吴象：《门板报与记好学好运动》，晋冀鲁豫《人民日报》1947年6月5日，第4版。

[4] 康健：《前线部队的新创造——门板报》，晋冀鲁豫《人民日报》1947年4月29日，第4版。

[5] 吴象：《门板报与记好学好运动》，晋冀鲁豫《人民日报》1947年6月5日，第4版。

会。"[1]对于部队来说，群众就是士兵，如何提升部队的战斗力就是群众路线的效果。如果说英雄模范是培养骨干和先进分子，那么门板报是对中间分子的鼓励和表扬。因此，门板报提倡新英雄主义，反对个人英雄。

三是介入基层治理。门板报的社会功能是服务于解放战争时期开展的战士立功运动，立功、报功运动是解放战争时期出现的政治工作方法，功劳的评选和认定都需要门板报这种基层媒介来实现。这种记功运动是解放战争时期出现、获得大规模推广的政治工作方法。1946年解放战争刚刚开始，有很多解放战士要求发功劳奖，在新四军下基层的政治工作者、木刻家赖少其[2]，敏锐地发现立功运动可以极大地提升战士的积极性，于是他把立功、记功的经验写了一篇《立功作为政治工作》的报告，受到上级的重视，这种立功运动成为解放军部队中广泛开展的运动。赖少其因为积极总结和参与领导"立功运动"而被评为解放战争的"一等功臣"。正是这种深入到个体的量化管理方式，提升了每一个战士战斗的积极性。立功运动的出现既来自群众的首创精神，又与赖少其这种下基层的政治工作者有关，是政治工作与群众路线结合的产物。

门板报作为基层媒介，参与到立功运动的宣传中，把战斗中立功的战士和事迹用报纸的方式表扬出来。为了配合记好运动，门板报把好人好事换成分数，成为一种对"个人"的口碑与信用的评价。这种记好运动就像一种数字化、量化的人力资源管理方式。与互联网时代平台化媒体的点赞、评论、转发等方式相似，只是评价的标准不同。这种量化管理的方式在根据地实践中有很多运用，目的在于让每个人在团队协作中激发自己的价值。"记好的内容，包括着行军、作战、练武、群众工作等的点滴优点。一般是根据任务与上级号召。好的大小，根据群众的评定，根据完成任务与战斗功绩的大小，分为班好、排好、连好，都可以三三累进，两个连好，就是一个小功，做到有好记好，有功记功。记好的办法，一般经验是干部与支部要抓得紧，及时记录。"[3]

这种记好学好运动，把"好"作为一种评价和道德标准。"好"是一种带有中国传统的社群评价方式，相较于"进步""先进"等具有现代化意义的评

---

[1] 吴象：《门板报与记好学好运动（续完）》，晋冀鲁豫《人民日报》1947年6月8日，第4版。

[2] 赖少其本人是20世纪30年代受鲁迅影响的青年木刻家，他在30年代后期参加新四军，成为新四军的美术家和画报主编，用木刻服务于战时的画报创作。后来被捕，关押在上饶集中营，成功逃跑后，又回到新四军。

[3] 本报资料室：《人人学好，个个进步！——介绍前线部队记好学好运动》，晋冀鲁豫《人民日报》1947年5月24日，第2版。

价话语，非现代化的普通根据地群众更易从文化习惯的层面接受。日常生活中的"好人"评价，是对个体最正面的表扬，也是民间社会伦理最认可的标准，不是根据官职、名气、钱财，而是对所在村庄、社群有贡献和有帮助的人的评价，是一种为公、利他的精神。这种记好学好是在作为基层的连队内部形成一种新的社群文化，而且这个"好"不是英模和典型，而是一种深入日常生活中的"进步"。表扬、表彰也是党报党媒中的底色，以正面报道、正面典型为主，这与以批评为底色的西方媒体、商业化媒体也有着巨大区别。一是，这来自传统社会中"告示"的功能，功德、贡献，记录、呈现下来，只是从贴在墙上、刻在石碑上，变成印在报纸上；二是，对表扬的人有精神鼓励的效果、文化的表扬；三是，形成一种共同体的、社区的文化意识。这形成了党报党刊中的一种报道风格，是以表扬为主、批评为辅，充分"从表扬积极沉着手，表扬典型范例来推动运动前进"[1]。

第四节　基层传播与根据地时期基层连队的新闻宣传机制

　　中国共产党自诞生以来高度重视宣传工作，有两种党报党刊的形态，一种是中央的、面向全国的刊物，另一种是地方的、基层的媒体。基层传播的媒体也有两种模式：一是自上而下，让大众媒介扩散到基层，这往往需要借助信息传输和发行的网络，如邮政网、广播网、电视网、互联网等，需要借助邮递员、电影放映员等移动的主体以及把电视、移动终端等连接到基层空间中；二是借用基层媒介，也就是只在基层空间进行传播活动的媒介，如黑板报、宣传栏、广播站等，这些媒介把基层空间媒介化，通过媒介来组织基层公共生活，门板报就是这种扎根基层的媒体。在物资匮乏、技术落后的背景下，根据地采用"就地取材"的方式，借助黑板报、门板报、壁报、标语等简便的媒介形态，深入基层对群众进行宣传和教育工作，让普通群众不仅成为这些基层媒介的阅读者，也是创作主体。正是这些扎根于基层单位的各种文化传播手段，使得非现代的、非都市的主体在战争中完成文化启蒙，从愚昧的、落后的状态变成理性化的、有行动力的主体[2]。

---

[1] 冰如：《谈发扬优点与批评》，晋冀鲁豫《人民日报》1947年9月1日，第4版。

[2] 张慧瑜：《触摸二十世纪的基层传播文化经验线索》，《社会科学报》2020年2月13日，第6版。

门板报的意义在于把基层空间媒介化，使得基层拥有自主性的媒体，而不只是外来媒体下沉的空间，也就是说，门板报是基层的"自媒体"，使得基层变成更有主动性的空间。这也使得门板报成为一个具有公共性、平台化的媒介。门板报作为服务于基层的传播媒介，有两个作用：一是传播消息，二是介入、参与组织宣传工作。"门板报的作用，不仅在于传播消息，鼓励士气，更重要的是在于发现好处，发扬正气，推动工作。"门板报把基层媒介化、公共化和平台化：媒介化是指基层空间媒介化，使得基层拥有自主性的媒体；公共化是指门板报提供了一种基层"公共领域"，战士与干部可以相互表扬和批评；平台化是指群众可以在门板报上写稿、发稿，而基层群众通过阅读、讨论门板报的过程而获得集体感。这种扎根基层的门板报，使得基层连队变成坚固的战斗堡垒，不只是在机构上变成一个组织，更重要的是在战斗力上变成一个基层单位。门板报不光在部队中使用，也在工地上成为宣传媒介，如《"这和打仗一样重要"记防汛整险模范连》中就报道了战士修筑汪庄大堤，防止黄河决堤的工程，门板报是工地上的动员和宣传媒介[1]。

互联网时代出现的自媒体借助新技术实现媒介自主化和虚拟社区空间的实践，不只是技术革命带来的新进步，也是媒介参与社会治理的新变革。而这种变革之"新"在于媒介形式之新，而非治理经验之新，从门板报的案例可以看出，媒体下沉到基层以及用基层媒体参与社会治理，是根据地时期基层传播的历史经验。门板报虽小，也非常简陋，却发挥着基层传播的社会功能，这涉及三重改造：第一，改造媒体、更加主动地利用媒介和媒体，把门板这一非媒介媒介化，创造了流动的黑板报平台，让媒体重构基层空间；第二，改造群众，让群众通过参与门板报而变成理性化的现代主体，通过参与写稿、读稿和讨论深入介入媒体生产，从而完成政治动员和启蒙教育；第三，改造干部，干部用精细化、情感化的政治工作方法让门板报既成为"记好学好运动"的媒介平台，再借由"记好"式的数字化管理方式提升战斗力和认同感，又融洽了干部与群众关系，这是基层媒体参与基层治理的体现。此外，门板报基层传播的运作机制有两个核心：一是门板报这种低成本、普及化的深入基层的媒介；二是基层党支部的群众路线和群众工作。如果说前者是技术因素，那么后者则是组织和制度因素。只有朝向基层的技术与朝向基层的组织关系结合起来，才能形成门板报这种基层传播的实践。

---

[1] 长风：《"这和打仗一样重要"记防汛整险模范连》，晋冀鲁豫《人民日报》1947年8月26日，第1版。

重返晋冀鲁豫根据地中国共产党的门板报实践，我们可以发现共产党在新闻实践方面的诸多创新。第一，将非媒介再媒介化，创造性挖掘普通物质的媒介属性。无论是从西方引进而来的现代化教育功用的黑板报，还是由门板改造发明而来的流动的门板报，共产党对在地媒介的物尽其用和基层空间的媒介化改造，让我们窥见了"万物皆媒"的可能性。第二，"组织本位"与"受众本位"结合的组织传播，有异于西方传播学理论中的组织传播的自上而下的强制性意味，共产党的门板报实践是一种赋予受众"读"与"写"双重主体性的，既可以自上而下又可以自下而上的双向互动过程，以此达到意识形态宣传和情感组织动员的目的。第三，介入基层治理的基层传播，门板报作为基层传播媒介在处理干部与群众关系、少数与多数关系、政治、军事和生产等动员工作上发挥了重要的社会功能。

同时，我们也可以从门板报的新闻实践中窥见现代大众传播媒介的影子以及反思当下新闻传播研究的相关讨论：一是，对"何为媒介"的再思考，互联网时代"万物皆媒"是一种技术驱动下"泛媒化"趋势[1]，并非扩大媒介的范围，认为世间存在万物皆可为媒体，门板报的物质性改造成功经验在于，门板自身的流动性、便捷性、易得性的媒介属性决定了其具有被挖掘成为传播媒介的可能性。二是，对于平台化媒体的延展性认知，当下对于平台媒体的理解是指以社交链接、技术驱动、资本创新为主导的互联网商业媒体平台，如国外的 Facebook 和 YouTube，以及国内的微博、微信、今日头条等。麦克卢汉曾说"我们盯着后视镜看现在，倒退着走向未来"，根据地时期的门板报很像当下的"自媒体"和"平台媒体"：第一，虽然没有像当下的电脑、平板、手机一样通过新技术实现媒介的可移动化，但是通过人的身体达成了门板报在基层空间的流动。第二，门板报作为一种"平台"，集结了内容生产者和消费者，并且通过赋予群众写作主体性的方式塑造了根据地时期的"UGC"或者"产消者"[2]。所以这也可以拓展我们对于"平台媒体"的理解，用现代化的眼光去发现新闻史当中的存在过、光辉过的媒介的特点和功能。第三，重思媒介与社会的关系，从大数据、人工智能、区块链再到云宇宙，技术的迅猛发展催生媒介的剧烈变革，媒介技术在为人们的生活搭建更多沟通便利的桥梁时，也带来了信息茧房、

---

[1] 彭兰：《万物皆媒——新一轮技术驱动的泛媒化趋势》，《编辑之友》2016 年第 3 期，第 5-10 页。

[2] 李嘉卓：《产消者：融合时代平台型媒体的核心》，《青年记者》2015 年第 7 期，第 57-59 页。

网络成瘾、社交障碍等问题，如何去平衡媒介技术、人与社会的关系，是当下我们应该着重探讨的话题。而这个问题必将随着技术的进一步更新换代而变得愈加复杂，或许我们可以短暂地从共产党门板报的实践中获取一些启示。首先是"群众路线"式的以人为本精神，尊重受众的主体性，让他们能够从媒介中获得信息价值和情感认同。其次是双向互动的价值形塑，用更平等的交流、表扬、奖励来实现平台与用户的相互认同等。

第九章　逆向流动的主体：双重改造与共情式创作

　　吴印咸是20世纪30年代走向延安的红色摄影师，参与中国共产党新闻摄影、纪录片和电影的创作和制度管理，被认为是确立了红色摄影风格和影像典范的"党的文艺工作者"，终其一生在不同岗位上从事摄影和电影工作。这样一位摄影领域的"老革命"在20世纪80年代以来的影像研究中处于"尴尬"和"暧昧"位置。简而言之，80年代以来在政治与艺术的二元框架下形成了两种摄影研究的倾向：第一种是去政治化的摄影研究，把左翼、革命摄影指认为一种工具化、政治化的艺术实践，强调摄影构图、光影等艺术形式方面的功能，把摄影还原为与政治无关的"纯艺术"，吴印咸等革命摄影师的作品被认为是缺乏艺术性的政治宣传品，关于吴印咸的创作阶段也分为早期是艺术时期和延安是政治时期的两个阶段；第二种是从视觉文化研究的角度反思以摄影为代表的图像艺术在抗战、革命等政治中的动员作用，如近些年关于摄影师沙飞、根据地画报的研究，相比沙飞的"摄影武器论"，吴印咸是一位在政治上不那么激进，也很少发表政治宣传的艺术工作者。这种政治与艺术的对抗、矛盾关系，不管是站在艺术角度批判政治工具论，还是站在政治角度批判艺术是小资情调，都很难阐释吴印咸。首先，吴印咸延安时期的作品具有很强的艺术性和形式感，如代表作《白求恩大夫》（1939）、《艰苦创业》（1942）、《组织起来》（1943）等在构图、光线、影调上都是艺术性很高的作品，在他的作品中政治性与艺术性并不冲突。其次，吴印咸践行一种摄影为人民服务的理念，他并不排斥摄影的宣传功能，反而积极探索在"不利的条件"下完成摄影拍摄的技巧和方法，并长期从事摄影技术传播和普及工作。对于吴印咸的解读无法离开20世纪中国革命的"大历史"，他积极参与大时代并在此过程中完成主体改造和对摄影技术的改造。吴印咸身兼文艺工作者和技术工作者的双重身份，这既与摄影艺术是艺术与科技的结合有关，也与他严谨、理性的科学性格有关。2009

年至2011年间，泰康空间陆续推出四次吴印咸摄影回顾展[1]，使其成为理解20世纪中国摄影艺术发展的关键人物。本章主要从四个角度聚焦延安时期的吴印咸：一是"空间转移与逆向流动的主体"，二是"主体改造与可见的'生产'"，三是"共情式创作与'实践—文艺—实践'的辩证法"，四是"技术改造：'不利条件下'的摄影实践"。从上海到延安的吴印咸不仅是空间转移，也是经历主体和技术双重改造的专业知识分子，其摄影创作离不开陕甘宁根据地的政治实践，这是一种政治艺术化、艺术政治化的辩证法[2]。

第一节　空间转移与逆向流动的主体

1938年8月，吴印咸跟随袁牧之到延安参与成立"八路军总政治部电影团"，1946年吴印咸调任北平军调部，继而到东北筹建东北电影制片厂，再到1954年病休，1955年参加创办北京电影学院。这种从上海到延安、从延安到东北、再从东北到北京的空间转移，与中国革命从西北到华北、东北，再到北京的空间转移完全一致，可以说吴印咸是大时代的参与者和亲历者。在他的生平和传记中，都会强调1938年离开上海到延安是其人生最重要的"转折点"，去或者不去延安会是完全不同的人生。从个人和时代的角度看，吴印咸到延安有偶然性，也有必然性。

第一，吴印咸受袁牧之邀请，与他30年代中期参与左翼电影拍摄的经历有关。吴印咸早年接受上海美术学校的绘画教育，毕业后返回家乡担任美术教师，1925年参加反对土豪劣绅的活动，被迫离开江苏沭阳到上海谋生。到上海后，跟随同乡、同学许幸之拍摄左翼电影《风云儿女》（1935），继而拍摄袁牧之导演、主演的都市音乐片《都市风光》（1935）和袁牧之导演的《马路天使》（1936）。吴印咸担任这些电影的摄影师，与田汉、司徒慧敏、夏衍、袁牧

---

[1] 四次回顾展分别是《北京饭店和人民大会堂：吴印咸摄影回顾展第一回展》（泰康空间，2009年）、《色相留真·百花齐放：吴印咸摄影回顾展第二回展》（泰康空间，2009年）、《英姿飒爽·乘物游心：吴印咸摄影回顾展第三回展》（泰康空间，2011年）、《革命圣地·海上传奇：吴印咸摄影回顾展第四回展》（泰康空间，2011年），除此之外，《白求恩：英雄与摄影的成长展览》（泰康空间，2015年）也与吴印咸的代表作《白求恩大夫》有关。

[2] 本章的写作来自2019年泰康空间组织的吴印咸摄影研究工作坊，感谢工作坊参与者唐昕、苏文祥、许崇宝、刘倩兮、胡昊、王洪喆、车致新、杨宸、孔煜也、周敏等师友的学术讨论。

之等上海地下进步电影人熟悉。拍完《马路天使》之后的1937年，吴印咸带着徐肖冰到太原的西北电影公司拍摄电影《塞外风云》，七七事变爆发，太原的拍摄被迫中断。徐肖冰留在太原参加八路军，之后吴印咸在上海、香港等地奔波，没有固定工作，直到1938年在香港收到袁牧之邀请其到武汉的电报。可见，1937年抗日战争爆发影响到电影摄影师吴印咸在上海的稳定生活，"我在太原、香港之间奔波了一年多，结果一事无成。在国破家亡的危险之际，我深感前途杳茫"[1]，去延安也可以暂时摆脱这种失业上的困顿。1938年，周恩来在武汉邀请袁牧之到延安拍摄共产党敌后抗战的纪录片，袁牧之请吴印咸也参与，看重其作为电影摄影师的技术身份。

第二，邀请袁牧之、吴印咸等电影工作者到延安，与中国共产党实施的抗日民族统一战线有关。1938年从国统区到延安的文艺工作者和青年知识分子很多，在中国共产党党史中有1938年参加革命的"三八式干部"的说法。20世纪30年代上海进步知识分子开展左翼文艺活动，以文艺的方式团结了大量文艺工作者。抗战全面爆发后，从上海到延安的电影工作者除了袁牧之、吴印咸外，还有徐肖冰、汪洋、江青等。非党员、有摄影技术的吴印咸愿意跟随袁牧之到延安也显示了上海左翼文艺的统一战线功能。当时，不光有国内的统一战线，也有国际上的统一战线。1935年中共中央抵达陕甘宁边区之后，急需打开向国统区、国际社会宣传红军长征和八路军抗战的渠道，以打破国民政府的新闻封锁并争取更多援助。在这种背景下通过宋庆龄安排，美国自由记者埃德加·斯诺1936年6月秘密到延安访问四个月[2]，1937年10月《红星照耀中国》在伦敦出版，取得了很好的国际传播效果。吴印咸在晋察冀根据地遇到的白求恩大夫也是受国际援华委员会派遣到根据地从事医疗工作的国际友人，斯诺、白求恩、吴印咸等技术知识分子到根据地工作都是抗日民族统一战线的体现。

第三，袁牧之、吴印咸到延安拍摄纪录片还与中国共产党的对外宣传有关，纪录电影是同时期最为现代、高科技的大众媒介。在吴印咸去延安之前，刚刚实践过一次纪录片拍摄。1937年八一三淞沪会战后，吴印咸从大同回到上海与许幸之一同冒着生命危险拍摄日本入侵上海的纪录片《中国万岁》，记录了爱国人士演出抗日救亡活动、国民革命军谢晋元团长率领八百壮士坚守上海四行仓库等段落，以《义勇军进行曲》作为结尾曲，但这部纪录片被国民党检察机

---

[1] 吴印咸：《影艺六十年》，《红色记忆：吴印咸抗战影像文献集》，南京艺术学院举办吴印咸作品展编印资料，2015，第127页。

[2] 王锡荣：《斯诺和马海德赴陕北真相》，《现代中文学刊》2021年第5期，第4-12页。

构以"宣传共产"为名销毁。1938年荷兰纪录片导演尤里斯·伊文思到中国拍摄中国人民反抗日本侵略者的纪录片《四万万人民》，作为西班牙内战的纪录片《西班牙的土地》（1937年）的姊妹篇。伊文思原计划到延安拍摄八路军抗战的影像，但受到国民政府的阻拦未果。他在武汉汉口拍摄八路军的军事会议的过程中，周恩来安排其与即将到延安拍摄纪录片的袁牧之会面。伊文思了解到袁牧之缺少电影设备，就援助了一台35毫米"埃姆"摄影机和两千尺胶片。作为国际主义战士，伊文思到第三世界国家拍摄纪录片时，经常给当地的电影工作者赠送电影设备并培训新闻摄影的方法，因为纪录片是当时最大众化的传播媒介，能带来巨大的影响力。另外，抗日战争时期晋察冀边区也克服困难在农村出版中英文双语的《晋察冀画报》，向外界展示八路军敌后抗战的决心。如果联系到斯诺的《红星照耀中国》，可以说，中国共产党一直尝试通过画报、摄影、纪录片等更现代、更视觉化的传播媒介来宣传八路军的敌后抗战，袁牧之、吴印咸的纪录片工作也是对外宣传的需要。

在这些多重背景下，袁牧之与吴印咸来到延安。1938年9月，八路军总政治部电影团（简称延安电影团）在延安成立，中央军委总政治部副主任谭政兼任团长，李肃任政治指导员，袁牧之任艺术及编导负责人，吴印咸任技术及摄影负责人，这成为中国共产党电影事业的开端。对于吴印咸而言，从上海到延安的空间转移，不仅是到陌生的、边缘的中国"西北角"进行文化探险和采风，而是一种从发达的现代都市来到贫困、落后的内陆地区的逆向流动[1]。如果把现代化过程中从乡村到城市、从欠发达地区到发达地区的流动命名为现代性（人力、物资、信息）的正向流动的话，那么从城市到乡村、从发达到欠发达的流动就是反向或逆向流动。在去延安之前，吴印咸曾在上海、大同、香港等地进行空间流动，这种流动更像是一种生活上的颠沛流离，而没有产生出人生的意义和价值。与之参照，从上海到延安的空间转移却是改变吴印咸人生的转折点，这种逆向的空间流动伴随着主体的自我改造。大同、香港与上海是同质化的空间，而延安与上海是异质化的空间，因为延安是新的政治与社会实践的所在地。经历二万五千里长征的红军在陕甘宁边区落脚，延续了从井冈山、苏区以来的武装斗争、社会改造、土地革命和农民翻身等革命实践，这是与现代的上海不同的新政治和新价值。吴印咸如同当时抗战背景下走向延安的成千上万青年知识分子一样，以文艺工作者的身份参与到这场新的政治实践中。在这个意义上，吴印咸自述"延安造就了自己"。

---

[1] 张慧瑜：《基层传播中逆向流动的知识分子》，《社会科学报》2022年5月13日，第6版。

第二节 主体改造与可见的"生产"

1940年拍摄完纪录片《延安与八路军》之后，吴印咸没有选择返回上海，而是继续留在延安，担任延安电影团摄影队队长。这种选择与吴印咸对"延安道路"的认同有关，"最令他感动至深的是共产党八路军党政一家、军民一家的亲密无间的关系"[1]。1942年到1945年延安进行了轰轰烈烈的整风运动，这次抗日战争时期展开的马克思列宁主义教育运动的主题是"反对主观主义以整顿学风，反对宗派主义以整顿党风，反对党八股以整顿文风，这就是我们的任务"[2]。整风运动带来三重后果：一是，中国共产党逐渐完成从阶级革命向民族解放与阶级革命双重任务的转变；二是，通过对主观主义、宗派主义的批判，完成马克思主义中国化的理论自觉；三是，主观主义、宗派主义的表现形式是"党八股"，"反对党八股"改变主观主义、宗派主义的党风、文风和学风，"代之以新鲜活泼的、为中国老百姓所喜闻乐见的中国作风和中国气派"[3]。

1942年5月，吴印咸以电影界代表参加了延安文艺座谈会，并担任会议摄影师，拍摄了《延安文艺座谈会》的大合影。毛泽东发表的《在延安文艺座谈会上的讲话》（简称延安《讲话》）成为人民文艺、工农兵文艺的理论基础，其核心问题是文艺工作者与工农群众的关系问题。延安《讲话》改变了文艺书写者与被书写对象之间的权力关系，批判了小资产阶级/知识分子与工农群众之间文明/落后、干净/不干净的二元等级关系。如何了解工农兵的生活，毛泽东提出的方法是改造文艺工作者的"思想情感"，"我们的文艺工作者的思想感情和工农兵大众的思想感情打成一片"，"这就叫感情起了变化，由一个阶级变成另一个阶级。我们知识分子出身的文艺工作者，要使自己的作品为群众所欢迎，就得把自己的思想感情来一个变化，来一番改造"[4]，这就要求文艺工作者

---

[1] 周蕾：《镜头摄下的人生——著名摄影艺术家吴印咸谈他入党的经过》，《党的生活》，1988年第11期。
[2] 毛泽东：《整顿党的作风》，载《毛泽东选集》（第三卷），人民出版社，1991，第812页。
[3] 毛泽东：《反对党八股》，载《毛泽东选集》（第三卷），人民出版社，1991，第844页。
[4] 毛泽东：《在延安文艺座谈会上的讲话》，载《毛泽东选集》（第三卷），人民出版社，1991，第851页。

要深入生活、下基层、与人民群众"打成一片"。如果把延安《讲话》用到对摄影的理解上，可以说《延安》讲话调整了拍摄者与被拍摄对象的主客关系，变成主体与客体互为主体的主体间性状态。吴印咸也在《延安》讲话的影响下进行主体改造，他认为为工农兵服务的根本问题是"要求文艺工作者同工农群众相结合，使自己工农化，从而彻底改变自己的立场"[1]，这种改造不是一种被动的转变或受外部压力下的被迫选择，而是一种主体的革新和转变。这种主体关系的变化反映在吴印咸拍摄的生产、工业题材的摄影作品中。

在延安时期，吴印咸拍了一组有关农业生产与工业生产的照片和纪录片，成为红色影像中比较早的表现生产主题的作品。大概有三类生产劳动的题材：一是，农业生产，如《向荒山开战》（1942）、《扬场》（1942）、《脱粒》（1942）、《烧荒》（1942）、《生产大酱》（1943）、《纺线》（1942）、《丰衣足食》（1943）、《延安大白菜》（1943）、《养猪》（1942）、《烧炭》（1942）、《拓垦》（1941）、《黎明》（1942）、《挖窑》（1941）、《收割》（1942）、《放牧》（1941）、《渍菜》（1943）、《收南瓜》（1943）、《运茄柿》（1943）等；二是，工业生产，如《纺织》（1942）、《浆纱》（1942）、《织布》（1942）、《制药厂》（1942）、《肥皂厂》（1943）、《炼钢厂》（1943）、《造纸厂》（1942）、《修枪厂》（1940）、《陶瓷厂》（1943）、《机械厂》（1943）等；三是，以三五九旅在南泥湾军垦屯田为典型，如《制工具》（1941）、《打草鞋》（1941）、《野炊》（1941）等，以及关于三五九旅的纪录片《生产与战斗结合起来》（1943）。这些农业、工业题材作品把生产场景和劳动者作为拍摄对象，这一方面与抗日战争进入相持阶段根据地开展"自己动手，丰衣足食"的大生产运动有关，另一方面也与《延安》讲话所确立的文艺为工农兵服务有关。吴印咸通过摄影和影像让不可见的、无法再现的劳动和生产在视觉上变得"可见"，也开创了工业题材摄影和生产题材摄影的传统。劳动和生产是左翼政治实践中的关键词，从《资本论》中把劳动作为价值的来源，到社会主义运动中把劳动者作为工人、农民的社会属性，劳动及其与劳动有关的农业生产、工业生产变成社会主义文艺表现的核心主题。

这些关于劳动和生产的摄影有三种社会功能：一是让劳动和生产变得"可见"，使不可被表现、被拍摄对象成为摄影的题材[2]；二是起到生产宣传的传播

---

[1] 吴印咸：《摄影艺术表现方法》（上册），中国电影出版社，1961，第19页。
[2] 张慧瑜：《让"工业"变得可见——一种有中国特色的社会主义城市文化》，《上海文化》2020年第8期，第5-10+124页。

功能，塑造工农兵的主体状态和表扬劳动者"自食其力"的生产精神[1]；三是这些生产性的场景不是一种客体化的自然景观[2]，或者从自然中汲取摄影画面，而是对创造性的生产劳动赋形和赋予意义的过程，突出劳动者作为生产者、创造者的主体位置。经常有研究者把吴印咸早期拍摄的照片《饥寒交迫》（1924）、《纤夫》（1928）、《重负》（1932）、《难兄难弟》（1933）、《拾螺世家》（1934）、《呐喊》（1935）、《气斋果腹》（1937）等与延安时期的照片进行对比，认为吴印咸来延安之前也有对底层人的同情。这样两组照片，拍摄对象虽然都是普通人或底层人，但有着本质区别。其一，早期作品拍摄的是受苦人，是个体劳动者，延安时期的作品是从事农业或工业生产的、有组织的集体劳动者；其二，早期作品中的受苦人是遭受压迫的可怜人，处于异化劳动的状态，延安时期的作品中的劳动不再是异化劳动，而是一种生产性的、具有美感的劳动，摄影艺术也参与到这种"美感"的塑形和建构中；其三，早期作品中拍摄者与被拍摄者是主体与客体的关系，受苦人是富有同情心的摄影师眼中的风景，是人道主义或人性论下的摄影，而延安时期的作品中这些劳动者不仅是社会生产的主体，而且拍摄者与拍摄对象是一种互为主体的主体间性状态，拍摄对象在生产过程和被作为摄影对象的过程中完成双重主体化。这种吴印咸在早期与延安时期的区别不仅是摄影风格带来的，更重要的是拍摄对象处在两种不同的社会关系中。这种互为主体的主体间性不是摄影技术的问题，而与延安时期通过政治与社会革命改变劳动者在生产关系中的被动位置有关。如果没有这种新的政治实践，以劳动者为主体以及拍摄者与被拍摄者的主体间性也不复存在，这也正是这些工业摄影、生产摄影与同样是关注底层人、关注日常生活的写实摄影、纪实摄影的根本区别。

---

[1] 张慧瑜：《生产宣传、基层传播与参与式新闻——以晋冀鲁豫〈人民日报〉》中关于"生产宣传"的报道为例》，《新闻与传播评论》2023年第1期，第5-15页。

[2] 吴印咸也拍过很多风景照片，如延安时期的延安风景，以及新中国成立之后拍摄的黄山摄影，这些不仅是自然化的风景，也是一种政治风景，按照吴印咸的话说，这是一种祖国的或人民的江山，是一种自然政治化或政治自然化的风景。参见吴印咸：《吴印咸摄影著作集（5）：风光摄影》前言："风光摄影是摄影艺术中的一个门类。宏伟秀丽的自然风光，锦绣的大好河山，是祖国的骄傲，也是风光摄影取之不尽用之不竭的源泉。"陕西人民美术出版社，1985，第1页。

第三节　共情式创作与"实践—文艺—实践"的辩证法

1938年9月延安电影团成立之后，吴印咸开始拍摄纪录片《延安与八路军》，他在黄帝陵拍下第一个镜头，1939年初到晋西北、晋察冀边区又拍摄了一年多。这两年的战地拍摄，对吴印咸产生了重要影响，"坚定了我为无产阶级的电影事业奋斗，继续为纪录我们中华民族最伟大的历史时代工作的信念。1942年，我加入了中国共产党，生活在我面前展示了一个更加广阔、更加绚丽的前景"[1]。这种"更加广阔、更加绚丽的前景"与吴印咸在战地拍摄过程中经历的变化有关。摄影是一种主体与客体相互作用的艺术，是主体用摄影机拍摄被拍摄对象的艺术，而延安时期吴印咸处于一种拍摄者与被拍摄对象的主体间性和"共情"状态，这种"共情"体现为拍摄者与被拍摄对象形成一种情感上的认同。"共情"是心理学术语，是自我理解他者的处境、与他者"感同身受"的过程，换成延安《讲话》的表述，就是文艺工作者与工农群众"打成一片"。在这里举两个例子：一是吴印咸拍摄《白求恩大夫》(1939)，二是创作纪录片《生产与战斗结合起来》。

吴印咸在《影艺六十年》中提到，"这段时间给我留下极深印象、终身难忘的还有和白求恩大夫共同生活的日日夜夜"[2]。吴印咸的摄影队有两个月的时间跟随白求恩的医疗队从冀西转战到冀中，实现了拍摄者融入被拍摄对象生活的效果。吴印咸与白求恩结下了深厚的友谊，他们处在相似的"共情"位置上，他们都是根据地掌握特殊技术的专业知识分子，分别用摄影和医学等现代技术在敌后根据地进行抗战工作。白求恩喜欢照相，经常与吴印咸切磋摄影技艺。除此之外，他们之间的相似之处还体现在四个方面：第一，白求恩从发达地区加拿大来到作为第三世界的中国，是20世纪30年代全球"逆向流动"的进步知识分子，与吴印咸从上海到延安相似，都是从发达地区到落后地区、以技术知

---

[1] 吴印咸：《影艺六十年》，载《红色记忆：吴印咸抗战影像文献集》，南京艺术学院举办吴印咸作品展编印资料，2015，第129页。

[2] 吴印咸：《影艺六十年》，载《红色记忆：吴印咸抗战影像文献集》，南京艺术学院举办吴印咸作品展编印资料，2015，第129页。

识分子的身份参与到改造和解放落后地区的革命事业中[1]。第二，他们作为技术专家，善于根据实际情况进行技术改造和技术发明，白求恩为了便于在前线进行手术，发明了可以放在骡子上的"卢沟桥"，既能装药和手术设备，又能随时在两个驮架子上放一块门板或一副担架变成手术台[2]。在输血方面白求恩也做了大量工作，除了亲力亲为献血，还不断给医护人员、普通百姓讲输血的重要性，凡是来参加志愿献血的都会收到一条写有"献血光荣"的红布条，并建立"人民血液银行"的献血机构。吴印咸也是这样具有能动性的技术工作者，为了拍摄、洗印照片，用土办法建立摄影暗房、充分利用过期胶片完成拍摄等。第三，他们与服务对象的关系是一样的，白求恩坚持"救护工作务必靠近火线"的原则，在靠近战场的"前线"做手术，吴印咸拍摄群众生产的照片也是用摄影为工农兵服务。第四，他们都热衷于普及现代技术知识，白求恩在空闲时间编写了《游击战争中师野战医院的组织和技术》一书，对卫生工作如何组织、医院建设、机构设置、换药及外科手术如何开展（占全书一半内容）、术后如何康复、手术室工作、换药方法、怎样制造使用器械以及一些常见内科病（疟疾、流行性感冒、痢疾、腹泻）的治疗进行了介绍，对建立中国敌后游击救护制度有指导意义[3]。而吴印咸也是1938年完成《摄影常识》的写作，是八路军培养摄影战士的操作手册，这些都是现代技术的扩散和传播。1939年10月24日，白求恩和战地医疗队在河北保定涞源县孙家庄的一间破庙里搭起临时手术台，距离火线仅2.5公里左右，敌人的炮火已经很近，白求恩还是坚持做完手术再撤离。吴印咸也在敌人的炮火中拍摄白求恩做手术的场景，这种拍摄就不只是拍一张战地新闻照片，而是用"共情"的方式拍摄白求恩的工作状态。小庙内外光线亮度悬殊，在没有人工光的条件下，一缕夕阳从前侧照到白求恩身上，吴印咸拍下了这张著名的照片《白求恩大夫》。因为没有橡胶手套而导

---

[1] 这种白求恩与吴印咸的共情关系，也发生在白求恩与另一位国际友人林迈可身上。林迈可是英国爵士，1937年12月从美国到北平燕京大学任教的路上与白求恩同船抵达中国，白求恩向林迈可介绍了此行的目的以及中国共产党敌后抗战的情况，这为林迈可在燕京大学时期多次到冀中、晋察冀根据地访问提供了情感动力，也促使林迈可在燕京大学地下党的影响下为根据地提供无线电方面的技术支持，并在1941年太平洋战争之后，成为晋察冀根据地的无线电专家，为八路军在无线电通信和广播事业中提供巨大的帮助。

[2] 吴印咸：《为白求恩大夫摄影》，载《红色记忆：吴印咸抗战影像文献集》，南京艺术学院举办吴印咸作品展编印资料，2015，第86页。

[3] 张鑫智：《国际主义战士诺尔曼·白求恩》，载张慧瑜、李云雷主编《不远万里：国际友人与20世纪中国》，上海大学出版社，2022，第261–263页。

致白求恩在抢救伤员时左手中指被手术刀割破,感染败血症,于1939年11月12日去世。1942年7月,吴印咸拍摄的《白求恩大夫》发表在晋察冀军区出版的《晋察冀画报》创刊号上。

1942年秋天,延安电影团接受政治任务,拍摄一二〇师三五九旅垦荒南泥湾的故事,三五九旅是大生产运动的典型。吴印咸等电影团成员与战士们共同生活,拍摄他们边生产边战斗的故事,展现了战士们在艰苦奋斗中把荒芜之地变成稻谷飘香、鸡鸭成群的"陕北好江南"的过程,吴印咸请毛泽东专门为影片题写了"自己动手,丰衣足食"的口号。1943年2月4日,《生产与战斗结合起来》在延安直政大礼堂首映,这是根据地第一次放映自己生产的电影,"轰动了整个延安古城"[1]。拍摄纪录片之外,与三五九旅的情况相似,延安电影团在大生产运动期间也是一边拍摄电影和照片(艺术生产),一边进行生产自救(物质生产)。据吴印咸回忆,延安电影团的"艰苦奋斗"主要体现在几个方面:一是,自己开荒种地、解决粮食自给自足;二是,搞副业生产,"用废旧胶片制成纪念章出售,开办照相馆为群众服务,还举办了各种形式的摄影展览"[2];三是,在电影创作上精打细算,拍摄《生产与战斗结合起来》时"硬是把1500英尺胶片用上了1300英尺,损废比例降低到最小的限度"[3]。也就是说,作为拍摄主体的延安电影团与拍摄对象三五九旅都处在相同的位置上,这是一种特殊的"共情"状态,打破了自我与他者、主体与客体的界限,拍摄他者的故事也是拍摄自我的故事。

这种拍摄者与被拍摄对象的"共情"关系,展示了一种特殊的"实践—文艺—实践"的辩证法。首先,这是一种先有实践,后有文艺再现的艺术。拍摄劳动者从事生产、白求恩大夫在前线做手术以及三五九旅进行自力更生的场景都建立在土地革命、国际主义精神和有组织化的大生产运动等政治/社会实践的前提之上,摄影或电影是对这种政治/社会实践的再现和赋予意义的过程。文艺再现能够实现,在于先有政治行动和社会实践,这是一种先有实践/行动、后有文艺的"政治与艺术"的关系。其次,文艺作品完成之后,不是脱离被拍

---

[1] 吴印咸:《影艺六十年》,载《红色记忆:吴印咸抗战影像文献集》,南京艺术学院举办吴印咸作品展编印资料,2015,第130页。

[2] 吴印咸:《为白求恩大夫摄影》,载《红色记忆:吴印咸抗战影像文献集》,南京艺术学院举办吴印咸作品展编印资料,2015,第86页。

[3] 斯然畅畅、泰康空间:《从民国风度到延安精神——摄影大师吴印咸的"一张座右铭"》,《东方艺术》2011年第23期,第134页。

摄对象、进入文艺生产和消费环节，而是再反馈到政治/社会实践中。这些摄影作品通过画报、摄影展览、电影放映等方式回馈给被拍摄对象，如1939年加入延安电影团的吴本立回忆，这些照片"曾多次在延安军人俱乐部、延安鲁迅艺术学院等单位，以及陕甘宁边区进行流动展览"[1]。1943年，在延安展出了全部以工农兵为题材，表现工农兵形象，并且以当时"自己动手，丰衣足食"的中心任务为主题的摄影艺术作品。[2]作为拍摄对象的工农群众既是表现对象，也是主要受众。也就是说，这是一种借助摄影、电影等文艺再现形成的独特的观演关系，摄影和电影中的主角（被拍摄对象）也是观看摄影展和电影的主体（受众）。前一个过程是从实践到文艺创作，后一个过程是从文艺创作再回到实践，这就把政治与文艺的二元关系变成了"实践－文艺－实践"的三元关系。20世纪90年代以来带有实践性、行动性的当代艺术在中国兴起，当代艺术尝试打破艺术与实践、创造与行动的界限，行动本身变成了一种艺术创作，艺术创作本身也是一种实践和行动。与这种在实践/理论、政治/艺术二元的哲学理论框架下的当代艺术不同，吴印咸式的摄影艺术是一种三元关系，是从实践到艺术、再从艺术回到实践的过程，这就是"从群众中来，到群众中去"辩证法，也是群众路线在文艺领域的体现。"从群众中来"只是完成了第一步，第二步是"到群众中去"，也就是创作的新闻报道和文艺作品要让群众读到、读懂，这种"一来一去"所完成的是知识生产的"双重转化"，从基层群众中总结和创作的知识、文艺产品要再反馈给群众，服务于群众生产和发展的政治。

这种特殊政治下的社会关系使得吴印咸从一个旁观者、无法介入的摄影艺术家，变成与群众、白求恩一样的参与社会革命和抗战事业的文艺工作者。吴印咸在1945年陕甘宁边区召开的劳动英雄和模范工作者大会上，被授予甲等劳动英雄称号，吴印咸也成为他所拍摄的劳动英雄。可见，这是一种特殊的政治状态下的共情式摄影创作，拍摄者/吴印咸与被拍摄对象/劳动英雄处于互为主体的间性状态，是一种平等的共情关系[3]。

---

[1] 吴本立：《抗日战争时期延安的摄影活动》，《新闻出版交流》1997年第1期，第37页。

[2] 吴印咸：《摄影艺术表现方法》（上册），中国电影出版社，1961，第3页。

[3] 吴印咸告诫弟子北京电影学院摄影系杨恩璞教授："搞摄影的不能忘记配合和帮助我们工作的那些同志，尤其是基层单位的群众。有些摄影师当时热情地给人拍了照片，回家后就把事情忘到了九霄云外，而基层单位那些同志和群众仰望着我们，天天盼着我们寄照片，这是很伤害人、很缺德的事。"杨恩璞：《怀念恩师吴印咸》，载《吴印咸摄影艺术双年展暨纪念吴印咸诞辰120周年》，中国摄影出版社，2020，第53页。

第四节　技术改造："不利条件下"的摄影实践

相比其他的文艺工作者，吴印咸略显特殊，他不仅是艺术家，也是摄影、电影方面的专业技术知识分子。电影这种艺术门类高度依赖于摄放机器、电影胶片、洗印设备等现代技术和导演、演员、摄影等专业化人才，需要较高的文化工业的组织能力和电影市场来支撑，这些都是物质贫穷、技术落后的陕甘宁地区所缺乏的。在根据地时期，最发达的文艺实践是流动演出的话剧、以木刻为代表的美术和能够随时随地演唱的音乐，因为这些文艺媒介不需要过度依赖现代技术和特殊场所，相比之下，摄影、电影等现代媒介要弱势得多，正如有研究者指出延安是视觉匮乏的"听觉"世界[1]。正因为影像生产的稀缺性，在延安时期，毛泽东、朱德、周恩来、任弼时等领导人对延安电影团高度重视和关心，周恩来每次回延安都要询问延安电影团的工作情况。吴印咸等摄影工作者就是在这种技术"不利条件下"开展摄影工作，积极在弱势状态下进行技术改造[2]，在非现代的农村也完成摄影和电影的创作。

从吴印咸的传记中能够看出，他性格中有一种喜欢钻研的科学精神，如他青少年时代曾在半工半读的毛毯工厂设计图案，后来在上海艺海布景公司工作之余，完成了一本汇集各种编织法的书《编织术初步》（1929）。他学习绘画、摄影和电影的过程，都对不同艺术门类背后的技艺有一种科学研究的技术理性意识，是一个"技术控"。1936年，吴印咸从电通影片公司转到明星影片公司二厂工作，在拍摄应云卫导演、阳翰笙编剧的《生死同心》时，摄影机经常出现故障，为了保证拍摄，吴印咸花了一个多月的时间熟悉摄影机的结构和构造，自己动手维修好机器，这为他在延安维修摄影机器打下了技术基础。到延安之前，袁牧之和吴印咸面临的首要难题就是没有基本的摄影器材，除了伊文思赠送的设备外，他们还从香港购买了16毫米"飞力姆"摄影机和几千尺胶片，吴

---

[1] 唐小兵：《聆听延安：一段听觉经验的启示》，《现代中文学刊》2017年第1期，第4-12页。

[2] 这种弱势条件下技术创新的学术论述，来自王洪喆在2019年北京大学新闻传播学博士论坛、2019年泰康空间吴印咸摄影研究工作坊上的发言。参见王洪喆：《从"赤脚电工"到"电子包公"：中国电子信息产业的技术与劳动政治》，《开放时代》2015年第3期，第34-48+5-6页。

印咸自己也买了德国"维阿他"135相机、德国"伊可弗莱斯"120双镜头相机和拍摄4英寸以上照片的木壳照相机。在延安期间，延安电影团经常向叶剑英、滕代远、吕正操等领导和作家萧三借用相机。这种技术、设备和摄影人才的匮乏和不足，使得吴印咸在"不可能"中创造可能性，成为就地取材、适应环境进行技术改造的专业知识分子。这种在困境中激发主观能动性，也是"一穷二白"的中国革命和社会建设的独特经验。

第一，"自己创造条件"进行技术发明和改造[1]。由于胶片数量有限，拍摄前要做充分的调研和准备，不轻易拍摄一个镜头，"没有洗印拷贝的设备就土法上马，有限的胶片就精打细算地使用，不论如何重要的题材，只能拍几个镜头作历史资料，要求拍一个成功一个，没有备用的"[2]。拍完之后，吴印咸自己研制冲洗胶片的设备，"吴印咸同志就自己设计显影、定影、清水桶和卷片木架，为了解决冲片的红绿灯，他还用纸壳做了一个红绿灯罩罩在煤油灯上。为避免浪费材料，每次冲洗胶片，他都是亲自配药水，亲自冲洗底片"[3]，还比如"抗日战争时期延安没有电，但有拷贝机，当制作《南泥湾》影片时，是用摄影机来拷贝的：在摄影机里装上已洗好的一条底片和未曝光的一条正片，取下摄影机镜头，开足摄影机发条，向天空进行曝光，这样就把片子印成了，然后用手工式的洗印方法洗出拷贝"[4]。由于没有录音设备，拍摄的是无声片，但在放映时，"有人在旁边通过扩大器口头现场解说，同时用留声机放送音乐，使无声影片像有声电影一样，增添了感人的力量"[5]。《解放日报》发表过一篇《电影技师吴印咸同志》的报道："例如，没有放大纸，他就以印相纸代替；晒印、放大都是利用电光，但是延安没有电机设备，他就改用天光；没有放大机，他便把照相机改为放大机；又如……他便利用市场上买的染料，经过化学煎熬，使其呈透明体，着在照片上，一样的动人美观。……诸如此类的创造是很多的。"[6] 60年代后期，吴印咸担任中央军委国防工办电影工业协作指导小组光学组副组长，主持电影光学的科研工作，"历时十年完成了国产滤光器十一个系

---

[1] 吴印咸：《永恒的纪念：在延安电影团的日子》，《艺术评论》2008年第10期，第42页。

[2] 吴印咸：《永恒的纪念：在延安电影团的日子》，《艺术评论》2008年第10期，第42页。

[3] 吴本立：《百年回首艰苦创业中的吴印咸》，载《百年吴印咸》编委会编《百年吴印咸》，中国电影出版社，2000，第144页。

[4] 吴印咸：《"传家宝"——在祝贺我国人民的新闻电影事业创立二十五周年和中央新闻纪录电影制片厂建厂十周年纪念会上的讲话》，《电影艺术》1963年第4期，第4页。

[5] 高维进：《中国新闻纪录电影史》，世界图书出版公司，2013，第54页。

[6] 明英：《电影技师吴印咸同志》，《解放日报》1945年1月26日，第4版。

列一百多种滤色镜、校色温滤片、偏振器、印片滤色片、柔光镜、看光镜等系列化研究，并在广泛应用的基础上，定型生产，同时，还确定了系列化生产的技术标准"[1]。吴印咸晚年对保定色彩胶片的实验，使其花卉摄影既带有古典美学的底色，又带有科学图绘的色彩。

第二，不迷信技术、不唯技术论，充分发挥摄影师的主观能动性。吴印咸善于综合分析客观条件下，在抓拍中完成拍摄任务。1943年11月在陕甘宁边区劳动英雄大会上，毛泽东发表了《组织起来》的讲话，吴印咸做会议拍摄。"当时摄影条件极不理想。大礼堂窗户不大，没有电灯照明，也没有闪光灯，用的又是过期五六年的胶片，摄影机镜头光孔又不大，我感到光靠我的摄影基本功，还难以拍好毛主席讲演的镜头。于是，我一边听着，脑子里一边紧张地考虑。主席讲话擅用手势助语气，我发现当他每做一手势往往有片刻的停顿，为我提供了用慢速度拍摄快动作的可能性。我拿好机子，放足了光圈，精心等待，结果用二分之一到五分之一秒的速度拍了一组照片。因为光圈大速度慢，尽管背景影调很暗，主席面部的光感却十分清晰柔和。在低调的背景衬托下，主席炯炯的目光，坚定的神态，以及那种独具风格的姿态手势十分协调地结合起来，突出了主席宏伟的气魄。"[2] 正确的曝光是从摄影技术方面保证完成造型表现任务的关键，而对于摄影艺术创作来说，仅掌握摄影曝光科学技术是不够的，而是要把"物质条件上的关系与艺术上的具体要求统一起来"，才能"在艺术上做到形象完美，主体突出，具有感人的力量"[3]，达到这种要求需要摄影师不断在实践中积累经验。吴印咸在既有的技术和外部条件下，"借助"光线暗的不利条件，充分利用毛泽东讲话时的片刻停顿，把光圈调大来增加曝光时间，再用极慢的快门速度来完成《组织起来》的拍摄，留下毛泽东少有的带有现场感和动作感的图像。正是凭借对摄影技术的异常敏感，吴印咸不仅思考拍什么主题，更重视在技术上如何实现，创造了一种适合战争状态下的拍摄方法，

---

[1] 刘国典：《他的名字和他留下的珍贵作品都将永远活在人民心中——在吴印咸作品研讨会上的发言》，载《红色记忆：吴印咸抗战影像文献集》，南京艺术学院举办吴印咸作品展编印资料，2015，第97页。

[2] 吴印咸：《抗战时期党中央领导同志对电影、摄影工作的关怀与重视》，《摄影文史》1995年第3期，载《红色记忆：吴印咸抗战影像文献集》，南京艺术学院举办吴印咸作品展编印资料，2015，第87页。

[3] 吴印咸：《怎样正确估计曝光》，上海人民出版社，1972，第32-35页。

"搞摄影确实需要一定物质条件，但人的因素更重要，工作处于逆境不一定是坏事，反而往往会激励摄影家发挥主观能动作用，创造出更优秀的成绩"，在摄影器材和摄影手艺的关系上，他也认为"搞摄影不能过分迷信器材，更应提高摄影者本身的基本功"[1]。

第三，热衷于摄影教育与技术普及工作。吴印咸对摄影技术的理解不是把技术当成一种垄断性的"专利"知识，而是愿意把技术共享给摄影爱好者或普及给群众。1939年受晋察冀《抗敌报》社社长邓拓和军区政治部摄影科科长沙飞的邀请，吴印咸在拍摄《延安与八路军》的间隙撰写了《摄影常识》，这是根据地第一本摄影教材。1941年到1942年，延安文化俱乐部组织了亮起摄影研究小组，聘请吴印咸担任教师，为爱好摄影的同志指导摄影艺术和技术方面的创作实践。[2]在1942和1945年吴印咸在延安办了两期摄影培训班，为根据地培养了大量摄影专业人才。新中国成立之后他又先后出版了《摄影艺术表现方法》《摄影构图》《摄影用光》《人像摄影》《风光摄影》《摄影构图一百二十例》《彩色摄影》等十余部摄影技术的通俗读物，临终前还在撰写摄影教材。另外，他长期在北京电影学院摄影系任教，离休后也经常到各地参与摄影讲学活动，这反映了吴印咸把摄影看成既是专业摄影师的事业，也是普通群众能够掌握的技术，是群众文艺、大众文艺的组成部分。

吴印咸出生于1900年，于1994年离世，被称为世纪老人。通过阅读亲属、朋友的回忆、记述，可以看出他是一位性格温和、待人和善的文艺工作者。与世纪同龄的意义不仅在于年龄，更在于他参与了20世纪改变中国的革命大潮，以摄影工作者的身份见证了20世纪30年代到50年代中国共产党从延安到东北，再到解放全中国的历史进程，这段时间也是其创作出《白求恩大夫》《艰苦创业》等代表作的时代。这些作品不仅摄影艺术精湛，更重要的是凝刻了作为"延安道路"的中国革命精神[3]，正如研究者指出"吴印咸一生最突出、最有历史价值的艺术创作，是于1938－1945年这7年间在延安完成的"[4]。新中国成立之

---

[1] 杨恩璞：《怀念恩师吴印咸》，载《吴印咸摄影艺术双年展暨纪念吴印咸诞辰120周年》，中国摄影出版社，2020，第54页。

[2] 顾棣、方伟：《中国解放区摄影史略》，山西人民出版社，1989，第304页。

[3] 马克·赛尔登：《革命中的中国：延安道路》，魏晓明、冯崇义译，社会科学文献出版社，2002。

[4] 倪震：《背着摄影机走向延安：吴印咸传》，中国电影出版社，2008，第2页。

后，这种与革命活动密切配合的高度流动的文艺宣传工作也终止了，吴印咸又回归到摄影艺术家的状态，尽管依然能够拍出艺术上乘的佳作，但其历史意义和价值很难与延安时期的作品相比。这再次提示我们，延安时期的文艺创作与背后的政治实践有着密切的互动关系，是特殊历史时期形成的政治性的文艺实践，这种实践建立在文艺工作者的主体改造和技术改造的基础之上。

第十章 逆向流动的基层传播：
从"帐篷话剧"到华北电影队

电影作为现代大众媒介，其生产与消费高度依赖于发达的都市文明与工业基础，并以汪民安所言的某种"机器化的工业主义"的方式表征着现代生活[1]。对于早期电影而言，其通过制造令人兴奋的奇观方式直接诉诸观众的注意力，以发挥其"吸引力"的属性[2]，并将现代生活的焦虑、稍纵即逝的现代性场景投射在银幕上。电影营造了大批量的现代性体验的感知反应场（sensory reflexive horizon）[3]，生成着观众的集体感官。在世界范围内遵循着电影嵌入并反映都市生活的逻辑，1905年到1949年，中国电影活动主要聚集在上海、北京、天津、武汉等大城市，并围绕这些大都市形成了电影文化传播的中心——电影在中国的文化传播的区域分布也反映着沃勒斯坦所谓"现代世界体系"的影响[4]。

不过，同样也存在所谓的"缝隙"与张力——中国电影传播史中有一段迥异于诸如以上海－香港/上海－北京这样以大都市为中心的"双城故事"，而是以农村生产和放映为中心的电影历史——这主要是由于近代中国社会、政治和经济的发展不平衡，形成了不同于都市商业消费的电影实践。这种实践可以追溯到1930—1940年代以陕甘宁边区的延安电影团、晋察冀根据地的华北电影队等为代表的根据地电影实践传统，此后更是奠定了人民电影乃至社会主义电

---

[1] 汪民安：《现代性》，南京大学出版社，2020，第8页。

[2] Gunning, T. "The cinema of attraction: early cinema, its spectator and the avant-garde," *Wide Angle* 8, no.3（1986）：63-70.

[3] Hansen, M. B. "Fallen women, rising stars, new horizons," *Film Quarterly*, 54, no.1（2000）：10.

[4] 伊曼纽尔·沃勒斯坦：《现代世界体系（第一卷）》，郭方、刘新成、张文刚译，社会科学文献出版社，2011，第421-431页。

影的传统[1]。根据地时期（1927—1949），戏剧、文学、美术、音乐等文艺活动蓬勃发展，涌现了一批具有中国气派、为群众喜闻乐见的文化作品[2]，发挥与报纸、画报等大众媒介一样的战争动员和文化宣传职能。电影这一在当时历史背景下属于高度依靠技术、资本和市场的现代艺术形态，由于根据地缺乏相应工业基础以及技术来源，发展起来步履维艰。在物质基础层面，由于根据地电影工业基础匮乏，电影设备获取不易，多为缴获或损坏修理的，电影放映活动中更是"三幕五场"[3]，与大城市相比也存在很大差距。但在社会文化层面上，一种综合的、流动放映的电影传播方式为新中国成立之后电影在广大农村地区的接受扫除了文化障碍。在根据地环境下发展起来的电影事业，解决的是有无电影生产和放映的问题。从1938年以袁牧之、吴印咸等为代表的进步电影人到陕甘宁根据地成立延安电影团开始，根据地才有电影拍摄的可能性。因为缺乏电影工业基础与成熟的人才体系，根据地无法制作故事片——尽管根据地并不乏拍故事片的雄心，但由于受根据地电影工业物质条件限制，只能把宝贵的资源放在拍摄最紧迫的、战争宣传动员效果最好的新闻纪录电影上[4]。从抗战时期的延安电影团到解放战争时期在东北接管"满映"组建的东北电影制片厂，再到华北地区建立的"华北电影队"，这些电影实践活动的"星星之火"随着根据地空间的蔓延或收缩而形成文化传播的效应。

第一节　"帐篷话剧"：根据地文化传播中的"启蒙"与"信息流动"

1930—1940年代根据地文化传播在摸索与实践中成熟，形成了马克思主义大众化的文化传播进路[5]。尤其是在延安时期，包括鲁迅艺术研究院、边区文

---

[1] 陈荒煤：《〈中国电影发展史〉重版序言》，《电影艺术》1980年第8期，第49-54页。

[2] 刘阳：《延安时期音乐的大众化发展》，《当代音乐》2021年第2期，第78-80页；张向辉、刘建理：《延安时期大生产运动题材美术创作的劳动叙事与意蕴表达》，《美术》2022年第5期，第94-100页；杨洪：《延安时期马克思主义大众化的文化传播进路》，《毛泽东邓小平理论研究》2015年第12期，第69-76+90页。

[3] 汪洋：《诞生于战火纷飞中的"电影制片厂"——纪念晋察冀军区政治部电影队成立50周年》，载汪洋、马玉印主编《战火中成长的华北电影队》（内部资料），1997，第41页。

[4] 刘妮主编《亲历延安岁月——延安电影团摄影纪实》，人民出版社，2012，第1-18页。

[5] 杨洪：《延安时期马克思主义大众化的文化传播进路》，《毛泽东邓小平理论研究》2015年第12期，第69-76+90页。

联等各种各样根据地文艺、文化建设机构的出现，为中国化马克思主义文化传播与根据地文化建设提供了制度保障。1942年，毛泽东《在延安文艺座谈会上的讲话》中明确提出"要使文艺很好地成为整个革命机器的一个组成部分"，并从政治的角度分析了根据地文化传播的接受者"是工农兵以及革命的干部……部队的战士，工厂的工人，农村的农民"[1]。《在延安文艺座谈会上的讲话》以及"整风运动"使得毛泽东文艺思想主导地位确立下来[2]。在群众政治性文化创制过程中，旗帜鲜明地确定了"鲁迅方向""工农兵方向""赵树理方向"及"穷人乐"方向[3]。这些文艺方向的确立强化了群众性文化的地位，并同时考虑了群众在经过文化启蒙之后产生了文化传播的诉求——"识了字，就要看书、看报，不识字的，也要看戏、看画、唱歌、听音乐"[4]。在当时中国共产党文化传播体系中，根据地的书籍"比在国民党统治区出一本书的读者多得多。在那里，一本书一版平常只有两千册，三版也才六千册；但是根据地的干部，单是在延安能看书的就有一万多"[5]。而干部与群众，又通过具体党政工作（正式网络）以及诸如读报组之类非正式的网络发生关联[6]。

电影是根据地复杂的"革命机器"中一个不容忽视的组成部分，并逐步发展出自身的传统和特色。延安电影团被视为根据地政权下人民电影事业的新起点。在此之前，延安曾有抗战电影社组织过放映活动以及国际上进步人士摄录的《中国要给予还击》[7]。现代通信技术是实现信息流动的基础设施。在延安电影团成立之初，依靠的是袁牧之与吴印咸从香港购买的16毫米电影器材和国际友人、荷兰纪录片导演尤里斯·伊文思（Joris Ivens）到中国拍摄《四万万人

---

[1] 毛泽东：《在延安文艺座谈会上的讲话》，载《毛泽东选集》（第三卷），人民出版社，1991，第847–879页。

[2] 程康：《延安时期鲁艺的"转向"与毛泽东文艺思想主导地位的建构》，硕士论文，华中师范大学，2019。

[3] 贺桂梅：《村庄里的中国：赵树理与〈三里湾〉》，《文学评论》2016年第1期，第36–48页；李杨：《"赵树理方向"与〈讲话〉的历史辩证法》，《文学评论》2015年第4期，第31–40页。

[4] 毛泽东：《在延安文艺座谈会上的讲话》，载《毛泽东选集》（第三卷），人民出版社，1991，第850页。

[5] 毛泽东：《在延安文艺座谈会上的讲话》，载《毛泽东选集》（第三卷），人民出版社，1991，第850页。

[6] 李金铮：《读者与报纸、党政军的联动：〈晋察冀日报〉的阅读史》，《近代史研究》2018年第4期，第4–25页。

[7] 程季华编《中国电影发展史》（第1卷），中国电影出版社，1981，第341、367页。

民》时赠送的埃摩摄影机和部分胶片。如果说1930年代末到1940年代初延安作为陕甘宁边区的首府，电影事业在艰苦环境下向前发展，那么对于围绕晋东北五台山地区发展而来的晋察冀根据地而言，其无论在人才还是资源方面更为艰难。因此，电影生产活动在抗战后期才出现。在此前，晋察冀主要是戏剧团或话剧团等活动频繁，发挥着革命启蒙、宣传动员和文化教化的功能。最为著名的戏剧团体莫过于抗敌剧社，其中更是走出了对人民电影事业产生重要影响的汪洋、钟惦棐、严寄洲等电影活动家与艺术家。

1937年12月11日，抗敌剧社成立于河北阜平县城。当时正在举办纪念广州起义十周年和西安事变一周年的军民联欢晚会。成立之际，抗敌剧社只有四个红军宣传员和一些当地的知识青年，在此后的十二年中，抗敌剧社成为活跃在晋察冀根据地重要的话剧力量。演剧队是当时军队的标配，仅晋察冀根据地就有很多戏剧团和话剧团，如一二〇师战斗剧社、西北战地服务团、第三军分区冲锋剧社、第二军分区七月剧社等。《抗敌剧社社歌》歌词是："从晋察冀创立的第一天，我们就开始成长。军区在斗争中巩固坚强，我们也一天天健壮。谁撒下革命的种子？谁播下文化的食粮？是我们，开荒在这土地上。我们为英勇的战士而歌唱，把大众的生活、斗争演出在舞台上。艺术是我们的枪，舞台是我们的战场。让我们在太行山的炮火里，在千百万人民的心上，像火一样跳荡，像火一样跳荡。"这首社歌阐明了其定位是播撒革命的种子与文化的食粮，表现内容是歌颂英勇战士，展现大众生活与斗争，以艺术的形式，发挥舞台这个战场的作用[1]。抗敌剧社将舞台媒介"革命化"与"武器化"，在大众媒介缺乏的晋察冀根据地，把诞生于城市的、来自西方的艺术形式话剧改造为可以在农村流动演出的宣传媒介，让底层群众生活进入舞台，积累了"群众不动，演员流动"的文化传播经验。

抗敌剧社承担着政治宣传和文化启蒙的双重功能。根据地时期之所以有这么多的话剧社团和话剧工作者参与到文化宣传活动中，主要有两个方面的原因。一方面，在根据地电影、广播、摄影等现代媒介处于稀缺状态，于是出现了一种以文学、艺术为媒介，通过百姓喜闻乐见的艺术形式发挥革命文艺的组织传播与群体传播功能，进而以广大的话剧团与话剧工作者为纽带，形成具有中国特色的大众宣传模式。这种大众宣传模式，以统一的创作思想为纽带，以人民群众生活为舞台表现对象，借助文学、戏剧、音乐等文艺形式来弥补现代媒介的匮乏，这种通过文艺形式调动党的群众网络，让广大普罗大众参与政治

---

[1] 刘佳、胡可等：《抗敌剧社实录》，军事译文出版社，1987，第1—6页。

动员的实践是一种独特的现代经验。另一方面，相比印刷文字，话剧等带有表演性、剧场感和现场感的艺术形式，以具体生动的形象感染人，更容易被识字不多的群众所接受，从而达到鼓动宣传的目的。如"活报剧"就是一场跨媒介实验，用戏剧来演"活"的报纸，把抽象的新闻变成没有阅读能力的老百姓也能看懂的戏剧，同时降低了戏剧的超越性，而变成了直接宣传教育手段——这一特点也满足了战争背景之下新闻参与社会动员的需求，适应了群众文化层次的特点，把抽象的革命理念与群众日常生活实践结合起来，让文艺/文化传播服务于战争动员与文化宣教。根据地时期有很多流动话剧演出队，在不同村庄流动演出。这种在农村地区展开的话剧演出活动，也意味着把自晚清以来传入中国的西方话剧，实现了从城市艺术向乡村艺术的转变，并提升了乡村文化的现代感。

实际上，民国时期并不乏提升中国文化现代感的实践。民国时期教育电影运动曾面向中学教学，这些人中不乏乡村精英[1]。同时教育电影运动过程中出台的《教育电影指导》明确最普通的放映空间为"电影院、工厂、农村、学校、家庭、祠堂、庙宇"等[2]。在这种实践中，传统的空间——农村、家庭、祠堂、庙宇也成为电影这种现代大众媒介发挥教育/教化功能的场所。同时，利用电影推广现代民族国家意识，也贯穿在教育电影创作中——1930年代，民国电化教育与教育电影先驱孙明经将电影拍摄实践与乡土社会的田野调查相结合，主持拍摄了《自贡井盐》《雷马屏峨》《蜘蛛与蜜蜂》《嘉陵三峡》《桐油》《峨眉山下》《大西南》《电话制造》《机械工业》《川江一瞥》《灌县水利》《西康》等数十部教育影片，以生动形象的影像向大众介绍广袤的祖国大好河山与现代科学技术。其中，1938年历时半年拍摄而成的国情教育套片《西康》，以八部短片的形式介绍了中国最新的一个省份——西康省的自然风光、民俗宗教、风物特产和矿产资源等[3]。在日军侵华的背景下，这种电影实践以田野调查的方式表现了"吾土吾民"，对国民进行国情教育之际，进行了中华民族认同与现代公民责任意识的启蒙与教化。此外，教育电影运动过程中涉及过农村电影竞赛，以促成农村向现代启蒙方向发展[4]。

---

[1] 郭守有：《我国之教育电影运动》，中国教育电影协会印行，1935。

[2] 宗秉新、蒋社村编《教育电影实施指导》，中华书局，1937。

[3] 孙建秋、孙建和编《孙明经西康手记》，中国民族摄影艺术出版社，2016。

[4] 中国教育电影协会总务组编《中国教育电影协会会务报告》，中国教育电影协会总务组编印，1943。

晋察冀根据地通过"帐篷话剧"的方式增加抗敌剧社的机动性和流动性。一般情况下，话剧演出需要舞台，为了舞台的丰富性和敌人来袭时转移的便捷，抗敌剧社在乡村演出中发明了"篷帐舞台"的装备，形成"帐篷话剧"。这种"篷帐舞台"解决了演员表演舞台搭建问题。在敌后农村根据地，传统的演出舞台需要在空地上用土将表演区垫平，如"借老乡的杉篙搭台，用木板把台面铺平，并用芦席围住，以便挂上简单的侧幕、大幕、天幕、汽灯等"[1]。据抗敌剧社成员回忆："作为这次飞跃的标志之一的是篷帐舞台的设计和制作。篷帐舞台是汪洋的创意，在这项工作中，汪洋、赵森林、季明、吴畏等同志分别做出了贡献。篷帐舞台的制成，结束了巡回演出中动员群众搭台拆台的劳累。只要选好场地，摆好布篷和支架，全社同志按照分工，一声号令一座舞台便拔地而起。再用绳索、大铁钉固定四周，悬挂好幕布汽灯，便可以演出了。汽灯制作了反光板，天幕脚灯覆以玻璃纸，可以出现蓝天白云、星星月亮，每当大幕升起，常使观众赞叹不已。"[2]

这种帐篷舞台的"发明"提升了演出的机动性和流动性，一方面可以快速搭建舞台，另一方面可以随时随地转移，是一种在游击状态下形成的流动剧场。"由于篷帐舞台这个小天地，一切装置、灯光、道具位置都比较固定，……这些布景片，却是活动的，是演出前才一块块装好钉起来的，演出后又马上拆掉。对演员来说就更方便了，一些调度就不会因土台子而经常变换，不用群众和部队同志帮助我们塔台，也使演员能较自如的活动在舞台上"[3]。后来，篷帐舞台又改造升级为"卡车舞台"[4]。从这里可以看出，如汪洋、季明等话剧工作者在乡村演出中积极进行发明创造，以使得话剧这种现代形式适应流动演出的游击状态。在这个过程中，"就地取材"充分利用已有的媒介资源，依托于农村当地条件、遵循经济实用的原则进行媒介技术改造，使其具有机动灵活的传播功能。

除了这种依靠演员的身体让话剧艺术下沉到乡村的模式之外，在演出的内容上也采用一种"就地采访""就地创作"的剧本生产模式。这样的生产模式使得文艺工作"嵌入"社会改造的实践过程，在下乡"就地采访"与"就地创

---

[1] 刘佳、胡可等：《抗敌剧社实录》，军事译文出版社，1987，第93页。
[2] 胡朋：《晋察冀军区抗敌剧社简史》（内部资料），2016，第7页。
[3] 刘佳、胡可等：《抗敌剧社实录》，军事译文出版社，1987，第93-94页。
[4] 刘佳、胡可等：《抗敌剧社实录》，军事译文出版社，1987，第93页；胡朋：《晋察冀军区抗敌剧社简史》（内部资料），2016，第7页。

作"过程中,同当地群众打成一片,融入当地群众生活与斗争中去[1],这样一来,话剧工作者充当起新闻记者的职能,通过与所在村庄群众的交流、调查,"临时"编排以当地群众为主体的剧本,让群众看以自己为主角的带有"新闻"性质的话剧,更便于群众受教育。在这个过程中,演出了《挑渠放水》《戎冠秀》《李国瑞》《子弟兵和老百姓》等话剧。1943年初春,晋察冀根据地进行了整风学习,抗敌剧社组织了全社下乡活动。1943年4月,剧社下乡归来,排演了吴畏创作的描写生产运动中水利纠纷的大型话剧《挑渠放水》,"这是剧社经过下乡,自觉地从劳动人民生活中提炼素材,摹写农村人物的第一部话剧。由于大家共同的生活体验,使戏剧具有较浓的生活气息"[2],这实际上是一个知识分子下乡和群众合作,高街村农民提供生活和生产经验、知识分子在文化加工上提供帮助与专业指导。对农民而言,其接受了文化启蒙、能更好参与到群众性的文艺活动中发挥自身在文化方面的创造力;对于知识分子而言,其在同吃、同住、同战斗、同劳动、同甘苦、共患难中完成思想改造,二者良性互动,推动根据地文化建设与社会建设[3]。

1945年2月25日,《晋察冀日报》发表《沿着〈穷人乐〉方向,发展群众文艺活动》的文章,高度评价了阜平高街村剧团自编自演了大型戏剧《穷人乐》,并将之确定为"'穷人乐'方向"(《晋察冀日报》,1945年2月25日)。该剧由抗敌剧社的汪洋、林韦、张非等参与辅导,从剧本创作、导演、表演都由当地群众自发、自主完成,并在边区第二届群英会上演出,反应强烈[4]。可以说,话剧工作者作为一种走街串巷进行文化宣传的主体,不只是演出话剧,而是更具有主体性和创造性地"扮演"新闻工作者/社会工作者的角色,通过话剧来把在地乡村的"新闻"变成可以演出的剧目。话剧演出的剧本不是现成的,而是演出之前,由话剧工作者先深入基层社会了解群众生活,并对当地村庄进行调查研究,然后"现场"把当地新发生的好人好事、典型模范人物等编、演进新

---

[1] 程凯:《从革命主体论及历史、现实的辩证关系看〈讲话〉》,《中国现代文学研究丛刊》2022年第5期,第1-38页。

[2] 胡朋:《晋察冀军区抗敌剧社简史》(内部资料),2016,第36页。

[3] 张自春:《经验互助与群众创作:"〈穷人乐〉方向"与解放区-新中国的群众文艺运动》,《文学评论》2018年第2期,第154-163页;胡朋:《晋察冀军区抗敌剧社简史》(内部资料),2016,第36页。

[4] 王勤瑶:《晋察冀边区的文化启蒙与建设——以〈晋察冀日报〉社论为对象的考察》,《党的文献》2016年第4期,第114-120页;胡朋:《晋察冀军区抗敌剧社简史》(内部资料),2016,第36页。

剧中。这种经过下基层和深入生活创作的剧本既宣传了当时党的核心政策和任务，又结合演出所在地的实际情况演出带有地方特色的内容。因此，在流动演出中的话剧与基层群众形成了一种特殊的观演模式，台下的群众观看话剧，话剧舞台上所表现的又是当地群众自身的生活，这是一种更容易实现观众与表演对象情感认同的传播模式。

第二节　从抗敌剧社到华北电影队："剧影结合"的传统

1946年10月15日，晋察冀军区政治部电影队在河北省涞源县成立，"篷帐舞台"的发明者、来自抗敌剧社的文艺工作者汪洋担任队长。此时解放战争刚刚开始，正处在战略防御最困难的时期。为了躲避敌人轰炸，华北电影队把电影拍摄和洗印器材装在一辆马拉的胶轮大车上，被誉为"装在一辆大车上的电影制片厂"[1]。1948年5月，随着解放战争从防御转向全面进攻，中共中央也从陕甘宁根据地的延安战略转移到河北西柏坡，晋察冀根据地与晋冀鲁豫根据地合并为华北根据地，电影队也改名为华北军区政治部电影队，简称"华北电影队"。1949年2月，北京和平解放，华北电影队跟随党中央进北京。1949年4月华北电影队一分为二，一部分文艺工作者参与组建北京电影制片厂，一部分放映员留在部队继续从事电影放映工作，华北电影队的成员成为新中国电影的重要力量。华北电影队作为一种与抗敌剧社类似的在根据地农村进行机动演出的艺术形式，也发挥着以电影为媒介的宣传功能，是根据地时期文艺宣传的普遍模式。以华北电影队为线索，可以看出从延安电影团、东北电影制片厂到华北电影队、再到北京电影制片厂的人民电影的发展脉络。华北电影队在农村拍摄和放映的文化模式很大程度上来自根据地时期的话剧艺术，这就是一种特殊的话剧与电影彼此影响的"剧影结合"的传统。

电影在早期进入中国大都市，被视为影戏——如皮影、傀儡戏等诸种不同演艺形式的延伸，被理解成为"用光影讲故事"，影戏论的美学源流由此而来，并在不同时期呈现不同特色。不同于"戏"对生活的抽离，根据地中广泛实践的"剧"——话剧、活报剧等则更强调的是文艺镶嵌于社会生活中，发挥其文化宣传作用。在根据地时期，尤其是延安时期，根据地群众性文艺的基础则更

---

[1] 汪洋：《诞生于战火纷飞中的"电影制片厂"——纪念晋察冀军区政治部电影队成立50周年》，载汪洋、马玉印主编《战火中成长的华北电影队》(内部资料)，1997，第60页。

多地和具有现代意义的"剧"产生关联：在1939年前后，"仅冀中、冀西已建立2000多个村剧团，还出现一批模范村剧团。许多专业文艺团体开办了乡村艺术训练班"[1]，抗敌剧社在其十二年的活动期间创作的主要是话剧，不完全统计创作了剧本180余个[2]。

华北电影队则进一步延续了这种"剧影"的传统。这不仅仅体现在华北电影队的汪洋、田华等核心成员来自抗敌演剧队，而且其拍摄器材、洗印装置放置在马车上的技术创新也来自晋察冀军区抗敌剧社的"帐篷话剧"。"帐篷话剧"这一艺术形式的发明者汪洋，本身具有打通这两种文艺传播形态的经验：汪洋在奔赴延安前，积累了自己的电影与话剧表演经验——1935年汪洋加盟明星公司开始了最初的电影工作，并加入过上海业余剧人协会。正是这种电影工作经验与晋察冀根据地时期领导抗敌剧社的话剧经验，使得汪洋等人能够驾驭话剧和电影两门艺术，并根据在敌后农村从事文化宣传的条件，模仿"帐篷话剧"这种流动演出的形式在根据地传播电影文化。可以说，汪洋等30年代的文艺工作者携带着上海这一电影工业最发达地区的电影专业经验，在根据地欠发达地区又开创出土洋结合的新实践形态。对于汪洋等人而言，在物资极度匮乏、战争随时将至的敌后根据地状态下，需要利用一切可以利用的文艺媒介来发挥"剧影结合"的作用，用电影这一都市艺术的"奇观"性、现代性实现更好的战争动员效果。

汪洋、田华等抗敌剧社演员是华北电影队的主要成员，在人员组织方面华北电影队同抗敌剧社一脉相承，且均具有话剧工作经验。首先，话剧的创作方式和演出形式对电影队产生了示范性影响，华北电影队之所以能够用一辆马车来实现电影的生产和传播，很大程度上得益于抗敌演剧社的话剧实践经验，这种经验在华北电影流动放映队的操作过程中发挥了重要的作用。其次，话剧演出是一种机动性的媒介，话剧工作者变成使话剧演出流动起来的主体，在农村地区实现"群众不动、演员流动"的演出效果。这种从流动话剧到流动电影的演变，某种程度上也为新中国社会主义文艺中话剧这种极具现场感的媒介占据核心位置做出了贡献，同时它也使得话剧对电影创作有重要的源头意义，如50年代到70年代很多电影改编自话剧、电影语言也深受话剧语言的影响。再次，流动的话剧创作和演出的模式对人民电影的生产和反映机制也产生了深远影响。建国之后相当长的一段时间里，很多流动电影放映呈现出以"剧影结合"

---

[1] 王剑清、冯健男：《晋察冀文艺史》，中国文联出版公司，1989，第13页。

[2] 刘佳、胡可等：《抗敌剧社实录》，军事译文出版社，1987，第4页。

为特色的放映模式，话剧的表演性和现场感贯穿在电影放映的各个环节。放映前有映前解说，不仅对电影主要内容和中心思想进行简单介绍，还会根据影片主题启发群众拥护国家政策。例如在解说"黑孩子"的时候，放映员会向观众介绍"美国资本家是靠贩卖黑人这种罪恶买卖起家的，他们把这种惨无人道的买卖叫做开采'黑色的金子'"[1]。在电影放映过程当中，由于蒙太奇、普通话等文化形式尚未普及，由此造成群众对电影内容理解困难，放映员会因地、因时制宜地进行调整。例如，农民群众不懂英雄牺牲后为什么会出现松柏，"解说员会告诉他，这代表英雄的精神永垂不朽，如松柏一样万古长青"[2]。电影生动的视觉表达在解说员的讲解中与抽象的概念结合在一起，完成了意义的"锚定"，对群众实现广泛的符号学"启蒙"。对于普通话尚未普及的地区，放映员会用方言或民族语言进行配音。这种现场配音对放映员的要求非常高，为了让观众更有代入感，他们必须结合影片人物的性格特点、心情处境等因素而适当地加入情绪，并且惟妙惟肖地演绎出来，实际上就是上演了一场再度创作的话剧，以剧的方式来理解电影。在一些民间艺术发达的地区，还会加上地方戏、山歌、快板等具有地方特色的歌舞和曲艺表演，继而成为一出"歌舞剧"。

这种根据地时期出现的"剧影结合"的媒介实践，一方面在艺术上具有生动性和在地性，能够让农村百姓喜闻乐见，另一方面在政治宣传上又具有灵活性和机动性，便于随时将政治宣传内容加入到放映员的现场"表演"当中，将人的身体、而非仅仅是冷冰冰的机器作为媒介，这样的形式"赋予了人更多的能动性"[3]。

第三节　华北电影队："一辆马车上的电影制片厂"的形成

华北电影队是在解放战争的环境下诞生的，因此电影生产和放映要适应流动性和灵活性的根据地环境，一方面要躲避敌人对根据地的骚扰，完成战争期间的宣传任务，以及对战争的纪录和拍摄，另一方面又要及时对士兵、群众进

---

[1] 李冀：《对电影放映队的宣传工作提几点意见》，《电影放映》1957年第2期，第7页。
[2] 李镇：《行走的人民电影——20世纪50年代电影放映队研究》，《当代电影》2019年第10期，第43-49页。
[3] 周晨书：《"十七年"农村电影放映再审视：放映员身体作为媒介》，《当代电影》2019年第10期，第54-59页。

行电影放映,参与政治宣传与战争动员。因此,也被认为是解放战争时期一支参与革命文化建设的"华北电影轻骑兵"。华北电影队之所以富有流动性,与根据地本身的社会空间属性有极大关联。1937年9月八路军第一一五师在聂荣臻的带领下成立了晋察冀根据地,发展为同蒲路以东,津浦路以西,正太、石德路以北和张家口、承德以南广大地区的敌后根据地[1]。1938年5月八路军第一二九师在徐向前的率领下建立了冀南抗日根据地,形成同蒲路以东,津浦路以西,陇海路以北和正太、石德路以南的太行、太岳、冀鲁豫、冀南四个区的晋冀鲁豫根据地[2]。晋察冀和晋冀鲁豫是抗战时期八路军在华北与日军进行前线作战和敌后斗争的重要根据地,这种农村根据地的模式来自1927年大革命失败后建立井冈山根据地的历史经验,形成了农村包围城市、武装夺取政权的中国革命经验。在这个过程中,深入基层、组织群众成为根据地发展和游击战成败的关键,其中文化建设、新闻宣传扮演着政治动员和群众组织的重要角色。由于根据地只能建在中心城市之外的"敌后方",资源稀少、人群分散,是一个社会组织比较松散的空间,而强敌来袭时要随时面临流动、迂回和"游击"。正是借助中国共产党在根据地进行大规模的、有组织的生产、文化与传播工作,根据地才成为共产党在前线地带和敌后地区积聚力量打"持久战"的社会和政治基础。解放战争时期,晋察冀、晋冀鲁豫根据地一方面抽调干部支援东北,发展东北根据地,另一方面在华北地区与国民党军展开内战。在这种背景下,晋察冀根据地成立了华北电影队,参与到解放战争的文化宣传中。

战争宣传动员的客观需要,使得华北电影队从"一穷二白"开始创业——晋察冀根据地创始人聂荣臻派抗敌剧社副社长汪洋来创办电影队之际,一没有器材,二没有胶卷,三没有电影人才。华北电影队的设备和人员大多来自刚刚依托于接管日伪"满映"电影生产放映设备而成立的东北电影公司的援建。1946年初,抗敌剧社副社长、人民剧院院长汪洋从张家口到东北,与东北电影公司的负责人舒群、袁牧之商量,从东北电影制片厂支援一批电影拍摄的设备,这成为华北电影队电影生产的技术设施的基础,支援的设备如下,"调拨给一个故事片组和一个新闻摄影队的装备。其中有35毫米大型(美国米契尔)摄影机一台,35毫米中型(法制狄布利-巴尔包)摄影机一台,35毫米(独

---

[1] 聂力:《聂荣臻创建晋察冀根据地:构建新中国雏形》,《法制博览》2016年第3期,第85-86页。

[2] 河北省社会科学院历史研究所、河北省档案馆:《晋察冀抗日根据地史料选编》(上、下册),河北人民出版社,1983。

眼龙爱蒙）手提式新闻摄影机一台，固定和移动式录音机各一台，35毫米（日制"精机"）印片机一台，35毫米洗片机（不带药糟）一套，以及部分照明用灯具、灯泡、配电箱、电缆、药料等器材。另外还带有35毫米富士黑白底片5本，正片和声音底片各两本。影片有《莱蒙托夫》《问罪无辜》《未完成的交响乐》（缺6本）等"[1]。

为了便于在敌后、农村地区转移和机动，电影拍摄和洗印设备需要进行改造，使其能够躲避敌人轰炸，也能够随时展开拍摄、洗印和电影放映工作，这都涉及对电影机器进行重新组装，以减轻物理重量。这是一个主体改造和技术改造的双重过程。

首先，看对专业知识分子的主体改造，塑造了不怕困难、不断创造"从无到有"的精神信念的技术专家，这些"一穷二白""从零开始"的描述，清晰地呈现了中国作为后发国家在现代化过程中所遇到的资本、技术和人员等方面的落后和匮乏状态，以及步入现代社会、走向现代化的艰难。在华北电影队的组建过程中出现了争论。按照一般的文化逻辑，在农村是无法建立和支撑电影生产和消费的，对此，电影队的干部和技术人员也持有不同意见，干部认为应该克服困难拍摄反映解放战争的电影，而技术人员的意见是电影设备不足、条件有限，所以不可能在农村建立电影制片厂。在这种背景下，多次召开"诸葛亮"会——这是一种在共产党的基层组织中经常出现的民主生活会，通过民主协商、集体讨论来达成共识，电影队成员逐渐认识到电影的"政治"属性。汪洋的回忆是，"由于经过了一段战争和土地改革的锻炼，随着同战士和农民接触的增多，觉悟都相应地提高了，再加上直接受到部队轰轰烈烈开展着的立功运动的启发，大家逐渐感到应该更多地给人民做些事情。经过最后的这次争论，进一步认识到：过去电影掌握在帝国主义者或资本家手里，现在我们自己掌握了这一艺术形式，应该更好地为解放战争服务，为人民的新电影开路，这是很有意义的工作"[2]。

电影队的内部讨论调动了技术人员参与电影生产的积极性，这是一种把对电影的政治认识与电影技术改造结合起来的实践，也是通过政治领导发挥党的基层传播与基层民主作用，调动基层参与者的主观能动作用，从而为华北电影

---

[1] 方文、马玉印：《在战争中成长的华北电影队》，载汪洋、马玉印主编《战火中成长的华北电影队》（内部资料），1997，第46-47页。

[2] 汪洋：《装在一辆大车上的电影制片厂》，载汪洋、马玉印主编《战火中成长的华北电影队》（内部资料），1997，第62页。

队更容易在游击战中实现机动、转移和流动提供了可能性。这种尊重基层参与者主观能动作用的工作方式，也体现在华北电影队对外籍人士的激励上。小野泽亘曾经参加过日本无产者艺术运动，为了生存来伪华北交通职员杂志《兴亚》杂志社任编辑，1945年投奔解放区并到张家口在汪洋领导下做舞台设计，初来乍到便负责歌剧《白毛女》舞美设计，还做了《子弟兵与百姓》《戎冠秀》等作品舞美设计。后来，美工师小野在汪洋的鼓舞和建议下创造了两个工农兵塑像，即华北电影队的队标和北京电影制片厂的厂标形象。实际上，小野只是画家，并不是雕塑家，但依然成功完成了任务[1]。

其次，看对电影技术和媒介的改造。在物质、技术相对落后的农村，尤其是战争状态下发展电影事业，本身是对"城市"电影工业的背离——一方面战争艰难时局下只能跳出流水线思维，对缴获设备进行因地制宜的改装改造，另一方面电影放映设备断片出现三幕五场情况[2]。因此，华北电影队是在非现代的空间中遵循生存逻辑、创造现代传播的可能性，这需要技术创新和特殊的组织方式，这也反映了电影在非现代、非城市的区域扩散、传播的历史经验。要实现在农村拍摄电影的目的，就要对电影设备和电影技术进行改造。

第一，首先需要大胆进行技术创新，把电影变成一种流动的媒介。在根据地和战争状态下，无法建立稳固的电影制片厂[3]——这决定了电影生产的政治经济场景只能在流动过程中进行拍摄，流动本身也"重校"了"现代"与"传统"的关系。根据现实需要改造电影技术，实现传播工具与传播环境二者之间关系的协同：华北电影队本来设想把电影制作的装备安装到一辆卡车上，这样可以方便移动和转移，但是卡车只能走大公路，山区和农村土路走不了，而且目标大，容易被飞机轰炸。于是，电影队放弃卡车的方案，把制片厂安装到华北地区常见的骡马拉的大车上，这样在僻远地区、崎岖小路上也能够灵活转移，再加上不用烧汽油，也降低了使用成本，这就把电影制片厂转变为了可以进行空间移动的媒介。"这样，改装工作就主要是从减轻设备的重量、缩小机器体

---

[1] 小野泽亘：《我对华北电影队的回忆》，载汪洋、马玉印主编《战火中成长的华北电影队》（内部资料），1997，第78页。

[2] 汪洋：《在纪念华北电影队成立50周年大会上的讲话·开幕词》，载汪洋、马玉印主编《战火中成长的华北电影队》（内部资料），1997，第3-6页。

[3] 这种流动性并非只在电影中存在，在其他领域也广泛存在，比如流动的医院。国际友人、来自加拿大的共产党医生白求恩也面临相似的问题，他一开始建立了国际和平医院，但很快被日军捣毁，在战争状态下，只能在农村建立流动医院、流动手术台，而且要把伤病员分散安置在不同的老百姓家里。

积着手了。"[1] 当时都市中的那种固定的、巨型的电影制片厂方式，由于不适合根据地的具体情况而被彻底摒弃，发展出来以骡马拉的大车为主要运输方式的小型的、便携型的制片厂模式，以更好地服务于山地、农村传播需要。"晋察冀画报社提供了一台50年前法国制的木制老式'百代'摄影机，技术人员把无声片门改装成有声片门。"[2] 洗片设备的改装也是一大难题，"为适应战时情况下行军的要求，必须减轻重量缩小体积，搞成既能用牲口驮，又能装在大车上拉走的简易形式"[3]。对录音机的改造也是如此，既要保障机器的性能，又要把复杂的零件尽量压缩，"只带一个光学录音摄影机和一个扩大器、一个小调音台"，"为了保护贵重的仅有的一个毛基线录音头，技师也开动脑筋，用破旧喇叭上的磁铁，焊接了留声机头上薄薄的合金片，最后制成了一个不怕震动的简易而坚固的新式录音机头"[4]。电影队技术人员历时一个月，才把电影拍摄、制作的简易器材改装到一辆胶轮大车上。在这种传播技术同传播环境协同的过程中，传播所在社会关系网络中产生的社会需要，对"什么是好的传播技术"做了更为具体的定义，并以手工技艺改造的方式完成了传播技术的适应"进化"。

第二，利用现有条件"就地取材"进行空间改造和技术上的自主创新。1947年1月，为了洗印胶片和录音，电影队从阜平县芳草地迁驻到安国县中阳村一个农家破院子里，把非电影空间变成临时的电影洗印厂，而这也需要克服一系列技术难题。比如建立暗房，"为防止灰尘，同志们毫不犹豫地拆掉自己的棉被和褥子，用被里、被面、褥单把墙壁、天棚罩起来，使房间焕然一新。全部厂房都集中在一个宽大的院子里，录音机放在一间靠北面的小屋里，机器放在土炕上，外间是修理室，隔壁是暗室，把窗户用土坯和湿泥堵上，安装了两层门，又用粗麻布做成门帘，把屋里弄得彻底无光"[5]。

在胶片洗印、显影过程中，因为中阳村的水含碱量大不能使用，只好到远处深井中寻找可以洗相的水。录音时需要绝对安静，要拿毯子和被子堵住前后

---

[1] 汪洋：《装在一辆大车上的电影制片厂》，载汪洋、马玉印主编《战火中成长的华北电影队》（内部资料），1997，第62—63页。

[2] 陈瘦竹主编《左翼文艺运动史料》，南京大学学报编辑部，1980，第640页。

[3] 方文、马玉印：《在战争中成长的华北电影队》，载汪洋、马玉印主编《战火中成长的华北电影队》（内部资料），1997，第52页。

[4] 汪洋：《装在一辆大车上的电影制片厂》，载汪洋、马玉印主编《战火中成长的华北电影队》（内部资料），1997，第62—63页。

[5] 汪洋：《装在一辆大车上的电影制片厂》，载汪洋、马玉印主编《战火中成长的华北电影队》（内部资料），1997，第65页。

门,"每当录音开始,房上、门口、街头都要站上岗哨,来维持秩序。但仍然没法避免群众的谈笑、吵嚷及间或传来的屋顶广播、驻军号声、打铁或马达响声等各种杂音;且又适逢盛夏,到处是蛙鼓蝉鸣,以至电影队不得不展开了'捕青蛙运动'"[1]。在制造影片的字幕和动画时,也是困难重重。技术人员在没有画墨和白粉的情况下,就用劣质的墨汁和铅粉来代替,这是一种技术上的就地取材,"没有绘画用的墨和白粉,只好用粗糙的墨汁和铅粉来代替,买不到黑硬纸,便自己制造"[2]。在剪辑《自卫战争新闻第一号》时,"没有胶水就自配胶水,当时只有2000呎正片,仅够印一个拷贝,没有声带片,不能印样片,不能混合录音。高敏先生根据画面,用秒表计算,什么时候进音乐,什么时候进枪炮声,什么时候进解说,用秒表计算好,其准确程度和有声带片混录一样"[3]。正是在这种舶来的现代技术和根据地本地物质文化生产相结合的过程中,现代电影在技术极度匮乏的"前现代"社会平台上,充分利用为数不多的现代设备,高扬不怕困难、勇于解决困难的主体能动性和技术创新精神,"就地取材",实现了新闻纪录电影拍摄和制作的技术基础。

第三,改造流动放映的电影空间。农村没有电影院,就把在电影院中固定放映电影的都市模式变成流动的电影放映队,把田间地头、村庄空地变成临时的影院空间。这种露天电影突破了传统电影院放映电影的空间限制,在村里的广场上、两树之间挂上一块白布就是银幕,把村庄、街道的某块空地临时变成一座没有围墙的电影院。村子里没有电,放映队会自带发电机来给放映机发电,四乡八镇的群众自己带着板凳,像赶集一样,去享受现代电影的魅力,农村露天电影院成为一座"移动城堡"。这种流动放映的模式是一种既节约成本又完成电影放映的方式。华北电影队放映过的影片主要有苏联的《斯维尔德洛夫》《虹》《我们来自喀琅施塔得》《十三勇士》等社会主义影片,让战士观看电影也成为一种思想政治教育和文化宣传,"当前线的战士们第一次在电影中看到自己的身影时,心情极不平静,他们纷纷表示决心:'要多杀敌立功,争取上

---

[1] 汪洋:《装在一辆大车上的电影制片厂》,载汪洋、马玉印主编《战火中成长的华北电影队》(内部资料),1997,第66—67页。

[2] 汪洋:《装在一辆大车上的电影制片厂》,载汪洋、马玉印主编《战火中成长的华北电影队》(内部资料),1997,第67页。

[3] 汪洋:《在纪念华北电影队成立50周年大会上的讲话·开幕词》,载汪洋、马玉印主编《战火中成长的华北电影队》(内部资料),1997,第5页。

电影.'"[1]。另外，电影队还积极培养放映人才，"1947年冬和1948年春，电影队在深泽和石家庄分别举办了两期训练班，壮大了队伍，由原来的30余人扩大到130余人，并为兄弟部队输送了一批放映人才，为新中国电影事业的发展创造了有利条件"[2]。可以说，电影放映员用"身体"把电影扩散到广大的农村地区，让更多的群众变成电影观众。

总之，为适应敌后农村根据地的实际情况，华北电影队采用"土洋结合"的方式把电影这一现代媒介技术改造成在农村拍摄、洗印和放映的媒介，这就是"一辆马车上的电影制片厂"的形成过程。在这个过程中，除了媒介技术的改造之外，更需要对文艺工作者进行主体改造[3]，让文艺工作者成为下基层的文化宣传者，如话剧工作者、电影工作者在流动中完成创作，演员、电影放映员用流动演出和流动放映的方式实现针对农村群众的文艺传播形态。

第四节 根据地时期文化传播的经验

从抗敌剧社的"帐篷话剧"到华北电影队的"流动电影"，这一在晋察冀根据地时期出现的从话剧到电影的媒介实践，是在战争的紧急状态下把都市化、现代化的文艺媒介实现向农村"逆向流动"的传播模式[4]，一以贯之的是中国共产党立足于"乡土中国"展开的"因地制宜""就地取材"的文化传播经验。为了适应农村缺少现代化基础设施的基本环境和非现代化的农民受众，这种传播模式通过对话剧、电影等文艺形态和知识分子的双重改造来完成民国时期的"教育电影"一直意欲抵达的乡村社会：一方面改造传播媒介的技术属性，采用灵活机动、就地取材、自主创新的方法把现代媒介变成低技术、低成本的模式，如把演出装备、电影设备压缩改装到马车上，便于在农村地区成为流动的话剧和流动的电影。在这个过程中，与现代经验紧密结合的城市话剧、

---

[1] 清岛竹彦：《在华北电影队的日日夜夜》，载汪洋、马玉印主编《战火中成长的华北电影队》（内部资料），1997，第74页。

[2] 汪洋：《诞生于战火纷飞中的"电影制片厂"——纪念晋察冀军区政治部电影队成立50周年》，载汪洋、马玉印主编《战火中成长的华北电影队》（内部资料），1997，第41页。

[3] 张慧瑜：《朝向基层：逆向流动的文艺实践》，《文艺报》2022年5月25日，第4版。

[4] 张慧瑜：《基层传播的理论来源与历史实践——以20世纪40年代〈解放日报〉改版和〈在延安文艺座谈会上的讲话〉为核心》，《现代中文学刊》2022年第3期，第15-26+2页。

城市电影能够抵达基层乡村社会。另一方面改造技术、文艺等专业知识分子，相比城市有较为现代化的通信设施，城市与城市之间有公路、铁路等现代交通网络，在农村根据地的信息传递和流动主要依靠人力，这些接受现代教育或具备职业技能的知识分子成为信息传递的"信使"，如邮递员、通讯员、电影放映员、下乡干部等都扮演着把现代知识传播到乡村的媒介功能。这种对技术和主体的双重改造不只是完成现代知识从城市到乡村的流动，而且让现代技术和现代知识分子的现代和城市属性适应中国具体的乡村传播环境，转变为参与乡村社会建设的媒介和主体。这不是自上而下的、从城市到乡村的单向流动，而是在从城市向乡村的"逆向流动"中，改造城市文化和现代文化，实现对农村文化和群众主体性的塑造。一方面在话剧、电影、读报等活动中把非理性的、非现代的受众变成接受教育的、启蒙化的主体，如面对无法阅读报纸的群众，用读报小组这种"现场感"、口语化的方式来把纸媒转化为听觉语言，或者用活报剧把报纸内容演出来，变成可听、可看的话剧；另一方面中国革命赋予根据地的群众主动性，群众既是教育的对象，也是社会行动、文化建设的主体，如培育工农通讯员等基层知识分子，或者"群众演、群众唱"成为群众文艺生产和创作的主体，让群众说话。

  这一根据地生产和消费几乎融为一体的媒介实践出现的背后逻辑在于根据地空间的流动性。根据地作为一种特殊的空间，是1927年中国城市革命失败和危机的状态下探寻的另一种革命道路，是在敌人统治的薄弱环节创造革命生存的空间。毛泽东在《中国的红色政权为什么能够存在》中所论述的"在帝国主义间接统治的经济落后的半殖民地的中国"，"因为有了白色政权间的长期的分裂和战争，便给了一种条件，使一小块或若干小块的共产党领导的红色区域，能够在四围白色政权包围的中间发生和坚持下来"[1]，也就是说，根据地空间是在半殖民地、半封建格局下各帝国主义与各军阀统治之间的裂隙地带，是临时的、不固定的、"液态"的，是一种"去空间化"的流动空间，因而其对文化传播要求是必须依赖乡土中国社会的有机性，具有适应这种流动的机动性、有张有弛，把根据地空间从无秩序的水变成一张伸缩自如、举纲目张的网。在这个意义上，中国共产党是把"水"织成"网"的政治力量，依靠社会组织和文化宣传把人民群众变成具有联动性和组织化的网。这种把"水"变成"网"的机制之一是信息流动的网线，因此，流动化的媒介和流动化的主体是把点连成线、把线织成网的中介，他们在高度分散的、彼此分割的根据地内部以及根据

---

[1] 毛泽东：《毛泽东选集》（第三卷），人民出版社，1991，第49页。

地与根据地之间建立连通的网线。

新中国的成立结束了根据地的游击和割据状态，建立了现代化的、专业化的信息、文化网络，电影制片厂、话剧院团以及影院、戏院等文化空间也自上而下形成了行政化的传播系统，城市再次成了话剧、电影生产的中心。同时，物质条件的改善以及媒介技术环境的提升，使得根据地生产和消费几乎融为一体的媒介实践再次变成了文化生产与农村群众消费的分离。在这种背景之下，根据地时期形成的话剧、电影的流动为特征的文艺传播模式似乎不再适用了，但有趣的是，这种模式并没有完全消失，而是在某种程度上以解放区电影遗产的方式合并进了新中国电影传播事业版图中[1]。比如新中国由于基础设施建设资源匮乏，广大农村和基层地区依然延续根据地时期流动电影放映的传播经验，以解决城市电影发行模式难以普及到农村的问题。这种延续体现在对放映员的培训上。1950年6月11日，文化部电影局为培养和发展农村及部队的放映队伍，在南京举办规模高达2100人的放映人员训练班。作为新中国成立后的第一次放映员培训，该培训班培养了一批放映人员共组成600余个放映队[2]。1953年12月，政务院通过的《关于建立电影放映网与电影工业的决定》，在小城市和广大农村发展电影流动放映队。1955年，伴随着西藏的和平解放，这种流动电影放映队的经验又深入到了更加偏僻的西藏地区，进藏电影教育工作者和解放军西藏军区设立24个放映队，为藏族人民放映电影。1956年2月21日，文化部、青年团中央委员会联合发出《关于配合农村合作化运动高潮 开展农村文化工作的指示》，要求在七年内做到每个县都有影剧院，七个乡有一个电影放映队，如果用现在的话来说，这其实很类似"电影下沉"的概念。1958年6月30日，文化部发出《关于试办农业生产合作社自办电影放映队的通知》。通知中指出，1958年起用10年的时间逐步达到县有电影院、乡有放映队。今后农村电影队的发展实现由政府投资举办和群众集资自办相结合的方针。1958年5月15日，中影公司在河北省进行民办放映队试点工作。河北省沙河县万户社于五一劳动节成立了新中国第一个农民自己投资兴办的放映队，昌黎县赤洋百乡草厂庄红星农业社、迁安县曙光农业社、遵化县平安城乡的五星社、西留村的爱国社等，也分别在"五一""五四"成立了民办放映队。

在国家自上而下推动信息传播和文化建设朝向基层、农村、偏远地区的过

---

[1] 钟大丰：《解放区电影的精神遗产》，《电影创作》1996年第5期，第62—63页。
[2] 竹潜民、沈瑞龙主编：《人民电影的奠基者：宁波籍电影家袁牧之纪念文集》，宁波出版社，2004，第105页。

程中，话剧演出队、流动电影放映等文化传播的方式成为重要的媒介形态。相比民国时期教育电影意欲达到却因成本过于高昂而难以普及的状况，根据地以专业队伍与群众路线相结合的方式是一种相对低成本的中国式文化现代化的经验。通过改造现代媒介和现代知识分子的方式来完成现代文化深入农村、深入基层，对于思考现代媒介参与现代化建设具有启示性意义。

第十一章　生产宣传：内嵌于生产的基层传播

在党报党刊中有一类关于生产、服务于生产的新闻报道题材，沈毅在研究抗战时期的《解放日报》时将这种题材称为经济新闻报道[1]，但这种归类方式过于宏大且无法体现出党报的政治属性和宣传特色。列宁在1920年11月起草的《关于生产宣传的提纲》中第一次提出"生产宣传"一词，追溯到1918年他就曾在《苏维埃政权的当前任务》和《关于苏维埃政权的当前任务的提纲》等文章中提出了"宣传生产和建设"的思想。由此可见，早在苏俄国内工作重心转移时期，列宁就给这类关于经济建设、生产动员的新闻报道确立了具有布尔什维克政党特点、社会主义经济特色的命名——生产宣传。而列宁的党报思想对于中国共产党领导的党报党刊影响重大，譬如《解放日报》在改版之前就模仿《真理报》的办报风格。所以从马克思主义新闻观的视角看待这种新闻报道类型，援引列宁"生产宣传"的新闻思想对早期党报党刊进行研究比用"经济新闻"这种庞大的题材范式更为准确和贴近。

第一节　生产宣传：服务于生产的新闻实践

目前，学界关于生产宣传的探讨主要从党史和新闻史出发，主要围绕列宁关于生产宣传的讨论和经济建设的思想进行研究。在马克思主义党史研究领域，俞敏从苏俄两次工作重心的转移出发，分析了列宁从提出到加强"宣传生产和建设"的思想变化，为了解列宁"生产宣传"的思想理论溯清了历史渊

---

[1] 沈毅:《抗战时期〈解放日报〉经济新闻报道研究》,《当代传播》2012第6期，第84-85页。

源。[1]俞良早对列宁的"生产宣传"思想主要从报刊少谈政治、多谈经济，注重生产竞赛报道，尊重事实、讲求实际，加强组织领导等方面进行了总结和阐释，并从动员知识分子开报告会和演讲、利用电影唱片图片等传播方式、注重宣传生产模范等生产宣传的实践层面进行相关拓展。[2]在新闻史领域，童兵围绕列宁"报纸刊物应成为社会主义建设的工具"的讲话内容重点探析了列宁关于报纸服务于经济建设、生产宣传的党报思想。[3]郑保卫结合当时中国改革开放的国情，在总结列宁经济宣传思想的基础上，认为列宁的党报思想"有不少理论原则和工作方法对当前的新闻工作仍然具有指导意义"，为改革开放时期报纸报刊的经济报道探寻发展经验。[4]总体而言，对于生产宣传的研究主要呈现为三个特点：第一，研究领域集中于党史和新闻史，研究数量少；第二，研究视角聚焦于对列宁生产宣传思想的总结，角度单一，阐释和延伸有限；第三，新闻史领域缺乏对生产宣传作为一种党报思想和报道类型的提炼，以及缺少对相关党报党刊生产宣传的新闻实践的研究。

但是，这种新闻报道的历史经验十分重要，除了列宁关于生产宣传的思想外，根据地时期的中国共产党在党报党刊的改革实践中也在建构自身关于生产建设的新闻思想，其中最具革命性意义的就是《解放日报》的改版。学界对于《解放日报》的改版往往从改版深层动因[5][6]、党报群众路线[7][8]、改版政治逻

---

[1] 俞敏：《论列宁为实现工作重心转移加强"宣传生产和建设"的思想》，《湖北行政学院学报》2015年第5期，第34-38页。

[2] 俞良早：《论列宁关于"生产宣传"的思想与实践》，《理论月刊》1994年第7期，第3-6页。

[3] 童兵：《报刊应当成为社会主义建设的工具》，《新闻与写作》1992年第3期，第24-25页。

[4] 郑保卫：《列宁的经济宣传思想与我国当前的经济报道》，《郑州大学学报》（哲学社会科学版）1994年第2期，第4-11页。

[5] 王润泽：《重塑党报：〈解放日报〉改版深层动力之探析》，《国际新闻界》2009年第4期，第105-111页。

[6] 王晓梅：《1956年〈人民日报〉改版探源》，博士学位论文，复旦大学，2005。

[7] 王润泽、余玉：《群众：从"教育"、"反映"到"学习"的对象——党报群众性原则嬗变轨迹解读》，《国际新闻界》2014年第12期，第68-83页。

[8] 李海波：《党报、列宁主义政党与群众政治参与——延安新闻业群众路线的运作机理分析》，《国际新闻界》2018年第3期，第19-39页。

辑[1][2][3]、版面内容调整[4]等视角切入,缺少对经济建设、生产宣传的探讨。但《解放日报》改版后注重全党办报、群众办报、典型报道等办报理念与根据地生产建设的组织动员密切相关,这与列宁强调社会主义建设要把生产宣传作为工作重点,以及报纸要在内容侧重、题材选择、语言文风等方面服务生产建设的新闻思想相契合,形成一种继承关系。此外,《解放日报》的改版中关于生产的典型报道、经验报道的改革经验对列宁的生产宣传思想进行了中国化的发展,奠定了党报本土化的生产宣传基调。生产宣传作为战争"例外状态"背景下生产动员的一种方式,意味着对后方资源再生潜力与战备能力的挖掘,中国共产党善于考察中国落后农村根据地的日常生活实践,以《解放日报》等党报党刊作为宣传阵地,结合黑板报、门板报等基层媒介形态将生产宣传转变为一种在地化的组织工作方式与群众动员方式,以群众最关心的社会物质生产与分配实践为抓手,解决群众最重要的利益问题,发挥"革命党是群众的向导"作用,助推中国共产党获得政治领导权。

改版后的《解放日报》的新闻理念深深影响着其他的党报党刊,其中值得一提的就是晋冀鲁豫《人民日报》,无论是在版面设计还是内容议程设置方面,都能从晋冀鲁豫《人民日报》看到改版后的《解放日报》的身影。而晋冀鲁豫《人民日报》作为根据地党中央的机关报,其在"大后方"的生产宣传动员中发挥着重要作用。因此,对这样一份具有"完全党报"性质的中央机关报进行生产宣传的新闻实践研究,具有典型性意义。在晋冀鲁豫《人民日报》的新闻实践中,生产宣传的实现有两个基本前提。一是根据地依据自身条件,以"土洋结合"的方式推动生产工作与技术革新。党报党刊作为组织生产与革命的枢纽,发表大量关于工业、农业生产的新闻信息及工作计划,将生产、技术革新与政治相结合,以生产运动、技术革新、劳动模范等主题报道为特色,发挥党报宣传的思想引领、工作示范与社会动员功能。二是这些报道要与基层社会形成广泛的互动与反馈。党报是扫盲学习的材料,同时也是政治学习和组织工作

---

[1] 刘继忠、梁运:《论延安〈解放日报〉改版的政治逻辑》,《新闻与传播研究》2012年第2期,第11–19+109页。

[2] 裴晓军、吴廷俊:《〈解放日报〉改版与毛泽东在党内领袖地位的确立》,《新闻知识》2008年第2期,第6–8+42页。

[3] 陈响园、李丹超:《从文化领导权理论视角看延安〈解放日报〉改版——兼论"完全党报"范式对当前新闻业的启示》,《江淮论坛》2014年第2期,第134–138页。

[4] 熊国荣:《版面安排及调整:从〈红色中华〉到延安〈解放日报〉》,《国际新闻界》2012年第1期,第96–100页。

的枢纽，联系着基层的方方面面，并通过基层传播来完成生产宣传的基层化与在地化，同时在贯彻落实上级的方针政策之际也变革着社会生产关系。在这种意义上，新闻宣传中蕴含了变革社会实践的政治潜能。

所以，综合目前关于生产宣传的研究现状和晋冀鲁豫《人民日报》的党报特点，笔者主要从生产宣传的理论来源、新闻实践和学理总结三个层面开展研究，并以晋冀鲁豫《人民日报》为例进行文本分析。一是从中国新闻史和党报党刊出发，分析生产宣传的理论来源——这与列宁的宣传思想、20世纪40年代《解放日报》的改版以及社会主义实践强调生产文化有关；二是从基层传播的角度分析晋冀鲁豫《人民日报》中生产宣传的新闻实践，呈现这种围绕着生产展开的生产宣传的媒介形态、传播手段和组织机制；三是探讨生产宣传与发展传播学理论之间的关系，这种以生产宣传为代表的基层传播经验，一方面能够发现和总结具有马克思列宁主义政党特色的党报新闻理念，另一方面说明借助党报党刊参与社会发展是一种有中国特色的、适用于第三世界的"没有发展主义"的"发展新闻学"。

第二节　理论来源：列宁党报思想与《解放日报》改版

生产宣传的理论来源主要有两个：一是列宁的党报思想，二是《解放日报》改版对列宁新闻思想的继承和发展。列宁首次提出生产宣传一词，并通过强调社会主义建设要把生产宣传放在重点，以及谈论报纸如何在内容侧重、题材选择、语言文风等方面做好生产宣传以成为集体的"宣布者""鼓动者"和"组织者"，奠定了马克思列宁主义政党在报纸报刊上的新闻理念与风格定位。而《解放日报》改版作为整风运动的一部分，虽然想要摆脱苏联《真理报》的"紧身衣"，去除教条主义、主观主义、党八股等，但改版后的《解放日报》版面编排以我为主、强调朴实文风、注重生产经验传播、树立劳动典型人物、组织群众动员等方面的变革与列宁关于生产宣传的思想存在诸多相通之处。所以，《解放日报》改版的内容和形式层面并没有摆脱列宁的新闻思想，其增强党性和群众性的要核，本质上还是对列宁党报思想的反映、继承与发展。

一、劳动建设：列宁对生产宣传的理解

生产宣传是列宁在阐明经济报道时所提出的概念，主要是指有关劳动生产

经营活动的宣传以及对生产关系中各种新事物的宣传。[1] 在十月革命之后，列宁提出党报党刊应该重视经济建设和生产宣传，主要有两点考虑。一是，随着苏维埃政权的确立和巩固，全党的工作重点开始从夺取政权的政治革命转向管理俄国的经济建设[2]，党报党刊也随之转向对生产的宣传动员上来。1920年11月，列宁在《关于生产宣传的提纲》中指出，"现在，由于俄罗斯联邦在军事上的胜利和它所处的整个国际形势，生产宣传应当重新放在第一位，应当加强并且从组织上予以落实"[3]。因此，列宁提出要办好"指导性的报纸"和"生产性的报纸"，通过围绕以工农业生产情况为主的群众性、通俗性报道来改进和开展生产宣传，并在同年12月列宁领导俄共（布）中央全会决定成立全俄生产宣传局来领导中央和地方各级生产宣传机关的工作。[4] 此外，列宁批评报纸关于政治方面的内容过多，提出"现在我们应该注意把全部宣传鼓动工作从为政治和军事服务转到经济建设的轨道上来"[5]。在《论我们报纸的性质》一文中列宁认为，"现在，老一套的政治鼓动，即政治空谈，占的篇幅太多了，而新生活的建设，建设中的种种事实，占的篇幅太少了"[6]，所以报纸要少谈些政治，多谈些经济。二是，提出生产宣传，批判资产阶级新闻报纸不关注生产。面对"在'资产阶级的美好的旧时代'，资产阶级报刊决不涉及'最神圣的东西'——私人工厂和私人农场的内幕"[7]，列宁在《〈苏维埃政权的当前任务〉一文初稿》中指出，"报刊应当把实践中直接提出的劳动问题放在首要地位。报刊应当成为劳动公社的报刊，也就是说，正是要公开报道资本主义企业

---

[1] 刘建明主编《宣传舆论学大辞典》，经济日报出版社，1992，第928页。

[2] 俞良早：《论列宁转变工作重心思想的演进》，《社会主义研究》1995年第4期，第46-50页。

[3] 列宁：《列宁全集》（第四十卷），中共中央马克思恩格斯列宁斯大林著作编译局编译，人民出版社，1986，第16页。

[4] 俞良早：《论列宁关于"生产宣传"的思想与实践》，《理论月刊》1994年第7期，第3-6页。

[5] 列宁：《列宁全集》（第四十卷），中共中央马克思恩格斯列宁斯大林著作编译局编译，人民出版社，1985，第141页。

[6] 列宁：《列宁全集》（第三十五卷），中共中央马克思恩格斯列宁斯大林著作编译局编译，人民出版社，1985，第91页。

[7] 列宁：《列宁全集》（第三十五卷），中共中央马克思恩格斯列宁斯大林著作编译局编译，人民出版社，1985，第91页。

的领导人竭力不让群众知道的东西"[1],这种对现代社会生产环节的关注,是为了让人民群众参与到生产管理和技术革新中。列宁强调要将报纸从资本主义性质的报道耸人听闻消息的工具过渡到社会主义性质的对群众进行经济教育的工具[2],这种对生产宣传的重视改变了资本主义生产关系中工人阶级无法参与生产管理、只能从事工业劳动的被动状态,而党报党刊通过对生产过程的宣传可以起到劳动者掌握、介入生产的中介功能。由此可以进一步引申,列宁对生产宣传的理解有双重功能:一是经济职能,让党的宣传工作服务于经济建设;二是政治职能,通过对资本主义生产领域的报道,让劳动者成为生产建设的主体。在这个意义上,生产宣传是对资本主义新闻观念的批判,也是马克思主义新闻观的重要组成部分。

二、中共"完全党报"的媒介功能转型

在延安整风运动与马克思主义中国化的双重背景下,列宁关于党报党刊的新闻思想与根据地独立自主、自力更生的现实,使得生产本身成为社会生存和发展的重大问题。因此,《解放日报》改版的后续效应,即报纸反映根据地生产和生活状况的要求,使得1942年之后的党报把生产宣传作为反映根据地劳动活动的重要组成部分。1942年3月31日在延安举办的《解放日报》改版座谈会,重新确立了党报党刊的功能和基本理念,强调要在管理上加强党的一元化领导,并落实"全党办报""群众办报"的新闻理念。在改版座谈会召开之前,3月16日中宣部发布了《为改造党报的通知》,该通知共有五条内容,分别对党报的党性原则、工作任务和编辑方法提出了具体要求,指出"报纸是党的宣传鼓动工作最有力的工具","报纸的主要任务就是要宣传党的政策,贯彻党的政策,反映党的工作,反映群众生活"[3]。此外,毛泽东在改版座谈会上也提出:"共产党的路线,就是人民的路线。现在共产党推行抗日民族统一战线的政策,就是合乎人民公意的政策。……利用《解放日报》,应当是各机关经常的业务之一。经过报纸把一个部门的经验传播出去,就可推动其他部门工作的

---

[1] 列宁:《列宁全集》(第三十四卷),中共中央马克思恩格斯列宁斯大林著作编译局编译,人民出版社,1985,第136页。

[2] 列宁:中共中央马克思恩格斯列宁斯大林著作编译局编《列宁论苏维埃俄国社会主义经济建设》,人民出版社,1979,第259页。

[3] 中国社会科学院新闻研究所编《中国共产党新闻工作文件汇编》(上),新华出版社,1980,第126-127页。

改造。我们今天来整顿三风，必须要好好利用报纸。"[1] 由此发现，《解放日报》的改版明确了新闻工作对党的建设事业的重要性，强调党报不仅要宣传党的政策、报道党的工作，还要密切联系群众、反映群众，通过发挥群众历史主人翁精神，从而实现改造世界。除了在思想上增强党性，在业务上增加国内社论和消息外，针对"大后方通讯少"的问题，莫艾在4月18日的编委会上提出"找一个斯达汉诺夫的典型来动员春耕"的计划[2]，于是4月30日从吴满有开始大批的中国式"斯达汉诺夫"的劳动英雄在报纸上涌现，1943年上半年出现的各种劳模就有600多名[3]。"典型化"塑造生产劳动人物形象，是生产宣传的重要策略之一。这种典型报道的生产宣传形式不仅成了《解放日报》改版后在新闻报道业务上的突破口，也在政治上加速了"不完全党报"向"完全党报"的转型，还在经济上为当时经济水平落后且急需支持援助的边区政府提供了非常成功的生产动员[4]。所以，《解放日报》的改版一方面促成了中国共产党党报理论的基本形成，另一方面其中关于生产的典型报道、经验报道的改革经验奠定了党报中国本土化的生产宣传基调，为后来其他党报如晋冀鲁豫《人民日报》、《新华日报》的报道内容与形式树立了典范，使党报同时也成了社会生产与组织动员的枢纽。

三、"可见"的生产：社会主义大机器的祛魅

恢复生产、发展生产是社会主义革命和建设的核心任务，社会主义革命重视生产问题，提倡从改造生产的角度来改变资本主义生产秩序。正如列宁所论述的资产阶级新闻实践经常把资本主义生产过程隐藏起来，使得工业生产、工厂空间成为无法被看到、无法被再现的黑洞，恰好是社会主义传播实践中强调生产文化、生产伦理和劳动者的主体位置，社会主义文化的底色是一种工业文化、工业精神和工业伦理[5]。列宁1918年在《关于战争与和平的报告》中指出：

---

[1] 毛泽东：《毛泽东新闻工作文选》，新华出版社，1983，第90页。

[2] 王凤超、岳颂东：《延安〈解放日报〉大事记》，中国社会科学院新闻研究所《新闻研究资料》编辑部编辑《新闻研究资料》（总二十六辑），中国社会科学出版社，1984，第147页。

[3] 方汉奇主编《中国新闻事业通史》（第2卷），中国人民大学出版社，1996，第767页。

[4] 王润泽：《重塑党报：〈解放日报〉改版深层动力之探析》，《国际新闻界》2009年第4期，第105-111页。

[5] 张慧瑜：《让"工业"变得可见——一种有中国特色的社会主义城市文化》，《上海文化》2020年第8期，第5-10＋124页。

"组织计算工作,监督各大企业,把全部国家经济机构变成一整架大机器,变成一个使几万万人都遵照一个计划工作的经济机体,——这就是放在我们肩上的巨大组织任务。"[1]这种用计划经济来管理社会的方式把国家想象为一架大机器,不同的部门、不同的人处于机器的不同结构中,需要经过严密的组织计划来运转。社会主义之所以依靠计划经济方式来管理,是建立在高度分工和社会协作的现代化大生产基础之上的,而把社会比喻成一架机器,是一种典型的17、18世纪的社会想象,以及对工业社会机械化、机器化和理性化的认知。

在新闻报道中,生产宣传成了打开工业生产、农业生产"黑洞"的媒介,让现代化大生产变得可见,确立一种生产者、劳动者的主体想象,从而发挥群众的历史想象力与创造力,发动他们主人翁的精神,克服社会生产生活中的困难。进而,生产宣传是同根据地独立自主、自强不息精神相匹配的意识形态:生产宣传强调集体生活中生产性的伦理,把高度组织化和纪律性的工业劳动变成一种高度共同性的服务于国家的革命事业和现代化建设,赋予异化的工业劳动以尊严感和价值感,这是一种非常特殊且迥异于西方的现代传播实践。所以,根植于马克思主义新闻观的本土实践,从列宁生产宣传的党报思想中追寻理论来源,从中国共产党根据地新闻事业的革新中寻求演变经验,不仅是探究根据地时期党报党刊经济建设、生产宣传思想的重要方法,也是建构中国特色新闻学的历史路径。

第三节 晋冀鲁豫《人民日报》的生产宣传与组织动员

1946年到1948年作为根据地机关报的《人民日报》一般被称为晋冀鲁豫《人民日报》,其中有两篇报道以"生产宣传"为题,一篇是1947年6月8日的《有声有色的北流村的生产宣传》,另一篇是1947年8月11日的《后池村的生产宣传》。这两篇报道用"生产宣传"来总结北流村和后池村两个基层组织围绕农业生产展开的宣传活动,为了解根据地时期党报生产宣传的新闻实践打开了研究视野。在《有声有色的北流村的生产宣传》一文中提到,"如果你到黎城北流村住上一两天,你也许会惊奇:一个中国山地的农村,竟能有如此的活跃。绕村走一趟,马上看到三块新写的黑板报;隔天到一定时候,房顶上传来音乐

---

[1] 列宁:中共中央马克思恩格斯列宁斯大林著作编译局编《列宁选集(第三卷)》,人民出版社,1995,第45页。

声和喇叭筒里放出的报告；晚上走到麦场里，碰巧锣鼓喧天的小花戏正演得热闹。至于墙头的标语，口中流传的口号，适时恰当而且顺嘴，那更是随时可以看到、听到。这一切活动都集中到一点：推动大生产"[1]。"推动大生产"是20世纪40年代抗日战争时期中共中央提出的政策，强调通过发展农业生产来巩固根据地基层政权，这也折射出"生产宣传"体现出来的一种特殊的新闻传播理念。即生产宣传是围绕着工农业生产展开的宣传活动，用黑板报、大喇叭、小花戏、墙头标语等基层传播媒介来积极参与、介入到农业生产中，使其成为促进生产建设的媒介，其特点是媒介工具就地取材，媒介形态丰富多样又相互互动，土洋结合。

结合列宁关于生产宣传的党报理念和《解放日报》改版的新闻思想，借用晋冀鲁豫《人民日报》中所使用的"生产宣传"概念，可以将生产宣传视为一种新闻介入生产的传播实践，这种立足本土社会生活需要，服务于生产的宣传是党报党刊在基层社会内部展开的基层传播活动。所谓基层传播，是中国共产党在根据地建设中形成的新闻传播传统，借助政党力量下沉到基层参与组织工作，并以基层工作者为中介，以基层群众、社区居民为主体，通过组织化、自组织化、群众化的方式动员群众参与宣传活动。基层传播作为在基层空间里展开的传播行为有三个媒介特征：一是充分利用基层化的媒介，如黑板报、宣传栏等；二是去媒介化的宣传，基层工作者组织群众开会，面对面交流、沟通思想工作等；三是再媒介化，把非媒介变成媒介，如文艺活动，电影放映、歌咏比赛、社区活动等。生产宣传就是一种典型的基层传播方式，由于根据地是贫穷、落后的农村，缺乏现代化的大众媒介，生产宣传需要借助基层化的媒介和群众运动的方式进行新闻生产。笔者以晋冀鲁豫《人民日报》中与生产宣传相关的新闻报道为例，以此呈现作为基层传播类型之一的生产宣传的媒介形态、传播特点和组织机制。

一、媒介形态的基层化与基层传播

基层化的媒体有两种形式：一种是自上而下、下沉到基层空间的媒体，这涉及大众媒体的发行网络如何深入基层的问题；二是基层创办的、为基层服务的媒体，如社区传播中经常讨论的美国社区报，主要报道社区内部事务。在根据地时期，这两种基层媒体形态都曾存在：一方面县级、地区级的报纸借助农

---

[1] 尚枫、江河、东魁：《有声有色的北流村的生产宣传》，晋冀鲁豫《人民日报》1947年6月8日。

村通讯网发行到乡村,将党的政策与方针、工作方法传达到基层;另一方面乡村基层也存在着大量正式或非正式的基层媒体,如黑板报、标语、宣传栏等,以各种灵活的群众传播载体满足基层精神生活与文化需要,生产宣传也主要依靠这些基层化的媒体来展开。

自上而下的基层媒介形态以报纸、广播台和广播筒为主,这些具有现代性意义的媒介昭示着根据地乡村社会的交流方式正在经历由人际传播到大众传播的转变,割据的根据地空间的信息交往也在与全国其他地方实现互联,而生产工作经验的交流有了共时性的可能。以晋冀鲁豫《人民日报》为例的主流党报发行到基层,变成可以在基层阅读的媒体,并通过开办"读报小组"的方式来实现信息在基层的传播,生产宣传也得到基层化的落地。晋冀鲁豫《人民日报》在1946年5月15日的发刊词中提到,"生产运动有些区域并不深入,还须及时检查,求其深入……"[1],而推动民主、经济、文化、交通等各方面的建设工作,"以达到晋冀鲁豫边区进一步的巩固,将是本报出版十分繁重的任务"[2]!笔者梳理发现,自发行以来晋冀鲁豫《人民日报》第二版面的内容大多与经济、生产类新闻相关。随机以1947年8月1日的晋冀鲁豫《人民日报》为例,四个版面,共发表了32篇报道,其中10篇是农业新闻,5篇是纺织生产的新闻;再以8月2日为例,四个版面,共发表40篇报道,其中15篇是关于农业生产的新闻。可见,当时的报纸通过对生产类新闻的主题、数量和内容在议程设置方面的偏倚来突出生产宣传的重要性。

但是,根据地基层群众的"识字率"不高,报纸的向下发行和"读报小组"的作用十分有限,作为听觉媒介的广播筒和广播台的接近性和在地性功能得以发挥。广播筒是一种由铁皮打造的传播介质,由于结构非常简单和制作工艺并不复杂,只需人工传声,在当时的农村广为流行,成为重要的宣传武器和劳动管理工具,"它广播报道了群众生活,省去了很多不必要的会议"[3]。此外,广播台也是根据地时期进行生产宣传的重要媒介,"广播台是后池宣传工作的有力武器之一,全村有一个总电台五个分电台……因为广播时不能详细,各街头市又组织有宣传员,上边广播下边就进行宣传解释,使群众容易接受。模范人

---

[1]《发刊词》,晋冀鲁豫《人民日报》1946年5月15日。
[2]《发刊词》,晋冀鲁豫《人民日报》1946年5月15日。
[3] 王兰榜:《后池村的生产宣传》,晋冀鲁豫《人民日报》1947年8月11日。

物的模范事迹，由广播台广播表扬。因此谁也想上广播台"[1]。可见，尽管在根据地时期没有农村广播网，广播的物质基础也并不充沛，但是，基层中宣传员以口头传播与组织传播的方式弥补传播技术落后的弱点，使得广播成为村庄内部的基层媒介，可以迅速指导群众进行生产活动。

  基层创办的、为基层服务的媒体，较为显著的就是大众黑板报。黑板本身作为现代教室内部的教学用具，是老师板书和传授知识的载体。但黑板报在中央苏区成了一种宣传媒介，从现代教室中教学用具转化为具有宣传功能的"自媒体"，这改变了黑板的属性。黑板报作为一种基层媒体，优点是能够就地取材、技术门槛低、简单方便、更新快、成本比较低，缺点是无法实现远距离传播和移动，只能在小范围传播，这也恰好使得黑板报成为基层单位的宣传媒体，供普通百姓了解和掌握基层内部的公共事务，黑板报所呈现的内容以本土新闻为主。黑板报在生产宣传中的社会功能是对生产中的先进模范提出表扬并宣传先进的工作方法，服务于当时根据地日常生产与社会生活，从而以创造性方式打开工作局面，更好地为其他人提供学习和示范作用。带来的"积极"的宣传效果，就是"上报最光荣"，在群众价值体系中实现媒介行为与政治行为的统一，即在群众意识里，登上黑板报被表扬是一种精神鼓励，是一种值得认可的行为。一块小小的黑板报使得农村空间公共化、社会化，在《后池村的生产宣传》中指出，"大众黑板除平时在街头饭市一般的进行宣传外，在农忙时候就把大众黑板放在村口大路上，每天下午群众从地里往回走时，学校的大学生和教员在那里负责宣传……有的群众觉得莫明其妙说：'人家消息真灵通，和安着无线电一样，咱在地里做活，人家在家就知道了。'好多工作都是通过这样宣传推动起来的"[2]。黑板报发挥着类似于"根据地局域网"的功能，将基层结点中的信息汇总起来，发挥识字教员与文化干部的功能，并利用各种正式和非正式的组织传播先进经验。同时黑板报、通讯员与当时的《人民日报》形成互动，相关先进事迹与经验又会出现在《人民日报》上，出现"根据地时代的互联"经验：黑板报不仅实现了让《人民日报》等机关报传播到基层的功能，而且让黑板成为宣传动员、公共讨论的平台。

---

  [1] 沙野：《深入宣传打破思想障碍元朝全力开展生产》，晋冀鲁豫《人民日报》1948年3月14日。

  [2] 沙野：《深入宣传打破思想障碍元朝全力开展生产》，晋冀鲁豫《人民日报》1948年3月14日。

二、跨媒介叙事的基层传播与文艺创作

除了黑板报、广播台等宣传媒介外，还把一些非宣传媒介媒介化，如用文艺活动进行基层传播。在根据地时期，戏剧、文学、美术、音乐等文艺活动蓬勃发展，这些再媒介化的宣传形式实质上以跨媒介叙事的方式，利用多样化的传播主体，配合着生产宣传，丰富基层精神文化生活，充当着与报纸、画报等大众媒介一样的战争动员和文化宣传的职能。

对于生产宣传的跨媒介叙事而言，所谓"跨媒介"并不等同大众传播媒介的物理组合，而是再媒介化后的文艺活动能够发挥各自效能的化学耦合；所谓"叙事"并非指文本生产者的单向文本创作，而是类似德塞都所言的"游牧民"式的根据地基层群众能够穿梭于各文本之间进行"盗猎"创作。因此，笔者认为生产宣传跨媒介叙事的核心过程在于"再现""互文"和"重建"。"再现"是指一个具有影响力、故事性、传播价值的生产宣传的"元文本"诞生，如"大生产动员""植棉运动""生产竞赛""生产度荒运动"等宣传主题出现后，其他文艺活动保留其核心主旨和重要构成要素，使得群众可以在不同媒介的再现文本中寻找到共鸣。"互文"则在"再现"的基础上要求跨媒介文本除了保留"元文本"的核心故事世界外，还需要挖掘歌舞、广播剧、快板、小品等自身的媒介特性进行改编，譬如《后池村的生产宣传》[1]中就用朗朗上口的快板展现身边劳模刘士炎"生产节约"的故事，由此更能生动地达到呼吁群众进行"生产节约"的目的。如果"互文"已经完成了新的文本形式，"重建"则是受众建构"新意义世界"的过程，基层群众通过观看和倾听通俗易懂、贴近性强的文艺活动，更能够理解其中的故事意涵，进而结合自身的生活实际进行联想、决策，最终影响实际生产行为，达到生产宣传的传播效果。

以北流村生产宣传的跨媒介叙事实践为例，在《有声有色的北流村的生产宣传》中就提到北流村群众开创了一种"综合文娱广播"的形式，"一般的十天一次，结合着村里生产运动的短期计划和总结，用广场的歌舞短剧快板等形式出现。内容大都是从本村生产运动中的各个侧面，收集典型的模范人物，模范事迹编成短剧、快板、花戏等，由小学生和一部分青年男女，登台作简单表演。小学生在课外游戏时间准备，青年男女也是闲时自编自唱，象最近编演的'早种小花戏'和'突击下种的对话歌舞'，因为中心明确，短小活泼，都博得群众好评。一来'当众表演、光荣无比'，再者生产忙碌，需要看看小戏调

---

[1] 王兰榜：《后池村的生产宣传》，晋冀鲁豫《人民日报》1947年8月11日。

剂，因此，综合的文娱广播出现之后，群众普遍要求'登登场'"[1]。这种用"广场的歌舞短剧快板"的文娱活动作为宣传手段是基层传播的一种创新，不仅适应农村的传播环境，更容易让百姓欣赏和接受，把抽象的文字变成一种通俗易懂的"快板、花戏"表演，是一种"群众爱看"的跨媒介叙事，而且"自事自编，自唱自乐"，实现了群众自己创作和表演的自主性，发挥基层文化"自传播"的功能。这种以群众文艺活动为媒介的基层传播，具有三个特点：一是，结合当地文艺题材，便于群众接受；二是，用新的内容来改造旧的文艺形式，把群众自己的故事变成文艺作品；三是，文娱活动是农村公共生活的重要组成部分，把城市广场俱乐部改造为适合乡村、农民的文艺沙龙，本身是对城市文化的借用和改造。

三、"一元化领导 + 群众运动"的组织机制

生产宣传的实现需要有一定的宣传机制，该机制表现出纵横交错的传播特点：一是成立宣传组织机构，形成纵向的组织传播；二是动员基层群众的参与，形成基层的自组织传播。这种纵横交错的组织机制一方面可以利用科层制式的权力系统高效实现宣传领导，另一方面可以利用基层社会内在的镶嵌性来加速宣传落地。

首先，生产宣传纵向的组织传播需要建立在"一元化的组织领导"基础之上，通过政府、村大队、学校等组织依据政策、方针、指令等成立相关宣传部门或者宣传队，并开展规划统一、完整的宣传活动，从而保证党对生产宣传的政治领导及思想方向。在根据地，生产宣传的组织传播最常见的方式之一就是开会，各级党政部门通过开会将各级干部聚集起来，讨论相关的宣传事宜，并通过讨论的方式制定和下达宣传命令。如元朝村就曾针对生产问题，"本月五日县里召开了全县干部会，决定开展宣传突击周，宣传内容上指出：我县上半年的中心工作是生产"[2]，并在宣传方式上指明"干部和学校都要参加这一宣传运动，干部下村首先召开村干大会，然后召开片区群众会，到村则利用各种各样的方式解决群众思想问题"。[3] 还有农村则成立"宣联会"，由其负责人直接参加生产委员会的领导集团，再加上各群众团体的宣传常委作为骨干，成立

---

[1] 尚枫、江河、东魁：《有声有色的北流村的生产宣传》，晋冀鲁豫《人民日报》1947年6月8日。

[2] 李彬：《建设性新闻之辨》，《学术前沿》2021年第9期，第116-126页。

[3] 李彬：《建设性新闻之辨》，《学术前沿》2021年第9期，第116-126页。

专门进行生产宣传工作的单独组织——宣传表扬部。"这个部设正副部长二人（即生产委员会的委员），下分编辑，文娱广播，群众思想教育三组。编辑组以小学教员及北流村'李有才'张玉兴等为核心，负责编写快板花戏等，培养联络通讯员、修改稿件，编排大众黑板报。文娱广播组负责广播台，综合性的文娱广播工作。群众思想教育组，负责民校及群众思想教育。"[1] 这就是一种在基层建立科层化的组织传播模式，保证着党对基层生产宣传队伍的领导，同时也发挥着以学校为媒介的基层战线中文化干部与基层通讯员的作用。

其次，生产宣传横向的自组织传播主要通过小学教员、小学生、基层通讯员等传播主体，通过拉洋片、编快板、演戏剧、办黑板报等方式自觉地参与到生产宣传中来，以群众带动群众的方式让更多的群众参与其中和动员生产。其中，较为典型的就是基层通讯员，发动群众来写稿、来从事文艺创作，实现"自事自编，自唱自乐"的效果。在北流村[2]，教员王东魁作为基层知识分子，他不是替群众"包办"，而是要通过培养写稿积极分子、骨干的方式，让群众成为黑板报的"内容生产者"，让群众成为基层治理经验的贡献者，从而在基层传播过程中更好地贯彻党的群众路线。在培养通讯员，发动群众写稿看报上，北流村还总结了几点经验："（一）发扬群众集体创作，能写则写，不能写给别人说代写。（二）写自己的事本组的事，能写甚就写甚。（三）写稿立功，当众总结写稿成绩，表扬模范。（四）不但经常指导群众报导方针，还得实际帮助写稿，专人负责收稿、改稿等。（五）刊登时尽量发动通讯员自己在黑板上誊写。纵然写得不好，群众却爱看，即他自己也高兴。（六）报后留名。此外，在编排上注意清醒活泼，不写怪字草字，多用快板形式。"[3] 这种培养群众写稿看报的过程，需要王东魁等专业知识分子主动走群众路线，与群众相结合，才能实现"群众办报，群众看报"的效果。群众写稿不仅降低了内容生产的成本，更重要的是群众通过写稿这种高度理性化、知识化的过程成为参与公共事务的主体。

从这种"一元化领导＋群众运动"的组织机制可以看出生产宣传的三个典型特征：一是充分利用基层化的媒介，如广播台、黑板报、快报、文艺活动等；

---

[1] 尚枫、江河、东魁：《有声有色的北流村的生产宣传》，晋冀鲁豫《人民日报》1947年6月8日。

[2] 尚枫、江河、东魁：《有声有色的北流村的生产宣传》，晋冀鲁豫《人民日报》1947年6月8日。

[3] 尚枫、江河、东魁：《有声有色的北流村的生产宣传》，《人民日报》1947年6月8日。

二是高度组织化，借助"一元化领导"来建立分工明确的宣传机构；三是高度群众化或自组织化，让群众参与到基层传播和生产宣传活动中，群众既是从事生产劳动的主体，也是业余宣传员和基层通讯员。只有充分基层化的媒介、有组织的宣传和群众路线结合起来，基层传播才能真正深入基层、深入群众，才能让生产宣传变成一种群众自觉、自主的行为。

第四节　中国现代历史塑造的发展新闻学经验

以列宁的生产宣传思想为源流，重温20世纪根据地时期中国共产党党报党刊的理念变革与新闻实践，可以发现，从苏俄国内将工作重点转移至经济建设上时列宁强调报纸应以生产宣传为重点，到延安整风运动时期《解放日报》的改版突出强调全党办报、群众办报的党性和人民性相结合的理念变革，再到晋冀鲁豫《人民日报》传播生产经验、树立生产模范、组织群众生产运动、促进经济建设的新闻实践，存在一种贯穿于中国现代历史纵向逻辑的继承和发展关系，均体现了新闻介入生产实践、新闻参与社会主义发展的思想内涵。

晋冀鲁豫《人民日报》中关于生产方面的新闻报道，昭示着生产宣传是当时党报党刊中常见且重要的一种报道类型，涉及工农业生产和其他生产建设内容。新中国成立之后，新闻中关于农业生产、工业生产的报道也是重点。直到80年代电视时代，在各级卫视的新闻联播类节目中，关于生产的内容也非常多。但是在中国，由于人们对生产相关的宣传已经习以为常，反而忽视了生产宣传这种宣传类型在世界范围内是一种特殊的新闻实践。在西方的新闻实践中，政治、社会等领域的新闻比较多，与生产相关的报道比较少。由于中国漫长的革命是在帝国主义夹缝中，革命党（中国共产党）依靠人民群众以独立自主武装斗争的方式获取的，因而如何调动基层群众社会物质生产的潜力，在极不确定的背景下获得对抗强敌战争物资，保证人民群众与人民军队的生存发展成为必须面对的问题——这也是第三世界国家要在走向民族独立，成为完全主权国家过程中付出的尊严政治的代价。而党的政治领导与党报新闻宣传的同构性决定了生产宣传的价值内核，使之迥异于西方的社会新闻，成为中国新闻报道中很重要的一种内容形态。

在新闻传播学领域，新闻参与社会发展的理论研究主要是发展传播学，其强调在欠发达地区现代化的过程中大众媒介有助于推广现代技术和发展理念。

但是这种西方媒介社会理论建立在现代与传统的二元对立和从欠发达到发达的发展主义线性逻辑上，试图借助现代媒介和掌握现代媒介的专业知识分子来完成启蒙的现代化方案，把现代性和现代媒介自身制造的空间不平衡转化为落后与文明的时间进步论，并且在相关理论事业中将美国视为山巅之城，作为现代化的模板，忽视了欠发达国家在现代化进程中的特殊性。生产宣传对于生产经验传播的强调在一定程度上与发展传播学探讨的技术经验扩散不谋而合，但二者在理论前提和新闻功能上"完全不可同日而语"[1]。正如罗杰斯于1976年发表《传播与发展：主导范式的消逝》来反思发展传播学的现代化范式："中国、古巴、坦桑尼亚和智利等第三世界国家的实践情况证明，一定存在主导范式之外的选择项。"[2] 而生产宣传的基层传播实践就来自马克思列宁主义政党的发展史和中国现代革命史。这种带有鲜明中国特色的发展实践是在特殊的革命战争时期所培育出来的，相比西方现代化的发展传播学范式，生产宣传的实践不仅强调"发展"本身，更着重突出了"为什么发展？""为何发展？""走向什么样的发展？"等关乎发展主义本体论的追问，更启示我们在当下思考"中国式现代化"的新闻传播事业发展路径。

以列宁新闻思想和根据地党报党刊的理念变革与新闻实践为依据，生产宣传主要有三大特点。一是生产宣传服务于第三世界国家的生产建设与生存需要。相对于发达国家，第三世界国家在生存与建设过程中，不仅需要完成现代化，同时也面临如何避免发达国家利用现代化钳制其发展的问题。所以，扎根本国国情的生产宣传，更强调的是围绕生产和生存的问题，发挥本国不同地区民众的勤劳智慧以及创造力，在政治与技术、宣传与生产相结合的过程中，以勤劳革命与尊严政治的方式来获得发展。这是一种第三世界的发展新闻学[3]，即用宣传手段服务于生产和社会发展的传播理念。二是生产宣传除了以报纸报刊作为传播媒介外，还善于对非媒介再媒介化，以人民群众喜闻乐见的方式进行宣传动员。在落后、贫苦的农村地区，缺乏现代化的大众媒介，也没有资本支撑高成本的传播活动，生产宣传需要充分利用"物美价廉"、就地取材的基层化媒介来实现宣传效果，这就是黑板报、广播台以及文艺演出活动等成为基层传播的媒介形式，以回应大众媒介的稀缺性和高成本问题，同时在这个过程

---

[1] 李彬：《建设性新闻之辨》，《学术前沿》2021年第9期，第116-126页。

[2] E.M.Ragers: "Communication and Development: The Passing of the Dominant Paradigm," *Communication Research* 3, no.2（1976）: PP.213-240.

[3] 李晖：《论发展新闻学的发展分期》，《国际新闻界》2012年第7期，第72-78页。

中发挥基层传播与基层文化的活力,避免大众传媒过度扩张带来传播单一,反馈匮乏,乃至异化的情况。三是生产宣传作为一种基层传播形式,其传播过程也是主体塑造、政治动员的过程。不是自上而下的现代启蒙和现代化"灌输",而是群众参与新闻生产,成为内容生产的主体,这改变了大众传播中受众的被动状态,借助组织传播和群众路线实现"群众办报",也使得新闻实践本身带有政治民主化的意味。综上,生产宣传是一种有中国特色的、适合中国国情的发展新闻学。

第十二章　卫生宣传：公共卫生、群众路线与基层传播

2020年新冠疫情的全球暴发，使得公共卫生危机成为全球重大灾难。中国在疫情防控上取得了举世瞩目的成绩，其中比较重要的原因之一是中国采取了联防联控、群防群治的举措，尤其是做好了社区防疫和基层防控的工作。这种深入基层的治理方法，是中国政治和社会管理的特殊经验，既与自上而下的行政化的基层管理制度相关，又与群众路线作为执政党密切联系群众的工作方法有关。尽管在市场化改革中，原有的高度组织化的单位制逐渐向商品化的社区制转型，但行政化的基层管理依然是中国社会治理的重要组成部分，并且借助驻村干部、送文艺下乡、送科技下乡、送医下乡、扶贫攻坚等制度化的手段，来缓解城乡二元格局的差距，让基层也能分享到更多文化、医疗、教育、发展等公共资源。这种朝向基层的制度逻辑来自20世纪20年代以来中国共产党所进行的根据地建设经验，正是通过对基层的动员和社会改造，使得中国革命、社会发展可以聚集人民的力量。本章从基层传播的概念出发研究解放战争时期晋冀鲁豫根据地的公共卫生宣传，以晋冀鲁豫根据地机关报《人民日报》中关于卫生、防疫、医疗制度的报道为主，探究在贫瘠、落后的农村地区进行公共卫生宣传的中国经验。公共卫生工作不只是涉及健康、医疗、救助，也与社会治理、现代化发展等问题相关，尤其是对于中国这种第三世界国家来说，需要建立一套适合农村地区的低成本、高覆盖的公共卫生制度。这些在战争状态下形成的公共卫生措施，既为穷苦百姓提供基础的医疗保障，又缓解了农村缺医少药的现状，这些历史有助于理解新中国成立以来的公共卫生制度，这也是健康传播的中国经验。

第一节　基层传播与公共卫生宣传

基层传播是指发生在基层空间里的传播行为，是20世纪中国政治、社会变

革过程中形成的新闻传播理念。基层传播是借助基层化的媒介进行基层动员和社会建设，如黑板报、宣传栏、壁报、标语、歌咏比赛、广场舞、爱国卫生运动、垃圾分类宣传等都属于基层传播的范畴。这个概念一方面可以把20世纪历史中发生过的新闻经验描述出来，尤其是像中国这种第三世界发展中国家，传播媒介更加主动地参与到经济、社会建设中，扮演着发展传播学的功能；另一方面也可以用基层传播来研究和分析当下时代构建社区文化和乡村文化建设的经验，如县级融媒体改革、网络基层空间治理、乡村文化振兴等。基层传播的历史经验起源于中国共产党在根据地时期对农村、偏远地区的战争动员和文化社会建设。在物资匮乏、技术落后的背景下，根据地采用"就地取材"，如刷标语、办黑板报、油印小报等方式，通过基层化媒介来深入基层，对文化水平不高的群众进行宣传和教育工作，让普通群众不仅成为基层媒介的阅读者，也成为媒介生产的参与者。正是这些扎根于基层单位的文化传播手段，使得非现代的、非都市的群众主体在战争中完成文化启蒙，从愚昧的、落后的状态变成理性化的、有行动力的主体。[1]

在西方传播学中，社区传播是研究社区空间的传播现象，如美国社区文化中的社区报传统，社区本身是西方社会学研究的基本单位。基层传播与社区传播有相似之处，区别在于这两个概念来自不同的历史脉络，社区与西方发达国家的现代经验有关，基层则是中国现当代历史中形成的概念，联系着第三世界、发展中国家的经验。抗日战争时期，晋冀鲁豫根据地是与晋察冀、陕甘宁并列的三大边区之一。1937年抗日战争全面爆发之后，中共中央北方局、八路军总部命令八路军一二九师到太行山地区，在冀鲁豫平原开拓了晋冀鲁豫根据地，大致地理位置是津浦路以西，石德、石太路以南，同蒲路以东，陇海路以北，形成横跨河北、山西、山东、河南、江苏五省的抗日根据地。[2] 面对外部强大的敌人，通过游击战、群众运动的方式创建根据地，让敌后根据地这一高度流动的临时空间成为保存实力、发展生产的地方，这就需要文化宣传来启蒙、动员广大群众成为根据地建设的主体。

从这里可以看出，基层传播具有三种社会功能：一是媒体工作服务于社会生产，工农业生产技术和经验的交流通过媒体来实现；二是在基层工作中重视媒体的作用，充分利用黑板、标语和宣传栏，在基层建立各种形式的"自媒

---

[1] 张慧瑜：《触摸二十世纪的基层传播文化经验线索》，《社会科学报》2020年2月13日，第6版。

[2] 齐武：《晋冀鲁豫边区史》，当代中国出版社，1995，第1页。

体";三是强调群众参与基层媒体和宣传活动,群众是基层媒体内容的生产主体,具体表现为基层通讯员、群众写稿等。上述基层传播在根据地治理中的实践,就是基层传播这个概念的历史来源。20世纪90年代随着中层理论的兴起,根据地研究也从革命史、现代化史主导的范式转向社会史和文化史,对基层治理、文化建设、经济等问题进行了深入的讨论,其中,医疗、防疫、卫生也受到重视,也有了一些相关研究。本章从基层传播的角度,研究公共卫生宣传的一些特色,主要基于以下几个原因。首先,宣传是一种社会治理,卫生、防疫也是社会治理的一部分。其次,把公共卫生与生产宣传结合起来,形成以劳动者、生产伦理相结合的传播制度。再次,流动诊治,流动诊所/医院、卫生巡疗队等制度不仅是基层医疗新机制,同时也是移动的宣传队。最后,在医药制度方面,提倡自力更生,充分挖掘中医的资源。另外,不管是宣传、诊治和药材,在重视专业化的医务工作者的基础上,坚持走群众路线,重视群众动员的力量。这些都是有中国特色的健康传播的历史经验。

第二节 内嵌于生产的健康传播

近代以来,现代卫生理念随着西方传教士进入中国,与卫生相关的一系列关于健康、身体、科学、医学等现代性话语也开始改造传统中国。卫生不只是医学、疾病等病理学概念,也是一套现代性的治理术和现代价值,在这个过程中形成了中医与西医、国学与西学等一系列中西二元价值对立的理念。民国时期,西医/现代医学成为国家现代化建设的组成部分。20世纪二三十年代在民国乡村建设运动中,除了文化扫盲之外,现代卫生理念成为改造乡村的重要内容。与之相平行,在井冈山、苏区等红军根据地,也把医疗作为军事后勤和地方治理的组成部分:一是为了战争救治的需要,二是把包括卫生在内的现代观念传播到落后的农村地区。在残酷的游击战争中,红军也建立了随部队流动的医院和药厂,抗日战争时期出现了两种医疗卫生制度:一是建立流动医院,而不是固定医院,尤其是抗日战争时期在国际友人白求恩的帮助之下,建立了适合战争状态的游击医疗制度;二是通过群众路线充分发挥百姓的力量,把伤病员分散在老百姓家里进行医疗救护工作,以及动员百姓组成担架队,帮助伤员运送。这些都成为根据地时期最为常见的医疗卫生制度。本章所研究晋冀鲁豫根据地《人民日报》中的公共卫生宣传,涉及三个问题:一是把公共卫生宣传与社会生产结合起来；二是建立流动诊疗所，满足基层群众在地就医的需要；三是药物生产采用就地取材的方式，节约医疗成本。这些制度机制既能满足普通百姓的基础医疗保障，又能节约现代医疗制度成本（管理成本和就医成本）。

毛泽东在对《晋绥日报》编辑人员的谈话中说道："报纸的作用和力量，就在它能使党的纲领路线，方针政策，工作任务和工作方法，最迅速最广泛地同群众见面。"[1] 也就是说，党报的基本功能是成为党与群众沟通的平台，是把党的纲领、方针政策向群众传达的中介。在根据地时期，除了军事、政治斗争外，生产是社会和经济领域的核心问题，因此，党报高度重视生产问题，出现了为了生产、服务于生产的生产宣传。

"生产宣传"来自晋冀鲁豫《人民日报》的一篇报道，在这篇《有声有色的北流村的生产宣传》中，报道了北流村促进大生产所采用的多重宣传手段。这是一篇典型报道，其"典型"意味包含两个层面：一是把个案、地方经验树立为典型，登报是一种对典型的表扬和认可；二是借助报纸来推广一种模范经验，供其他地方来学习。通过树立典型以及对典型的宣传是党报介入社会治理的重要方式。在这篇报道中，提到了三种"生产宣传"的媒介——大众黑板报、广播筒和综合文娱演出。第一是大众黑板报。"大众黑板报在北流真正做到了群众办报。全村三块黑板报，两天换一次，稿子还登不完。许多工作是通过大众黑板的表扬和报导而活跃起来的。"[2] 黑板报是根据地时期在农村发明出来的一种基层宣传媒介，一方面把教学功能的黑板转变为具有传播功能的黑板"报"，另一方面教室内部的黑板也转移到室外的墙上，成为群众阅读的平面媒体。[3] 黑板报的特点有三个：一是制作简单、成本便宜；二是深入基层内部，成为普通群众触手可及的基层媒体；三是群众是黑板报的作者，是实现群众办报的中介。第二是广播筒。广播筒也是一种简易的广播媒介，相比报纸、黑板报等以文字为主体的传播方式，广播的优势是可以用声音、口语这种更通俗的方式实现传播。群众把黑板报和广播筒结合起来，"凡是登出的稿子，都

---

[1] 毛泽东：《对晋绥日报编辑人员的谈话》，《新闻实践》1997年第9期，第9页。

[2] 尚枫、江河、东魁：《有声有色的北流村的生产宣传》，晋冀鲁豫《人民日报》1947年6月8日。

[3] 田中初：《黑板报："全党办报、群众办报"的一种实现方式——以中国革命根据地实践为视界》，《新闻与传播研究》2008年第4期，第38-44页；李文：《群众办报思想的重要实践基础——黑板报》，《新闻知识》2008年第3期，第64-66页。

要由广播筒广播一次使不识字的人也能不出户而知天下事"[1]。同时,广播筒还能迅速指导生产活动。"就象在四月底一夜落雨二、三指,第二天群众还有等待继续落'透雨'的思想,这时生产委员会,便抓住王文记趁墒赶种的活事实,广播台号召群众趁墒种棉。大家一听广播种棉,纷纷扛犁拿籽,完成了五百余亩的棉花下种。随时广播成绩,表扬模范,效力也特别大。赵记良大队经过广播,全队感到光荣,生产劲头提高,自动召开小组长联席会,研究如何更进一步推动生产。"[2]除上述两种媒介之外还有综合文娱广播,也就是群众参与的文艺演出活动。这些演出活动通常与村里生产运动相结合,以戏曲、短剧、快板等人民群众喜闻乐见的艺术形式出现。传统艺术形式还与广播这种"新媒体"结合起来形成综合文娱类的广播节目,不仅极大丰富了广播内容和群众的娱乐生活,而且充分调动了农民的劳动积极性,"上报纸""滚圪筒""登登场"[3]成了老百姓引以为豪的光荣事件。这种丰富多彩的宣传文艺活动背后是依靠群众的宣传组织如"宣联会",正是这种宣联会使得宣传、文化也能在落后、贫瘠的农村发展、开展起来,也是动员群众和组织群众进行"自事自编,自唱自乐"的自助式文化创作与参与机制。

公共卫生宣传也与百姓的生产活动结合起来,把卫生、医疗的理念融入生产宣传中。在1947年4月15日的《人民日报》中有这样一篇报道《黎城东关骡马大会 群众买了四百牲口》。这是一篇关于"黎城东关旧历二月初十的骡马大会,以时事教育为重心,树立人财两旺发家致富的思想,通过这次大会,调剂了农具"的新闻。从这篇报道中可以看出在"骡马大会"中设了"生产、卫生二馆","小学教员结合医生共同进行宣传,各高初小剧团、鼓词队共九个单位以小花戏、广场剧、扭秧歌进行宣传,四百五十张传单,顿时抢完了。群众挤拥到卫生馆,猛看见画着斗大的五大害虫——蝇、蚊、虱、蚤、臭虫和疟疾等几十种传染病图,一个个都注视着追问到底:养小孩怎样接生,怎样才能防止病的传染。生产馆内最显著的有两轮大纺车,刘仲景的纺织小型合作,靳玉良的植棉经验,杨仲和的种靛技术,一个五十多岁的老汉,看到种棉图时抢着

---

[1] 常江河:《黑板报与广播台 农村来信之二》,晋冀鲁豫《人民日报》1947年8月15日。
[2] 尚枫、江河、东魁:《有声有色的北流村的生产宣传》,晋冀鲁豫《人民日报》1947年6月8日。
[3] "上报纸""滚圪筒"分别指个人事迹被报纸、广播当成典型报道并传颂;"登登场"指当众表演娱乐节目。根据《有声有色的北流村的生产宣传》报道,这些媒介形式在北流村产生了广泛而深刻的影响,形成"上报最光荣""人人都愿滚圪筒""各个都想登登场"的积极氛围。

说：'怨不得咱去年没捉住苗儿，原来咱去年种的有点太深了，后来出来几根也没有去打杈，秋天花圪桃就没有开好，今年咱可得照那靳玉良的种花办法去执行哩！'妇女们看到大纺车，就亲自抽纺一纺，一个老太婆说：'这车一天就纺一斤多花，俺回去也叫木匠给做一个'"。[1] 骡马大会是北方地区农村经常出现的牲畜交流大会，骡子、马也是北方农村重要的牲畜。从这篇报道中，可以看出两种媒介使用的转化。第一种是"旧瓶装新酒"，借用骡马大会作为乡村牲畜交易的形式，植入生产和卫生的理念，借机推广先进的纺织技术和卫生观念，使得骡马大会这个"旧瓶"装入了新的内容。第二种是"中西合璧"，生产馆、卫生馆是一种起源于西方工业时代的展览会的传统，借举办展览会来呈现西方最新的科学、工业技术，带有西方中心和殖民主义色彩，这种新的展览形式被挪用到农村的骡马大会，从而实现了把西方的形式与中国的传统结合起来的效果，不仅让群众了解了"五大害虫"的危害、接生、预防传染病等公共卫生知识，而且推广了纺织合作、植棉经验、种靛技术等生产理念。这种公共卫生推广是一种内嵌于农业生产的宣传策略，借用骡马大会的旧形式，贴合农村的实际情况。

骡马大会不光可以进行生产、卫生宣传，也能够进行文化交流，有一篇报道是新华书店就利用骡马大会来开始"流动书店"，用这种方式推销新的图书和知识。"华北新华书店为扩大读者群，利用……骡马大会，派人担去书籍文具开设流动书店，得到群众热烈欢迎，翻身农民争购通俗读物，儿童们买课本、纸笔等。总计两次售出十万余元的书籍。最近该店正准备参加涉县……骡马大会，特为流动书店制备粗布棚，画广告画。该店今后将继续以流动书店方式推销书志，将出版的新书迅速送到读者手里。"[2]

第三节 空间再造与流动诊所

1946年6月14日在晋冀鲁豫《人民日报》中有一篇题为《加拿大助华总会代表抵邯 盛赞边区卫生建设》的报道描绘了边区医疗卫生状况："一日分别访问边区卫生局流动诊疗所，天主堂眼科诊疗所及福利托儿所，当日下午由边区

---

[1] 济川、怀良、文显、时顺：《黎城东关骡马大会 群众买了四百牲口》，晋冀鲁豫《人民日报》1947年4月15日。

[2] 一山：《新华书店设流动书店》，晋冀鲁豫《人民日报》1947年3月28日，第2版。

卫生局朱琏局长陪同前往参观邢台边区国际和平医院总院，暨天主教堂与耶苏教堂附设医院，威县公立医院，临清边区国际和平医院分院等共历时四天。"[1] 从这篇报道中可以看到边区医疗卫生工作受到海外援华的支持，在根据地有这样几种医疗机构：受海外资助建立的国际和平医院、天主教堂等宗教力量的附属医院、公立医院以及流动诊疗所。总会代表认为根据地在物质贫乏的情况下，依然做出了很大的成绩："边区在如此困难的物质条件下，医药卫生工作作出这样大的成绩，衷心表示钦佩。他说，在临清参观国际和平医院时，亲自访问、检查过五六十个伤病员，人人都是精神愉快，面色红润，说明营养很好。他发现这五六十个伤病员中，没有一个人生过褥疮，他十分惊讶，认为这是边区医务工作作得有成绩的说明。"[2] 之所以会取得成绩，与根据地所进行的公共卫生制度工作有关。其中，比较有特色的就是流动诊疗所，满足了基层群众在地就医的需要。

在《今日的"丛台"记边区卫生局流诊所》中报道了邯郸地区被解放后建立流诊所的情况。这篇报道从"丛台"的变化入手，通过对比"丛台"这一封建时代的贵族遗迹的古今变化，从日本占领后供日军将领享乐的"丛台公园"变成"救人活命的圣地"，也就是边区卫生局和流动诊疗所的地方，来论述古老的"丛台"获得了新生。流诊所是一种临时成立的卫生机构，一方面看门诊，另一方面也出诊。报道中提到："卫生局流诊所迁来邯郸'丛台'，才不到两个月，却在群众中留下不少的佳话。北门里有个木匠叫胡祥，三月间突然得重病，几乎死去，家里又很穷，急得他年老的母亲整天啼哭，这事被流诊所的医生知道了，自动上门，义务地替他治疗了一个多月，这个木匠现在已不仅能吃饭走动，还能作些轻微的劳作。另外一个油精厂工人，老婆'羊水'（衣包水）破后一昼一夜，还不能分娩，产妇和家人都焦急得不得了，但又毫无办法，后来听说公家有个流诊所，连忙派人去'丛台'求助，结果他们得到满意的答复，赵医生连夜赶去，而且直至深夜，卫生局朱局长和刘科长，听说确系难产，又冒着大雪从'丛台'赶到西南庄（那是三月下雪最大的一夜），直至产妇安全地分娩后才走，过后每天还派人去替产妇与婴儿洗涤，待产妇完全安全时为止。

---

[1]《加拿大助华总会代表抵邯 盛赞边区卫生建设》，晋冀鲁豫《人民日报》1946年6月14日。

[2]《加拿大助华总会代表抵邯 盛赞边区卫生建设》，晋冀鲁豫《人民日报》1946年6月14日。

虽然是这样,流诊所却拒绝接受这个工人的分文药费。"[1]

从这篇报道中,可以看出流诊所是一种流动的诊疗所,有这样几个特征:一是为群众提供送医上门的服务,不是病人到医院,而是医生到病人家中看病;二是费用比较低或者免费治疗,让穷人也能看得起病;三是流诊所还承担着基层防疫的职能,"他们在防疫工作上,四月份与大众医院等合作,替市区及市郊群众(多是小孩)施种牛痘,共四千二百余人。经他们训练种痘手术,发给痘苗给小学教员回去种的,还没有计算在内"[2]。这个流诊所就是一种基层的卫生所,承担着为基层群众提供基本的医疗、卫生服务的职能。流诊所的创新机制在于"流动"上。医院、诊所是一种固定的看病、治疗的空间,也是西方现代医学的产物,这是一种适合城市的、并能承担看病成本的前提下的医疗制度。对于农村或者落后地区,这种高成本(建医院、看病的成本等)的医疗机制并不适用。在这种背景下,为了满足农村和欠发达地区的医疗需求,机动灵活的流诊所是一种节约成本、又能满足医疗服务的创新机制。这种流动医院很大程度上来自根据地时期的流动医院的尝试。1938年9月国际友人白求恩在晋察冀根据地建立一所模范医院,有正规的手术室、换药室、药房、化验室,还有一台高倍显微镜。病区设在几个大院里,有接待室,值班室。[3]但是,很快这所医院就在日军的"扫荡"中被烧毁,白求恩也意识到机动灵活的流动医院和流动手术室更适合战争的状态。白求恩编写了《游击战争中师野战医院的组织和技术》一书,分别对卫生工作如何组织、医院建设、机构设置、换药及外科手术如何开展(占全书一半内容)、术后如何康复、手术室工作、换药方法、怎样制造使用器械以及一些常见内科病(疟疾、流行性感冒、痢疾、腹泻)的治疗进行了介绍,[4]总结了在敌后游击战中进行医疗救治的经验。

在卫生宣传中,重视对医生典型和模范的树立,如秦祥云、李克让[5]等。秦祥云(1896—1962)是一名壶关当地名医,以模范医生的身份成为壶关县议员。他推动该县全县61名医生,56家药店加入了各区村的医药合作社,集中力

---

[1]《今日的"丛台"记边区卫生局流诊所》,晋冀鲁豫《人民日报》1946年5月16日。

[2]《今日的"丛台"记边区卫生局流诊所》,晋冀鲁豫《人民日报》1946年5月16日。

[3] 冀国钧、张业胜编著《诺尔曼·白求恩在中国》,中国协和医科大学出版社,2007,第49页。

[4] 冀国钧、张业胜编著《诺尔曼·白求恩在中国》,中国协和医科大学出版社,2007,第65页。

[5]《模范医生李克让 奔走前线为群众治病讲解时事》,晋冀鲁豫《人民日报》1946年10月26日。

量为群众治疗疾病。"每当时疫流行,秦先生即组织临时医疗队,分赴各村工作。该县政府因秦先生奔走劳碌,特赠给骡子一头。"[1] 这种模范牵头,以合作社方式整合医疗资源,以流动医疗的方式解决看病难的问题,并不是特例。安泽模范医生李克让等四十二人,亦是以旧有的医药合作社为基础,既成立医生参战服务站,又成立参战服务巡疗队,每天自动去找着给病人看病。这种模式,为后来的赤脚医生在全国的推广提供了参考。新中国成立之后,面对偏远地区、农村、牧区,这种流诊所依然是一种重要的为基层群众服务的医疗制度,其优势一是可以实现医疗资源从城市向乡村转移,二是病人就近救治,甚至医生"自动上门",三是成本低。这种制度得以成立的前提,是医务工作者成为流动的主体,他们不只是掌握医疗知识的专家,也是实现医疗资源从城市向农村进行逆向流动的主体,这需要用人民立场、下基层等特殊的医疗制度才能实现。

1931年毛主席视察医院,当贺诚同志汇报到药品器材仍然缺少时,毛主席说:"这些都要自己动手,解决困难。"在毛主席支持下,苏区自力更生办起了中国工农红军医药卫生器材厂,生产急需的药品器材。1934年毛主席在《我们的经济政策》一文中说:"……自己织布,自己制药和自己制糖,也是目前环境中不可忽视的。"[2] 在这里,毛主席分析了伤病的原因,谈到药品缺乏的困难,指出了在当时苏区物资极端匮乏的情况下,解决困难的办法是依靠自身。这种依靠自身的就地取材方式,就是要减少对外界的依赖,立足根据地生存环境,发挥自身的造血功能,此后逐渐形成了根据地自身药物事业的传统。纵观根据地到解放区时期,为了达到药材生产自给,不少医院和卫生队建立了制剂室和采药队。我军最早的制药厂是1931年在井冈山地区创办的中国工农红军医药卫生器材厂。到了抗日战争时期,1939年1月在陕甘宁边区赤水县清水源李家村,由李维祯等同志创建了八路军制药厂(即八路军卫生材料厂,今西安制药厂的前身)。华东军区的新华制药厂1943年在山东省胶东牙前县(已撤销)后垂柳村创建,第一任厂长由胶东军区卫生部材料科副科长刘浪兼任。

革命战争时期解放区的医药生产面临着药材缺乏、制药设备简陋、敌人干扰与封锁等困难。尤其是敌人的干扰封锁,使得进入根据地的医疗资源永远都是不足的。对于解放区而言,医疗资源关系到解放区战力的恢复能力与人民的

---

[1]《简讯》,晋冀鲁豫《人民日报》1946年10月15日。

[2]《我们的经济政策》,央视网,2002年9月14日,http://www.cctv.com/special/756/1/49529.html。

健康状态,关系到生产力与生存状态。这种情况也决定了解放区医药生产具有生产紧密结合需求:需要什么就生产什么,解决有无问题。这种解决更多是功能层面的解决:一是充分利用民间资源,收集各种民间验方,配制成各种中药;二是自己设计药品器材,利用当时有限的资源研发了许多药品和器材,而非使用更为科学的西药。之所以这么做,一方面是因为红军不具有建立现代西药工业体系的能力,另一方面是资源严重匮乏,只能因地制宜充分利用当地资源,利用当地有利条件克服困难,创造出符合生产药材的基本条件。同时,资源的潜力开发也遵循着某种战时共产主义的逻辑,适应战争环境组织军事化生产,也就是生产是为了战争的需要,生产的组织管理也必须服从战争环境的要求,一切军事化,工人既是生产者,也是战士,常常一方面生产,一方面又要作战,遇到扫荡就参与战斗。

战争的严峻局面使得生产药材与培养人才同步进行,学生也是工人,一面学习,一面参加生产;工人也是学生,一面生产,一面学习文化,学制药技术,这为解放后发展制药工业培养了一批领导力量。革命战区医药生产,在医药工业极端不发达的情况下起步,适应了当时中共解放区生存发展的需要。更为重要的是,形成了其培养人才的体制。八路军制药厂还开办了制药训练班,毕业27人,计划训练两年,但因急需用人,于1940年4月提前毕业,分赴华北、晋北、晋西南等地区,为各解放区筹办制药厂补充了技术人员。1941年至1945年成立药科学校,培养了三期学员,毕业生近80名。除此之外,也培养了干部,准备了一批领导干部和技术干部,例如李维祯、马崇兴、吴补渊、胡嘉漠(留法化学博士)、郭晓霆等。[1] 在这个过程中逐渐形成了中国医疗体系自力更生的传统,我军各级卫生单位将战争时期这种自力更生、利用当地资源生产自救、创新生产关系、克服药材困难的优良传统一直保持到今天。"文化大革命"期间,药厂停产,各医院药房迅速组建小药厂,生产各种急需药剂,保证了必不可少的军需民用,这就是继承与发扬自力更生优良传统最好的见证。

第四节 群众路线与卫生宣传相结合

在中国漫长的革命过程中,形成了将群众路线与公共卫生宣传相结合的、

---

[1] 金进:《革命战争时期解放区的医药生产》,《中国药学杂志》1986年第3期,第167-169页。

有中国特色的健康传播经验。这种形成于革命根据地时代的健康传播经验，通过群众路线，将此前被排除在国家健康体系之外的广大民众吸纳成为医疗体系服务的对象。面对数量如此巨大的服务对象，根据地在资源极端匮乏的情况下，形成了普惠式的根据地的卫生工作传统。

根据地的卫生工作主要由三个部分组成。一是培养专业的医护人员，包括吸收城市医务知识分子、国际友人参与根据地的医护工作，重视专业知识分子的作用。利用专业医务知识分子培训了大量卫生人员，建立医务技术干部和卫生机构除了专业性外，要突出为人民服务、下基层的面向，现代化的不足和缺乏，培育逆向流动的医务工作者，就像流动诊室、所一样，在流动中完成百姓的救治工作。二是建立机构化的医疗制度，提高覆盖面，如新中国成立以来成立了四级医疗、防疫制度，乡村有卫生站，县城有医院，机构化和公立化的。三是筹集药品器材，一方面想尽办法去敌占区购买，另一方面结合中医、药材，土法炮制、自力更生，在不断实践之中提高医疗水平。在这种背景之下，基层医疗工作也非常重要，形成了两种基层医疗经验。一是吸收在地的医护人员，完成基层、村庄内部的医疗卫生防护的自给自足，如赤脚医生制度，被认为是低成本、高覆盖的，符合第三世界经验的公共卫生制度。二是把公共卫生工作与群众工作结合起来：一方面卫生宣传、防疫通过群众运动、群众动员的方式，让群众掌握现代卫生理念，包括用标语、宣传栏等方式，深入基层宣传公共卫生理念，对于非现代、落后的乡村来说，这种群众运动式的公共卫生普及，可以迅速地实现效果；另一方面，卫生防疫工作也是群众运动的中介，群众运动在公共防疫、打扫卫生的过程中，完成了公共性的赋权和公共意识。

正是在这种背景下，新中国成功克服了血吸虫病，这是防疫专家与群众联防联治的产物。[1] 卫生防疫与群众路线结合变成群众路线的一部分，尤其是医疗卫生方式。正是这种立足中国社会发展实际、坚持走群众路线的基层公共卫生与健康传播的经验，让中国人民生活水平有了逐步提升，并在这次新冠疫情中经受住了考验。从中国特色健康传播经验的历史发掘来看，其无疑提供了一个从社会发展视角来了解健康传播问题的视角，让人们重新发现第三世界的维度，立足第三世界的现实而非想象来思考"整体健康"。[2]

---

[1] 易莲媛：《"送瘟神"与新中国公共卫生事业》，《读书》2020年第10期，第3-10页；易莲媛：《"群众科学"与新中国技术政治研究述评》，《开放时代》2019年第5期，第63-75页。

[2] 王维佳：《社会发展视角下的健康传播——重访20世纪"第三世界"的历史经验》，《兰州大学学报》（社会科学版）2020年第2期，第58-67页。

第十三章　社会教育：性别、主体改造与基层传播

基层治理是中国共产党在根据地时期形成的组织群众、动员群众的政治传统，基层传播则是基层治理过程中形成的文化、传播实践，正是通过读书会、读报小组、群众文艺（如歌咏比赛、联欢晚会、写作比赛）等文化活动以及广泛借助黑板报、幻灯、电影（露天电影）、广播（乡村广播）等传播媒介，从根据地时期到新中国成立以来，基层单位才得以成为塑造人民群众当家作主的社会空间。本章以晋冀鲁豫根据地的冬学运动和20世纪60年代表现基层妇女业余教育的木刻作品《学习》为例，从基层传播的角度分析冬学运动如何内嵌于乡土社会，成为生产教育、妇女教育、革命教育的中介，是一种充分利用在地资源并完成社会改造的低成本、高效率的社会教育模式。1944年延安"新教育"方针发表，对冬学运动的教育模式、组织方法进行了反思，形成了以群众路线为方法，与生产、时事教育相结合的"新冬学"，使得冬学成为"一切工作的火车头"，冬学变成了一种政治工作和群众工作的媒介。新中国成立之后，在偏远农村地区还广泛采用冬学模式进行社会教育工作，显示了根据地时期的社会实践与新中国的延续关系。

第一节　"新冬学"：晋冀鲁豫根据地冬学运动的调整

冬学作为一种利用冬季农闲时间开办的季节性学校，在古代就有"冬学"的说法，如南宋陆游《秋日郊居》（其七）中"儿童冬学闹比邻，据案愚儒却自珍。授罢村书闭门睡，终年不着面看人"，对于"冬学""村书"的含义，陆游的解释是"农家十月乃遣子入学，谓之冬学，所读杂字、《百家姓》之类，

谓之村书",冬学是农家十月进行的一种古代私塾教育[1]。在抗日战争时期,中国共产党把冬学作为农村社会教育的主要形式。在根据地的社会史和教育史中有一些关于冬学的研究,把冬学作为北方地区群众教育的方式,研究其组织方式、师资、教学内容等。目前对根据地时期的冬学运动研究涉及历史、政治学、社会学、教育学、农业发展等不同的学科和领域[2],主要有三个角度:一是教育史,强调冬学在识字、扫盲等方面的作用[3];二是社会史,分析冬学的组织

---

[1] 李屏:《儿童冬学闹比邻——宋代私塾中的学生生活》,《河北师范大学学报》(教育科学版)2011年第13卷第5期,第35-40页。

[2] 从近些年与冬学研究有关的学位论文中能够看出涉及历史、社会学、教育学、政治学、农业等学科。比如罗朝晖:《山西抗日根据地冬学运动与乡村社会的重构》,山西大学硕士论文,2005年;周江平:《抗日根据地冬学运动述评》,湘潭大学硕士论文,2006年;郑几纬:《延续与转变:建国初期的冬学运动(1949-1956年)》,中国人民大学硕士论文,2008年;武慧:《山东抗日根据地冬学运动中的民众政治动员研究1937-1945》,华东师范大学硕士论文,2009年;张凤娟:《晋察冀抗日根据地的冬学运动与社会变迁》,河南大学硕士论文,2010年;李雪:《华北抗日根据地冬学运动研究》,华中师范大学硕士论文,2010年;陈伟:《华中抗日根据地冬学运动研究》,扬州大学硕士论文,2010年;李亮:《新中国初期河北省冬学运动研究》,河北师范大学硕士论文,2011年;何柳:《冬学运动:农民政治社会化的途径》,华中师范大学硕士论文,2011年;赵君:《抗战时期晋绥根据地的冬学运动》,山西大学硕士论文,2013年;张阳:《山东解放区"冬学"运动研究》,山东师范大学硕士论文,2014年;张晋:《抗战时期晋冀鲁豫边区冬学运动研究》,郑州大学硕士论文,2015年;黄昭:《山东抗日根据地冬学运动研究》,中共山东省委党校硕士论文,2019年;冯秀杰:《冬学视阈下根据地经济技术传播——以山西为中心的研究》,太原理工大学硕士论文,2016年;赵莉:《冬学与基层干部建设——以晋西北根据地为例》,山西大学硕士论文,2018年;白鑫:《建国初期山西冬学教育研究》,太原理工大学硕士论文,2019年;罗菊芳:《陕甘宁边区冬学教育研究》,陕西师范大学硕士论文,2019年。

[3] 庞守兴:《冬学衰落的原因探析——兼谈冬学对农村成人教育的启示》,《中国成人教育》2000年第3期,第47-48页;邓红、李金铮:《中国成人教育史的重要一页——抗战时期晋察冀边区的冬学运动》,《河北大学成人教育学院学报》2002年第1期,第18-20+28页;周竞风:《冬学运动历史对当代农民教育的几点启示》,《中国成人教育》,2007年第5期,第128-129页;周江平、尹春亮:《抗日根据地冬学运动的教师问题》,《温州大学学报(社会科学版)》2009年第22卷第1期,第60-64页;赵娟:《抗日民主根据地的冬学教育特色及其对农村成人教育的启示》,《河北大学成人教育学院学报》2010年第12卷第1期,第50-52页;刘欣:《山东抗日根据地对冬学运动的改造与创新——以"庄户学"为例》,《济宁学院学报》2010年第31卷第2期,第80-83页;李祥兴:《论陕甘宁边区的冬学运动与马克思主义大众化》,《北京航空航天大学学报(社会科学版)》2011年第24卷第5期,第66-70页;邓小林:《教育的红色记忆:延安时期冬学视阈中的马克思主义大众化刍议》,《社科纵横》2011年总第26卷第11期,第114-117页。

机制、教学模式、教师来源、费用等[1]；三是性别史，从妇女教育、妇女解放

---

[1] 马树功、王明钦：《论抗日根据地的冬学教育》，《南都学坛》1990年第4期，第63-70页；万新方：《抗日根据地太行区的冬学运动》，《河南大学学报（社科版）》1997年第6期，第52-53页；胡现岭：《抗战时期陕甘宁边区的冬学运动》，《党史研究与教学》2004年第5期，第65-70页；罗朝晖：《华北抗日根据地的冬学运动与社会风气的变革》，《文史月刊》2004年第6期，第47-48页；王春慧：《抗日根据地冬学运动的民众动员作用》，《贵州文史丛刊》2005年第4期，第80-84页；苏泽龙、刘润民：《抗战时期太行根据地的冬学运动》，《教育理论与实践》2006年第4期，第4-6页；周江平，刘素娜：《论抗日根据地冬学运动的主要贡献》，《江南社会学院学报》2007年第3期，第76-78页；郭夏云：《简论抗战时期晋冀农村冬学教育的意义》，《晋阳学刊》2007年第2期，第126-127页；周竞风：《建国初苏北区冬学运动述评》，《甘肃社会科学》2007年第5期，第92-94+140页；白雪枫：《论太行革命根据地冬学运动的显著特征》，《党史博采（理论）》2007年第11期，第27-29页；宋传伟、孙素雯：《浅谈抗战时期山东根据地的冬学运动》，《安徽文学》（下半月）2007年第12期，第235-236页；苏泽龙：《1941-1949年的山西冬学与乡村社会——以文化变迁为视角的区域社会史研究》，《社会科学战线》2008年第2期，第143-148页；胡现岭：《抗战时期陕甘宁边区的新文字冬学》，《党史研究与教学》2008年第3期，第75-80页；方海兴：《简评建国初期的农村冬学》，《天府新论》2008年第5期，第113-117页；薛慧锋、白雪枫：《太行抗日根据地的冬学运动对农民的影响》，《山西高等学校社会科学学报》2008年第20卷第8期，第134-135页；白雪枫：《试论二十世纪四十年代太行革命根据地冬学运动的历史性价值》，《黑龙江史志》2008年第16期，第48-49页；王元周：《抗日战争时期陕甘宁边区的新文字冬学运动》，《抗日战争研究》2009年第3期，第43-51页；刘庆礼：《华北抗日根据地的冬学运动述论》，《湘潮》（下半月）（理论）2009年第10期，第7-9页；杨益哲：《陕甘宁边区冬学运动的政治性因和新文字冬学的成效》，《法制与社会》2009年第14期，第313页；于书录：《冬学·社会动员·社会建设——对建国初期苏北区冬学运动的一个再考察》，《经济研究导刊》2010年第15期，第233-234页；张富文：《建国初期东北地区的冬学运动初探》，《延边大学学报（社会科学版）》2010年第43卷第3期，第132-137页；郭夏云：《冬学教育与根据地社会改造》，《山西高等学校社会科学学报》2011年第23卷第1期，第113-116页；李祥兴、程晓敏：《论抗战时期陕甘宁边区的冬学运动与政治社会化》，《学术论坛》2011年第34卷第3期，第70-73+90页；王建华：《陕甘宁边区的新文字运动——以延安县冬学为中心》，《南京大学学报》(哲学·人文科学·社会科学版) 2011年第48卷第3期，第86-100页；中国昌：《抗战时期晋绥根据地冬学运动研究》，《近代史学刊》2011年第8辑，第59-67页；李砚君：《华北抗日根据地的冬学运动及其特点》，《忻州师范学院学报》2012年第28卷第5期，第77-82页；汤水清、李小萍：《20世纪50年代初期的农民业余教育——以中南区冬学与民校教育为中心》，《农业考古》2012年第6期，第345-350页；史泽源、荆蕙兰：《抗战时期晋察冀根据地的冬学运动》，《近代中国》2019年第1期，第186-213页；辛萌：《山西抗日根据地的社会教育》，江苏人民出版社，2022等。

的角度分析冬学运动[1]。这些研究有助于理解中国共产党通过教育活动来展开扫盲、政治动员。只是这些研究往往把根据地作为一种静态化、固态化的空间，把不同时期的根据地作为一种固定化、空间化的政治或行政区划，政治、经济和社会都是静态化的权力秩序。这无法突显根据地的特殊性和独特性，1927年成立井冈山根据地以来，根据地长期处于弱势状态，是一种高度流动的、边界不稳定的弹性空间。抗战时期的敌后根据地（以晋察冀、晋冀鲁豫根据地、山东根据地为代表）更是一种叠加/折叠空间，在日伪（敌伪）统治下"寄生"出根据地政权。

笔者尝试从另外两个角度阐释冬学运动的社会功能。一是流动的根据地的视角，根据地是一种带有流动的、弹性的空间，是像水又像网一样的空间。每一个根据地都是去空间化的、流动的空间，与这种流动性相伴随的是深入基层的社会建设和群众运动，使得根据地变成弹性的、像水一样可以流动、收缩、扩张的网络。二是基层传播的视角。基层是中国共产党1927年走向根据地之后逐渐构造的一种独特的社会空间，与社区相似但又不同。社区主要是指城市里

---

[1] 鲁沂、原淑贞：《山东妇女成人教育的回顾与展望》，《妇女学苑》1995年第3期，第35-37页；刘萍：《对华北抗日根据地妇女纺织运动的考察》，《抗日战争研究》1998年第2期，第37-49页；黄正林：《抗战时期陕甘宁边区的乡村妇女》，《抗日战争研究》2004年第2期，第75-79页；李常生：《论晋西北抗日根据地乡村妇女社会化》，《安阳工学院学报》2005年第3期，第132-135页；张玉玲、迟丕贤：《山东抗日根据地和解放区妇女的教育及启示》，《妇女研究论丛》2005年第4期，第47-50页；罗长春：《解放战争时期华中地区的妇女动员——以苏北、苏中解放区为中心》，《西华大学学报》（哲学社会科学版）2007年第1期，第44-46+50页；郝丽媛：《抗战时期陕甘宁边区妇女教育研究》，《学理论》2012年第11期，第185-186页；杨兴梅：《政权与妇女组织配合下的中共根据地反缠足运动（1928-1949）》，《社会科学研究》2012年第5期，第174-184页；张媛媛：《抗战时期晋察冀根据地妇女社会教育的特点》，《山西师大学报》（社会科学版）2013年第40卷第S4期，第62-63页；范红霞：《战争、妇女与国家——以华北抗日根据地农村妇女角色建构为中心》，《山西师大学报》（社会科学版），2015年第42卷第4期，第1-7页；张雨新：《论抗战时期陕甘宁边区农村妇女的社会教育——以冬学为例》，《农业考古》2016年第1期，第71-77页；宋弘：《晋察冀抗日根据地的妇女自卫队》，《党的文献》2019年第2期，第99-106页；冷嘉：《战争、家国与"新女性"的诞生——论丁玲延安时期对农村妇女的书写》，《中国现代文学研究丛刊》2019年第5期，第137-155页；王宁：《孙犁小说中的抗战与晋察冀妇女叙事》，《南开学报》（哲学社会科学版）2019年第6期，第164-172页；史春风、周昊：《中国共产党领导下的妇女解放路径探索——20世纪三四十年代沂蒙革命根据地妇女的生产动员与妇女解放实践》，《中华女子学院学报》2022年第34卷第6期，第10-15页。

公民参与、生活居住、消费的空间,而基层主要是农村,以贫穷落后的农民为主,是生产与生活一体的复合型空间。基层传播是一种在基层进行的传播活动,是用新闻传播来参与基层政治、社会建设。这涉及两个最简单、最基础的问题:一是基层的媒介有哪些,或者说现代大众媒介如何下沉到基层;二是谁在基层从事传播活动,谁是使用这些基层媒介的主体。1942年,《解放日报》改版和《在延安文艺座谈会上的讲话》回答了这些问题:一是对新闻领域的改造,改变党报党刊的都市属性,使其成为宣传党的政策与反映群众生产、生活的媒介平台,确立党性和人民性是党报党刊的基本属性。在新闻生产上,不仅强调记者经常下基层,而且建立基层通讯员的网络,让群众成为写稿的主体。正是通过干部写稿、群众写稿等"全党办报,群众办报"的理念改变了大众媒介的单向度传播,使报纸这一传统媒体具有了平台性和互动性。二是对文学/文艺等现代文化媒介的改造,使得文学、文艺变成具有宣传功能的平台,让文艺创作从为大都市的市民读者服务变成为根据地的工农兵群众服务。从这个角度来说,《解放日报》改版和延安"讲话"是基层传播的理论来源,通过对媒介/技术和知识分子/主体的双重改造形成有中国特色的基层传播模式和方法[1]。

在根据地时期,中国共产党有两种基层传播的模式:第一种是把报纸、书籍等都市印刷媒介下沉到乡村,这涉及对大众媒介的媒介改造和对使用大众媒介的传播主体的改造(记者、文艺工作者等),媒介改造指的是建立能够在乡村生产、发行报纸、书籍的制度,如基层读报小组(从个体"看"报纸变成集体"读"报纸)或者把报纸上的内容转载到黑板报上,实现信息传播到基层,主体改造指的是下基层、与工农兵相结合的逆向流动的知识分子的主体状态;第二种是用非大众媒介的方式实现信息的传播,由于农村是非都市、非现代的空间,缺乏现代大众媒介(印刷、广播、电影等),这需要发明一些基层化的媒介,如黑板报、墙报、屋顶广播等,以及把农村剧团、民歌等文艺活动变成传播媒介,包括各种形式的会议(群众大会、婆媳会、家庭会、贫雇农会议等)、文艺演出等群众活动都承担政治宣传的职能,这种面对面、口头的人际交流成为一种最重要、更有效的基层传播手段。

冬学作为冬季农闲时节在北方农村展开的教育活动,是根据地时期出现的一种群众性的社会教育运动,从其教育形式看是一种非正规化、非职业化的社会教育。社会教育起源于德国,晚清民初传入中国。20世纪20年代在经济危

---

[1] 张慧瑜:《基层传播的理论来源与历史实践——以20世纪40年代〈解放日报〉改版和〈在延安文艺座谈会上的讲话〉为核心》,《现代中文学刊》2022年第3期,第15-26+2页。

机的背景下，出现了平民教育、乡村建设、工人教育等不同的社会教育形式。1927年中国共产党从城市被迫转向农村，开启了在农村根据地进行游击战、土地革命、社会生产、文化建设等实践，其中教育也是社会建设的重要组成部分。由于根据地始终面临着强大的外部威胁，其边界、空间处于不稳定状态，在开展正规化的学校教育（如中小学、陕北公学、鲁迅艺术学校等）的同时，主要的教育形式是民校、冬学等社会教育的方式。这种在根据地展开的群众教育、大众教育采用了平民教育、乡村教育的一些教学形式和方法，但也有三点区别：一是强调革命、阶级等政治内容，对都市化的现代化知识有所反思；二是群众在社会教育中占据主体位置，赋予民主和个人权利；三是冬学等教育活动与土地革命、生产建设等政治、社会活动结合起来。本章从基层传播的角度分析冬学运动所具有的多重政治和社会功能，主要以晋冀鲁豫根据地1943年开展的"新冬学"为例，探究冬学与基层文化建设之间的辩证关系，冬学教育本身成为一种传播媒介，使得农村社会化和公共化。这种以行政组织和群众路线为基础的冬学运动，让基层空间变成流动性的弹性空间，借此完成生产、征兵、基层管理等多重职能。因此，冬学被认为是基层治理的"火车头"。

抗日战争全面爆发之后，国民政府的教育部发布积极开展为战时失学民众进行补习教育和普及教育的运动，主要包括"战时民众补习教育、战地文化服务处、战时普及教育运动、社会教育工作团及它所主办的难民补习学校等等的运动"，其中普及教育运动，"包括成人补习教育，国民义务教育，普及士兵政治教育，扩大通俗文化运动，推行难民特种教育，协助各地下乡青年从事此项普教工作，协同各地教育机关办理各种师资训练以及编印各种普教小册子等工作"[1]。抗日战争时期的根据地也积极开展群众性的社会教育。从1937年底晋冀鲁豫边区抗日民主政权创立，到1942年3月抗战进入相持阶段，在教育方面晋冀鲁豫根据地也取得了较大发展，"太北太岳区小学校总数各3754个。学生总数148445人，中学师范7所，财政及职业学校各1所，抗院1所，学生总数1200人。民革室约1502个，民众学校1356个，入冬学农民有151251人。冀南1940年统计中学2所，高小90所，初小8100所，总计学生人数399800人（社会教育无统计）。冀鲁豫区1941年前统计中学三所，小学1882所。据10县冬学总计881个，学生万余人"[2]。1940年，晋冀豫区的冬学运动也普遍到每个乡村[3]。抗战前，文

---

[1] 《积极开展普及教育运动 社论》，《群众》，1938年第1卷第25期，第417页。
[2] 冷冰：《介绍晋冀鲁豫边区》，《解放日报》1942年3月23日。
[3] 石可庵：《晋冀豫区1940年的冬学运动》，《新华日报》（华北版）1941年3月2日。

盲约占晋冀豫地区的95%～97%，到1941年冀西地区有冬学数460个，入学人数24201人，入学人数与已统计的文盲百分比是55%，相对差一些的是漳北地区冬学数141个，入学人数5099人，入学人数与已统计的文盲百分比是9.9%。比较差的是冬学数和入学人数占抗战前统计的文盲总在晋冀豫区。1941年晋冀豫边区的冬学是2223个/151158人、民众学校（识字班、青年妇女）是1807个/73824[1]，受教育人数仅占华北总人口的2%。1945年3月8日晋冀鲁豫边区副主席戎子和在晋冀鲁豫边区第一届参议会太行区会议报告《太行区三年来的建设和发展》中指出，"老根据地6个专区，38个县，差不多每个行政村总有一个冬学。根据地临城等23个县32年（1943年）冬学不完全统计，共有1900所，上冬学的共有男女17万学员"[2]。从这里数据中能够看出，晋冀鲁豫根据地在敌后已经尽可能地广泛开展正规教育和民校、冬学等非正规社会教育活动。在残酷的战争环境下开展冬学等民众教育，面临着非常大的困难，甚至"教学时要站岗放哨，并随时准备转移地区"[3]。在这种背景下，北方局的指示是"党必须在党内党外，强调反对那些认为在战争中不能坚持冬学、在游击区不能开展冬学的取消主义的观点"[4]。

1942年太行地区的大规模冬学运动，以减租减息法令的颁布为主题，但是效果并不好，"办冬学无论对干部对群众都成了包袱"，"群众把冬学当成支差了"[5]。问题在于"形式主义的作风仍占主要地位；入学大部是强制的，形式的制定课程表，机械的分班分组。组织妇女学习，也多不顾其家庭条件个人需要。选拔义务教员，多是找那些会写会算的，而这些人又多是缺乏改造的在乡知识分子，甚至有些是旧封建统治人物或地主家的子弟。村干部对冬学不大管，教育内容与群众需要相距甚远，有时各系统各强调其中心工作，冬学即陷于停

---

[1] 赵守功：《华北抗日根据地的文化建设》，《新华日报》（华北版）1941年8月27日。

[2]《太行区三年来的建设和发展——戎副主席在晋冀鲁豫边区第一届参议会太行区会议报告》，载太行革命根据地史总编委会编《政权建设》，山西人民出版社，1990。

[3]《中共中央北方局号召开展冬学运动致各级党委的一封公开信》，《解放日报》1941年10月22日。

[4]《中共中央北方局号召开展冬学运动致各级党委的一封公开信》，《解放日报》1941年10月22日。

[5] 本报研究室：《办群众所喜爱的冬学——太行冬学转变形式主义作风经验》，晋冀鲁豫《人民日报》1946年12月20日，第2版。

顿"[1],"有些地方没有经过群众同意,就有少数人包办民办小学,引起群众不满;有些地方强迫学龄儿童上小学,办冬学也有强迫的,使冬学有名无实"[2],冬学中的形式主义还体现在"冬学不注意教学内容,只注意上学的人数及形式上的完备;不注意典型,只注意一般情况的概括叙说;单纯注意数量不注意质量"[3]。也就是说,在抗日战争背景下的根据地,冬学运动遇到两个问题:一是,教学的形式,如果用正规教育的方式来动员群众,群众会因为时间和教学内容而影响学习的效果;二是,教学的内容,如果内容与群众的生活、生产没有内在关系,很难建立学习的积极性。

1944年延安"新教育"方针发表,到1945年抗日战争结束,晋冀鲁豫根据地反思了旧冬学的问题,积极按照"新教育"方针来实施"新冬学"。1944年4月7日《解放日报》发表《根据地普通教育的改革问题》的社论,认为1939年老解放区普通教育过分追求正规系统化的偏差,要对普通教育进行重大改革,"群众需要什么就教什么,群众做什么就学什么,与社会上的一切实践紧密结合起来"[4]。1945年4月毛泽东在中国共产党第七次全国代表大会上的报告《论联合政府》中再次对"新教育"进行了定位,"中国国民文化和国民教育的宗旨,应当是新民主主义的,就是说,中国应当建立自己的民族的、科学的、人民大众的新文化和新教育"[5],这与1940年毛泽东发表的《新民主主义论》中新民主主义的文化就是"民族的科学的大众的文化"是一致的[6]。因此,"新教育"方针是新民主主义阶段实施的教育路线,"新教育"的目的是群众"在经济上政治上翻身后,又要求在文化上翻身的具体表现"[7]。在"新教育"方针的指导下,冬学运动的教育模式、组织方法进行了反思,形成了以群众路线为方法,与生

---

[1] 本报研究室整理:《太行冬学运动回顾》,晋冀鲁豫《人民日报》1946年11月25日,第2版。

[2] 牛佩琮:《在太岳区参议会上的报告》(1945年3月6日),载晋冀鲁豫边区财政经济史编辑组等编《抗日战争时期晋冀鲁豫边区财政经济史资料选编》(第1辑),中国财政经济出版社,1990。

[3] 牛佩琮:《在太岳区参议会上的报告》(1945年3月6日),载晋冀鲁豫边区财政经济史编辑组等编《抗日战争时期晋冀鲁豫边区财政经济史资料选编》(第1辑),中国财政经济出版社,1990。

[4]《根据地普通教育的改革问题》,《解放日报》1944年4月7日。

[5] 毛泽东:《论联合政府》,载《毛泽东选集》(第三卷),人民出版社,1991,第1083页。

[6] 毛泽东:《新民主主义论》,载《毛泽东选集》(第二卷),人民出版社,1991,第708页。

[7]《左权红星小学运动》,晋冀鲁豫《人民日报》1946年8月5日,第2版。

产、时事教育相结合的"新冬学",使得"冬学"成为"一切工作的火车头"[1],冬学变成了一种政治工作和群众工作的媒介。

1946年1月晁哲甫任晋冀鲁豫边区政府教育厅厅长,提出《本边区教育改革的初步意见》,指出结合实际办教育的新教育方针,学校是劳动人民及子弟、干部学习的场所,"教育只有与实际结合,才能达到为人民服务的目的",晁哲甫积极推动"在做中学,在做中讲,在做中教的'教学做合一'的教学方法",这与平民教育家陶行知所提倡的"教学做合一"的教育思想是相似的。1946年6月26日晋冀鲁豫根据地冀南区第一次教育会议上晁哲甫厅长认为"冲破旧的一套教育制度,明确与树立革命教育思想,建设为人民服务的新教育",新教育方针的内容就是"教育结合了社会和家庭。在教学内容上是需要什么就教什么,做什么就学什么,不局限于死的课本范围内。在教学方法上,启发自学实行了分组教学的小先生制及互助互学制。在管理上,发扬民主自觉,通过群众来教育群众"[2]。

从"旧冬学"变成"新冬学",重新改造了冬学教育的形式,使其成为深入基层社会内部的社会教育。这体现为三点:其一,在冬学教育的空间上,冬学不仅是识字教育的场所,更是群众"换脑筋"的场所,让群众在经济上翻身之后,实现文化上的翻身。其二,教育方法上,改变"先生讲学生听"的"填鸭"式灌输教育方法,采取"想学啥就教啥,作啥教啥,谁会谁教,学会教人,互相学习办法"[3],变成以群众开会、以群众性反省讨论为主,发扬民主自觉,使群众成为学校的主人,群众也能成为老师,出现了模范小先生、百字先生等"民教民"的互帮互助学习。这种讨论是根据地时期经常采用的群众动员手段,是一种平等交流的工作坊式的会议模式。其三,在教学内容上尽量满足群众实际需要,按照邢台水门模范义教赵景元的说法,"办冬学没啥巧法,群众要啥就给他啥,这就是很朴素的群众路线的作法。水门在春耕时,互助组因计工发生困难,他在报上看到武乡工票法很好,就在冬学讲工票好处和用法,很受群众

---

[1] 本报研究室整理:《太行冬学运动回顾》,晋冀鲁豫《人民日报》1946年11月25日,第2版;本报研究室:《办群众所喜爱的冬学——太行冬学转变形式主义作风经验》,晋冀鲁豫《人民日报》1946年12月20日,第2版;龙之庆:《推动全村工作的火车头 记韩家村冬学》,晋冀鲁豫《人民日报》1947年2月17日,第2版。

[2] 吴弩:《一年来小学生增加十五倍 冀南教育飞耀进展》,晋冀鲁豫《人民日报》1946年6月26日,第2版。

[3] 本报研究室:《太行组织冬季生产的经验》,晋冀鲁豫《人民日报》1946年12月15日,第2版。

欢迎，许多互助组都采用了工票"[1]，冬学成为农业技术、互助技术交流、推广的场所，实际解决了群众遇到的困难。可以说，"新冬学"在教学内容、教学方法上都做了改革，从群众被迫参加、不愿意学习变成自愿参与，"在教学内容上是需要什么就教什么，做什么就学什么，不局限于死的课本范围内。在教学方法上，启发自学实行了分组教学的小先生制及互助互学制。在管理上，发扬民主自觉，通过群众来教育群众"[2]。这其实是一种民主化的体现：一是在教学内容上满足群众需要；二是在教学方法上充分发挥群众自我教育的方式，用群众来教育群众，这既节约成本，又形成互助互学的群众组织。

如果说基层传播是传播链条上的"最后一公里"，也就是在基层如何开展新闻、宣传工作，解决报纸如何让不识字的群众读得懂以及新闻、消息如何传递给基层群众的问题，出现了黑板报、宣传栏等基层化的媒介，也出现了读报小组、群众会议、联欢晚会等基层传播形式，那么冬学就是解决教育"最后一公里"的方式，在小学、中学等正规教育之外，对普通群众展开识字、政策、技术等方面的教育，把教育深入到基层群众的日常生活之中。

第二节　"火车头"：冬学运动、群众民主与基层治理

冬学运动是群众运动的一种形式。"运动"本意之一是指人的体育锻炼、体力活动，是身体按照一定节奏进行的肢体活动；本意之二是人或物体在物理上的运动轨迹，是与静止、停止相对立的词语。在20世纪二三十年代，运动在以国民党、共产党为代表的政党政治中变成一种政治活动，群众运动、工人运动等成为政治动员的手段和中介。冬学运动也是一种群众运动，是以群众路线为基础进行的政治运动。在抗战进入相持阶段，华北敌后抗日根据地面临着"头重脚轻或上动下不动的现象"，也就是在华北地区的村政权还没有真正实现民主政治的改造，农村封建势力严重，"还未能把全部政治机构形成一套上下一致的灵活机器"[3]，因此，《新华日报》1940年6月19日专门发《彻底改造村政

---

[1] 本报研究室整理：《太行冬学运动回顾》，晋冀鲁豫《人民日报》1946年11月25日，第2版。

[2] 吴弢：《一年来小学生增加十五倍　冀南教育飞跃进展》，晋冀鲁豫《人民日报》1946年6月26日，第2版。

[3]《彻底改造村政权》，《新华日报》1940年6月19日，第4版。

权》的社论，要在华北村庄落实民主政治的实践，这成为改造村庄政权结构和政治生态的重要环节，冬学运动扮演着把民主理念向群众普及的任务。把政治工作比喻为"火车头"，是一种修辞隐喻，这种带有工业想象的隐喻与两个传统有关：一是，火车是工业、现代文明的象征，火车、铁轨意味着工业技术的进步，火车头是火车的动力和方向，代表着一种不受个人意志转移的必然性；二是，火车工人是操作、运营火车的主体，工人及工人阶级是共产党的阶级基础。因此，用"火车头"来隐喻政治工作意味着先进技术和阶级基础的双重性。火车头在20世纪20年代就进入中国共产党的政治词汇，这与共产党早期开展铁路工人的工人运动有关[1]。

　　在1946年11月25日晋冀鲁豫《人民日报》第二版刊登了四篇与冬学有关的报道，分别介绍了晋冀鲁豫根据地所属的太行、太岳、冀南地区开展冬学运动的准备情况。临近冬季，太行根据地开始部署1946年冬学运动的安排，在这篇《太行冬学运动回顾》的报道中，反思了1942年以来太行地区克服形式主义作风对冬学的诸多危害，从冬学的形式、内容、教学方法等方面调整冬学的做法，极大地提升了群众参与冬学的积极性，其中特别提到"掌握群众自愿与需要的原则""与实际工作结合的问题""教法和组织形式上需掌握自愿需要的基本原则"等。这些措施的核心是改变"老师讲学生听"的教学形式，充分发挥群众的积极性，"也就是冬学领导上的群众路线问题"[2]，这种群众路线的做法，又具体化为"群众要啥就给她啥"，从而激发群众的创造性。这篇报道中特别提到树辛村的经验，"大家要学习生产技术，就在冬学请劳动英雄讲；要组织运输，就在冬学动员组织；全村群众都热爱冬学，认为是他们一切工作的火车头"[3]。用"火车头"来形容冬学运动的重要性，让冬学运动成为群众运动的形式和中介，可以组织生产、读书、识字等多重功能。冬学也不只是群众接受教

---

[1] 如中国共产党的创始人李大钊认为，在产业落后的中国，交通工人尤其是铁路工人是革命的生力军。1920年成立北京长辛店劳动补习学校，长辛店是京汉铁路北段，1921年李大钊在邓中夏的陪同下到补习学校给铁路工人授课。1921年初郑州京汉铁路工人职工学校成立，3月，李大钊到郑州工人夜校授课。

[2] 本报研究室整理：《太行冬学运动回顾》，晋冀鲁豫《人民日报》1946年11月25日，第2版。

[3] 本报研究室整理：《太行冬学运动回顾》，晋冀鲁豫《人民日报》1946年11月25日，第2版。

育,"村干部也随群众的冬学,受了相当教育"[1]。冬学运动是一种具有能动性的"火车头",而不是行政化的政治机构。这篇报道中特别提到,"必须注意冬学不是村公所,它主要是启发群众觉悟、推动配合实际工作进行思想教育,混淆起来就会降底了它的教育意义"[2]。也就是说,村公所是处理村庄事务的常设机构,承担着生产、组织、征兵、征粮等一系列常态化的事务,而冬学这种临时的、弹性的组织事务不能取代村公所,这再次强调冬学是一种群众自愿、自组织的活动。

这种"火车头"的作用在1946年平顺二区韩家村的冬学运动中体现得也比较充分。1944年韩家村开始举办冬学,1946年有学员187名,约占全村540人的三分之一。韩家村的冬学有这样几重任务:一是在冬学中开展诉苦运动和讲解土地改革政策,让群众在面对面的"冬学"课堂中讨论地主剥削、组织生产等事务;二是组织劳动生产,"在冬学里组织起十二个互助组,订立全村送粪计划,阴历二十五日前要全部送完"[3];三是文化教育,把不识字的组成小组上课;四是讨论劳军、优抗、拥干等问题,采用群众开讨论会的方式,完成捐款、优待抗日家属和军队干部家属的任务。冬学运动不是用行政的手段进行政治动员,而是一种群众讨论和思想动员工作。这种思想交流的目的是借助冬学,让群众成为自愿、自主参与村庄公共事务的主体。

1942年5月整风运动期间,毛泽东《在延安文艺座谈会上的讲话》中把群众路线具体化为文艺工作者与群众的关系,或者对待群众的态度,是"先做群众的学生,再做群众的先生"。干部与群众的关系既不是放任自流,让群众完全民主,也不是包办代替,群众只是政策的被动执行者,而是强调干部与群众充分沟通、交流,在沟通、交流的过程中,了解群众所思所想,再根据群众需要制定相应的政策。在新教育方针下实行的"新冬学"教育就是这种群众路线的方式,群众路线是冬学成功的关键。1944年太岳行署关于冬学运动的指示中,"今年冬学运动的方针,必须采取群众路线,使冬学成为广大群众的一个学习运动。过去个别地方那种强迫命令,不照顾群众利益的做法,应当彻底改正"[4]。

---

[1]《太行区三年来的建设和发展——戎副主席在晋冀鲁豫边区第一届参议会太行区会议报告》,载太行革命根据地史总编委会编《政权建设》,山西人民出版社,1990。

[2] 本报研究室整理:《太行冬学运动回顾》,晋冀鲁豫《人民日报》1946年11月25日,第2版。

[3] 龙之庆:《推动全村工作的火车头 记韩家村冬学》,晋冀鲁豫《人民日报》1947年2月17日,第2版。

[4]《太岳行署关于冬学运动的指示》,《新华日报》(太岳版)1944年11月13日,第4版。

把冬学运动与群众运动结合起来,主要有五种方式:"冬学教育必须和群众利益相结合"、"群众自愿的原则"、"冬学与群众的经验习惯相结合"、"教育方式上多启发群众自己讨论和研究,不要生硬的注入"、教育形式"更多的采用多种多样的为群众喜见乐闻的教育形式,如秧歌、小调、大鼓、快板等,与农村的文化娱乐、群众习惯情绪相结合起来"[1]。

第一,从强制入学,变成自愿入学。这涉及领导方法和工作方法的问题。在冬学动员中,有的村庄采用强制、行政命令和体罚的方法,如太岳根据地的张马村在1944年冬学中采用了惩罚的方式,"一天不来罚煤一担;一连两天不来罚戴高帽子、扮花脸,自己敲锣游街出丑;一连三天不到,就要戴着高帽扮着花脸,给全村打扫街道"[2],这种方式并没有使群众真正明白为什么上冬学,所以积极性不高。与之相反,另一个石堂村的冬学义务教员抓住李姓母子因为不识字吃了亏,把50块钱一张的钱当成了10块钱一张花,以这个实际案例为典型,结果全村60个青壮年妇女都来参加冬学学习算数和识字。这就是用说服和说理的方式取得了较好的动员效果。自愿原则成为开展新冬学的群众基础,如冀鲁豫边区冠县的大花元头村的实行新教育方针,把教育"与家庭结合、与生产结合、与社会结合,故群众入学是自愿的",冬学按照自愿原则划分小组,"有的按原有冬季组织成一组,有的根据生产需要为一组,有的自由结合,识字多的成一基本组,全村成年人共成立了十三个组,男六组,四十三人,女七组,五十三人,小组以上为两个大队,每大队设队长一人"[3]。太岳区总结了几种冬学动员的经验:一是借助熟人网络,先动员自家人参与,再带动其他村民;二是个别谈话、个别动员;三是通过群团组织发动会员参与。[4]群众是否愿意参与冬学,关键是让群众知道冬学的意义。

第二,这种群众民主的过程还体现在教学方式和教学内容上。1944年,太岳区高家岭村一开始按照"新冬学"之前的方式,把五个村庄编在一起上课,教员按照县里发的教材讲课,"三五天以后,连积极分子也不想去听了,闹得教员只顾说群众落后却没有办法"[5]。这缺少与群众"摸心思"的环节。后来召

---

[1]《太岳行署关于冬学运动的指示》,《新华日报》(太岳版)1944年11月13日,第4版。
[2]《去年冬学中的一点经验》,《新华日报》(太岳版)1945年4月29日。
[3] 威县讯:《教育与群众切身要求结合 大花元头村群校办得好 已达到全村都认识字》,晋冀鲁豫《人民日报》1946年6月26日,第2版。
[4]《去年冬学中的一点经验》,《新华日报》(太岳版)1945年4月29日。
[5]《去年冬学中的一点经验》,《新华日报》(太岳版)1945年4月29日。

集群众开会，了解群众的意见，"一是跑路多耽搁时间；二是一家男女都来上学，家里连个照料的人也没有；三是张三想学打算盘，算合理负担，李四想学开路条，遇事不求人，教员教的又是另外一套，大家都不感兴趣"[1]。这种与群众沟通、征询意见的工作方法被总结为是"摸心思"。这种"摸心思"看似简单，实际上需要与群众耐心沟通和商量。之后，教员采用了分组上课，按照大家的兴趣安排教学，提升了群众对冬学的兴趣。这种以群众为主体，满足群众需求的教育方式，被总结为"想学啥就教啥"。晋冀鲁豫根据地的涉县有一个模范义务教员范青山，他通过在大会上号召和个别动员相结合的方式，让群众自愿报名参加冬学。采用"想学啥就教啥"的方式把群众分为识字、算盘等不同的学习小组。"在思想教育上采取摸心思办法，如要进行拥军反省，知道群众不敢说对军队的坏处，就自己先说，群众也就说开了。后来又发现群众怕记（一位工作员写记录）不敢说，马上就作了解释，结果反省得很好。"[2]通过"摸心思"获得了群众的信任，这使得参加冬学的群众从六七十人变成了380人。这种"摸心思"也像根据地时期八路军部队流行的"诸葛亮会"相似，取自"三个臭皮匠顶个诸葛亮"的俗语，充分发挥群众参与感和积极性。

第三，冬学的教学形式不固定，一般很少采用上课、讲课的方式，多采用三种方式。第一种是"小先生制"，小先生制是陶行知平民教育的理念，在根据地时期的冬学、民校等社会教育中也借鉴小先生制的方式，一方面节约师资，鼓励小学生、青年人教家里人识字，另一方面形成相互学习、互帮互助的自助学习的方式。第二种是，利用戏曲、音乐、壁报、墙报等艺术和基层媒介，戏曲和音乐都以演唱为主，摆脱了纸媒所带有的阅读障碍，更适合不识字的群众通过听、唱来学习文化，壁报、墙报是深入到村庄的基层传播的"自媒体"，可以在家门口学习，也便于结合村庄具体的事务展开文化教育。第三种是，采用小组讨论的开会方式[3]，如"思想运动想要搞起来，必须强调小组讨论，只有小组讨论，才能暴露群众的真实思想"[4]，"白天在生产中进行酝酿，黑夜在

---

[1]《去年冬学中的一点经验》，《新华日报》（太岳版）1945年4月29日。

[2] 本报研究室：《办群众所喜爱的冬学——太行冬学转变形式主义作风经验》，晋冀鲁豫《人民日报》1946年12月20日，第2版。

[3] 宋弘：《开会：华北抗日根据地的基层政治》，《清华大学学报》（哲学社会科学版）2022年第37卷第4期，第113-127+225页。

[4] 王宗祺：《深入运动中的思想发动》，晋冀鲁豫《人民日报》1947年3月11日，第2版。

冬学里开会解决问题"[1],"群众以小组讨论该填什么,填多少,先由各人提出,小组通过,写出名单交给评议会"[2]。通过开座谈会、漫谈会、讨论会的方式来解决问题,这很像圆桌会议或工作坊,以谈话、讨论、聊天为主,"这种座谈、漫谈的形式,最适合于老人与妇女。为集思广益,组织力量,解决问题,采用讨论会的方式时较多"[3]。"营村在冬学里讲解了民主精神,经小组酝酿,展开民主讨论。建立了联合代表委员会,解决了宗派矛盾,顺利的完成了查减。"[4]

第四,教学形式的改变。打破机械划分班级,发展小冬学,"小冬学一般有这几种:第一种是村大街长或分散山庄,晚上入学不便,在统一计划下按街按地区分,一村可分四、五个不等。第二种是按生产组织和习惯分,如按运输组,妇女纺织组等组织学习,左权、榆社等地不少互助队自成一小冬学。第三种是按个人需要自愿结合,如一伙青年愿多学文化或生产技术,在全体总的学习外,自成小冬学自找先生学习"[5]。第四种是实行"一揽子的冬学形式,最为群众所欢迎"。教学时间上,也根据群众需要。"如吴旗县去年有几处冬学,除编为早班、午班、晚班、半日班按时实行分班教学外,还辅以随到随教方式,既不耽误生产,又能进行教育。又如志丹吴旗两县去冬还创立了巡回冬学,分地编组,教员轮教,便利于群众,值得取法和大大推广。"[6]

第五,除了教学的形式,教学内容也非常重要。教育作为意识形态再生产的部门[7],维系着政治合法性和意识形态再生产的功能。教材采用自编自学、互教互学的方式,"教材的编辑,主要内容为时事问题,工作中心,生产常识等,所编写的材料,是根据本村情况,适合广大群众要求,亦极通俗易学,如生产常识材料,妇女生产单元中编的课有'刘淑香真可夸,一表天纺了五两花'。男子生产单元中编的课有'出猪圈,掘灰坑,草粪性长小麦子,灰土大粪上花

---

[1]《翻身检查与生产结合 黎城北流村创造经验》,晋冀鲁豫《人民日报》1947年1月12日,第2版。

[2] 太行分社:《太行分果实经验》,晋冀鲁豫《人民日报》1947年1月17日,第2版。

[3]《去年冬学中的一点经验》,《新华日报》(太岳版)1945年4月29日。

[4]《临清七区 通过冬学进行查减》,晋冀鲁豫《人民日报》1947年1月24日,第2版。

[5] 本报研究室整理:《太行冬学运动回顾》,晋冀鲁豫《人民日报》1946年11月25日,第2版。

[6]《陕甘宁边区政府指示 冬学与自卫军冬训结合》,晋冀鲁豫《人民日报》1946年11月25日,第2版。

[7] 路易·阿尔都塞:《论再生产》,吴子枫译,西安:西北大学出版社,2019。

生'等"[1]。

冬学成为"一切工作的火车头",冬学的目的是启发群众的觉悟,配合实际工作进行思想教育,在教学方式上采用群众互助互学的群众路线的方法,有助于完成基层的各项任务。冬学是依靠基层社会展开的基层教育,是深入基层内部的教育。1945年以太行地区为代表的晋冀鲁豫根据地的冬学转为民众学校(简称"民校"),民校也成为经常性的群众思想教育场所和中心工作的"火车头"。

第三节 "教育与生产结合":冬学运动与基层传播

在关于冬学的报道中,比较强调冬学在推动农业生产方面的作用,提出"教育与生产结合"的经验。"结合"是中国共产党社会和基层治理中经常使用的词语,把两类不同或彼此对立的领域"结合""融合"起来,实现辩证统一的效果。在《冀鲁豫前线各部队 贯彻群众路线》中提到"领导思想与群众思想结合""政治工作与战斗指挥结合""战术研究与实际战斗结合",以及"把战斗动员与练兵、勇敢与技术、思想动员与组织工作相结合"[2]。这种"结合"思想与矛盾论、"一分为二"、辩证法等哲学观有关,也与中国共产党在基层治理中整合不同矛盾的中介功能有关。

生产和对生产的组织是根据地时期农村发展的核心问题,这主要有三个原因:一是,通过土地革命、减租减息等阶级革命的方式来改变农民与地主的生产关系;二是,抗日战争时期陕甘宁根据地发起"自力更生,丰衣足食"的大生产运动,包括军事、机关、教育等活动与生产结合起来,实现自给自足;三是,农民作为生产者、劳动者从受压迫者变成生产的主体,这本身是阶级解放的结果。在这种背景下,发展农业生产、提升农民生产积极性和生产效率,是根据地经济建设的重要问题。以晋冀鲁豫《人民日报》为代表的党报党刊也围绕着生产活动展开大量的"生产宣传"工作,生产宣传以动员社会生产、提高物质产量为目标,以呈现劳动生产经营活动和生产关系新事物为主要内容的宣

---

[1] 威县讯:《教育与群众切身要求结合 大花元头村群校办得好 已达到全村都认识字》,晋冀鲁豫《人民日报》1946年6月26日,第2版。

[2] 毛雍如、康进:《冀鲁豫前线各部队 贯彻群众路线》,晋冀鲁豫《人民日报》1947年1月7日,第1版。

传形式,这是一种独特的新闻介入生产领域的宣传传统[1]。教育与生产是两个不同的领域和部门,华北农村地区进行的冬学运动,用群众教育的方式来推动农业生产。

冬学教育与农业生产的结合主要涉及三个方面。

一是农业技术和理念推广,开展种子发芽实验、种棉、种谷、种菜等课程。晋冀鲁豫太岳地区五岭村是新解放区,"五岭村群众在冬学里听了生产课以后,全村便积极进行积肥的工作"[2],还有精耕细作、种棉、种谷、种子发芽实验、种菜等,包括"怎么种棉花、怎样养蚕、怎样熬盐"[3]。农业技术推广和扩散是发展传播学的核心议题,在以施拉姆、罗杰斯为代表的美国传播学者的观点中,通过大众媒介、现代化技术的传播有助于落后地区实现现代化,是一种与土地革命、武装斗争不同的现代化路径。通过冬学来传播农业技术,既符合这种单向度的从城市(发达)到乡村(欠发达)的发展扩散的理论,但又有着内在的差异。差异体现在,一方面根据地的农业技术推广以不同时期的土地革命为前提,改变了地主与农村的经济和社会关系[4],另一方面通过冬学来推广农业技术,在熟人社区进行技术扩散,再加上合作、互助发展的理念,传播效率更高。

二是满足群众实际需要,推动成立农业生产的合作组织,如成立纺织合作社等农业互助发展,确立一种新的生产关系。"今年冬学除识字扫除文盲外,应着重时事、翻身、生产等教育,而以时事教育为主,结合不同地区群众自己的经历与实际生活,启发其认识今天及今后的政治形势与斗争方向","应以政治教育——群众的翻身教育和时事教育为主"[5]。促进生产合作和生产技术的推广,如1945年平顺羊井底发展小型合作社,"其他能担的担能运的运,组内妇女并团结组外妇女进行纺毛。就这样干了一个月,做了个总结,在冬学里一讲,全村就都起来了,依据同样办法发展到六个小型合作社,参加群众到百分

---

[1] 张慧瑜:《生产宣传、基层传播与参与式新闻——以晋冀鲁豫〈人民日报〉》中关于"生产宣传"的报道为例》,《新闻与传播评论》2023年第1期,第5-15页。

[2]《去年冬学中的一点经验》,《新华日报》(太岳版)1945年4月29日。

[3]《去年冬学中的一点经验》,《新华日报》(太岳版)1945年4月29日。

[4] 常利兵、李辉芳:《重构中国当代史研究的问题意识——以集体化时期农村技术、卫生和教育为讨论中心》,《中共山西省委党校学报》2019年第42卷第6期,第114-117页。

[5]《太行行署发出冬学指示 贯彻时事翻身生产教育》,晋冀鲁豫《人民日报》1946年10月4日,第2版。《冀鲁豫冀南布置冬学 着重翻身时事教育》,晋冀鲁豫《人民日报》1946年10月30日,第2版。

之八十以上,业务发展到开店、卖饭、开油坊等六种"[1]。在合作互助中,支差也就是劳役的记录非常重要,支差分配是否合理,会影响到农业生产的积极性。在太岳地区长治的沁源县的下兴居村,群众因为支差不公、不安心学习,冬学教员给群众讲支差条例,然后带领大家讨论支差分配的办法,最终"他们议定:(一)闾长不支差,(二)义务教员上课时期不支差,(三)财粮仓库委员支三天以下的短差,(四)其余的一律写起名字,轮到谁,谁就支,不在了补支,(五)民兵打仗去了,应当是还工不顶差,顶差不还工"[2]。用冬学这种教育的方式帮助群众参与到乡村生产和治理中。冬学是农业技术推广和互助合作教育的"场所",群众在讨论中,完成对这些新理念的接受和学习,冬学运动有助于这种互助合作的新生产关系的形成。

三是培养新的社会主体。在传统社会,男性是生产、社会管理的核心主体,妇女、老人是附属性的存在。在根据地时期的土地革命和社会建设中,妇女、老人成为新的社会主体,参与生产和社会建设。在冬学教育活动中,其中一项内容是妇女解放,使得妇女在婆婆与丈夫的家庭关系中获得个人权利、男女平等以及参与村庄政治、社会事务的权利,这种权利的获得又是通过参与生产、劳动变成挣工分的劳动者和参加妇救会的行政事务变成妇女干部的方式完成的。在晋冀鲁豫根据地的黎城黄须村,女房东徐爱夏通过上冬学获得妇女受压迫和男女都一样的意识:"大前年我们妇女上冬学,婆婆也去啦,在这里我才渐渐明白了妇女是受压迫的人,八路军要我们妇女们站起来,摆脱旧社会的束绑,和男人一样平等,一样的工作。从前我可后悔自己不该长成女人!现在这种想法谁也没有了,解放区的妇女都站起来,都自由了,有了很多的权利。"[3]

这些围绕着农业技术、生产组织和社会主体的推广、改造和培育,正是借助冬学运动来完成的。这种"群众路线"的方式使得冬学从一种外在的、外部的社会教育变成融入农村生产、生活的形式,把冬学内嵌于社会生产之中,改变了群众认为上冬学是出公差、耽误生产的顾虑。冬学成为群众自愿参与、参与村庄公共事务的平台,从而实现了冬学成为"一切工作的火车头"的效果。

基层传播是一种服务于基层群众的文化宣传方式,是把基层空间基层化的

---

[1] 本报研究室:《太行组织冬季生产的经验》,晋冀鲁豫《人民日报》1946年12月15日,第2版。

[2]《去年冬学中的一点经验》,《新华日报》(太岳版)1945年4月29日。

[3] 张培礼:《"不忠实自己丈夫"的徐爱夏》,晋冀鲁豫《人民日报》1946年6月14日,第2版。

媒介。在根据地的农村地区，面临着现代大众媒介的匮乏，使得基层传播的媒介更多地依靠冬学等群众运动的方式开展。这种对现代媒介技术的低依赖性，却培育了群众参与公共事务的主体性。这既依赖于有行政化的动员和组织，更依赖于群众路线所赋予基层群众的参与感，如果没有后者，冬学运动无法顺畅进行，群众运动也无法顺畅运转。正是以冬学运动为中介的群众运动形式，使得半组织或自组织化的基层群众成为基层政治的参与者和主体。冬学是基层传播的媒介，扫盲是冬学的基础性工作，在1942年以来，"在识字方面，有好多县区，大多数文盲入了冬学。左权、黎城、平东3县和榆社四区入学文盲占全文盲80%以上。平东沿庄、测鱼、朱会3个村妇女入学占全部妇女文盲99%以上，文盲上冬学认字最多的到300字。左权平均识字到100字"[1]。

冬学运动与民国时期其他的社会教育不同的地方：一是以阶级为视角进行了不同程度的土地革命，在生产关系上改变农村的阶级的社会和经济结构；二是以民主政治为基础的群众运动。冬学运动与群众路线结合，让群众动起来，发挥群众的能动性，群众自愿、满足群众需求，"冬学是农民联合会自己办自己上的学校，无论教学内容、时间、编制，都应从农民的需求出发"[2]，"办一个群众所喜爱的冬学，必须是自愿入学，按群众需要组织学习，连系群众思想提高群众觉悟。教条主义的填鸭方法，必须坚决抛弃"[3]，"冬学应密切结合群众运动，从群众切身利益上进行启发教育，使其真正感觉到冬学的好处，指出群众正在翻身，冬学应给群众解决翻身运动中的思想问题"[4]。群众路线的体现是民主讨论。冬学的教学形式把教与学变成群众主动参与的活动，让群众组织起来、行"动"起来，让"向来不吭气的贫农马小土，和从来没说话的妇女渠凤英等今天也变成了翻身斗争的先锋"[5]。冬学使得根据地空间变成社会化、公共化的空间。

冬学教育和基层传播都是用说服、柔性治理的方式，实现政策与群众的沟

---

[1]《太行区三年来的建设和发展——戎副主席在晋冀鲁豫边区第一届参议会太行区会议报告》，载太行革命根据地史总编委会编《政权建设》，山西人民出版社，1990。

[2] 威县讯：《冀南冬学即将展开》，晋冀鲁豫《人民日报》1946年12月20日，第2版。

[3] 本报研究室：《办群众所喜爱的冬学——太行冬学转变形式主义作风经验》，晋冀鲁豫《人民日报》1946年12月20日，第2版。

[4]《冬学中改变强迫办法 冀南翻身农民纷纷自愿入学 妇女识字班竞赛取得很大成绩》，晋冀鲁豫《人民日报》1946年12月28日，第2版。

[5]《士敏二十九村经过翻身检查五千农民翻透身》，晋冀鲁豫《人民日报》1947年1月11日，第2版。

通。冬学中的讨论会也是对群众民主意识的赋权和培育。通过与农村实际工作相结合，把冬学镶嵌到群众的日常生产和生活中，使得冬学不仅是社会教育的空间，也是生产、文娱活动的场所，承担读书识字、时事政治教育、推动劳动生产等多重基层传播的功能。冬学是建立文化领导权的空间，让农民、妇女、老人成为讨论、开会的主体，实现时事政策的传播与群众思想的统一。对于中国共产党来说，开展冬学运动也是一种成本低、效率高的社会教育模式，冬学的经费不由政府供给，而是通过发动群众来自主解决。冬学教育与妇女解放、识字运动、翻身清算、民主教育、农业生产发展和民兵作战训练等结合起来，是进行广泛的社会教育和群众动员的中介。冬学成为基层传播的媒介，以社会教育的方式深入基层，让农村空间基层化，基层不再是静止化的、固态的空间，而变成运"动"的、能"动"的空间。

第四节　基层空间与主体的双重改造

选择一幅20世纪60年代的木刻作品《学习》作为解读对象，这幅作品是当时刚高中毕业的四川木刻家徐匡创作的，表现了女工读书学习的场景，是那个时代最为常见的一种群众自我教育方式。通过这幅木刻宣传画来呈现基层传播的方式、文化启蒙的机制以及社会主体改造的过程。从20世纪30年代开始，在以鲁迅为代表的进步作家的倡议之下，中国新兴木刻借鉴西方版画的表现形式，变成社会动员、文化宣传的大众媒介。这种媒介形式因其强烈的视觉冲击力和相对廉价的印刷成本，在抗日战争、解放战争和新中国成立之后的社会主义现代化建设中，成为最广泛地生产视觉图像的重要载体。相比摄影、电影等视觉影像制作依赖于资本、专业器材和技术人才，以刻刀、木板为工具的木刻则为招贴画、文学插图、连环画等视觉作品提供图像底版，影响了几代中国人的视觉经验。木刻《学习》虽然不像徐匡的代表作《待渡》（1959年）、《乡村小学》（1964年）、《草地诗篇》（1975年）、《主人》（1978年，与阿鸽合作）那么有名，但这幅看似平淡无奇的作品却凝固了丰富的当代社会史、媒介史内涵。

一、社会教育的主体、场所与目的

徐匡出生于1938年，50年代就读于中央美院附中，1958年高中毕业后分配到中国美术家协会重庆分会《重庆画报》任编辑，后来一直在四川美术家协会从事创作工作，作品多次获得全国大奖[1]，是新中国培养、成长起来的当代著名木刻艺术家，尤其以西藏题材的版画著称。1960年，徐匡创作了一幅木刻作品《学习》，发表在中国美术家协会主办的刊物《美术》1960年第6期上，在标题《学习》后面还有一个括号说明"木刻，城市人民公社组画之一"[2]。在《学习》下面是另一幅木刻作品——李少言的《老街新貌》（套色木刻，城市人民公社组画之一）。同一页两幅作品的主题都是"城市人民公社组画"，这应该是刚刚到重庆工作的青年艺术家徐匡与抗战根据地时期就成名的版画艺术家李少言一起体验生活，进行的一次主题创作活动。两幅木刻都表现了"大跃进"时期城市人民公社化运动过程中，城市妇女走出家庭，组织起来创办街道工厂的故事，《学习》是服装厂，《老街新貌》是纺纱厂。《老街新貌》是一幅非常漂亮的"套色"木刻作品，青色的山城街道和黑色的屋檐错落有致，道路延伸到远方是嘉陵江，画面的主体是街道上穿着黑色、红色工装的女工们正在杆子上晾晒纺纱，白色的纱布像锦旗一样在"老街"上飘荡，劳动、生产与自然环境交融在一起。不同的是，《老街新貌》展现的是妇女们把错落有致的山城街道改造为晾晒纱布的生产空间，而《学习》则是女工们在车间集体"学习"的场景，她们是如何进行"学习"的呢？

首先，谁在学习？学习的主体是一群女工，穿着工装、从事缝纫工作。画面后景右上方是一排衣柜，整齐地摆放着做好的新衣服，画面前景是一台缝纫机，这些都表明女工的职业是服装厂缝纫车间的工人。从相貌和头发上看，这些女工有年轻人、中年人，也有老年人，人数大概十几个。考虑到这幅木刻的创作背景，这些女工之前应该是不参加工作的家庭妇女，在"城市人民公社"时期，她们从家庭空间中"解放"出来，变成从事衣服制作工作的女工。这种鼓励女性就业的方式，并非开始于1958年的"大跃进"运动，而是在30年代农村根据地时期，就被作为妇女解放和参与生产的有效方式。这种从家庭妇女到工厂女工的蜕变，实现的路径不是背井离乡到更发达的地方或者远方打工，而是通过创办街道工厂"在地"实现就业。这种在地化的就业方式，有两个好处：一是生产与家庭两不误，发展生产不破坏既有的基层社区；二是街道工厂本身也服务于基层建设，是一种把生产镶嵌于社区、工作与家庭有机结合的发展模式。木刻《学习》所表现的主题不是女工们在劳动，却是突出她们学习的

---

[1] 徐匡的作品曾获得第五届全国美展一等奖、第六届全国美展银奖、第十届全国美展银奖、第九届全国版画展优秀作品奖、第十七届全国版画展金奖等。

[2] 徐匡：《学习》，《美术》1960年第6期，第28页。

场景。从女工依然穿着工作服推断，她们不是下了班或者休息时间去进行"职场充电"，而是利用工作间隙的休息时间来自主学习。这说明"学习"是与工作同等重要的，甚至是比后者更重要的行为。

其次，在哪学习？学习的场所不是教室，也不是会议室，就在女工们的工作场所。她们没有在缝纫机前或工作台前工作，而是围在一起认真地学习，缝纫机台、熨衣服的桌台暂时变成了学习的课桌。这个有点局促的空间，不是宽敞的厂房，很可能改造自某个女工家里闲置的空房间，这也符合街道工厂就近寻找厂房的特点，既省钱又方便。也就是说，这间临时的学习空间经历了双重改造：一是为了生产，女工们把家居的房间变成生产性、工作的场所；二是为了学习，女工们再度把作为生产的车间变成了接受教育的场所。这就使得这个空间兼具三种"折叠"职能：家居生活、服装生产和女工学习。这种学习的方式显然不是到教室空间里接受正规化教育，而是一种非正规化的业余教育或者说是社会化教育。女工们之所以能够把这个空间实现三重转换，与街道工厂作为一种工业合作化生产的模式有关。女工们是从事生产的工人，也是参与管理的工人，她们占据生产资料、拥有主人翁意识。

第三，怎么学习？学习的方式是一个女工领读，其他人倾听。在这个临时的教学空间中，由于不是规律排列的课桌，女工们没有整齐地坐在一起，而是就着工作台的位置，围成一个不规则的半圆形。没有黑板，也没有严格意义上的老师和学生的区分。画面中唯一站立的、拿着书本的女工，就是带领大家学习的老师，这个"老师"不是外来的、外请的专职教师，而是穿着工作服、戴着工作帽的女工，应该就是周围女工群体中的一员。这不是一个人孤独地阅读、冥想，而是十几个女工一起进行一种"集体"学习。这十几个女工组成一个服装生产的小组，是一种介于家庭与街道社区之间的基层单位。这样一个小的基层单位，承担着双重职能：一是组织家庭妇女进行力所能及的轻工业生产，以增加个人、家庭和社区的经济收益；二是组织女工进行文化知识的"学习"，用文艺活动、文化建设来锻造基层内部的有机性。女工们之间既是邻里，又是一起劳动的同事，还是共同"学习"的同窗。这个基层单位是一个社会化的空间，把女性从女儿、媳妇、母亲、婆婆的家庭角色转化为自食其力的女工人。这种女工业余学习的自我教育模式，来自20世纪二三十年代在都市中进步知识分子参与的大众教育尝试和三四十年代在农村根据地出现的群众教育运动，如识字班、扫盲小组、读报小组、夜校等[1]。

第四，为什么学习？这种利用工休时刻进行非正规的、自主的集体学习，并不是为了提升女工们的技术能力，更多的是一种政治学习、时事教育。这种学习的状态使得女工拥有双重身份：一是从事物质生产的工作者，二是接受文化教育的学习者，是既劳动又学习的工人。这种"学习"活动实现了双重教育功能：一是扫盲教育，把不识字的、没有受过教育的女工变成能读书、能看报的有文化的人，把前现代的、愚昧的主体变成现代的、理性的人；二是政治、思想教育，把只懂工作的技术工人变成有政治意识、阶级意识的社区、国家与社会的主人。也就是说，工人不只是技术化的生产者，还是有脑子的、有管理能力的、能够真正当家作主的人。工人的主体位置不只是靠社会翻身和法律制度来保障的，更需要靠"学习"这种主动的、柔性的方式来获得自我意识。

这种"学习"的方式与方法与其说是产生于五六十年代社会主义建设时期的新形势，不如说是抗日战争根据地时期形成的基层文化、群众教育的老传统。抗日战争时期，为了在敌后发动游击战争以及积聚更多抗日力量，共产党在偏远乡村通过基层建设的方式，成功地建立了根据地政权，使得华北等日军侵略的区域无法完全变成殖民地。除了军事斗争、土地改革、阶级斗争、组织生产之外，基层建设的重要内容是进行社会教育和文化建设，采用生产与学习相结合的方式，如开展冬学运动、夜校等非正规教育进行扫盲、妇女解放和政治思想活动，从而实现把落后的、封建的劳苦大众变成抗战的、生产的、社会化的和现代化的主体。这种对普通民众的文化启蒙工程，主要依靠如木刻《学习》中所呈现的基层生产小组的形式，一方面不耽误生产，另一方面也不影响生产之外的家庭生活，充分利用田间地头的临时空间和茶余饭后的零碎时间。这些看起来无足轻重的基层文化活动在动员群众、组织群众中发挥了重要作用，或者说正是《学习》中所呈现的如"涓涓细流"般耐心而细致的群众文化工作，使得抽象的、宏大的革命理论落实为日常生活中的社会实践。

二、跨媒介实践中的"学习"革命

在《学习》这幅木刻宣传画中，可以看出占据视觉中心的是一位女工，这位女工手里拿着一本书，张着嘴正在"读"书，周围的女工或者目不转睛地望着老师，或者低头沉思，她们都在认真地"听"。临时的女工老师通过朗读把

---

[1] 冯淼：《〈读书生活〉与三十年代上海城市革命文化的发展》，《文学评论》2019年第4期，第106-114页。

抽象的文字变成了有声的声音，实现了从印刷媒介向声音媒介的转变，也让不在场的文字变成具有在场感的声音。木刻家徐匡又把这种"朗读"学习的场景变成一幅图像，仿佛琅琅读书声充满了整个画面。木刻作品实现了从声音媒介向视觉媒介的转变，也再次把在场的声音转变为不在场的宣传画。这种从"读"到"听"再到"看"的媒介魔术，一方面在基层空间让在场的群众去聆"听"，另一方面通过木刻召唤不在场的群众去观"看"。这场"学习"的革命，改变了五四新文化运动所形成的以印刷资本主义为基础的阅读模式，也改变了接受现代教育、阅读新式图书来进行文化启蒙的形式。

书本，或者说建立在现代印刷基础上的图书、报纸，是印刷资本主义出现的标志。在传播史上，谷登堡印刷机的发明带来现代印刷术，也产生了广泛的大众阅读，打破了教士阶层对阅读的垄断。在美国理论家本尼迪克特·安德森的《想象的共同体》一书中，把印刷资本主义作为现代民族国家建构的重要媒介，通过报纸所带来的远距离阅读，有力地塑造了"想象的"民族文化共同体[1]。而在德国哲学家哈贝马斯的经典名作《公共领域的结构转型》中，这种17、18世纪的大众阅读、文化批评也成为资本主义上升时期的公共交流的平台[2]。这些都建立在现代印刷、纸媒、文字书写与阅读的基础上，可以说，现代启蒙运动、大众文化的形成都与承担着现代思想与价值的现代印刷媒介有关。

反观中国，五四新文化运动是现代文化在中国落地生根的开始，这场思想文化运动始于一本杂志的创刊以及围绕着这本杂志的一群中国现代知识分子所展开的文化活动。1915年9月陈独秀在上海创办了《青年杂志》，一年后杂志跟随陈独秀来到北京，改名为《新青年》。杂志是一种现代媒介，也是哈贝马斯意义上的文化公共领域。这种新媒介在晚清时期从西方传入新中国，办报纸、办杂志成为晚清民初城市知识分子传播思想的平台。五四新文化运动的新思想、新价值就借助《新青年》杂志传播，一代又一代的年轻人通过阅读这本白话文写成的杂志获得新知，成长为"新青年"。可以说，五四新文化运动是一场思想、语言、文学革命，也是一次现代媒介革命，是以文字为核心、以现代印刷技术为中介，使得新思想实现远距离、跨时间的传播[3]。与此同时，五四

---

[1] 本尼迪克特·安德森：《想象的共同体：民族主义的起源与散布》，吴叡人译，上海人民出版社，2016，第38-47页。

[2] 哈贝马斯：《公共领域的结构转型》，曹卫东等译，学林出版社，1999，第55-60页。

[3] 陈平原、山口守编《大众传媒与现代文学》，新世界出版社，2003，第185-310页。

新文化运动与北京、上海等大都市以及北京大学等现代高等学校制度有着密切的互动关系。这也使得五四新文化变成一场精英知识分子参与的思想启蒙运动，自上而下地发挥着持续的影响力。这种起源于"五四"时代的通过办杂志、报纸等进行思想论辩和社会动员的方式，成为20世纪历史中知识分子参与社会、政治、文化实践最经常采用的媒介载体，直到20世纪90年代互联网媒介的兴起，这种依靠文字、纸媒印刷、高等教育所形成的文化启蒙模式才面临新的挑战。

回到1960年的木刻《学习》，女工手中拿着的书本就是五四新文化运动以来印刷资本主义所象征的新知识和新文化，正如上面所分析的，《学习》所呈现的不是一个新女性、新学生独自阅读一本书来学习新知识，而是用"朗读"图书的方式，让其他女工也能了解、学习这本书的内容。这种"读"书、"听"书的场景，改变了那种孤独地、静默地、专注地阅读印刷媒体的方式，把精英的、文字的抽象表达变成一个说与听的"现场"，把鲁迅所说的无声的中国变成有声的中国。这种文字的听觉化使得阅读主体发生了转变，从五四新文化运动所塑造的男性化的精英知识分子，转变为一群没有文化的从事家务和工厂劳动的普通女工。可以说，"学习"的主体发生了阶级和性别的双重转换，女性和工人成为学习的主体，这种转换本身是20世纪社会主义革命的任务之一。

在木刻《学习》中，从阅读、读书到朗读、听书，这种视觉化的阅"读"向听觉化的"听"书的媒介转变，使得那种印刷媒介所具有的不在场的"阅"读，变成一种在场的、具有现场感的阅"读"。从另一个角度看，这幅作品采用了最经典的构图模式，一群人围着一个中心人物，这是一种典型的现实主义中心透视法，是一种带有剧场感和戏剧效果的画面。这是一场有启蒙者（演员）和群众（听众）同时在场的表演，不是在自习室上自习，或者在课堂中讲授，而是一个人占据舞台中心，听众、观众围在四周，其中最重要的角色不是占据视觉中心读书的女工，而是"在场"聆听的听众、观众和群众。这种群众的在场不仅是群众主体或人民主体的突显，还表现了在戏剧的剧场关系中，群众主体感获得。

在上世纪三四十年代的抗战动员、革命动员中以话剧为主体的流动演剧队扮演着重要的作用，如国共抗战合作初期由左翼进步文化人组成的抗敌演剧队在南方和华北地区进行抗战宣传，还有晋察冀根据地的抗敌剧社以及晋西北的一二〇师战斗剧社、冀中的火线剧社、晋冀鲁豫的一二九师先锋剧社等都是重要话剧宣传队。在物资、现代技术相对缺乏的农村地区，话剧这种"五四"时代新出现的都市艺术，变成了一种流动的、移动的宣传媒介，这些包括活报剧、街头剧、广场剧等在内的话剧演出方式,把抽象的理念、价值和道理变成一套用身体来表演的可看、可听的视听话剧,使得现场观看的非都市、非现代的群众、百姓获得教育和启蒙,话剧本身以及从事话剧演出的戏剧工作者变成了流动的媒体和实现具有更大众化宣传效果的宣传队。对于观众和听众而言,在双重意义上被"主体化"。一方面观众所观看的话剧不再是与自己生活没有关系的古装戏曲或者神话故事,而是反映根据地现实生活和抗战斗争的内容,观众从话剧表演中看见或指认出那是自己的故事;另一方面这种被表演、被再现的现实主义题材来自根据地地区真实发生的人和事,观众在实际的现实生产和斗争中变成剧中的角。正如在群众动员、群众运动中所采取的诉苦会、家庭会或思想教育会等都是一种在场的、剧场化的会议场景,革命干部、基层干部是会议主题的引导者和启发者,而群众不只是听众,还是说话的、讲故事的、表达思想的主体,也就是说,群众通过观看话剧与剧中的人产生入戏、共情的效果,与此同时,这种入戏、共情的效果又在真实的群众运动中被激活,群众由观众、听众转化为真实的演员和群众运动的主体。在这个意义上,群众、观众在戏剧化的、表演化的、仪式化的话剧的剧场效果中获得一种新的阶级意识和文化主体。木刻《学习》就再现了这种群众在场的、群众参与的"学习"场景。这种群众的在场是革命文艺中不可或缺的主体,正如在80年代在电视时代,继承革命联欢、群众聚会传统的春节联欢晚会,台下必须有观众席,而且演员要从观众席中来,演完之后,再回到观众席之中,这本身是革命文艺所特有的"从群众中来,到群众中去"的观演关系和剧场效果。

　　青年木刻家徐匡通过采风、下基层、走群众路线,深入工厂、街道等基层空间,捕捉到这个"学习"的场景,把它变成艺术表现的对象,使得具有在场感的"学习"再次转化为可以机械复制的木刻艺术,实现视觉图像的大规模宣传。也就是说,女工之间的自我"学习"把抽象的文字变成声音使得革命的理念通过朗读转化为在场的传播,而木刻这种视觉媒介再次使得这种在场的、现场的仪式实现去现场化,变成不在场的印刷视觉媒介,从而实现更大规模的宣传和效仿的效果。在这个过程中,有两个主体扮演着重要的角色:第一是组织女工学习的临时老师,她利用工作间隙把女工聚拢起来,是来自基层、为基层群众服务的主体;第二是下基层的徐匡,他暂时脱离画室和编辑工作,到基层群众的生产、生活的现场,进行"同吃、同住、同劳动"的参与式观察,从中发现值得被创作的对象,这种专业化的文艺工作者与基层群众的结合也是根据地时期形成的知识分子的主体状态。正是这样两种主体状态,使得"学习"式的基层空间得以成立,也完成从读(抽象阅读、个人阅读、正规教育)到听(基层空间、社会化教育），再到看（木刻、视觉图像）的跨媒介转换。

小小的一张《木刻》实现了文化、知识从印刷文字到现场学习、再到印刷图像的社会传播。这种青年艺术家参与的木刻创作，展示了作为基层文化的群众自我"学习"的过程，其实，在那个时代，"学习"并非重点，除了"学习"、读报小组之外，还有另外一种主体塑造的方式，就是写作和创作，不光要读，还要写，把学到的知识再转化为抽象的文字，与此同时，作为学习者的群众变成了具有创造性、文化表达的工农知识分子，进而实现从"读"到"听"，从"听"到"写"的社会启蒙过程。

三、社会主义再生产与基层空间的双重职能

在法国哲学家路易·阿尔都塞的《论再生产》一书中，提出生产关系再生产和意识形态国家机器的重要功能。在马克思看来，生产和再生产是推动资本主义体系积累、扩张、追求高额利润的动力。阿尔都塞把再生产的问题引入生产关系领域，认为非暴力的意识形态国家机器是维系资本主义生产关系的关键，这些意识形态国家机器主要由学校、媒体、宗教等部门来承担[1]，这些部门负责让资本主义生产关系深入人心，实现润物细无声的效果。由此，我想提出社会主义意识形态再生产的问题，这也是中国社会主义实践中面临的核心问题，尤其是从20世纪60年代以来如何培养接班人、如何保证社会主义不变质就成为内在焦虑。木刻《学习》也是社会主义意识形态再生产的一种方式。

从《学习》中可以看出，女工生产衣服的场所与女工的学习的场所是合一的，也就是说生产性的空间与再生产的空间是一体的。《学习》不仅使得生产的场所变得可见，而且使得劳动力再生产的场所也变得可见。这种生产与学习的结合，使得女工拥有两个身份：一是生产者，二是学习者。通过生产、劳动，变成有专业技术的自食其力的工人，再通过政治、思想"学习"，变成具有阶级意识、自主意识的主体。这种劳动力的生产空间与再生产空间的合二为一，就是培养社会主义新人的基本经验。正如当时的研究者所评价的那样："徐匡的'学习'表现的是开会，因为它突出而又成功地表现出了昨天还是家庭妇女，而今天已经成为城市人民公社的女工（尤其是作者突出加意刻画的那个画面中心人物——手持笔记本正在发言的女工）参加学习的那种愉快、认真的种种神态；因为它着意表现的不是'开'会，而表现的是参加开会的人的精神面貌；是'开会'的内在意义（家庭妇女由于能够广泛地参加社会工作或生产建

---

[1] 路易·阿尔都塞：《论再生产》，吴子枫译，西北大学出版社，2019。

设,在文化上也得到了解放或提高,这是文化革命的深入和胜利表现),因此,经过艺术加工的这个'开会',就显得不一般化不'平常'了。"[1]

这种生产与学习结合的模式,来自共产党所领导的革命根据地实践。在抗日战争的氛围中,文化教育贯穿于政治、经济、社会各个环节,甚至在战争间隙的战壕中也有门板、火线报等基层媒介。也就是说,土地革命实现社会的"翻身"和文化教育实现精神的"翻心"如何结合起来,既变成生产资料的主人,又变成社会、政治和文化的主人。如果说木刻《学习》中所呈现的是基层小组自我"学习"的场景,那么这个场景中看不到是基层空间的组织者,也就是基层干部、基层党员的身影,他们把街道家庭妇女组织起来之后,就不再是基层空间的领导者,而是搭建基层空间的引导人和中介者。基层空间有双重职能:一是生产和劳动职能,完成社会化和生产化,把家庭妇女组织到生产型的社会空间中,变成工厂女工;二是教育和文化职能,把生产的女工文化化、主体化,变成具有主体意识和阶级意识的女性。这就是社会主义文化、教育事业的核心任务:一方面延续了五四时代的启蒙理念,把个体从前现代的、未启蒙的主体变成启蒙的、现代的主体;另一方面进一步把个人的启蒙变成大众启蒙,把每一个群众、大众都变成社会实践的主体,高度组织化的基层单位就成为锻造这种主体的社会空间。

对《木刻》的解读,是想呈现基层文化动员也是20世纪中国社会和政治革命的重要组成部分。这种正规教育之外的自主学习显示了一种群众自我教育、自我主体化的社会实践和历史经验,这种深入基层的文化教育承担着生产与意识形态再生产的双重职能。从这里可以看出基层传播的一般特征:一是,基层空间的构建。基层是对基层社会的重组,在家庭与社会之间设立一个中介和转化器,让抽象的理念与社会主义新人的主体建构在这个空间中来完成。二是,群众的参与。在基层,群众是主体,群众通过学习、教育变成社会实践的自觉主体。三是,文化、文艺是重要的媒介。文学、话剧、电影等群众文艺活动是润滑基层空间以及完成群众主体再生产的中介。四是,基层的组织需要基层干部和经常下基层的文艺工作者共同参与,就像青年艺术家徐匡通过下基层把街道工厂的群众"学习"变成艺术表现的典型场景。

这种书本、阅读等"学习"的场景也出现在徐匡后来的木刻作品中,如1959年的成名作《待渡》中,在渡口等待的青年人手里就拿着图书;1964年的《乡村小学》,展现的是在一个简陋的茅草屋小学中认真听课的农村小学生的场

---

[1] 阿梅:《形象和概念》,《美术》1961年第1期,第18-19页。

景；1975年的《草原诗篇》（又名《女民兵》）表现的是一位草原女民兵伏在马背上写诗的场景，背景是代表工业和现代化的高压电线杆；2006年的《阿妈》表现的也是一个背着孩子的西藏母亲在自己的膝盖上写字的场景。这种普通人对于图书、知识和文化的"学习"状态是一种重要的人物形象和时代"道具"。20世纪90年代以来，徐匡从版画创作转向更具个人风格的"独版画"，也就是把木刻的原版、刻板变成独立的艺术作品，从这个文化细节中可以看出，曾经在20世纪扮演大众宣传职能的版画，在新的时代和历史条件下，再次蜕变为丧失流动性的、挂在博物馆墙上供展览的艺术作品。

徐匡作品《学习》（1960年）

第十四章　社区营造：新工人、文化书写与基层传播

2017年4月25日，家政女工范雨素的《我是范雨素》一文在微信公众号"界面·正午"上一经发布，就迅速成为移动互联网上最流行的文章，短短几天时间网络阅读量达到三四百万次[1]。这次事件让主流媒体关注到北京五环外由一群喜欢文学的打工者组成的"皮村文学小组"，他们利用周末时间，与城里来的文化志愿者一起切磋、讨论文学，范雨素就来自这个业余文学兴趣小组。2015年纪录电影《我的诗篇》拍摄完成，以六位工人诗人为主角，展现了他们的诗歌创作和生存状态，其中诗人许立志在纪录片制作过程中不幸跳楼自杀，这种卓绝的诗歌才华与悲催的人生故事之间形成了强烈对立。文学（中国现代文学）这一五四新文化运动时期创造出来的新文类和新媒介，在20世纪中国现代文化、革命文化中发挥着重要作用，如同弗雷德里克·杰姆逊所述的"第三世界文学"一样[2]，新文学承担着文化启蒙、国家救亡的社会职能。直到80年代末期90年代初期中国社会转向全面市场化改革的时代，这种现代文学才丧失与时代、与社会互动的功能，变成被大众文化、商业文化边缘化的精英文化[3]。以范雨素、许立志为代表的新工人文学，重新以文学为媒介书写自己的故事，让不可见的工业劳动变得可见，让不可触及的社会经验变成公共文化。

---

[1] 微信是2011年深圳腾讯公司推出的一款手机APP，是目前中国使用人数最多的社交媒体，活跃用户超过10亿人，已经成为中国社会日常交流和工作联络最为重要的媒介平台。在这款社交软件上，有发布图文消息的自媒体平台，一般一篇文章点击量超过10万次就是流行文章。

[2] 弗雷德里克·杰姆逊，张京媛，《处于跨国资本主义时代中的第三世界文学》，《当代电影》1989年第6期，第45-57页。

[3] 20世纪50年代到80年代，文学是中国最具大众性的阅读文类，文学本身也追求一种通俗化、群众化的叙事和阅读效果，这与90年代文学越来越小众化、精英化是不同的。90年代出现文学被边缘化的状况，主要原因有两个：一是文学这种文类不再承担文化、意识形态斗争的中介，二是文学写作风格也更追求叙事技巧和复杂化。

可以说，这些通过移动互联网、纪录影像意外"闯进"主流文化景观的事件，与其说是主流文化对新工人文学的"青睐"，不如说是新工人文学对主流文化的一次"偷袭"。

第一节　以文学为媒介：新工人文学的显影

20世纪80年代以来，中国改变毛泽东时代的计划经济体制，开启了对内进行商品化、市场化改革，对外引进外部资金、先进技术的开放政策。这导致80年代末期大量农村劳动力开始到东部城市、南方沿海地区打工的历史，也使得中国成为欧美、亚洲四小龙等发达地区进行制造业大规模转移的区域。凭借廉价劳动力的制度优势，2000年前后中国迅速成为世界加工厂，经济也进入高速起飞的阶段。据统计，2000年进城农民工约为0.78亿人[1]，到2018年为2.8亿人[2]。这个庞大的群体成为支撑中国制造加工业和城市低端服务业（如餐厅服务员、保姆、保安等）的主力军。他们尽管人数众多，却在主流文化中处于匿声、匿名的状态，经常被描述为底层群体和弱势群体[3]。在这种背景下，文学成为他们讲述自己的故事，表达人生和社会态度的媒介。

90年代以来，与工人文学写作相关的命名方式，有打工文学、底层文学、草根文学和新工人文学，这些不同的命名方式本身显示了人们对工人文学的不同理解。在分析这些命名方式之前，笔者先介绍工人文学的发展历史。笔者认为工人创作的文学作品和写工人、工业题材的作品都可算作工人文学的范围。1949年新中国成立之前，工人处在社会被压迫的位置上，工人文学也不发达，

---

[1] 《中国农民工战略问题研究》课题组：《中国农民工现状及其发展趋势总报告》，《改革》2009年第2期，第7页。

[2] 国家统计局：《2018年农民工监测调查报告》，2019年4月29日，http://www.stats.gov.cn/tjsj/zxfb/201904/t20190429_1662268.html。

[3] 2002年，在中国总理的年度政府工作报告中，把农民外出打工群体命名为"弱势群体"，是政府需要特别援助的对象，"弱势群体"具体包括下岗职工、"体制外"的人、进城农民工、较早退休的"体制内"人员这四类群体，之所以要把他们划归为"弱势群体"，是因为"目前的城市最低生活保障还覆盖不了他们，需要政府单独立项拿出钱来援助"。参见记者何磊对劳动和社会保障部社会保险研究所所长何平的采访：《朱镕基报告中新名词，弱势群体包括哪些人》，《中国青年报》，2002年3月7日。

在上海等大都市出现了一些进步知识分子帮助劳工学习写作的故事[1]。新中国成立之后，工人阶级成为国家的主人，一方面出现了大量写工人、工业题材的文学作品[2]，另一方面工人作家以及工农兵写作运动成为国家大力支持的文化工作，出现了如李学鳌、胡万春、万国儒等知名的工人作家[3]，这些工人写作基本延续毛泽东时代的现实主义文学、工农兵文学的风格。另外，文学创作也是一种基层群众文艺活动，诗歌、报告文学成为群众参与文化创作的主要类型。80年代改革开放以来，随着伤痕文学、朦胧诗歌、反思文学、寻根文学、先锋文学等文艺思潮的涌现，工人题材、工人作家基本被作为政治性、革命性的文学而被淘汰。在这种背景下，随着80年代末期农民工进城，一种新的工人文学开始浮出地表。

"打工文学"出现在中国最早进行改革开放的广东深圳地区。1984年，深圳市文联主办的文学期刊《特区文学》发表了一些打工生活的文学作品，1985年，青年评论家杨宏海用"打工文学"来命名这些作品。"何谓'打工文学'？'打工'是广东方言，'打工文学'是指反映'打工'这一社会群体生活的文学作品，包括小说、诗歌、报告文学、散文、影视、剧作等各类文学体裁。"[4] 用打工来描述农民工，一方面与邓小平南方讲话以来农民工主要去改革开放最前沿、靠近香港的广州、深圳干活有关，另一方面也清晰地指出农民工所从事的工作性质是为私营企业、外资企业工作，这是一种与计划经济体制下国有企业不同的雇佣制度。80年代末期张伟民在《大鹏湾》发表了反映打工生活的小说《我是打工仔》，90年代初期，打工妹安子的《青春驿站——深圳打工妹写实》出版并畅销，打工文学开始成为人们关注的对象。与此同时，广东省佛山市的地区级文学刊物《佛山文艺》也成为发表打工文学的重要杂志，打工文学成为广东地区最重要的文学现象。打工文学有着清晰的创作主体，就是进城打工的农民工，这种非社会主义单位制的状态，使得打工成为农民工最重要的身份标识，打工文学就是打工者描写自己生活状态的文学。打工文学这个命名本身则

---

[1] 冯淼：《〈读书生活〉与三十年代上海城市革命文化的发展》，《文学评论》2019年第4期，第106—114页。

[2] 李杨：《工业题材、工业主义与"社会主义现代性"——〈乘风破浪〉再解读》，《文学评论》2010年第6期，第46—53页。

[3] 谢保杰：《主体、想象与表达：1949—1966年工农兵写作的历史考察》，北京大学出版社，2015。

[4] 杨宏海：《文化视野中的打工文学》，载杨宏海主编《打工文学备忘录》，社会科学文献出版社，2007，第3页。

延续了在社会主义现实主义文学修辞方式当中用题材或作家的身份来区分文学创作的惯例。从文学风格上来说,"打工文学"几乎都是现实主义作品,因为这种再现方式使生活/文学变得更"透明",也更容易把自我投射到文学语言中。简单地说,"打工文学"大致包含三个主题:复杂的城市想象、作为外来人/都市人/边缘人的身份认同问题和打工者与老板的矛盾斗争[1]。近些年,打工文学逐渐成为深圳、东莞等地方政府推动的城市文化名片,也不断出现一些打工出身的作家走上职业创作的道路,如郑小琼、王十月等[2]。

如果说打工文学是用打工者的职业身份来命名文学创作,那么新世纪以来底层文学的出现,则与新世纪之交农民工成为社会底层和弱势群体有关。20世纪90年代初期市场化改革刚刚开启,离开农村进城打工被认为是一种充满希望的"共同富裕"之旅,而2000年前后农民工在全球产业链中的弱势地位使其变成政治、经济、社会意义上的底层。底层作为一种社会分层概念,显示了市场化改革所带来的社会阶层的巨大分化,农民工从"国家的主人"沦为社会底层。在这种背景下,在独立纪录片、第六代电影中农民、农民工、下岗工人等被表现为承受社会苦难的受苦人。在文学领域,2000年以来也陆续出现一批描写底层生活的作品,如曹征路的《那儿》、陈应松的《马嘶岭血案》、王祥夫的《找啊找》、刘继明的《放声歌唱》、胡学文的《命案高悬》、罗伟章的《变脸》等,再加上知名作家刘震云的《我叫刘跃进》、贾平凹的《高兴》、余华的《兄弟》等。与打工者书写自己故事的打工文学不同,底层文学是专业作家对新出现的社会弱势群体的文学表达,"'底层文学'则是一种表现底层、代表底层利益的文学形式。它描写底层人的生活状态,代表底层人发出声音"[3]。底层文学并没有延续20世纪革命文学中工人、农民等受压迫者走向社会反抗的传统,而是携带着90年代以来新现实主义、新写实主义文学的基调,呈现一个残忍、无助、绝望或弱肉强食的底层景观,是一种后革命时代的人道主义叙述[4]。

相比打工文学由业余作者创作文学、底层文学由专业作家书写他者的故事,那么在大众媒体领域,也经常用草根文学来描述那些出身底层的写作者,

---

[1] 这三个主题是杨宏海在《打工世界:青春的涌动》一书的序言中提到的(花城出版社,2000年版,第16-18页)。

[2] 杨宏海主编《打工文学作品精选集》(散文·诗歌卷),海天出版社,2007。

[3] 李云雷:《新世纪文学中的"底层文学"论纲》,《文艺争鸣》2010年第6期,第25页。

[4] 李云雷编《"底层文学"研究读本》,上海书店出版社,2018;李云雷:《新世纪"底层文学"与中国故事》,中山大学出版社,2014。

如关于农民诗人余秀华的报道中一般使用草根诗人。草根来自对英文 grass roots 的翻译，草根被作为一种区别于精英文化、主流文化之外的平民文化。不同于打工、底层所带有的群体性、政治性想象，草根突显的是非政府的、民间的个体，是像草一样弱小的个人。用草根文学来描述打工者所从事的文学创作，强调的是一种个人通过努力实现的文学梦。因此，在主流媒体中，这些能够从事文艺创作的打工者是一种借助文学而成名的人，如昔日的打工者郑小琼、王十月通过发表文学作品，变成了从事文化工作的作家。在这个意义上，草根文学关注的是"草根"从打工者向作家的身份转换，而不是"文学"风格，文学是实现这种转换的工具。文学之所以有可能扮演这种社会身份转换的作用，与社会主义国家存在的各级文学机构、文学刊物有着密切关系。

根据上面的分析，打工文学、底层文学和草根文学是彼此相关但又存在很大差异的概念，打工文学是出现最早并延续至今的概念，用来描述农民工进城打工过程中创作的文学作品，而底层文学是专业作家写农民、农民工和下岗工人的故事，基本上是2000年初到2010年前后出现的文学创作潮流，草根文学是主流媒体对普通人从事文学写作的命名，从这个角度来说，范雨素、许立志是打工文学、草根文学，而不是底层文学。近些年，又出现了一种新的命名方式，这就是新工人文学。新工人的说法是由一批从事农民工研究和公益活动的参与者提倡、创造出来的，如卜卫、吕途、孙恒、王德志等，他们认为农民工、打工者、底层、草根等说法隐含着一种城市视角和歧视性，新工人更能突显农民工在城市工作的特征和主体感[1]。

具体来说，新工人的"新"包括以下内涵。其一，工人不仅是一种职业身份，在20世纪中国革命实践中，工人是社会主义国家的政治主体，工人阶级是当家作主的人民。其二，与这种作为国家主体的工人相伴随的是，劳动、工作、生产等也从苦役、低等之类的负面价值变成具有正面意义的社会认同，如"劳动最光荣""劳动者是最美的人"等。其三，新工人的"新"是相对于老工人而言，新工人与老工人一样是从事工业劳动的人，但区别在于，老工人是全民所有制企业里的雷锋式的螺丝钉，而新工人则是民营、外资企业里的"一颗掉在地上"的螺丝钉（借用许立志的诗歌《一颗螺丝掉在地上》）。其四，新工人并不只是工业生产，也包括在城市从事第三产业、服务业的底层劳动者，如家

---

[1] 关于"新工人"的定义可以参考吕途：《中国新工人：迷失与崛起》（法律出版社，2013）、《中国新工人：文化与命运》（法律出版社，2015）和《中国新工人：女工传记》（生活·读书·新知三联书店，2017）。

政工、快递员等，新工人的说法更能凸显农民工脱离农业生产的状态。其五，突出"工人"的身份，也是为了把新工人文学放在20世纪的视野中来考察，工人文学或者让工农兵掌握文化权利，是中国近代以来不同时代面临的核心问题，早在30年代就有平民教育家从事劳工教育活动，40年代到新中国成立后出现了更大规模的识字运动、培养工农兵作家等社会实践，直到90年代以来的打工文学、新工人文学也在这种平民教育、基层文化、群众文化的大脉络之中。在这个基础上，我主张用新工人文学来描述打工者、农民工从事的文学创作活动，主要原因如下：一是创作主体，新工人文学的创作者是新工人，或者至少有过新工人生活经验的作者；二是批判意识，新工人文学对工人的身份有某种自觉，认同"劳动者创造世界"的理念，对现代、工业等文明有所反思和批判；三是未来视野，新工人文学追求一个更加平等、公平的现代世界或人类文明。在这个意义上，新工人文学不只是特定群体的文学形态，而是一种更具代表性的、回应现代危机的文学表达。

在新工人文化中，文学创作或者以文学为媒介来表达新工人的精神、文化诉求，是一个非常突出的现象。文学作为一种相对传统的媒介形式，成为弱势者发出声音的中介。如果从90年代初期的打工文学算起，这种新工人文学的形态一直伴随着农民工进城打工和中国成为世界加工厂的30余年历史，从未中断过。这主要有四个方面原因。一是，相比戏剧、美术、影视等需要专业训练、团队合作和资本支持的文艺类型来说，文学书写是一种成本最低的创作方式，尤其是诗歌写作，是工人文学中最常见的文类，因为诗歌的篇幅较短、又能直接表达个人情感，再加上工人只能用业余的片段时间进行写作。二是，农民工虽然从事体力劳动，但相当多的农民工接受过基础教育，这和新中国成立之后，国家展开的大规模的扫盲运动和各种夜校、技术培训等非正规教育有关，这也使得中国工人具有比较高的文化素养[1]。三是，在毛泽东时代，文学是最大众的文化媒介，作家也是社会地位比较高的知识分子，这也使得文学成为群众文艺的组成部分，从一些工人创作者的访谈中可以看出，他们在农村也能接触到文学期刊和书籍，直到现在文学在中国都有庞大的阅读群体。四是，90年代后期互联网在中国兴起，互联网为这些弱势群体提供了文学阅读和交流的空间，很多工人创作者有个人博客、QQ空间、微博等自媒体平台，比如范雨素不会

---

[1] "据1949年至1988年统计，共扫除文盲16355万，使总人口中的文盲率由1949年的80%以上降至目前的20%"，参见：中华人民共和国国家教育委员会成人教育司、中国成人教育协会编《中国扫盲教育》，人民教育出版社，1988，第1页。

用电脑写作，她还是用笔写在纸上，然后在文化志愿者的帮助下打成电子版，最终她的文章借助移动互联网平台广泛传播，这本身是前电脑时代的经典写作与互联网时代的碎片化阅读之间的奇妙组合。

第二节　在"别人的森林"里创造新工人文化

这40年来，中国发生了翻天覆地的变化，其中有一个社会群体更是经历了"乾坤大挪移"，这就是中国工人。一方面体制内的老工人在20世纪90年代的国企改革中纷纷下岗，从城市的主人沦落为社会底层；另一方面90年代的招商引资，又让越来越多的农民进城打工，成为中国制造的廉价劳动力。老工人失去了单位制的庇护，新工人又生活在新的雇佣劳动关系中。新世纪以来，新工人一直是社会底层和现实苦难的象征，他们的低收入无法实现在城里安家的梦想，甚至也无法与妻子、孩子生活在一起。虽然他们在城里有工作，并非失业人口，但其弱势的政治、经济位置，使得他们成为都市里的隐身人，就像被遮挡在工地绿色帆布里面的建筑工人一样，无处发声，也无法被看见。

这种在流水线上进行重复劳动的工业经验，让打工者丝毫无法对工业、城市产生任何正面的价值，反而认为工人的身份是一种耻辱，就像新工人诗人唐以洪所写的《把那件工衣藏起来》。这首诗聚焦于那件跟随了"我"二十年的灰色工衣，"灰色里的泪痕，和汗水／那些胶水味，机油味，酸楚味／线缝里的乡愁"[1]，这件工衣承载着"我"打工的历史和记忆。在工衣里面包裹着"一只发不出声的蝉子"和一个"闷头干活"的"哑巴"，这份"噤若寒蝉"的屈辱使得"我"要把灰色的工衣"藏到最深处／藏到谁也找不到的地方"，因为"我担心从记忆的深处／又把它们揪出来／再一次受到磨难／和伤害"。这首诗一方面表现了工衣所代表的工业劳动对打工者造成的耻辱感，另一方面又呈现了工人发不出声音的社会困境。借用打工女诗人寂之水在长诗《审判》中的一句诗，"在大地上奔逃，流失／他的背影透出一丝无奈和凉意／熟练地掀开记忆"[2]，新工人文学的文化意义正在于把这些隐藏的、被压抑的、不可见的工人经验和记

---

[1] 唐以洪：《把那件工衣藏起来》，载秦晓宇主编《我的诗篇：当代工人诗典》，作家出版社，2015，第187页。

[2] 寂之水：《审判》，载秦晓宇主编《我的诗篇：当代工人诗典》，作家出版社，2015，第337页。

忆掀开。对于这种在城市打工的陌生感和异样感，另一位新工人作者郭福来写过一首诗《写给孩子》，其中有一句是"孩子，别离我太近／咱们都像一棵棵／孤独的树／生活在别人的森林／我的枝叶会阻挡／你吸收阳光，甘霖"[1]。这首写给留守儿童的诗歌，准确地表达了新工人在城市里的感受，对他们来说，北京、上海等大都市不只是陌生人的海洋，还是一片"别人的森林"，是不属于自己的，也无法找到主体感的空间。

这些新工人写作者无疑是广大普通劳动者中少数有才华的佼佼者，对于范雨素、许立志等外来打工的流动人口来说，他们像候鸟一样，处在"待不下的城市，回不去的农村"的尴尬位置上[2]。相比打工文学中大部分写作者主要以个体的方式从事创作，近些年在一些城市也出现为打工者提供文化服务的非营利公益组织，他们在新工人聚集的城中村或城市边缘的社区，依靠社会力量创办公益图书室、影院、剧场等文化空间，让那些有文学、艺术爱好的打工者可以在休息时间免费享受文化生活。可以说，这些公益机构在"别人的森林"里为新工人搭建了一片文化的天空。笔者将选择北京工友之家文化发展中心，作为分析公益机构参与塑造新工人文化过程的个案进行分析。北京工友之家成立时间比较早，也具有较大的文化影响力，范雨素、郭福来也是该公益机构组织的文学写作小组的成员。

2002年5月，孙恒、王德志、许多、姜国良等几位爱好文艺的打工青年发起成立了打工青年艺术团，他们在工地、场区等民工居住地进行义务演出。两年后，他们成立了北京工友之家文化发展中心的公益组织（简称"工友之家"），为普通打工者免费提供各种公共文化生活。在他们发行的第一张唱片《天下打工是一家》中，有一句宣传语是"这是一个沉默的群体，他们不能表达自己。而'打工青年艺术团'却能通过文艺发出了我们自己的声音"。工友之家的功能就是实现从"他们不能表达自己"到"发出我们自己的声音"的转变。2005年工友之家从北京西北五环外的肖家河搬到东北五环的皮村，靠近北京顺义国际机场，每天都有上千架飞机从皮村上空降落，来过皮村的工人诗人魏国松这样写道，"还有掠过皮村上空飞机的噪音／也很肮脏。每隔几分钟／便会犁过这

---

[1] 选自郭福来的作品《写给孩子》，载于皮村文学爱好者自发编辑的《皮村文学——工友之家文学小组作品集（2014—2015）》（第一辑），第140页。

[2] 选自吕途的作品《中国新工人：现状与未来》，《社会科学报》2015年7月30日，第2版。

里人的头皮一遍"[1]。

　　成立于2002年5月的"打工青年艺术团"则是由一些在北京打工的青年人自发组成，他们在工地、场区等民工居住地进行义务演出，更能体现"农民工"的主体性。"打工青年艺术团"成立不久，其行为很快就被中央电视台的《实话实说》《社会记录》等电视节目以及《人民日报》《中国青年报》等各大媒体报道[2]，引起了社会的广泛关注，并受到香港乐施会、美新路公益基金会的资金支持，其演出的歌曲也被北京京文唱片有限公司相中，于2004年10月灌录了第一张《天下打工是一家》的CD。在短短两年的时间里，"打工青年艺术团"已经扩充为一个名为"北京农友之家文化发展中心"的NGO（非政府组织）。"打工青年艺术团"成了民工的代言人，正如在《天下打工是一家》的CD宣传语中说，"这是一个沉默的群体，他们不能表达自己。而'打工青年艺术团'却能通过文艺发出了我们自己的声音"。前句采用第三人称"他们"来叙述，后句就转变为了第一人称"我们"，从语法的角度看，这是一个在叙述上前后矛盾的表述。前句在陈述一个马克思的命题，"他们无法表述自己，他们必须被别人表述"[3]，而后句则呈现"打工青年艺术团""发出了我们自己的声音"。这种不和谐的表述似乎是为了传达"打工青年艺术团"的功能或合法性就建立在由"他们不能表达自己"到"发出我们自己的声音"之上。为什么"打工青年艺术团"可以实现这种身份的转换而占据民工代言人的象征性位置呢？这种代表性又来自哪里呢？

　　在"打工青年艺术团"的发起人、团长兼乐队主唱孙恒的访谈中[4]，他回

---

[1] 选自魏国松的作品《皮村纪事》，见魏国松的新浪博客，2015年2月9日。

[2] 截至2004年9月，中央电视台一套《当代工人》（2期专题）与《实话实说》、中央电视台新闻频道《小崔说事》《东方时空》、中央电视台新闻频道《新闻会客厅》《社会记录》、中央电视台二套《对话》、中央电视台三套《激情广场》、中央电视台七套《走进都市》《相约》、西部频道《新闻夜话》、北京电视台、上海东方电视台、河北卫视、湖南卫视、香港凤凰卫视、《人民日报》、《工人日报》、《农民日报》、《人民政协报》、《中国文化报》、《中国青年报》、《公益时报》、《检查日报》、《中国国际人才》杂志、《农村青年》、《河南日报》、《河南教育时报》、新华社《半月谈》（内部版）、《西部时报》、《北京青年报》、《人物周刊》、《新京报》、《成都商报》等多家媒体曾为打工青年艺术团作专题报道。

[3] 马克思：《路易·波拿巴的雾月十八日》，转引自爱德华·W.萨义德：《东方学》，王宇根译，生活·读书·新知三联书店，2019，第3-20页。

[4] 宗波：《我们为劳动者歌唱——打工青年艺术团团长孙恒访谈》，《文艺理论与批评》，2005年第2期，第61-66页。

忆了来北京一年后的1999年"背着吉他,开始流浪,想去追求人生的理想、自由"的经历(很像一名浪迹天涯的"流浪歌手")。当他"背着一把民谣吉他全国各地走了很多地方……在这个过程中,我在街头、地铁站卖唱,去高校,什么地方我都去。所以在这个过程中我接触了大量的各式各样的劳动者……这个过程使我看到了社会另外一面,而在这之前我所认识的只是书本上、报纸媒体上的",通过这种"经历"或者说历险记,孙恒"看到了"被大众传媒遮蔽的另一面,即"在这个过程中我看到了真实生活的残酷性"。这种在追忆中形成的"民谣之旅"是孙恒"成长"的第一个阶段,第二个阶段是通过在北师大听讲座而后到明圆打工子弟学校执教完成的,"事实上这个过程,更深刻地让我了解到打工者这个群体。让我意识到其实自己也是一个打工者",孙恒格外强调了第二阶段对于自己人生的意义,或者说这个阶段使其与以前的生活发生了某种断裂,"以前我对自己的身份不能确定,别人问我是做什么的我都很难回答。之前我只考虑到自己,没有看一下这个时代……而我也不过是在这样一个时代发展背景下成为打工这个群体的一个。我是这个群体中的一分子。我自己的命运、生存地位是属于打工者",但有趣的是,孙恒在"民谣之旅"之前已经做过打工子弟学校的音乐老师,如果说那时的他还主要"只考虑到自己",那么经过这两个阶段,他不仅练就了穿透"大众传媒"的"火眼金睛",而且还获得了"打工者"的自我指认,把"自己"归属于"从农村来城市打工的人"。

事实上,孙恒1998年来北京打工之前的身份是开封一所中学的音乐教师(中学教师也是"打工青年艺术团"多个成员的职业),之所以要离开这种被他称之为"铁饭碗"的"体制内的生活",是因为"对自由的渴望,对全新生活的向往","逃离"之路则是来到在多重意义上处于中心位置的"北京"打工,而当他最终找到自己的位置/身份还需要经历由北京到全国各地再到北京的"流浪",这既是空间的移动,也是心灵的历练。在这份简单的自述中,孙恒已经由一个反叛体制的怀有梦想的青年人,成长为、顿悟为或者说自我意识为一名"打工者"。这很像曾经熟悉的青年人/知识分子/小资产阶级通过对社会/历史的"洞察"而或者背叛原有的阶级或者自然就加入历史主体的无产阶级的革命道路之中,如果说"代表"的资格来自对一种"打工"身份的认同,但这里的"打工者"却无法获得无产阶级作为目的论支撑下的历史动力学的崇高位置,或者说,正是这种目的论在理论叙述和历史实践中的双重失败和陷入困境,使"打工者"这个称呼成为一种历史的幽灵性浮现。

"打工青年艺术团"发出"我们自己的声音",还因为"我们认为,唯有从我们自身的处境当中找到应对策略,才能避免把解决困难的希望寄托于社会力量、权威部门出面'做主'的被动局面"[1]。这种主动的姿态体现在他们创作和演唱的歌曲中，比如《打工打工最光荣》这首歌里有"高楼大厦是我建，光明大道是我建""我们是新时代的劳动者，我们是新天地的开拓者"等歌词。"劳动者"在经典马克思主义及其社会主义实践中具有积极的价值，是因为"劳动者""生产者"有一个具体的所指"工人阶级"，而这种对"劳动者"的借用，却无法指向工人阶级，这就使获得"劳动者"身份的"打工者"完全无法分享或占据某种历史主体的位置，但是这种"挪用"却复活了"劳动"的正面价值，他们借用"劳动者"来使"打工"去污名化，赋予"打工者"一种主体性的身份，因为我们是"劳动者"，所以我们最光荣。在上文所说的这个"工人阶级失去历史主体位置"的时代里，孙恒等创作者重新赋予"打工者"以"劳动者"的身份，可以看成是一种对社会主义遗产的继承。下面以2005年打工青年艺术团的一次特殊的演出呈现其在文化语境中的位置。

如果说"打工青年艺术团"最初是一个"来自于打工者群体，服务于打工者群体"的民间自发组织，但是他们一旦获得"打工代言人"的身份，也就成为官方、媒体、资本纷纷借重的符号空间，或者说正是这种"介入"参与建构了他们作为"代理人"的资格。比如"打工青年艺术团"会在政府庆祝"五一劳动节"的舞台上出现，孙恒也被授予"维护司法公正形象使者"称号、"首都来京务工人员文明之星"称号、"北京市十大志愿者"称号，并荣获"创业青年首都贡献奖"金奖[2]，《天下打工是一家》的唱片在很大程度上也是京文唱片公司的一种投资，尽管不像陈星那么成功。"打工青年艺术团"已经不仅仅在工地演出，而是出现在不同的空间或舞台上（正如下文所要分析的他们在"小剧场"中演出），他们无疑成为"民工"这个所指物的流动符号。

工友之家就是在"别人的森林"里搭建的文化"帐篷"，在这个临时租借的都市空间里，工友之家十余年坚持为打工者撑起一片文化服务的天空。他们开展的文艺活动多种多样，有打工文化博物馆、电影放映室、图书室、新工人剧场等文艺活动空间，也有戏剧、电影、摄影、文学等兴趣小组，给工友免费

---

[1] 参见《天下打工是一家》CD的宣传页。

[2] 参见《共同的荣誉——孙恒事迹简历》，2004年9月15日，孙恒被司法部、四川省政府授予"维护司法公正形象使者"称号；2004年12月23日，孙恒荣获北京市"创业青年首都贡献奖"金奖；2005年1月，孙恒荣获"首都来京务工人员文明之星"称号；2005年2月，孙恒被评为"盛世相约时代新闻人物"；2005年3月，孙恒被评为"北京市十大志愿者"。来自"天下打工是一家"的网站，这个网站是"酷客音乐网"做的，显然是为了配合CD的宣传。

提供学习、娱乐和休闲的地方。2014年9月，工友之家应喜欢文学的工友要求成立文学小组，目的是为有文学兴趣的工友提供学习、交流的空间。每周日晚上七点半，那些对文学写作和阅读有兴趣的工友们便会来听课，一起度过两个多小时的文学时光，让这些漂泊在城乡之间的劳动者有一片文学的港湾。授课老师则是从城里来的在高校、科研机构工作的老师、作家或艺术家，笔者也是其中一名从"城里"来的文化志愿者。2014年秋天到2015年秋天主要由笔者来上课，2015年到2016年笔者去美国做学术访问，由更多的朋友来这里提供文化服务，2016年秋天笔者回国之后，也继续和朋友们一起做文学分享。笔者会带领工友们一起朗读文学经典作品，探讨一些社会问题，同时鼓励他们用诗歌或散文书写自己的或身边人的故事。与正规的学校教育不同，在文学小组的课上，没有固定的讲义和教材，讲什么内容与每位老师的知识背景有极大的关系。文学小组的"课堂"也不是前面是讲台、后面是课桌的教室空间，而是一个会议室，工友和志愿者老师围在方桌前，更像一个交流与互动的圆桌讨论会。笔者所参与的文学小组课，有一半时间是和工友一起讨论文学作品，其中有两个环节受到大家欢迎。一是轮流朗读作品，如果要讲授某篇作品，笔者会让工友们每个人读一段，然后再一起讨论，这种朗读的方式不只是让大家熟悉作品，更重要的是让每个工友主动地参与到学习中，朗读的过程是把文字变成声音，这使得学习本身带有一种现场感和剧场感。这种"读"书的学习方式，来自中国现代革命历史中所进行的群众教育运动，面对不识字的或识字不多的工人、农民，经常采用读报小组、读书的形式进行自我教育，其中"读"出声音是一种常见的教学形式。二是点评工友的作品，笔者会从大家交的作业中选出一些，让作者自己先朗读，然后工友一起来点评，什么地方写得好，什么地方写得不好，不管是批评，还是表扬，写作者都感受到是一种鼓励，工友意识到自己不只是学生，也是一位可以创造文学作品的"作者"，与此同时，从其他工友的评论中，大家也能获得一种集体的交流和认同。借助"文学"课堂，工友分享打工过程中的情感以及对社会问题的态度，笔者很少打断工友的讨论，有时候，大家争论得很厉害，这种争吵也显示工友才是文学小组的主人，而笔者更像一位"沙龙"的组织者和引导者。

2017年4月底，因为《我是范雨素》的文章在微信公众号上成为红文，使得范雨素和皮村文学小组曝光在大众媒体的聚光灯之下。对于这些从事文学写作的普通劳动者来说，媒体的关注让他们获得更多发表和讲述他们故事的机会。

文学小组的出现让很多工友有了写作的契机和自信，这也是"发出我们自己的声音"的文化赋权的过程。很多工友来到皮村工作或住在皮村附近,主要原因是这里有工友之家。在工友之家可以借书、看戏剧、看电影,可以买到便宜的日常用品,可以参加戏剧小组、文学小组,还可以和其他工友聊天。也就是说,工友之家像一个公共文艺服务站,与工厂的压抑和家庭的私密空间不同,在这里,工友们可以找到一种"主人"的主体感觉。比如在工友王春玉的作品中把皮村比喻为"圣地",因为这里聚集着一群"思维超前的公益先锋／千万农民工的需求／亿万打工者的呼声／让我们来担"[1]。这种带有自发性质的工人文学小组,可以激发劳动者使用文学来表达的动力,正如范雨素、李若、寂桐等在参加文学小组活动之前,基本没有从事过文学写作,正是这种相对规律性的文学交流空间,使得她们开始用文学作为表达情感的工具。让范雨素成名的作品《我是范雨素》讲述了一位普通劳动女性与书、与文学相遇的故事[2]。文章开头是"我的生命是一本不忍卒读的书,命运把我装订得极为拙劣",书、文学对这位含辛茹苦独自养育两个女孩的妈妈来说,是强大的精神支柱和情感慰藉。文中记述了她对书和文学的感情。小时候跟着哥哥姐姐一起读文学书,虽然那时的生活很贫苦,却是一种丰富的精神生活,以至于作者戏谑地说,"一个人如果感受不到生活的满足和幸福,那就是小说看得太少了"。为了使从小没有接受教育的大女儿能够多读书,范雨素从废品收购站买了一千多斤书,很多是没有拆下塑封的新书,因为"一本书从来没有人看过,跟一个人从没有好好活过一样,看着心疼"。这位把书都看得如此金贵的母亲,可想而知是多么看重文学、文化的价值。在无数个绝望的夜晚、无数个打工的时刻,文学确实成为她生命中极其重要的一部分。中国古典文学、现当代文学,包括西方的文学作品,都成为其填充时间和心灵的养料。从这个意义上,文学依然拥有最朴素的功能,给普通人提供精神享受。

文学小组的另一位成员寂桐,身体有残疾,就在工友之家工作,寂桐是她的笔名,意思是寂寞的梧桐。参加文学小组之后,寂桐写了很多伤感的爱情诗歌,她在自己的诗歌中渴望爱情,又在现实的落差中体认着爱的不可能。如《相伴》,"天空没有永恒的晴朗／乌云 雾霾／是它的不速之客／但永远挂着太阳／夜空不一定美丽／星星 月亮／却对它不离不弃／如果你看不见没关系／那就换个角度审视自己／看吧 望吧／你的背影已远去／相伴的是来时的行李／是我对

---

[1] 选自王春玉的作品《公益时代》,载于皮村文学爱好者自发编辑的《皮村文学——工友之家文学小组作品集(2014—2015)》(第一辑),第123页。

[2] 选自范雨素的自传性文章《我是范雨素》。

你最深的记忆"[1],用日月星辰来隐喻不弃不离的相伴。还比如《梦境》中"一个人 / 一件事 / 一段情 / 重演在每个夜晚 / 清晨 清晨 / 打开紧闭已久的双眼 / 环绕依旧不变的房间 / 却发现原来是在梦里面"[2],梦里、梦外是寂桐诗歌中经常出现的双重世界。还有《石·雨》里"石和雨的相遇 / 注定会溅起血色的痕迹 / 觉醒吧 / 沉睡已久的石头"[3],寂桐把爱的刻骨铭心描写为"血色的痕迹",这也是水滴石穿的彻骨之爱。文艺小组的工友李小杰把寂桐的诗歌《我想牵上你的手》谱成了曲,变成了一首情歌,后来在2015年夏天举办的《劳动者的诗与歌》中演唱,那句"你是我的魂,我是你的魄"感动了很多人。2017年春节,寂桐离开北京,返回家乡生活,她的文学写作也基本中断。还有一位文学小组成员李若,也是参加了文学小组之后开始写作和发表文学作品,在网易"人间"的非虚构栏目中发表了大量的非虚构作品,有很高的点击量。2017年秋天李若因家庭原因返回故乡,创作也几乎终止,按照她接受采访时的说法"我离开了皮村,从此没人和我说话"[4]。可见,文学小组作为一种文学交流和自我文化教育的空间,不仅让工友们找到文学创作的自信,而且在相互鼓励和学习中更加自觉地使用文学这一表达方式。

  这种以文学小组为代表的工人文化空间是一种对新工人文化社区的重塑。在毛泽东时代,依靠国家单位制建立了工人新村和以工人为主体、以工业为底色的工人文化,在单位空间内部有工人俱乐部、读书小组等各种群众文化活动。改革开放之后,单位制向社区制转变,一方面是国有企业工人社区解体,另一方面是进城农民工处于流动、边缘状态。在这种背景下,以工友之家为代表的公益组织,通过社会力量重建新工人的文化社区,培育有主体性的新工人文化。这种公益组织参与社区建设的模式,在西方、日本、中国台湾、中国香港等国家和地区有着丰富的经验。在西方发达国家的社区服务中也非常重视文学、戏剧、舞蹈等文艺活动在社区人文环境营造中的积极作用,如创意写作课就是教普通人写作,相信每个人都可以掌握一定的写作技巧,用文学的方式来表达生活和思想。社区文化建设本身是沟通人与人之间的桥梁,如朗读一篇文学作

---

[1] 选自寂桐的作品《相伴》,载于皮村文学爱好者自发编辑的《皮村文学——工友之家文学小组作品集(2014—2015)》(第一辑),第19页。

[2] 选自寂桐的作品《相伴》,载于皮村文学爱好者自发编辑的《皮村文学——工友之家文学小组作品集(2014—2015)》(第一辑),第20页。

[3] 选自寂桐的作品《相伴》,载于皮村文学爱好者自发编辑的《皮村文学——工友之家文学小组作品集(2014—2015)》(第一辑),第23页。

[4] 选自李若的作品《我离开了皮村,从此没人和我说话》。

品、表演一段话剧、跳一次广场舞等，都是增进居民交流、邻里关系的有效方式。

皮村文学小组就是文化志愿者与社区服务机构合作，共同创造的一种文化公共空间。这种空间有利于促进不同社会阶层、不同主体身份的交流和包容。每年都会有很多国内外的学者到工友之家访问，如美国芝加哥大学的叶纹、荷兰莱顿大学的柯雷、美国印第安纳大学的肖铁等，还有一些文化研究、传播学专业的博士生在这里完成新工人文化的田野调查和民族志研究，这些都使得工友之家变成新工人文化交流和讨论的公共平台。

第三节　皮村文学小组："发出我们自己的声音"

对于以新工人为代表的弱势群体来说，他们能否说话、能否表达自己，是一个经典的马克思主义命题，在马克思的《路易·波拿巴的雾月十八日》中把复辟时代的法国农民描述为"他们无法表述自己，他们必须被别人表述"[1]，这也引申出谁能代表他们以及他们能否发出自己的声音的问题。后殖民理论家斯皮瓦克在其著名的论文《底层人能说话吗？》中检讨福柯、德勒兹等后结构主义对主体的论述之后指出底层究竟能否被再现的问题[2]。如果把这种底层、代言与发声的思考运用到对工人文学的理解上，那么就带来两个问题：一是工人能否使用文学这一资产阶级的文化媒介表达自己的声音；二是工人能否创造出属于自身阶级属性的文学表达。这是一个很难提供现成答案的问题，我认为存在着两种工人文学的形态：一种是毛泽东时代，依靠社会主义制度和对工农兵文艺的扶持，在知名作家和编辑的帮助下培养工人作家[3]，这种工人文学主要采用以工农兵为主体的现实主义叙事和政治抒情诗的风格，但是这种方式也面临工人作家一旦走向职业化创作就有演变为知识分子作家的困境；第二种是改革开放时代出现的新工人文学，这种文学借用资产阶级文学或者说现代主义文

---

[1] 马克思：《路易·波拿巴的雾月十八日》，中共中央马克思恩格斯列宁斯大林著作编译局译，人民出版社，2001，第104-105页。

[2] 佳亚特里·斯皮瓦克：《底层人能说话吗？》，载陈永国、赖立里、郭英剑等主编《从解构到全球化批判：斯皮瓦克读本》，北京大学出版社，2007，第95页。

[3] 对于工农兵写作的研究参见谢保杰：《主体、想象与表达：1949-1966年工农兵写作的历史考察》，北京大学出版社，2015。

学的形式，尝试发出工人的声音，之所以采用这种现代主义文学的形式，与20世纪80年代以来中国文学的转型有关。改革开放之后，中国文学在表达方式、文学语言上逐渐从以工农兵为主体的现实主义文学转变为强调形式化、去情节化的现代主义文学，认为文学的本质不是表达内容，而是表达的形式，文学要回到文学自身、回到语言和叙事本身，出现了如马原、格非、余华、孙甘露等先锋文学[1]，这是一种新的文学规范，也成为90年代以来中国现代文学的主导形式，又被称为严肃文学、纯文学。这种中国的现代主义文学意味着对毛泽东时代的革命文学、人民文学的批判，新工人文学是这种后革命时代的文学秩序之下浮现和发展的。比如工人诗歌基本上受到80年代朦胧诗、先锋诗歌的影响，只是与现代主义文学中出现的去历史化、去个性的抽象主体不同，新工人文学的特殊之处是用现代文学的语言讲述工人、打工者的故事，这就使得现代主义文学所表现的异化主体有了一个恰当的身份，工人就是处在现代流水线的异化劳动中的典型代表。在这个意义上，那些带有工人主体意识的新工人文学借现代文学的规范，呈现了工业生产、工业劳动中的异化感和压抑感。

　　90年代，中国进入大众文化消费的时代，主要存在着三种文学类型：一是主流文学，指政府支持、提倡的表现主流意识形态和价值观的文学，多采用现实主义的创作手法；二是商业文学，指追求娱乐性和大众阅读的流行文学，如网络文学；三是精英文学，主要是知识分子、小众阅读的严肃文学，多采用现代主义文学风格。这些不同的文学类型并非截然对立，而是在不同权力关系中彼此借重、合谋和共享的文化共用空间，"共用空间"是文化批评家戴锦华对当代中国文化的一种理论描述，"笔者因之将90年代中国繁复的文化格局称为一处'镜城'，一处文化的'共用空间'：国家、跨国资本、中央、地方、企业、个人，在极端不同而间或共同的利益驱动下，彼此剧烈冲突抑或'无间'合作"[2]。在这种背景之下，新工人文学没有延续革命文学的传统，反而在80年代形成的新的文学规范之下浮现出来，如90年代以来工人诗歌主要受到80年代朦胧诗、先锋诗歌的影响，用个人化的、抽象的现代主义语言来创作，只是与中国的先锋诗歌不同，工人诗歌把抽象的主体变成具体的工人，不再是毛泽东时代政治抒情诗中对工业、生产的赞美，而是原子化的工人与流水线工厂的疏离和异化等现代主义主题。可以说，新工人生活在"别人的森林"里，新工人文

---

[1] 贺桂梅：《"新启蒙"知识档案：80年代中国文化研究》，北京大学出版社，2010，第115-163页。

[2] 戴锦华：《隐形书写：90年代中国文化研究》，北京大学出版社，2018，第36页。

学也"借别人的语言"来表达自己的生活和情感。我想通过具体的作品来呈现新工人如何用"借来的语言"来表述自身的文化经验。

2014年9月30日,曾经在富士康公司工作过的诗人许立志在深圳自杀,引发媒体广泛关注,这位年轻的诗人在短短三四年的时间里创造了大量的诗歌,从他的作品中不仅可以读到全球制造业加工厂的工人所承受的煎熬和苦难,而且也能感受到这种重复、高强度的工作背后个人的孤单感和绝望感,诗歌创作成为他暂时逃离流水线上的异化劳动的替代品。在新工人诗歌中经常出现机器伤害身体的主题,受伤的身体成为工人反抗工业生产的最后的防线。

上文提到的《我是范雨素》确实是一篇文字简单、情感丰富的好文章,讲述了范雨素自己、父母及哥哥、姐姐的人生故事。而范雨素之所以从事文学创作,与皮村文学小组有着密切关系。

皮村属于北京朝阳区的金盏乡,东北五环外,靠近顺利机场。皮村是一个以外来人口居多的城乡接合部,有大量的务工人员住在这里,因为这里租房比较便宜,月租三四百块钱就租到房子,也有很多在国贸上班的白领住在这里。皮村有一个工友之家,创办于2002年,是孙恒、王德志、许多、姜国良等几位爱好文艺的北漂青年发起的,最初成立的是打工青年艺术团,后来变成为普通打工者提供文化服务的公益组织。工友之家所开展的文艺活动多种多样,有打工文化博物馆、电影放映室、图书室、新工人剧场等文艺活动空间,也有戏剧、电影、摄影、文学等兴趣小组,给工友免费提供学习、娱乐、休闲的地方。

2014年9月文学小组成立,笔者以志愿者的身份来到皮村。记得第一次课是在工友之家的电影放映室中进行,有点像教室空间,后来改到一间小的会议室,笔者一边放PPT,一边讲,大家坐得比较近,像开会和小组讨论一样。来听课的工友多则十几个,少则七八个,大多是在皮村工作和住在皮村附近的工友。大家的年龄也不一样,有60后,也有90后。虽然每个人的经历和文学素养不同,但大家都对文学感兴趣,都想通过文学小组来提高写作水平。而文学小组的初衷也是培养工友的文学爱好和写作技巧,让工友们掌握一定的写作能力,比如写家书、写日记、写散文等。

一开始每节课笔者都讲一些写作技巧,比如如何写人物,如何写动作等,但效果不是很好。笔者也觉得写作技巧比较枯燥,写作能力还是与文学阅读、文学欣赏能力有关。因此,每次课上,笔者会选一些经典的文学作品与工友们分享。在备课的过程中,笔者才意识到原来作为大学教育的文学经典,其实与新工人的实际生活和经验还是有很大隔阂的,而工友的文学经验一般来自初中和高中语文。笔者试着找一些与中学语文不同的文学作品,来激发工友们的文学兴趣。比如卡夫卡的《变形记》，讲述了卑微的小职员在现代社会变成大甲虫的故事，和新工人在现代社会中的非人状态有相似之处。比如路遥的《人生》和方方的《涂自强的个人悲伤》等，都讲述从农村到城市来的故事，也和新工人的经历很像。还讲过雪莱夫人的科幻小说《弗兰根斯坦》，这部反思现代科学的作品，工友们不太容易接受。

除了文学经典，笔者还会讲一些社会事件和话题，比如 APEC 会议期间讨论了 APEC 蓝的问题，笔者从微信群里找了一些关于 APEC 蓝的笑话，但工友们感觉很陌生，这也能看出环保议题、国家大事不是每天劳作的工友们所关心的日常话题。不过，讨论 APEC 期间潘小梅在北京地铁被屏蔽门和安全门意外挤死的事件，却激发了工人们的共鸣，因为潘小梅就是手机推销员、北漂、单身母亲，和新工人属于同一个社会阶层。笔者也选择去世的富士康诗人许立志的诗作与工友分享。工人们被他诗中描述的流水线上的生活、压抑的工人以及夭折的青春所感动，也开始尝试用诗歌的方式来表达自己的生活。

工人们最喜欢作业讲评环节。笔者在课程中曾要求工友们写自己的生活、写遥远的故乡或者写皮村的故事，并把工友的作业和作者照片投影到课件 PPT 上。这种文学展示，对工友来说是一种很大的鼓励。这本身也能说明文学写作、文学创作能够给人带来一定的成就感。相比工友们在其他岗位上劳作，写作是一种有创造性的活动，也许能够让他们暂时摆脱繁重的体力劳动。

在这两三个月的教学活动中，笔者深切地体会到皮村工友之家对于工友们的重要意义。皮村在北京靠近首都国际机场的地方，是一个以外来人口居多的小村子，每天飞机都从村子上空飞过，由于距离地面很近，所以噪声很大。皮村的自然环境也很差，虽然离北京很近，但更像一个没人管的城乡接合部。每周日晚上，笔者从城里开车到皮村，就像从一个世界来到另一个世界。城里的繁华、拥堵和霓虹灯与皮村昏暗的灯光、夜幕下的寂静形成了鲜明的对照，这样两个世界就是当下中国的隐喻。也许飞机上的人们不会想到国际化大都市旁边还寄居着这样一个村落，可是笔者深深地知道若没有皮村，没有几亿新工人，像北京这种超级大都市是不可能出现的，皮村是北京的镜子，更是北京的活水源头。

文学小组的召集人名为付秋云。小付年龄很小，二十来岁，个头不高，但很干练。最初成立文学小组，是她的主意。她原来在其他地方打工，后来参加了工友之家举办的培训学习活动，就留在工友之家成为一名社会工作者。小付的日常工作是负责打工文化艺术博物馆参观、图书室借阅、电影放映等。有一次，一位工友向她提出能否开办一个文学写作课，让那些对文学有兴趣的工友也可以学会写文章。于是,笔者在微信上看到朋友转发的招募文学小组任课老师的通知,就投了简历,使得我有机会和普通工友一起开始一段文学交流的旅程。小付是"文学小组"的班长,笔者每次来,她都提前把电脑和投影仪调整好,还让来听课的工友签到,鼓励大家来听课。一开始来听课的有十几个人,有徐良园、范雨素、王春玉、王修财、苑伟、李国富、王建、郭福来等,大多住在皮村或皮村附近。

其实,笔者并没有讲太多文学写作技巧,因为笔者总觉得文学不是教会的,上课的主要内容是文学经典鉴赏和讨论,然后就是鼓励大家多写作。正是因为有了文学小组这样一种形式,很多工友开始大胆地写作,笔者也把大家的作品放在每次课中讲授,让写作者朗诵自己的作品,然后大家一起来评点,这更像一种在国外社区文化中常见的文学分享会。在这个过程中,小付扮演了重要的角色。很多工友不会电脑打字,或者根本就没有电脑,依然采用手写的方式,小付就把大家交的手写作业打成电子版,包括《我是范雨素》这篇文章也是小付利用工作间隙打出来的。大概2014年底,小付也主动把大家的作品投给一些关注工人文化的网络公众号,这给初次尝试写作的工友们极大的鼓励,原本只是想文学小组成员之间相互交流,没想到还会借助互联网平台发表出来。这使得这些普通劳动者的写作变成了一种具有公共性的文化行为,这些作品表现了他们自己的生活,也给当下中国留下了独特的历史纪录。

最初的时候,笔者会特别让大家写自己的故事、身边人的故事,从熟悉的人和事写起也是最容易的,最有真情实感的。笔者记得小付也交过一篇作业《随写心记》,写她在工友之家工作五年的人生困惑,从她对社会工作的迷茫,到她独立举办一些工人文化活动,笔者能感受到这个小姑娘的自我成长,这篇文章的结尾是:"总的来说,这五年来对我的成长很大,使我成了有自主思考能力的人,成为一个有自由之身的人,成为一个不再以经济金钱为主要生活方向的人,成为一个不再像机器那样拼命挣钱的人,成为一个不像千千万万的工人那样日复一日重复劳动的人。"我想,这不只是小付自己的故事,也是文学小组很多成员的心路历程。

笔者还记得文学小组有两个比小付还年轻的小姑娘,一个是子怡,一个是晨晨。她们还不到20岁,也和小付一样,是参加工友之家的培训之后,留下来工作的,子怡身体有残疾,在二手超市的库房挑拣衣服,晨晨则是跟着小付在工会工作。每次课子怡和晨晨都来得很早,两个人像亲姐妹一样,坐在一起。她们有着各自人生的不幸,在参加文学小组之前,也从来没有写过东西。

子怡是个多愁善感的姑娘,她给自己起了一个笔名叫"寂桐"。寂桐有寂宽的含义，也有像梧桐一样坚韧的意思。寂桐写了很多伤感的爱情诗歌，她在自己的诗歌中渴望爱情，又在现实的落差中体认着爱的不可能。

相比寂桐的忧郁，晨晨更像一个无忧无虑的大女孩。晨晨也是留守儿童，不到18岁就出来打工，她总是有说有笑，给自己起了一个笔名"雪婷"，是一个美丽的名字。雪婷的诗歌更像少女的畅想曲，对未来充满了乐观的想象，如《我是一枝刚从土里冒出的嫩芽》《亲爱的我想对你说》等，其中《我是一枝刚从土里冒出来的嫩芽》有这样的诗句："我是一枝刚从土里冒出的嫩芽／当我刚冒出来的时候我欣喜若狂／恨不得把所有没有看过的东西全部看一遍，每天欢天喜地！"有时候雪婷也写一些哲理意味的诗歌，如《旅行》《活着》《牢笼》《脆弱的灵魂》等。晨晨多才多艺，还学习弹吉他、吹葫芦丝等。记得有一次群众文艺演出活动，晨晨落落大方，一个人主持整场晚会，一点都不怯场，很自信。就像小付一样，晨晨也在组织活动中慢慢成长。

2017年，皮村文学小组给工人诗人小海编印了一本诗集《工厂的嚎叫》，名字就来自美国后现代主义诗人金斯伯格的代表作《嚎叫》。小海从十几岁就在珠三角、长三角、京津冀等地区打工。小海是他的笔名，是向80年代的诗人海子致敬。小海也喜欢摇滚乐，喜欢约翰·列侬、鲍勃·迪伦、平克·弗洛伊德等偶像。在互联网时代，这些相对精英的诗歌、音乐在小海的创作中打下了很深的烙印，而小海的文学贡献在于借用这些高深的现代主义文化表达工人的生活。小海诗歌中的主体非常明确，就是在不同工厂打工的青年人，即便使用的是海子式的浪漫化、史诗化的诗歌语言，小海诗歌中的抒情主体也是颠沛流离、疲惫奔波的打工者。诗歌写作对于小海来说是暂时摆脱工厂空间和打工生活的异度空间，正是诗歌让"一脚踏在工厂一手托着太阳"的小海"想要一个鲜活的梦想"[1]。相如在诗歌《让我睡个安稳觉》中写道，"让我睡个安稳觉在这温柔而绚烂的时代的晚上／左手边洒满了朝霞右手边抚摸着夕阳／让我睡个安稳觉就带着大地深处的芬芳／听耳畔有风轻轻吹过那正是春天的种子在太平洋下爆裂着生长"，结尾是"写于2014年6月1日，一种辗转在各大城市的车间温床上身心极度疲倦后的心声"[2]。只有在诗歌中，"我"可以成为"我"，一个

---

[1] 选自小海的作品《一脚在工厂一手托着太阳》，载于皮村文学爱好者自发编辑的《工厂的嚎叫：小海的诗》，第80页。

[2] 选自小海的作品《让我睡个安稳觉》，载于皮村文学爱好者自发编辑的《工厂的嚎叫：小海的诗》，第99页。

"左手边洒满了朝霞右手边抚摸着夕阳"的"我",这是一个可以听到"太平洋下爆裂着生长"的"我"。这种主体状态帮助小海熬过流水线上的日日夜夜,可以"怀抱长江乘风流浪"[1]。

小海的诗中不光有"我",还经常会出现"我们"。在《造梦时代2》中"当你疲倦地走出车间 看到的还是那总也看不见的夜晚 / 才知道自己或许被欺骗 太阳它比你提前下班 / 当你咬紧牙关决定继续坚持 幻想着明天看到不一样的色彩 / 可当你有一天走在这漂亮的城市 才发现这高楼里闪烁的只有霓虹繁华的倒影 / 我们背负着千年前泼洒的辉煌 那辉煌还敲打着灵魂的铁骨 / 我们怀抱着百年前凌受的屈辱 虽然我们也是两条腿走路的动物"[2]。"你"是一个只能看到霓虹倒影的颠倒黑白的人,而"我们"是背负着千年辉煌、百年凌辱的中国人,在从"你"到"我们"的转化中,个体的命运就和时代、历史联系起来,"我们不能再继续沉默 尽管心中已不再痛苦 / 我们要看看眼前的表情 我们要听听远处的声音"。这种"我们"和小海诗歌中经常出现的一些如时代、大地、祖国、中国等"大词"有关,这样的"我们"只能活在"造梦时代"。在那首《中国工人》中,小海挪用海子的大尺度历史、空间想象写出了新工人的史诗感。"我是一名中国工人 / 遍及世界的每个角落都有我们的革命同仁",这是一种政治抒情诗中才有的"我们的朋友遍天下"。时至今日,"遍及世界的每个角落"的与其说是革命同志,不如说是中国工人制造的产品,所谓"我们所能做的只是将 Made In China 的神秘字符疯狂流淌到四大洋和七大洲的每条河流与街道的中心",因此,"我想给那大洋彼岸金发碧阳的雅皮们写封信 / 一封无法投递的信",这些雅皮们正是"中国制造"的消费者,是中国生产、美国购买的全球化产业链的受益者。这封跨越时空的信并非向雅皮们诉苦,而是告诉他们,"那里长满了垒如长城的中国工人 / 长满了漫山遍野的中国工人 / 长满了手握青铜的中国工人 / 长满了吞云吐雾的中国工人 / 长满了铁甲铮铮的中国工人 / 长满了沉默入迷的中国工人"[3],这首诗写于"2013年7月1日苏州吴中区服装厂车间"。也就是说,现实生活中捆缚在服装厂车间里的中国工人在诗歌中化身

---

[1] 选自小海的作品《怀抱长江乘风流浪》,载于皮村文学爱好者自发编辑的《工厂的嚎叫:小海的诗》,第 101 页。

[2] 选自小海的作品《造梦时代2》,载于皮村文学爱好者自发编辑的《工厂的嚎叫:小海的诗》,第 119 页。

[3] 选自小海的作品《中国工人》,载于皮村文学爱好者自发编辑的《工厂的嚎叫:小海的诗》,第 42 页。

为铮铮铁骨的英雄战士，这是一种有力量、有主体感的中国工人。

诗歌是新工人文学的主要类型，除此之外，也有一些小说作品。苑伟来自山东，也是皮村文学小组成员，他的职业是家具厂的木工。苑伟给自己起了一个笔名"微尘"，他觉得自己很渺小，像一颗微不足道的沙粒，可是大地也是由千千万万的微尘组成。苑伟的作品不多，写的都是打工过程中遇到的人和事，他的叙述很有张力，心理活动很丰富，带有现代主义小说的影子。比如有一篇短篇小说《曾经睡过的地方》[1]，讲述了"我"第一次出远门打工的故事，很像中国作家余华的成名作《十八岁出门远行》。与余华相对抽象和象征化地书写"我"在路上的奇遇不同，苑伟小说中的"我"有一个具体的社会身份，就是出门打工的农村青年，和小海一样，苑伟也为这些现代文学找到了一个恰当的主体，就是工人、打工者。小说用简洁生动的语言表现了"我"离开家的兴奋和胆怯，他们蜷缩在小货车的车厢里，感受着野外的寒冷和对未来的不安。为了躲避检查，小货车经过检查站时一路狂奔，文中写道"苫布由噼啪响变成了吱吱长音，风穿过被子，我像裸体飘在空中似的"。这是一次"惊心动魄"的冒险，也预示着以后颠沛流离的打工生活。车厢里，"我们只有挤得更紧才能抵抗寒风，保住体温"。如果用90年代流行的批评语言，这也是一种"日常生活"和"身体写作"。只是苑伟所经历的一次难忘的"出门远行"，代表着80年代末期以来成千上万名农民工进城打工的大历史，"身体"成为感受时代饥寒的外衣。另外，苑伟的作品带有自觉的工人意识，这也是新工人文学中不多见的现象。他写的《路》呈现了"我"和表哥在三年木工学徒结束后想当老板、自己创业的故事[2]。这部作品带有成长小说、残酷青春的味道，两个人买了辆二手摩托车就上路了，"在路上"经历各种困难，陷入绝望、失望、自我鼓励等情绪之中，最终只能认命，放弃当小老板的梦想，接受做一个打工仔的宿命。还有短篇小说《适得其反》呈现了想早点睡觉的"我"与做网络直播的出租房邻居之间的一场冲突[3]，这种"亭子间"式的空间分布很容易想起30年代上海的左翼电影，一位从事体力劳动的"我"和数字直播行业的打工者比邻而居，处

---

[1] 选自苑伟的作品《曾经睡过的地方》，载于皮村文学爱好者自发编辑的《劳动者的诗与歌——工友之家皮村文学小组作品集（2016-2017）》，第 95 页。

[2] 选自苑伟的作品《路》，载于皮村文学爱好者自发编辑的《第一届"劳动者文学奖获"奖作品合集》（2019 年），第 272 页。

[3] 选自苑伟的作品《适得其反》，载于皮村文学爱好者自发编辑的《劳动者的诗与歌——工友之家皮村文学小组作品集（2016-2017）》，第 104 页。

于相似的社会位置上。在这个意义上,苑伟的作品具有丰富的社会性和现实感。

马大勇是广西人,20世纪70年代中期生人,也是皮村文学小组成员。马大勇喜欢写古典白话小说,他曾经给工友分享过一篇自己写的小说《雪亭狐》[1],改编自《聊斋志异》,讲述的是漫天大雪中一个驿站年少驿丁与一只进城打工的狐狸的故事,昔日传统小说中的才子佳人换成了普通士兵与打工妹的人鬼传奇。这篇小说的语言很有古典韵味,如"远远望去,雪烟飞扬,暗云垂野,万顷湖浪都已冰封,再找不到一片藕、菱叶子。雪堆连天,驿站不过是雪地里的零星几片黑色。空寂的长亭、砖砌瓦盖的厅堂、马厩,以及马厩后一列低矮的小屋,几乎都遮埋在雪层下。驿道边树丛探出的千枝万丫上都结满了冰晶雪凇,狰狞地挺立"。人物出场和描写都来自中国传统小说的手法,如雪亭狐的"亮相"时,"只见她媚脸娇腮,幽深的双目,尖长的下颔,分外美俊。头上扎块蓝印花布头巾,却遮不住垂腰长发。身裹一件毛茸茸的白长裘衣,下穿粉白百褶裙,踏一对窄窄乌皮靴。头巾与长发、肩上都粘覆了一层薄薄雪花。右肩负着只米袋子,手里提个小油纸包。风萧飒而来,吹得她的头巾与长发时时飞起。虽穿了裘衣靴子,可也冷得瑟缩着,跺着脚。雪地上拖曳着她孤单的淡蓝色的一抹长影",这既是一个古典美人,又带有年少驿丁爱慕的眼光。年少驿丁无法改变雪亭狐的命运,只能跟着驿亭令杀死这些狐精。这篇小说让我想起现代文学发端处鲁迅的《故事新编》,用现代小说的方法讲述古典中国的故事和精神。

通过上面的分析可以看出新工人文学有这样几个特征:一是,他们的创作集中反映打工者自己的生活,表达自己对打工生活的喜怒哀乐。这一点与主流文学所报道和呈现的打工生活不同,主流文学一般很少呈现他们的生活,即便表现也是采用都市人的眼光,所以新工人文学有一定的主体意识,如许立志、余秀华都是出色的诗人,他们的诗恰当地表达了富士康工人和留守妇女的异化状态。二是,他们的创作更多地关注与他们相关的社会议题,比如留守儿童、留守妇女、农村养老等问题。他们写自己的故事本身也是写他们这个群体的故事,以己见众,如在城市里打工没有家的温暖、妻离子散、表达思念之情等。三是,他们的创作语言和文学表达与80年代的文学传统有着直接的继承关系,他们"借别人的语言"来创造自己的文学,这本身是对主流文化形式的挪用、创造和对话。接下来,将从人民文艺、有主体感的底层写作和宽宥的人生态度三个角度来理解新工人写作的文化价值。

---

[1] 选自马大勇的作品《雪亭狐》,载于皮村文学爱好者自发编辑的《新工人文学》(第一期),2019年5月,第37页。

首先,这些普通劳动者的作品是一种扎根于生活、扎根于人民的写作。社会主义文艺也是人民的文艺,对于专业文艺工作者来说,需要不断地"深入群众、深入生活,诚心诚意做人民的小学生",而对于出身底层的创作者来说,他们就生活在人民中间,他们的创作来自生活的磨砺和洗礼。《我是范雨素》一文用精练的语言叙述了从50年代到当下三代女性的命运,从母亲日夜操劳养育五个儿女,到离婚后的范雨素带着两个女儿在北京艰难生活,再到大女儿在范雨素的文学教育下健康成长,这些不悲情、不诉苦的文字中渗透着女性的坚韧和执着。

其次,他们的写作是一种有主体感的写作。在强调商业性、消费性的大众文化景观中,很少表现底层人的生活,即便出现底层的身影,也经常会被浪漫化或污名化,底层不是善良的羔羊,就是违法乱纪者,这些都是流行文化中相对固定化的他者形象。尽管范雨素的走红也携带着城里人的围观和猎奇效应,但从她们的作品中恰好看到的是有血有肉、有悲有喜的生命,是立体的、不卑不亢的人生态度。《我是范雨素》讲述了一位普通劳动女性与书、与文学相遇的故事。文章开头是"我的生命是一本不忍卒读的书,命运把我装订得极为拙劣",书、文学对这位含辛茹苦独自养育两个女孩的妈妈来说,是强大的精神支柱和情感慰藉。在无数个绝望的夜晚、无数个打工的时刻,文学确实成为她生命中极其重要的一部分。中国古典文学、现当代文学,包括西方的文学作品,都成为填充时间和心灵的养料,从这个意义上,文学依然拥有最朴素的功能,给普通人提供精神享受。

再次,他们的写作表达了宽厚的人生境界和底层尊严。这些生活在社会底层的人,长年为生计奔波,在这种情境下,利用业余时间从事文艺活动是一种极端人生状态下的写作,也为紧张忙碌的生活获得喘息之机。诗歌在底层写作中占据重要的位置,因为在情感表达上诗歌有一定的优势,用短、平、快的方式直接抒发情感,而且用零碎的时间来创作,不耽误工作,当然,写好诗歌并不容易。这些被广泛流传的底层作品并没有凸显苦难的展示和悲情的诉求,反而渗透着劳动者的尊严感和包容态度,这尤其是体现在《我是范雨素》一文中。这篇文章写到太多人生中的不幸,比如大哥哥文学梦的破碎、大姐姐的死亡、丈夫的家暴等,可是范雨素并没有抱怨生活的坎坷,从平淡的口吻中坦然面对人生中的各种遭遇。文中提到作为妇女主任的母亲,庇护村里的外来户,"我的母亲,作为这个村子里的强者,金字塔尖上的人,经常出面阻止别人对移民的欺侮"。而范雨素进城打工之后,经常受到城里人的白眼和欺侮,她却向更弱势者传递爱和尊严。就连她没有接受过学校教育的女儿,也传递这种爱别人、爱弱势者的精神。这种爱不是强者对弱者的怜悯，而是一种人与人之间的互敬互爱，是一种平等的有尊严之爱。

这些来自社会底层的创作者，不是专业作家，他们的创作都是在工作的间隙中完成的，甚至他们也几乎不奢求成为专业作家，对于他们来说，文学、文化生活是一种更加纯粹的精神追求。从他们身上也可以看到，文化、文艺生活对于社会底层来说，并非可有可无，甚至更需要从一些文化制度的角度为他们的文化生活提供更多的保障。这些底层写作者无疑是广大普通劳动者中的少数，或者是少数有才华的佼佼者，从他们身上更值得反思的是普通劳动者的文化权益问题。之所以说他们处于社会底层，而不是基层，是因为基层一般指有体制保障的社会单位，而对于范雨素、许立志等外来打工的流动人口来说，经常既不被纳入到农村基层，也不属于城市基层。在这个意义上，他们不光享受到的教育资源有限，而且占据的文化资源也比较少，这些都需要通过加强公共文化服务和文化艺术志愿活动来弥补。他们的写作引发关注，除了其作品自身所具有的文学魅力之外，还有三个重要的社会机制，一是新媒体传播平台，二是公共文化服务，三是社区文化建设。

第一，移动互联网平台有利于知识共享。通过手机搭建的移动互联网平台在人们的日常文化阅读中占据着越来越重要的位置，利用零碎的时间，只要动动手指，每个人都既是阅读者，又是信息的传播者，从而使得那些感动人们的文字获得最大化的分享。相比纸媒阅读，手机传播更偏爱那些短小、简单的文字，以至于诗歌这一最追求语言精练的表达在微信时代重新"复活"，因为越简单、越有力量的文字更容易瞬间抓住人们的心灵。余秀华的作品最早发表在《诗刊》上，但没有引起过多关注，后来她的诗发布在《诗刊》的微信订阅号中，结果一首《穿过大半个中国去睡你》红遍大江南北。另外，网络时代也为文化、知识的传播实现了最大限度的均等化，只要掌握简单的上网技能，就能找到、阅读海量的知识和信息，正如从80年代开始阅读文学期刊的范雨素，这些年也依靠微信订阅号来阅读最新的小说。从这个角度看，加大公共互联网平台的文化建设，可以让知识实现更加平等的传播和共享。

第二，构建现代公共文化服务体系，满足普通民众的文化素养。在范雨素的采访中，她提到每两三个月会去国家图书馆或首都图书馆看书，其实近些年从中央到地方都花了大力气投资公共文化服务的建设工作，不仅城市的图书馆、博物馆等文化场馆实现免费，而且县级、乡镇也建立了文化服务站，这为普通百姓进行文化活动提供了制度保障。有了硬件条件，还需要鼓励人们养成多看书、多阅读的习惯。在无数个绝望的夜晚、无数个打工的时刻，文学确实成为她生命中极其重要的一部分。中国古典文学、现当代文学,包括西方的文学作品,都成为填充时间和心灵的养料,从这个意义上,文学依然拥有最朴素的功能,给普通人提供精神享受。

第三,鼓励文化志愿者从事社区文化服务工作。范雨素之所以从事写作,与她所租住的社区有文学兴趣小组密切关系,其实,文学兴趣小组就是文化志愿者与社区服务机构合作、共同创造的一种文化交流的活动。在西方发达国家的社区服务中也非常重视文学、戏剧、舞蹈等文艺活动在社区人文环境营造中的积极作用,如创意写作课就是教普通人写作,相信每个人都可以掌握一定的写作技巧,学会用文学的方式来表达生活和思想。相比计划经济体制下单位制家属院居住的都是同事,如今的商品房社区大多是陌生人组成的小社会,彼此之间很少来往。而社区文化活动的开展不仅可以加强邻里关系、增进社区凝聚力,更有利于整个社会人文素养的提升。这就需要在建立社区文化服务站的同时,鼓励更多有文化艺术专业才能的人力所能及地参与社区文化工作,就像到农村、边远地区进行文化走基层活动,参与社区志愿服务也是一种走基层。另外,社区文化服务带有群众文艺的特点,不一定追求专业化,重要的是让群众参与和共享文艺生活的过程。文化艺术活动毕竟是一种人身心愉悦的精神追求,如果再将创作的作品分享给身边的人,就会得到认同的快乐。现在都市快节奏的生活方式使人们产生过度的紧张和焦虑,从事文学阅读和写作可以缓解精神压力。久而久之,也许会发现自身的境界在提升、抱怨在减少。虽然写一篇文章或一首诗歌改变不了什么,但这毕竟是自己创造的精神产品,会使我们的生活变得更美好。

随着中国经济发展,不同的人、不同阶层占有的社会资源和文化资源不尽相同,人们也因职业、区域、收入等社会原因生活在不同的平行空间中,缺少交流和相遇的机会,文化管理者可以通过加大公共文化服务、借助新媒体技术等手段,不仅让更多的人、更多的群体分享到相对均等化的文化服务活动,而且在包容性的文化空间中增加人与人的交往、增进不同社群之间的融合和了解,这样才能更好地建设小康社会、文明社会。

第四节 遍地"村歌":城乡互助中的音乐实践

2018年,在乡村振兴的背景下,以谷仓乐队为代表的音乐社会工作者游走在城乡之间，发起"爱故乡·村歌计划"的音乐实践，通过到不同村庄、与村民一起共同创作村歌的方式重建乡村文化和乡土认同。这种城乡互助的文化实践，不仅是送文艺下乡或者给基层群众提供文艺享受，而且通过集体创作新"村歌"的方式来塑造一种乡村文化的主体性。这种音乐社会工作者与村民共同创作音乐作品的形式，既与20世纪中国革命中形成的群众文艺的传统有关，又与20世纪90年代以来从西方引进的另类社区营造的理念有关。谷仓乐队的前身是新工人乐团和打工青年演出队，2002年成立以来就在城市基层为进城务工人员提供文艺服务。这20年来，他们以音乐为媒介，用群众文艺的方式让新工人获得融入城市社区的尊严感、让村民在村歌中找寻乡土价值和生命意义。这种扎根基层的文化建设，一方面激发了新工人、村民等基层群众通过参与文化活动培育自主性的能力，另一方面扮演着基层传播的功能，把劳动者最光荣、可持续发展、合作互动等新理念、新价值传播到基层。

一、逆向流动的"乐队"：从大地民谣到村歌计划

2002年，孙恒、许多、王德志、姜国良等喜欢音乐的打工青年在北京成立了打工青年文艺演出队，其初衷是为进城打工的劳动者歌唱。他们出版了第一部唱片《天下打工是一家》，用版税收入成立了公益机构北京工友之家。在20多年的时间里，北京工友之家"通过文艺发出了我们自己的声音"，他们一边举办打工艺术节、打工春晚、新工人戏剧、打工文化艺术博物馆等文化活动，让工友在城市中享受到与自身有关的文艺生活，另一边以举办打工子弟小学、工人大学、法律培训、音乐小组、戏剧小组和文学小组等方式，帮助工友掌握基本的电脑知识、参与文艺创作活动。这些公益活动产生了三重效果：一是，让新工人文化在城市文化中显影，如2012年到2017年连续举办了六届打工春晚，促进新工人融入城市生活；二是，塑造新工人的主体性，鼓励工友用文艺作品来表达自己，如2022年新工人文学小组出版了作品集《劳动者的星辰》，收入了家政女工范雨素、布展工人郭福来等九位文学小组成员的作品；三是，培育互助合作理念，如成立社会企业同心互惠超市，让二手衣服等城市闲置资源再次得到有效利用，也降低了新工人的生活成本。2009年，打工青年文艺演出队改名为新工人艺术团，陆续出版《从头越》《为劳动者歌唱》《红五月》等13张原创歌曲专辑，他们"用歌声呐喊，以文艺维权"，用新工人文化来推广劳动者光荣、劳动者有尊严的价值观，正如打工文化博物馆的标语"没有我们的文化就没有我们的历史，没有我们的历史就没有我们的将来"，创造新工人文化、塑造自由、平等的共同体价值成为新工人艺术团的"初心"。

2013年，北京工友之家在平谷创办了同心生态农园和同心公社营地，前者以市民承包桃树的方式实现"社区支持农业"，为普通市民推广绿色、有机的农业种植理念，后者则是把废弃的乡村小学改造成培训、团建的合作营地。每年四月采摘桃子时节，新工人艺术团会在同心生态农园举办"大地民谣音乐会"。2017年，新工人艺术团发起大地民谣巡演，从北京出发，到全国各地乡村进行流动、巡回演出，"从2017年到2019年进行了三次全国巡演，分别历时23天、41天和45天，一共行程近4万公里，演出71场"[1]。他们提前联系好不同村庄，结合当地的文艺工作者，一起为村庄举办"大地民谣"演唱会。相比城市有着丰富的文艺演出活动，乡村在现代化发展中依然缺少文艺空间，尤其是在进城打工的大潮中，很多青年、中年人在外地打工，农村只有老人、妇女和儿童，而农村的公共生活也或多或少处于匮乏状态。新工人艺术团以为村庄举办音乐会的方式，一方面为当地村民提供了丰富多彩的文艺晚会，另一方面这也是新工人乐团"行走人间，扎根大地"的采风之旅。2018年，新工人艺术团巡演期间，"经过娄山关，巡演到遵义，在那儿开了个会，明确了'城乡文化互助'的新路线，团队名字由之前的'新工人艺术团'更名为'新工人乐团'，更专注于音乐发声"[2]。在这个过程中，新工人乐团看到乡村的衰败、衰落和缺乏文化活力的状况。2018年，新工人乐团发起了"爱故乡·村歌计划"活动，从大地民谣的巡回演出变成为村庄谱写村歌的行动。自启动以来，联合发起人孙恒和伙伴们先后在云南楚雄外普拉村、福建屏南四坪村、重庆北碚东升村、内蒙古鄂尔多斯乌兰吉林村等十一个村庄开展了20多期村歌音乐工作坊并完成了村歌创作。相比大地民谣主要演出新工人乐团自身的音乐作品以及借助音乐会的形式把村民"暂时"聚集起来的方式，村歌计划有几个特征。首先，村歌计划的第一步是协作者入村调研和走访，让新工人乐队更深入地进入基层社会，了解所在村庄的历史传统和文化遗产。其次，村歌计划的第二步与村民一起开音乐创作工作坊，发动村民共同创作一首音乐作品，这是村民集体创作、共同创意的文化产品。再次，借助村歌完成乡村振兴、爱故乡、劳动光荣等理念和知识的基层传播。

2021年新工人乐团正式改名为谷仓乐团，这种更名本身意味着孙恒等乐团主创自我想象的变化：其一，工作重心的调整，从为工友服务、在城市歌唱，转变为更多地到农村、为农民服务；其二，谷仓意味着收获、丰收，是对农业

---

[1] 参考吕途的《村歌唱出文化自信》。

[2] 新工人乐团出版的音乐专辑《从头越》的文案。

生产和劳动的尊重;其三,也意味着20世纪80年代末期以来从进城打工,到2010年以来返乡青年参与乡村建设的转变。这种名字的变迁适应了中国社会的变化,但不变的"初心"是,以孙恒为代表的音乐工作者始终坚持文艺为劳动者服务,推动文艺在塑造劳动者主体性和认同感方面扮演着重要作用。这种从城市到乡村、从发达地区到基层村庄的流动方式是一种逆向或者说反向流动,实现了城市文化向边缘的乡村地区的传播。这些从城市流向农村的文艺工作者,是"逆向流动"的主体,他们不只是给农民进行艺术演出,更重要的是与群众一起创造表现群众真实生活的文艺作品。这种逆向流动的主体来自20世纪中国革命实践中干部下乡、文艺工作者下基层等历史传统。

二、社区重建与群众文艺的融合

这20年来,北京工友之家成为国内最有名的为新工人提供公共文化服务的社会公益机构,其创办的打工春晚、打工艺术博物馆以及新工人文学小组等被媒体广泛报道,有力地促进了新工人融入城市以及培育有主体性的新工人文化。他们从文化入手,推广城乡互助、社区发展和乡村建设的理念,传播公正、平等的劳动者价值。工友之家的模式有两个传统:一是从西方传入的公益机构、社区营造的新传统,二是20世纪中国革命运动中形成的扎根基层、服务群众的群众文艺的老传统。

1994年世界妇女大会在中国召开,之后出现一些服务于城市打工者的公益机构如打工妹之家等,工友之家也是受这种社会公益机构的模式影响而成立的。新工人乐团和村歌计划的理念也与这个传统有关。村歌创作的方法来自社区营造和社区重建,20世纪60年代西方发达国家通过反思消费主义、现代化、工业化所形成的环境、社会阶层分化等问题,开始了以社区自治为基础的另类社区实践。村歌计划就是用创作村歌的方式来重新恢复村庄的凝聚力和基层社区发展的活力。新世纪以来中国出现了新乡村建设运动,如以温铁军、李昌平等乡村建设的专家、实践者所推动的乡村自救活动。工友之家也受新乡村建设运动的影响。2012年由福建农林大学海峡乡村建设学院、中国人民大学乡村建设中心、中国农业大学人文与发展学院等联合发起的重新发现乡村价值和参与乡村建设的爱故乡活动,新工人乐团成为爱故乡艺术团的主体,村歌计划也是爱故乡项目的组成部分。如第一首村歌《南塘我的家》(2018年)、第二首村歌《聚郝堂》(2018年)都来自乡村建设做得比较好的村庄安徽阜阳南塘村和河南信阳郝堂村,这种以村民为主体、村民参与的文化创作的模式与乡村建设中所强调的以农民为主体的理念也是一致的。

另外，村歌计划也来自群众文艺的传统。群众文艺是20世纪中国革命和社会主义建设过程中形成的服务于群众、群众创作的文艺形式。与大众文化、商业文化不同，群众文艺有三个典型特征：一是群众文艺以群众为主体、群众参与创作的文艺类型，群众不是被动的受众，而是主动的文艺生产者；二是群众文艺的主题是反映基层生产和社会政策，把与群众发展相关的主题用文艺的方式表现出来，是一种基层文化宣传的手段；三是群众文艺带有公益性，群众免费参与和共享，是国家公共文化服务的组成部分，具有均等化和普惠性的特点。群众文艺的实践来自20世纪20年代中国共产党所开创的根据地建设，文艺、文化是农村地区进行革命动员、社会宣传的中介，形成了一套文艺工作者参与基层社会文化建设的历史经验。群众文艺的理论来源是1942年毛泽东《在延安文艺座谈会上的讲话》，这篇"讲话"指出了文艺工作与革命工作的关系，建议专业化的知识分子要做文艺普及工作，深入到群众生活中，充分利用群众熟悉的文艺形式，为群众创作、帮助群众创作。

音乐是群众文艺的重要形式。在1937年发表的美国记者埃德加·斯诺的《红星照耀中国》中有这样一段对红军小战士的描述："他们在路上几乎整天都唱歌，能唱的歌无穷无尽。他们唱歌没有人指挥，都是自发的，唱得很好。只要有一个人什么时候劲儿来了，或者想到了一个合适的歌，他就突然唱起来，指挥员和战士们就都跟着唱。他们在夜里也唱，从农民那里学新的民歌，这时农民就拿出来陕西琵琶。"[1] 唱歌、歌声是很多关于根据地的作品中经常被记述的场景。在没有现代音乐工业的农村地区时常会充满歌声，使得歌曲、演唱成为根据地军民日常生活最常见的文艺演出形式，出现了"遍地歌声"的音乐景观，这些无处不在、无时不在的歌曲不仅创造了革命文化、红色文化最典型的艺术形式，而且承担着政治宣传、群众教育的职能。群众音乐的出现需要专业化的音乐知识分子走向民间、深入生活，与人民群众一起共同创作完成。这种在根据地实现"遍地歌声"的传播机制主要有两个原因：一是，下乡的文艺工作者把音乐、话剧等文化送到群众身边，让乡村群众也能享受到文化、艺术作品；二是这些下基层的文艺工作者也扮演着宣传员的角色，通过调研、下基层，把村庄的新人新事变成文艺作品，在乡村进行流动演出时，不仅是排演准备好的文艺作品，更重要的是把当地村民的、百姓的故事摆上舞台，基层群众在家门口看到的是自己的故事，把抗战、征兵、婚姻等新理念向农村扩散，这是一种有中国特色的基层传播的经验。也就是在文

---

[1] 埃德加·斯诺：《红星照耀中国》，董乐山译，人民文学出版社，2016，第53页。

艺工作者与基层社会互动中完成政策、文艺与宣传的结合。近些年地方政府通过购买文化服务的方式完成文艺下乡，这种文艺演出不与基层社会产生关联，仅仅把戏曲、电影等文艺送到农村，而无法真正实现城乡互助以及对村庄文化的重塑。与这种模式不同，谷仓乐团恰好借用了群众文艺的传统，他们是新时代下基层的音乐工作者，把新的乡村建设理念用音乐的方式传播到基层乡村，通过对村庄的调研以及充分尊重村民的意见，用文艺的方式培育村民的主体性，激发群众对村庄文化的热爱和认同，这也是形成以村民为主体的内生性和自主性文化的开始。

三、以村歌为媒介创造人民主体性

从2002年到2022年，北京工友之家及谷仓乐队的社会工作，形成了独特的文化经验和实践效果。相比流行、小众的都市摇滚和民谣乐团，谷仓乐队及前身新工人乐团强调音乐创作、演出与新工人、农民等更广泛的社会阶层产生互动；相比法律援助、经济维权和社会救助类的公益机构，北京工友之家以文化、艺术为中介，用文艺的方式使得不可见的新工人、农民显影，传播劳动者最光荣、劳动者有尊严的价值理念；相比政府购买社会服务的公共文化模式，谷仓乐队的村歌计划结合西方社区发展和中国根据地时期以来群众文艺的传统，形塑以村民为主体的新乡村文化。

首先，村歌计划创造了从城市返回乡村的逆向流动的新主体。在20世纪中国社会发展与改造中出现了一类特殊的知识分子，这就是从城市到乡村、从中心到边缘、从发达地区到欠发达地区的下基层、下乡的主体，主要有四种类型。一是，社会学家、人类学家，他们用逆向流动的方式进行社会科学田野和调研，走进他者的社区和文化，用科学和理性的方式进行认知和对话。二是，乡村建设工作者，从民国到新世纪以来，有大量从事乡村发展和建设的社区工作者，他们把现代的理念植入乡村，帮助乡村实现社区化和现代化。三是，下乡的文艺工作者，他们深入生活、与工农群众相结合，成为20世纪中国革命中建构人民文艺的重要手段。四是，共产党干部下基层和驻村，新中国成立之后形成了不同形态的干部下基层、文化、科技、卫生"三下乡"等城乡互助制度。这些不同动因展开的乡村建设活动共同构成了20世纪乡村发展的中国经验。以孙恒、许多、段玉等为代表的音乐工作者也是逆向流动的主体，而且有着清晰的自我反思意识。他们称自己的身份为"协作者"，他们不是用现代的、城市的理念去改造乡村或者启蒙农民，而是在村庄调研、走访中，充分尊重村庄的历史以及村民个体的生命记忆，与此同时又发挥社区工作者的优势，把村民"组织"起来，在音乐工作坊中让村民充分讨论、发言，集体创造一首属于每一个村庄的村歌。他们的村歌工作既是培植社区内生力量的社区营造的方法，也是深入群众、"先做学生，后做老师"的群众路线的实践者。可以说，谷仓乐队一方面是为基层群众提供文艺服务的音乐工作者，另一方面也是与基层群众"共创"新乡村文化的参与者。

其次，村歌计划创造了朝向人民和基层的新音乐。孙恒在访谈中多次提到对西北歌王王洛宾的认同，王洛宾正是在北京接受现代音乐教育、抗战时期参加西北战地服务团创作抗战歌曲，1949年加入人民解放军，成为进军新疆的部队宣传部的文艺干部，一生搜集、整理、创作新疆民歌1000余首的人民音乐家。谷仓乐队所创作的村歌不是站在城市视角下的乡愁，而是一种以乡村为主体的新村歌。在新工人乐团时期，孙恒、许多等就重视对民间音乐的吸收，把城市摇滚变成更带有民族风格的都市民谣，从《彪哥》《小妹妹来看我》等音乐作品中能看出把都市摇滚、民谣与新工人音乐建立内在关系。在村歌创作中，谷仓乐队也重视在曲调上融合当地音乐、在内容上结合村庄历史，从而使村歌变成在地群众自己的音乐。如"联丰村的山呦：高又高 / 山上长满树和草 / 我去山中挖药材 / 装满背篼乐开怀"（重庆市城口县龙田乡联丰村村歌《山水联丰》2019），借用当地一百多年历史的"锣鼓草调"，句式是每句7个字，每段4句的模式；如云南白甸村的村歌《相约藕然》，用云南当地民歌"猜猜调"的句式和曲调；河北秦皇岛市青龙满族自治县七道河乡石城子村的《石头也香甜》（2019）借鉴了京韵大鼓的曲调。

再次，村歌计划创造一种合作互助的新乡村发展理念。不光是曲调，在村歌内容上也塑造一种新价值。一是，热爱故乡和农村。在"村庄大事记"和"我和村庄的生命故事"等创作环节，让村民从自身出发充分发掘个体与村庄的关系，村歌讲述的是村庄的历史。二是，合作互助的发展理念。很多村庄是新乡村建设和中国乡建院的实践点，在当地进行合作社和乡村内置金融的发展，而村歌也是村庄合作文化的体现，如河南信阳郝堂村歌《郝堂聚》中的"夕阳红下老人乐 / 返乡青年把业创 / 登山步道山相连 / 天南地北聚郝堂"，把合作互助发展的价值写到村歌中。三是，生态农业、绿色农业的理念。用"青山绿水"来实现村庄的内生性发展，如白甸村的村歌《相约藕然》就体现了绿色发展的价值。四是，劳动尊严和劳动者自信。强调村民是村庄的建设者，如南塘村歌《南塘我的家》中有"您不顾辛苦，一生奔波劳碌 / 汗水洒满田地，泪水流淌心里 / 你一砖我一瓦，一砖一瓦建家园"等。村歌是让农民当家作主，成为村庄的主人，形成宜居、和谐、合作互助的新乡村文化。

在这个意义上，谷仓乐队以协作者的身份自觉进行一场"文化的万里长征"，他们的村歌计划创造了新主体、新音乐和新乡村文化，是21世纪扎根基层、服务群众的人民文化。

附录一　重返根据地：以基层传播为方法[1]

我出生于1980年，一路读书，1998年从山东单县来到北京大学中文系"文史哲"试验班学习，又过了11年，博士毕业。第一份工作是到中国艺术研究院，先在《艺术评论》做了一年多学术编辑，后到电影电视艺术研究所从事影视文化研究。这20年，中国社会整体稳定，经济高速发展，我的经历简单得像一张白纸。从2005年念博士到2017年离开中国艺术研究院，我大部分时间都"宅"在家里，读博四年课程不多，回学校主要是上导师的课和参加"文化研究工作坊"，主要在家里边读书边写博士论文，而艺研院也是一两个月上一次班的节奏，所以还是保持读博士时的状态。我的日常生活非常简单，除了与比较熟悉的老朋友联络外，社交活动很少，偶尔参加学术会议或者做学术讲座。2015年到2016年我曾经到美国加州大学圣地亚哥分校访学，短暂体验了好莱坞电影之外美国中产阶级式的平静生活。2017年9月，我回到母校北京大学新闻与传播学院任教，才有"上班"的感觉，进入人生最为忙碌的阶段。此时距离博士毕业已经过去了8年，作为一名大龄"青椒"开始新的人生体验。在高校当教师一直是我学生时代的理想，这个理想有两个来源。一是受父亲的影响，父亲曾是山东大学中文系的"工农兵大学生"，毕业后留在古典文学教研室，80年代初因照顾家里，返回老家工作，父亲经常向我"念叨"当大学老师的幸福，可以专心做自己喜欢的事情，过一种相对清净的生活。父亲喜欢买书，家里的任何空隙都被他的书堆满，他念兹在兹的大学生活像陶渊明的采菊东篱、悠然南山一样，充满了文人的诗意，我想这种理想化的校园，很大程度上来自他繁忙而琐碎的机关工作之外的美好想象。二是受博士导师戴锦华老师的影响，正是因为在本科高年级旁听到戴老师的课，我才被吸引进学术之门。戴老师是一位纯粹的学者和思想家，性情率真而正直，相信很多听过戴老师课的学生，都会

---

[1] 本章是应《传记文学》之邀，完成的一篇学术自传，发表于《传记文学》2022年第9期。

被她的思想魅力、洞察力和批判力所折服，能像戴老师一样从事教学和科研工作是我读博士时定下的小小的人生目标。我虽然已年过四十，但人生履历太过"贫乏"，也没有亲历或见证过"大事"，下面主要还是谈谈这十多年我的学术兴趣的变化。

第一节 以文学为底色，从事影视文化研究

我最初的学术训练是中国现当代文学，后来逐渐涉及三个主要领域：一是文学，本科是文学专业、硕士是文艺学专业、博士是比较文学与世界文学专业的文化研究方向；二是电影，以电影批评和电影文化史研究为主；三是新闻，以根据地时期的新闻传播史和基层传播研究为主。在学科分工越来越专业化、细密化的时代，我的研究兴趣略显"庞杂"和跨界，这既与我广泛的、不甚安分的研究志趣有关，也与适应外部工作环境的变化有关。如果说文学研究是我的学术出身和教养、电影研究是本科以来的兴趣所在，那么新闻研究则是到新闻与传播学院就职之后学习的新领域，尤其是围绕根据地时期的新闻传播经验，从基层传播的角度研究农村根据地的文化宣传实践。

20世纪90年代末期读大学时，刚刚脱离应试束缚的我还沉浸在80年代以来去政治化、追求自由、追求独立的阶段。吸引我的是余华、莫言等先锋派文学和王小波、韩东、朱文等强调文学叙事的作品，还喜欢读法国新小说、荒诞派戏剧等。大二、大三时喜欢看欧洲艺术电影、现代主义电影，在北大东门外的酒吧、北大图书馆搜索中国地下电影、独立纪录片。彼时 DVD 开始流行，大部分外国电影都是在电脑上观看。互联网也正在兴起，宿舍集体购买了一台电脑，学校里24小时机房和北大南门外的飞宇网吧成为我的新"自习室"。电影网络论坛也随之出现，我从来自小县城的"电脑盲"一路"灌水""刷夜"成为北大在线新青年电影夜航船的版主。到了本科高年级，我旁听到戴锦华老师的文化研究课，促使我开始关注社会思想和学术话题，对文学与政治、电影与政治也有了更加辩证的理解。再加上通过一些网站、论坛，如世纪中国、天涯论坛、乌有之乡、左岸文化网等，关注到新世纪初期三农危机、新自由主义与新左派争论等问题，这些都影响了我，促成我对政治、社会与文化问题的兴趣。

我的学术训练主要有两块内容：一是中国现当代文学与文化，二是文化批判及文化研究理论。从本科到博士，我一直在中文系学习，本科和博士是在北

大中文系，硕士在中国人民大学人文学院。现当代文学阅读使我对20世纪中国的发展脉络更为熟悉，20世纪中国文学经历了五四新文化运动、30年代向左转、50年代到70年代的革命实践、80年代的改革文化、90年代的市场化转型和全球化等不同的阶段。自五四新文化运动以来，新文学与中国的国家发展和民族命运息息相关，文学成为表达社会、时代议题的媒介。现当代文学帮助我建立了20世纪中国政治、社会与文化发展的地形图。当时流行海外的汉学研究，借助美国的中国学研究者的视角重新理解中国历史，这些研究大多使用西方文化理论来阐释中国文化的特殊性和独特性，如美国汉学家柯文的《在中国发现历史》已经从中国历史内部来解释中国的近代历史。2001年寒假我有幸"蹭"了戴锦华老师给香港岭南大学的学生开设的"文化研究理论与实践"的密集课程，初步了解了"语言学转型"之后文化批判理论的大致脉络。80年代以来中国从西方大规模引进20世纪的人文社会科学理论，如果不懂福柯、德里达、拉康、詹姆逊等理论大师的著述，很难进行文本阐释和学术写作。中国的文学研究摆脱启蒙运动以来的人文主义、浪漫主义的方法，进入理论化、哲学化时期。2002年到2004年我在中国人民大学跟随金元浦老师读文艺学硕士，我选择法国哲学家路易·阿尔都塞作为学位论文的研究对象，想借机啃一下这块理论上的"硬骨头"。从事西方文艺理论研究的金老师总是叮嘱我一定要关注前沿理论、打好理论的底子，我也养成了追踪和关注文化理论发展的习惯。文化批判、文本细读和意识形态理论等20世纪西方人文社会理论，成为我从事文学批评、影视研究的基本方法。博士论文的选择比较曲折，戴老师不会主动给学生指定研究题目，会根据学生的兴趣加以引导。我受当时视觉文化研究的影响，又不想做纯理论，认为理论应该与中国文本结合起来，最终选择以鲁迅的"幻灯片事件"为例，从看与被看的视觉主体与权力关系的角度来阐释中国的主体位置，向前延伸到晚清民初的画报，向后延伸到三四十年代的革命文学。由于并非文学史、比较文学的经典题目，论文完成之后看起来有点"四不像"，既不是文学史，也不是视觉艺术研究，更不是纯理论研究。这种视觉权力与主体位置的问题意识成为我从事20世纪中国影视文化研究的核心议题。

利用在艺研院不用坐班的机会，我延续了博士以来的读书、写作的状态，尝试写一些影视文化批评，2010年以来也是中国电影产业高速崛起的时代，经常会有热闹的影视话题。读博士期间刚刚熟练的学术体写作，又转变为评论体。与学术论文不同，批评体文章不需要理论的迂回和繁复的论证，要找到某个角度直接表达观点，我也训练自己用直白化的语言把核心意思说清楚。这段时间，我的研究主要有三个层面：一是对热门电影、电视剧的解读，往往结合社会语境的变化,如对宫斗剧、职场剧和青春电影的研究;二是对中国电影史的研究,主要集中在二三十年代、四五十年代、七八十年代等转折时期以及中国崛起时代影像表达与主体位置的变化,如"五四"时代中国电影中形成的传统/现代、中国/西方的暧昧性的主体状态,四五十年代从左翼电影转变为人民电影,也涉及"工农兵"主体的确立过程,七八十年代之交新启蒙取代革命主体,出现了中国叙事缺少主体性的困境,而崛起时代的中国则浮现出现代化的、国际化的现代主体,这是一种新的中国经验;三是,对一些社会议题的讨论。2008年对我来说是一个印象深刻的年头,这一年发生了很多大事,从3月份奥运圣火海外传递受阻、拉萨"3·14"事件,到"5·12"汶川大地震,再到8月8日北京奥运会盛大开幕。汶川地震发生后,我在网上写了一篇关于地震引发的各种媒体话语争论的文化分析,这是我第一次就一个当下的、正在发生的议题尝试用比较理论化的方式来讨论。由此,我关注到房价与中产阶层话语、大学生自杀、弱势群体在大众媒介中的再现等话题,冥冥中很早就研究大众媒体参与主流意识形态建构的问题。这些研究背后核心的问题意识,依然是大众文化所代表的意识形态表征与中国社会发展之间的隐喻关系,还是使用文化研究的理论和方法把文艺文本、媒体话语与社会语境"阐释"为彼此联动的时代症候,透过文艺观察时代与社会的变迁。

第二节 重返根据地,以基层传播为方法

近些年,我发现自己经常处在某种"跨学科"的境遇中。在中文系读书时,我的研究兴趣是电影;在艺研院工作时,我又偏重做文化研究;来到新闻与传播学院,对于主要接受人文训练的我来说,面对以社会学为基础的传播研究,又是不小的知识上的挑战。从文化研究、艺术学的角度研究电影,与传播学、社会学等视角还是有差异,而批评体的写作与越来越学科化的学术论文在规范和论述方法上也有一些隔阂。在这种背景下,我开始转向做中国根据地新闻传播史研究,主要有几个考虑:一是,最直接的"功利"目的是"生产"看起来更像"学术体"的论文,经过烦琐的论证、史料的梳理,增加论文的科学性和学理化,这与我之前擅长的"单刀直入"的文本阐释和理论解读有些不同;二是,写文艺批评文章需要时刻关注当下,好处是跟踪新的变化,坏处是缺乏沉淀、容易"急就章",转向做历史的题目,会有历史的纵深感和"穿越"历史

的兴奋感，也与当下的"时与势"拉开一段距离；三是，我不太善于进行哲理化、理论性的论辩，再加上20世纪80年代以来理论的高光时刻终结，在后理论时代，纯粹的理论阐释也不像20世纪六七十年代像闪电一样革新思想，这也是我转向历史、偏经验研究的原因。

2018年秋季，在好朋友李云雷的建议下，我带着学生开始阅读晋冀鲁豫根据地的《人民日报》，每两周阅读一个月的报纸、进行一次集体讨论。或许是距离感和陌生感，大家总能找到一些学术的兴奋点。对我来说，根据地时期的史料如同打开了一座宝库，很多了解、不了解的人物、文本重新鲜活起来。之前从党报党刊中看到的宣传体文章也不再是一种教条和口号，而是一场在特殊时期、特殊空间展开的轰轰烈烈的历史和社会实践，特殊时期是抗日战争和解放战争，特殊空间是贫穷、落后的农村和偏远地区。参与社会实践的主体有两类：一是从城市下沉到乡村的共产党员、红军战士、文艺工作者等；二是愚昧、非现代的、千千万万的农民。这幕"历史剧"的核心是革命，是土地革命，是游击战争，是包括文化扫盲、组织生产、社会建设在内的彻底的乡村改造。报纸作为20世纪最为重要、有效的传播媒介，负载、沉淀着丰富的社会、历史信息，晋冀鲁豫《人民日报》以新闻的方式"记录"下这一幕幕历史和社会改造的细节。我们以"通过报纸读懂中国"为宗旨，每位参与者从自己的学术兴趣出发，采用文本细读的方式，通过报纸进入现当代中国的历史。我和学生们像耐心的考古学家或充满好奇心的侦探一样，重新打开、发掘报纸这一"现场"，触摸现当代中国的诸多社会纹理，主要围绕中国共产党的新闻制度与治理方式、根据地报纸的通信网络和传播机制、边区政府的地方经验和社会管理经验等话题展开深入研究。我对这种基层宣传活动的组织和社会机制比较感兴趣，想研究清楚报纸是如何在农村生产、印刷、发行的等问题。这种对媒介社会机制和制度的研究与文化研究中所强调的唯物主义、经济基础等问题也是一致的。

看到晋冀鲁豫《人民日报》中的大部分报道是关于村庄、地方、某个单位的新闻，这让我感觉非常好奇，也就是说作为晋冀鲁豫机关报的《人民日报》，并不像后来的《人民日报》那么"宏观"和政论化，而是聚焦在晋冀鲁豫根据地的地方生产、乡村建设、社会治理等内容。我提出用"基层传播"来描述这种高度基层化的新闻实践，这与西方作为第四权力的新闻制度不同，也与城市中突出猎奇性、奇观化的新闻报道风格不同，这种高度基层化的根据地新闻，积极、主动地参与到社会建设和乡村改造中，为基层社会构筑了一面媒体的幕墙，在"墙"上的"主角"就是所在村庄、所在基层单位的普通群众。"基层"

对于很多人来说是一个既熟悉又陌生的概念,熟悉在于每个人都生活在某个基层社会中,陌生在于人们并没有把基层对象化、学术化,没有意识到基层并不是一个不证自明的概念,其本身是20世纪中国革命实践中建构出来的社会空间,这反映在根据地时期以基层建设为核心的革命运动和新中国成立之后建立的以单位制为特征的基层社会中。基层传播的功能是在根据地时期的基层社会建立起宣传之网,宣传成为一种组织基层、动员群众的手段。如果说宣传是说服、传播和教育,包括文化、艺术、出版、新闻、教育等活动,那么组织则是政党组织、政治组织、群众组织等不同的组织形态,正是依靠"宣传"和"组织",中国共产党得以深入乡村,完成对基层社会的重组和改造。因此,基层传播是基于20世纪中国现代化转型中形成的历史经验所提出的理论概念,用来描述在基层空间中发生的传播行为,并反思传播在基层治理中发挥的作用。20世纪中国是落后的欠发达国家,缺乏现代技术和资本禀赋,而基层传播是一种低成本、低技术依赖的动员、组织和改造基层的方法。基层传播的制度基础是中国共产党依靠组织的力量深入基层社会,运用"从群众中来,到群众中去"的群众路线的工作方法,实现基层的现代化。基层传播不仅解决信息交流从中心/城市向边缘/乡村的扩散以及"最后一公里"的问题,更重要的是把现代化的理论、价值观念镶嵌进基层社会,让群众更加主动地参与到现代化建设中来。这涉及双重改造的过程,一方面改造专业知识分子承担信息传播的中介,成为基层传播的组织者,另一方面改造现代媒介以适应农村/非现代的空间。

2020年春季新冠疫情骤然来袭,学校安排在家里上网课,一整个学期我都没有返校。这半年多难得居家、不被各种琐事打断的时间,我开始沉下心阅读与根据地有关的材料。这段时间的集中阅读激活了很多"读报"过程中产生的想法,我对晋冀鲁豫、晋察冀根据地有了更多"立体"的、鲜活的感受。回过头来看,对于人文社会学者来说,有一段相对空闲的时间阅读,看似什么事都没有做,却对学术成长有着重要作用。我从一些作家、文艺工作者的回忆录中,看到一种不一样的知识分子的主体状态,我把这种状态命名为"逆向流动的知识分子"(为了知识生产,总要发明一些陌生化的词语)。在20世纪中国历史和社会实践中,有很多下乡、下基层的知识分子,这被认为是40年代毛泽东发表《在延安文艺座谈会上的讲话》以来所形成的特殊的文艺知识分子的状态。在写博士论文中,我主要讨论了鲁迅的"幻灯片事件",在视觉文化与意识形态理论的支撑下,分析作为启蒙者的"我"、看客与被砍头者之间的视觉权力关系,总结五四新文化运动以来中国人的三种主体状态,一是知识分子/自我批判/接受现代教育的"我",二是麻木的、需要被启蒙的看客,三是被侮辱的、懦弱的被砍头者，由此引出启蒙与革命的双重主题。论文从晚清画报讨论起，经过五四新文化运动，再到三四十年代左翼革命时期，其中知识分子与看客、群众的关系是核心议题。这种讨论略显"抽象"和去历史化，从1927年井冈山时期的根据地实践，形成了一种更具历史性和社会性的知识分子主体/干部/共产党员与群众的关系。在"五四"时代，鲁迅的《故乡》写到"我"返回故乡，又离开故乡，"我"不是在城市，而是在家乡成了"异乡人"。对于20世纪出现的另一种知识分子来说，下乡、下基层成为一种新的主体状态。这种朝"下"的状态大规模出现在抗日战争时期，战争的威胁使得东部、沿海城市的知识分子向内地迁徙。大批北京、上海、武汉等大都市的文艺工作者参与到抗战宣传的过程中，这种宣传活动使得这些都市、现代知识分子深入到内地和农村，一方面他们带来了新思想和新文化，另一方面这种流动演出、迁徙的过程本身对这些知识分子也产生了深刻影响。

直到今天，虽然不再需要文艺工作者大规模下乡，但其他领域依然存在着大量"逆向流动"的知识分子，如驻村干部、第一书记、疫情期间支援不同城市的医务工作者和下沉基层的社区工作者，又如大学生毕业回各省市做"基层选调生"以及农业等科技工作者定期开展"技术下乡"活动等，他们是实现文化、科学、医疗等信息从城市到乡村传播的信息桥梁。这改变了我在博士论文中所讨论的知识分子与看客、被砍头者之间的分裂状态，了解到另一种历史实践中形塑的返乡、参与乡村建设的主体状态，一种知识分子"主动"与工农群众的结合，这成为根据地以来延续至今的广泛存在的社会制度。一些学者从不同学科来分析这种向"下"的流动主体，却很少追问为什么要向下、为什么要朝向基层，这种社会机制到底是如何形成、为什么又变成一种常态化的制度设定？比如很多机关干部、医务人员、新闻记者在职称评定时，会把有无"下基层"经验作为重要指标，这些社会实践都来自根据地时期的历史经验。这些逆向流动的主体主要有三类群体：一是深入基层和群众的共产党干部，他们承担着领导土地革命、参与基层治理的各项工作；二是流动演出的文艺工作者，在抗日战争和解放战争中出现了大量文艺工作者，承担着在农村、敌后根据地进行文化宣传、政治教育的职能，如抗日以来在农村和大后方出现了流动戏剧演出队活动；三是农业、科技专家，他们把农业生产、科技成果扩散到乡村。借助这些逆向流动的知识分子，帮助乡村、贫困和边远地区实现现代化发展。

这种逆向流动的主体具有两种社会功能。第一种是"信使"的功能，通过下基层、下乡把现代信息从城市向农村传播，改变农村缺乏现代信息、技术和文化的状态。"一穷二白"的新中国面临着巨大的城乡差距，尤其是广大的农村地区缺乏基本的信息、技术等现代条件，也没有剧院、电影院、医院等现代机构，逆向流动可以缓解农村在文化、教育、技术等方面的匮乏，通过文化站、技术站、流动文艺演出的方式，让现代信息下沉到基层，为农村提供基本的文化和医疗保障。尽管新中国逐渐建立了农村广播网等现代化的信息基础设施，但报纸、电影等大众媒介依然需要"身体"的逆向流动才能覆盖农村，如形成了邮发合一的邮政制度、流动电影的放映制度和乌兰牧骑制度。第二种是参与基层内生性发展。通过无线、有线等现代通信手段可以把信息从城市扩散到乡村，但信息的传递不只是简单的流通过程，更重要的是作为接受者的群众如何更好地使用和改造现代信息，这依然需要有批判意识的逆向流动的知识分子与基层群众一起创造适合农村实际情况的技术和文化。在逆向流动的主体中更多的是驻村干部、科技工作者、乡村教师等，他们是基层社会经济和文化发展的重要组织者和参与者。可以说，正是一代又一代成千上万逆向流动的知识分子成为城乡互助、信息普及、文化共享的中介，缓解欠发达地区缺乏现代化信息的困境，向资本、技术稀缺地区"逆向"传播现代化知识，这是中国在现代化发展中形成并延续至今的社会制度，是一种低成本的中国式现代化的经验。

在进行基层传播和根据地研究中，反过来帮助我重新理解文学和电影在其中所发挥的新功能。在中文系对文学的理解，容易把文学看成是作品中心和作家中心的对象，这与浪漫主义文学思潮有关，即文学作品是如上帝般的作家"天才式"的创造。根据地的视角使我从社会建设和治理的角度理解文学，如赵树理、柳青、丁玲、周立波等社会主义现实主义作家，他们同时进行双重生产，一方面是下乡、下基层、参与社会生产的干部，另一方面是从事文学生产的作家。关于电影研究，我考察过晋察冀根据地"华北电影队"的历史。华北电影队被誉为"一辆马车上的电影制片厂"，是战争状态下塑造出来的一种在流动中完成电影拍摄、电影制作和电影放映的文化生产模式。华北电影队创造了两种流动性：一是战争前线地带无法建立稳定的电影制片厂，这种把电影制片厂"压缩"组装到一辆马车上的方式便于流动拍摄；二是电影放映也无法采取固定空间的电影院，而是让电影放映员带着放映机和胶片到不同连队、村庄流动放映。这种流动性的电影生产和放映方式"逆转"了电影工业的"都市"属性，让电影与非现代的农村空间结合起来。这种流动状态的形成，一方面与根据地作为去空间化的流动空间有关，包括华北电影队在内的根据地文艺都是借助流动的主体成为流动化的宣传媒介，另一方面来自抗日战争时期晋察冀根据地的抗敌演剧队的传统，从流动的话剧到流动的电影是战争环境下形成的一种跨媒介实践。在流动中完成宣传员的媒介形态也形塑了逆向流动的主体，如话剧工作者、电影工作者、电影放映员等在从城市向乡村的逆向流动中完成创作、演出和放映。新中国成立之后，在城市中建立了固定的电影制片厂和电影院，但电影的空间流动并没有消失，反而以更大规模的流动放映队的形式在中国基层和农村地区长久地存在。这种流动的媒介与流动的主体是中国作为第三世界国家在文化现代化过程中形成的发展传播学的历史经验。从这里能够看出50年代形成的人民电影除了来自上海左翼电影的传统之外，还与从根据地来的文艺工作者密切关系。如汪洋、严寄洲、成荫、王炎、崔嵬、田华等人民电影的骨干，都曾经是根据地时期活跃的话剧工作者，他们把战争状态下在乡村进行流动话剧演出的经验"移植"到工农兵电影的创作中，这也使得话剧艺术在革命文艺中占据着非常重要的位置。

这些初步研究让我清晰地意识到文艺创作与社会实践之间的互动关系，也更深刻地认识到文化书写与政治行动之间的辩证关系。这种从文学、电影到新闻的知识冒险，使我更加深入到20世纪中国社会与文化发展的内部来理解中国独特的现代化经验。

第三节 教学相长，以非虚构写作为媒介

对于高校老师来说，除了科研，就是教学工作。我还算喜欢上课，愿意与学生交流和互动。自2017年以来，先后上过"专题片及纪录片创作""影视文化与批评""光影中的百年中国""广播电视新闻""影视与文化研究""基层传播理论与方法""新闻与传播研究生学术实践前沿工作坊""非虚构写作实践与实习""新闻传播政策、法规与伦理"等本科、研究生课程。每门课都需要花大量的时间来准备，需要建立一套知识框架和整体性的视野，这对我来说是不断"恶补"新知识和学习的过程，尤其是新闻传播学科的特点在于时刻面临知识更新，如粉丝文化、网络文学、网络游戏等90后、00后熟悉的"日常生活"，我都缺乏基本的文化体验。好在上课不只是传授知识，更重要的是思考路径和分析方法。面对更年轻、更有野心的Z世代，我唯有不断学习，才不至于"落伍"太多。

相比于中文系，不会太强调文学的应用价值，更重视培养文学研究的能力与方法，而新闻与传播学科首先面临的问题就是应用性，也就是学生要学会写作、拍照、剪辑视频等新闻生产的基本技能，进而再掌握一些新闻理论和传播

学的一般规律。因为中文系的出身,我主要从写作入手,在教学中推广非虚构写作的理念和方法。写作是一种参与性和互动性比较强的教学活动,我鼓励学生用非虚构的方式来完成课程作业。非虚构写作的概念来自美国,在美国访学时,我经常去社区图书馆闲逛,发现美国图书馆的图书主要分为虚构和非虚构两类,其中非虚构的架子上最多的就是美国总统、体育明星、演艺名人的传记、口述和各种励志的人生故事,这也提示我意识到人物传记片也是好莱坞电影的重要类型,非虚构在讲述美国梦、呈现美国"样板"人生故事方面发挥着重要的社会功能。我不想从狭义的角度来理解非虚构,而是把非虚构作为包括报告文学、纪实文学、新闻特稿、社会调查、田野笔记、口述史等跨学科色彩的书写媒介。在移动互联网时代,非虚构文体成为自媒体的重要表达形式,出了很多引发公共讨论的"爆款"作品,如《太平洋大逃杀》《冯远征:我穿墙过去》《一个农村儿媳眼中的乡村图景》《平原上的娜拉》《外卖骑手,困在系统里》《一个农民工思考海德格尔是再正常不过的事》等。

非虚构写作可以训练多种能力:一是文字表达能力,故事和人物写得是否准确、好看;二是社会调查能力,非虚构的题材经常并非新闻题材,而是"不是新闻的新闻",需要写作者实地调研、采访,提出社会议题;三是学术思考的能力,非虚构写作不只是一种白描式的客观陈述,叙述背后隐含着写作者的态度和阐释,这需要写作者对被写作对象有深入的研究和体认。非虚构写作是一种综合能力的体现,既要选题好,让不可见的对象变得可见、让不被叙述的故事可以被讲述,也要文笔好,带有文学性和故事性,还要写得深刻,即便普通人的故事也需要写出意义和价值。几个学期下来,我分别进行了"倾听他人""光影拼图""认识脚下的土地""我们的时代""在基层""遭遇新冠时代"等主题非虚构写作,让同学们从身边人、从普通人的故事写起。我把每学期的非虚构作业命名为"新青年非虚构写作集市"。新青年不是老男孩,而是一种"五四"时代所召唤的"自主的而非奴隶的""进步的而非保守的""进取的而非退隐的""世界的而非锁国的""实利的而非虚文的""科学的而非想象的"的新青年精神,对于今天的青年人来说这依然是一份可贵的文化遗产。写作集市也不是写作比赛,集市的说法来自乡村赶大集的文化记忆,与竞技比赛不同,集市更多的是一种彼此分享、展示的交流大会,是一种既是销售者(卖家)、又是消费者(买家)的平等交换。每学期末读到同学们的作业,我都有惊喜之感,有的是爷爷奶奶在革命年代的迁徙故事,有的是00后们所熟悉的电竞、滑板运动,还有的是留学生写在北大的生活。有的通过家族亲戚的故事勾连起一段大历史,如马来西亚留学生讲述了一位20世纪50年代流亡到中国的马来西亚共产党的故事,这位流亡者在中国安排下工作、结婚,但一直想回到祖国,直到90年代被允许回归的时刻却突然中风,呈现了冷战时代东亚国际主义共运的历史。还有的写人工智能背后承担数据标注工作的廉价劳动者的生活。今年上半年的主题是"遭遇新冠时代",看完学生作业之后,我非常感动,大家亲身经历这三年的新冠生活,有的是留居在海外无法返回校园,有的是被封在校园里几个月,还有的滞留在家里上网课,因为都是感同身受的经历,有"亲历者"见证"大历史"的意义。

通过非虚构写作,我逐渐意识到"写作"本身是一种公共书写、社会交流的媒介,从文学创作到非虚构写作都是以写作为媒介参与社会与文化讨论。写作是一种高度理性化的行为,是一种主体参与的社会实践,正如从"文盲"到理性化、文明化主体的转变就是学会读书、识字,进而掌握写作的能力,这也使得写作成为从小学到大学最为重要的环节,不管是每次语文考试中最后一道"作文题",还是本科、硕士、博士毕业的"凭证"是学位论文。即便在数字时代,以文字为基础的写作依然是最重要的思想交流的媒介。从写作主体的角度看,非虚构写作是一种双主体和跨主体写作。写作行为涉及写作者与被写作对象的关系问题,这种自我与他者的关系不是彼此平等的。写作者是有主体性的、有自我意识的主体,被写作对象则是客体化的他者。这种权力不平等体现在,自我是主动的、具有自主意志的主体,而他者则是被动的客体。写作者与被写作对象是一种自我与他者的遭遇和交流的过程,自我与他者不再是不言自明的主体与客体的关系,而是一种主体间性和互为主体的状态。这一方面要求书写者自身对自己的知识、文化意识有所反思,主动放下自我的价值观,不要把自我的观念、意志、世界观强加于他者,另一方面书写者需要倾听他者的声音,站在他者的位置上来理解别人的逻辑,进而他者的价值与自我的视野形成对话或冲突状态,这就是包容和理解的开始,最后,借他者的目光,自我产生反思和质疑。从朝向他者到回归自我,这是一种主体的辩证和自省的过程。这种自我与他者的对话是一种辩证关系,既是为了使他者发出主体性的声音,又是对自我的一次反思,在自我与他者的对话中"求同存异""美美与共"。

非虚构写作除了作为一种社会性写作参与社会议题的讨论之外,还有着广泛的社会实践意义。如果非虚构写作起源于美国,是参与塑造美国文化的重要类型,那么在20世纪中国的现代化进程中,写作、非虚构式的写作也发挥着社会治理的功能。我们从小到大经常参加征文比赛,征文就是一种最常见的以写作为媒介的社会治理行为,通过征文来使个体参与到某种社会活动中,包括思想汇报、读后感、观影感等都是一种广义的写作参与社会治理的方式。我留意到20世纪中国历史中出现过多次以写作之名进行的社会动员，如1936年全面抗战前夕，上海生活书店的出版家邹韬奋看到苏联文学家高尔基正在发起一个"世界的一日"的征稿运动，就联合茅盾、陶行知等中国作家发起了"中国的一日"的征稿启事，号召人们写下1936年5月21日的"所见所闻，所作所感"，收到三千多篇、约600万字稿件，最终由茅盾主编汇集成了《中国的一日》，全景式地再现了各个地方、各种职业所感受到的中国，看到当时民族危亡下普通中国人生活的"横断面"。同样是1936年，刚刚完成二万五千里长征的红军战士，也用写作、回忆录的方式，写下了"红军长征记"，后来一部分书稿被埃德加·斯诺拿走，成为轰动世界的《红星照耀中国》中关于长征历史的素材。受此启发，1941年冀中抗日根据地的主要领导发起了"冀中一日"的征文活动，号召根据地的普通军民纪录1941年5月27日这一天发生的故事，约有10万人参加写作，征集到5万份稿件，当时冀中文艺界的作家孙犁、王林和李英儒等把稿件汇编成册，真实反映了当时根据地时期军事、生产、生活的方方面面，现在读起来也非常生动和立体。自此"一日体"成为一种常见的群众参与的征文活动。群众不仅是社会、政治实践的主体，也是书写自身生活的创作者。新中国成立之后，这种普通战士写的自述、回忆录汇集成了《星火燎原》丛书进行出版，成为讲述中国革命的红色经典。1987年改革开放时代，又发起了《新中国的一日》的写作活动，在电视上也播出了征稿启事，各路来稿最终汇编成册，不仅有文化人的书写，更有普通百姓的日常生活，反映80年代思想解放所带来的蓬勃生机。这种"一日体"在今日也有延续，在腾讯谷雨和快手上分别有文字版和短视频版的"中国人的一天"栏目，仍然接收着各种形式（文字、短视频）的来稿，记录着这个时代的点点滴滴。

　　受这些历史上出现的群众写作运动的启发，2018年底，我与黄灯、黄志友等几位朋友一起发起了"故乡纪事·爱故乡非虚构写作大赛"，到2019年4月共收集到293篇作品，最终评选出了35篇获奖作品。这次获奖者的身份非常多元，有大学生、博士生、高校老师，也有普通的劳动者，还有基层工作者，地域分布也很广，来自北京、上海、广州、浙江、江苏、重庆、河北、河南、福建、云南、湖北、湖南、贵州、吉林、山西、山东、内蒙古、海南、新疆等20余个省区市，这充分说明这次大赛具有广泛的群众基础，是21世纪移动互联网时代的群众写作运动。从这些获奖作品中可以看出这样几种故乡叙事：第一种是写故乡的文化和风俗，如万华山、史庆芬、金红阳写的故乡的节庆风俗，刘志红写的民间职业戏班和安庆笔下的走街串巷的匠人等，都是一种特殊的乡村文化；第二种是返乡者在故乡遇到的人与事，从陈年喜、李若、小海等的作品可以看出故乡的凋敝和无奈，这是两种比较常见的故乡叙事；第三种是故乡的历史和记忆，如黄亚洲的《大礼堂》写的是乡村电影院的故事，李广旭写的是对父辈的三线工厂的记忆，信世杰写的是乡村赤脚医生；第四种是精神故乡，故乡不是自己的家乡，而是一种信仰之地，如赵会喜写的是张承志的文学故乡西海固以及李娜写的充满诗意的戈壁文化；第五种是"第二故乡"，故乡不在远方，故乡就在脚下，我们工作和生活的城市是"第二故乡"，如曾雯湘写的《小公园：迷宫或废墟》；第六种是社会化的故乡，写的是故乡的新貌和改造，如姚华松写到村庄里新修建的体育广场对乡村文化的积极作用，还有山西武乡县的乡建人物杨斌青的故事。这些获奖作品被汇编成书《应知故乡事：返乡者眼中的中国乡村图景》，2020年底由上海大学出版社出版。

在研究非虚构写作的过程中，我关注到20世纪中国历史中存在一类特殊的非虚构作品，这就是国际友人写的中国报道。他们有的是外媒驻中国记者，也有的是参与中国革命、社会实践的技术专家。这些国际友人写的中国故事，大部分属于中国共产党对外宣传的范围，而且是非常有效和成功的对外宣传。如1936年美国记者埃德加·斯诺发表的《红星照耀中国》、1944年到延安访问的中外记者团所写的延安报道等，成为对外讲述中国共产党的历史及其根据地治理的重要方式，也为抗战时期的中国争取到了宝贵的国际支援。这些来到中国的外国记者，除了撰写大量新闻报道之外，还参与到中国教育、医疗、外交等事务中，甚至有的留在中国，成为中国人民的老朋友，如新闻领域的爱泼斯坦、著名医生马海德等。2019年春天，我组织了"凯风沙龙·国际友人与20世纪中国"活动，邀请相关研究者、作家来与学生们分享国际友人与20世纪中国的故事。2022年初，我与李云雷一起主编了一本《不远万里：国际友人与20世纪中国》的书。这本书联合了十几位北大、清华新闻与传播专业的研究生按照各自兴趣，分别写一位国际友人的故事。我们定期举办讨论会，共同商量写作方法和写作角度，有的还以国际友人为主题发展了硕士论文。这些"不远万里"支持和援助中国的国际主义战士，不仅用笔记录了20世纪中国的巨变，也用专业知识参与到改天换地的社会改造中，他们的人生以及他们的著作是讲述20世纪历史最生动的中国故事。我们以这种方式重返国际友人的历史，也重返20世纪中国的历史现场，相信更能深刻理解"中国是从哪里来，要到哪里去"的大问题。

希望以后可以有更多的时间走出校园、走出书本，去实践中获得更多经验和真知。"一万年太久，只争朝夕！"

附录二（访谈）：基层传播与20世纪中国新闻传播实践[1]

张慧瑜，男，山东人，北京大学新闻与传播学院研究员。
孙　婧，女，吉林人，成都理工大学传播科学与艺术学院副教授。

孙婧（以下简称孙）：张老师好，你是近年来非常活跃又有才气的年轻新锐学者，研究的领域也很广，有影视批评、文化研究，也涉及大众传播、新闻社会史、非虚构写作等。近几年，你提出"基层传播"的概念，为什么会提到这个学术概念，在学理上该如何界定？

张慧瑜（以下简称张）："基层传播"这个概念是在阅读晋冀鲁豫《人民日报》的过程中形成的。为了更好地理解20世纪中国新闻传播实践，2018年下半年我和几位青年老师、博士生、硕士生一起开始阅读1946年5月份晋冀鲁豫根据地创办的《人民日报》，是后来作为党中央机关报的前身。作为一份服务于根据地建设的地方报纸，带有鲜明的时代特色。一般理解的新闻有两种：一是新近发生的事情，二是对新闻的深度报道或挖掘新闻背后的故事。前者是消息，后者是特稿或深度报道，而在《人民日报》中有大量的稿件看起来"不是新闻"，这些"不是新闻的新闻"主要是关于村庄的工作经验、群众运动、纺织运动、组织春耕、冬学运动、技术推广等报道，这些报道不是"新"发生的事件，而是与根据地的地方治理、农业生产、工业生产相关的报道，发表出来是为了其他地区也学习和模仿。《人民日报》就像平台化媒体一样，让不同地方的、在地的经验呈现出来，这体现了新闻参与地方治理、工农业生产的政治、经济和社会实践的特征，也显示了抗日根据地除了残酷的游击斗争之外存在着广泛的社会、文化建设。这也使我们意识到党报与商业化报纸对新闻的理解不同，新闻不只是传递消息，而是把目前的大政方针、生产建设的方法、模范事迹等与基层干部、老百姓分享。这种对地方经验、在地经验的重视，与红军时期开始

---

[1] 本文是2020年暑假与孙婧老师的对谈，删减版发表于《四川戏剧》，2021年第2期。

扎根基层、动员群众的传统是一致的。面对外部强大的敌人，通过游击战、群众运动的方式创建根据地，让敌后根据地这一高度流动的临时空间成为保存实力、发展生产的地方，这就需要文化宣传来启蒙、动员广大群众成为根据地建设的主体。

从晋冀鲁豫《人民日报》的报道中，可以看到很多用于基层传播的媒介形式，比如黑板报、壁报、门板报、幻灯片等，这些都是服务于基层的媒体，正如每个教室中都有一块黑板，这块黑板是与班级生活密切相关的基层媒体，如果把黑板放在教室外面，就变成了宣传栏，在很多农村的村口或者村中心也会有宣传栏，这些都是最简便的基层媒体。在晋冀鲁豫根据地还发明了一种门板报，部队行军打仗时有些连队带着一块门板，当休息的时候，就把门板立起来，战士们写的新闻稿可以贴在上面，既能学习识字，又能相互提意见，这就是在游击战中创造出来的一种流动的"自媒体"，媒体的介质"就地取材"，传播的方式是随身携带。根据地时期还有很多流动话剧演出队，充当着动员、宣传职能，如"活报剧"是一种跨媒介实验，用戏剧来演"活"的报纸，把抽象的新闻变成没有阅读能力的老百姓也能看懂的戏剧。从红军开始，每个基层单位都有宣传员，宣传工作对于游击战非常重要。宣传也不只是专职宣传员的职责，每一个干部、每一个士兵都是宣传员。比如有一篇报道是担架队在百姓家里借住，通过给老乡打扫卫生、把水缸里的水挑满等行为获得群众认可，这些都是群众工作，也是宣传工作。

在根据地时期，报纸要想实现与基层空间的融合，变成基层化的媒体，还需要三种制度。一是，读报小组的活动，大部分群众看不懂报纸，有阅读能力的干部或农民就利用工作之余或农闲时举办读报小组，通过"读"报的方式，把印刷纸媒变成听觉媒介，这样群众就能了解、读懂报纸。二是，邮发合一的发行制度，与城市中采用报房、报童售卖报纸的模式不同，山东抗日根据地创造了一种用邮政来发行报纸的传统，目的是让报纸可以覆盖到基层，新中国成立之后，这种邮发合一的报刊制度推广到全国，使得报纸、杂志可以传播到偏远地区。三是，基层通讯员制度，互联网时代有一种说法"用户生产内容"，其实基层通讯员就是一种"用户生产内容"，基层通讯员是在基层给报纸写稿的普通人，不是职业记者，写的内容也是地方经验，晋冀鲁豫《人民日报》中就有很多稿子来自基层通讯员，依靠这种方式可以维系报纸与基层的关系。在那个时代也鼓励地方干部、普通士兵写稿，用写作这一理性化的表达方式来总结生产、斗争的经验。这些都使得基层传播在根据地治理中扮演着重要角色，这也是"基层传播"这个概念的历史来源。

我想用"基层传播"来描述20世纪中国历史中形成的这种新闻传播理念，基层传播就是发生在基层空间里的传播行为，借助基层化的媒介进行基层社会建设，如黑板报、宣传栏、歌咏比赛、广场舞、公共卫生教育、垃圾分类宣传等都属于基层传播。这个概念一方面可以把20世纪历史中发生过的新闻经验描述出来，尤其是像中国这种第三世界、发展中国家，传播媒介更加主动地参与到经济、社会领域，另一方面也可以研究和分析当下时代如何用基层传播来构建社区文化和乡村建设，如县级融媒体改革、网络基层空间治理、乡村文化重建等。

孙：相比西方的大众传播、公共传播、社区传播等概念，"基层传播"有什么不同之处？

张：大众传播、公共传播、社区传播都是西方传播学的基础概念，大众传播强调的是现代社会出现了供大众消费的现代媒介，如现代印刷、电影、电视等都是大众媒介，研究现代传播如何塑造、影响"大众"。公共传播讨论的是现代媒介的公共性、商业性的话题，以及国家、资本等力量如何干预媒体的公共属性。社区传播是研究社区空间的传播现象，如美国社区文化中的社区报传统，强调社区报是一种服务于社区认同的媒介，社区本身是西方社会学研究的基本单位。基层传播与社区传播有相似之处，区别在于这两个概念来自不同的历史脉络，社区与西方发达国家的现代经验有关，基层则是中国现当代历史中形成的概念，联系着第三世界、发展中国家的经验。

先看社区。在社会学中，社区是最重要的研究对象和分析单位。一般把19至20世纪德国社会学家滕尼斯和20世纪初期美国社会学芝加哥学派作为社区研究的先驱。芝加哥学派的代表人物罗伯特·帕克在《城市社会学》中指出，社区是在一定限定区域内聚集、生活的人群，20世纪30年代帕克到燕京大学讲学时把这个概念传播到中国，当时还是学生的费孝通把Community翻译为社区。这种社区观念与西方对城市、社会的理解有关，西方社会指的是城市文明组成的联合体，城市由不同的社区组成，社区被认为是一个高度自治化的空间，也是社会组织的最小单位，社区往下就是家庭和个体。这种自治社区的想象来自古希腊的城邦，理想的城邦是凭借自由意志结合在一起的自由人的联合体和共同体。从原子化的个体结合为家庭，从家庭（居所）组成社区，再由社区联合为城市，最后由城市组成社会，这就是西方现代社会的来源。因此，社区不仅是西方现代社会的基础，也是个体、家庭走向社会的中介。在西方文化中，社区教育、社区服务是个人和家庭的必修课，定期从事社区志愿服务工作也是良好公民教养的体现。这种社区自治的传统背后隐含着国家与社会的二元对立，社会是市民从事经济、社会活动的空间，独立于国家、政治之外，政治国家不能干预市民社会，市民社会可以监督掌握行政权力的国家，而自治化的社区就是市民社会的基础。

再看基层这个概念。基层在中国古代文献中出现过，主要指亭台、楼阁等建筑的最底层。在20世纪二三十年代，基层用在社会学和政治学中，指一个组织的最底层，如政党的基层组织或者乡村的基层政治等。1927年毛泽东在江西三湾村改编秋收起义受挫的军队，实行"支部建在连上"的组织机制，自此深入基层、管理基层就成为中国共产党在历史发展中形成的传统，也根本改变了封建社会"皇权不下县"的状态。从根据地到新中国之后，下基层、服务基层成为官方话语的重要组成部分，"密切联系群众""从群众中来，到群众中去"的群众路线被作为基层工作的基本方法。基层是一个又一个的基层单位，每一个党员都在基层党支部中，每一个群众都生活在基层单位里，这里的基层可以是工厂、村庄，也可以是车间、班级，或者指街道、县城，在部队系统，基层就是连队。80年代以来，随着市场化改革，单位制式的基层单位逐渐瓦解，重新从西方引进社区的理念，强调在城市进行一种与西方类似的社区建设工作。相比社区主要指都市、城市，基层的范围更广，基层既包括城市社区，也包括未实现现代化的乡村。从历史上看，西方社区的主体是城市市民，是理性化、有知识、有财产（房产）的现代公民，而基层所动员的恰好是农民、妇女、老人等底层弱势群体，把这些非现代的、前现代的主体变成革命的和社会建设的主人。基层治理的重要特征是借助基层传播和文化建设，让基层社会具有一定的社会性和公共性，而基层干部也不是行政化管理，更多的是通过思想工作、群众工作进行一种柔性治理，如居委会大妈就是一种最典型的基层干部。基层传播在基层工作中扮演着重要角色，在"一穷二白"的限定下，只有把群众动员起来、组织起来，才能发挥基层群众的主体性和能动性，在这个过程中，文学、电影、戏剧等文艺活动成为基层传播的手段，包括扫盲运动、公共卫生教育等，都需要文艺宣传工作。

除了社区，还有一个概念是底层，也与基层有关。底层指的是政治、社会、经济、文化上处于弱势的群体，是法律之外的、被社会秩序所抛弃的、看不见的底层，在发达国家主要是非法移民或战争难民群体，在发展中国家则是生活在都市贫民窟里的穷人，处于无政府、非正规权力的状态，是警察、媒体等现代权力都无法、无力抵达的空间。在印度有底层研究，底层指的是 Subaltern，尤其是种族意义上的贱民，底层研究的代表学者帕沙·查特吉认为底层是无法进入市民社会之外的群体。基层显然和底层不同，基层所面对的也是底层群众，但恰好强调的是政党、国家通过各种政治、社会力量把底层变成基层,如基层干部、片警、社区志愿者等都是为基层提供服务的人。这种底层基层化的历史经验也是中国与其他第三世界国家的区别所在,因此,研究基层和基层传播要放在中国现当代历史的背景之下。

孙:回溯20世纪中国的传播实践,基层传播有什么样的历史经验?

张:我觉得基层传播是一种在学术上被忽视的传统和经验。就像"基层"这个词语,一般出现在官方文件中,是主流话语的常用词,在学术领域主要是政治学、社会学中会使用基层治理、乡村基层社会等用法。相比社区研究,基层更多地被作为一种描述性的、不言自明的概念,而20世纪中国历史中,动员群众、把群众变成有行动力的主体正是通过基层空间来完成的,认识基层和基层传播的历史经验对理解20世纪中国非常重要。

20世纪80年代以来,中国恢复社会学研究,从西方引进社区的概念,也翻译了美国芝加哥学派的著作,在社会学领域逐步设立社区研究、社会工作等专业,随之也引介了关于社区治理、社区工作的方法和经验。简单地说,主要有两种社区研究的理论脉络:一是西方社区自治的理念,强调社区是与国家、市场相对立的空间,这背后是20世纪60年代欧美反叛运动的遗产,用自治化的、自我管理的社区、社群来回应苏联式的社会主义和美国式的垄断资本主义,社区是一种另类的、自由的、民主的社会试验田,这种另类社区的构想也赋予互联网,把互联网看成是扁平化的、去中心化的虚拟社区,是对等级制、科层化的主流社会的批判;二是来自日本、韩国、中国台湾、中国香港等东亚发达国家和地区的社区理念,包括社区营造、社区规划、社区重建等,在这些东亚区域依次完成二战后的经济高速起飞之后,社区空间成为一种对工业社会、工业组织的反思,带有绿色革命、生态保护等反现代化的底色。这些社区动员又与韩国、中国台湾等区域的政治民主化运动结合起来,变成一种自下而上的重塑社会形态的中介。这样两种分别来自欧美国家和东亚发达地区的社区治理经验,确实呼应着90年代以来中国高速现代化、城市化的发展历程,为培育中国都市社区的活力提供样板,尤其是借助非政府机构或非营利组织的模式把这些"先进"经验应用到中国社区建设中,比如汶川地震的灾后重建以及为弱势群体提供公益服务等领域。

相比这些发达国家和地区的社区实践,基层和基层传播是20世纪中国历史中形成的经验,根植于近代以来中国所面临的危机和挑战。具体来说,基层建设回应的问题有这样几个特殊之处。

首先,基层所面对的空间主要是农村等欠发达地区。中国在落后、贫困地区进行基层建设，摸索出了一套组织群众、动员群众的工作方法，这也是"农村包围城市"的中国经验。在非现代的农村地区开展基层工作，改变了五四时代在沿海城市通过精英知识分子进行文化启蒙的模式，一方面这些被启蒙的"五四"知识分子把自由恋爱、个人权利等新价值带入乡村地区，另一方面乡村的社会结构、生产方式也是被改造和重组的对象，这就需要党组织、知识分子与基层群众广泛结合，既让外来的现代理念本土化，又实现本土文化的现代化，这不是谁取代谁的问题，而是现代启蒙理念与乡村社会的伦理结构彼此批判和融合的辩证过程。

其次，基层传播在基层建设中发挥重要作用。群众从受压迫、受欺凌的主体变成社会的、文化的主人，除了土地革命等社会变革，最重要而有效的方式是鼓励群众参与识字扫盲运动、群众文艺、公共卫生意识等文化教育活动，通过读报小组、农村夜校、群众大会等形式以及借助广播、电影、电视等基层媒介宣传，帮助群众实现从社会"翻身"到精神"翻心"的转变，获得主体性和能动性。

再次，发展是基层建设的核心任务。与社区不同，基层不只是居住、生活、消费的场所，还包括单位、工厂、公司等生产性空间，这就涉及如何在基层组织生产、发展生产的问题。通过改造生产过程中的劳资关系、生产关系，改善科层化的等级结构，来提升工业生产的效率和劳动者的积极性。在生产过程中，基层传播发挥着双重作用，一方面城市单位提供丰富的业余文化生活，工人俱乐部、大礼堂定期上演电影、话剧或其他群众会演活动，另一方面农村也有文化、科技、卫生"三下乡"活动，包括露天电影会放映服务于生产的科教片，这些都是有中国特色的发展传播学实践。

最后，国家为基层建设提供基础设施保障。与自由主义传统中自治社区、市民社会对国家的排斥不同，基层是国家权力的延伸，通过基层党支部和基层行政力量，国家完成对基层的管理和治理。除了国家介入基层日常事务之外，国家的角色还体现在为基层提供硬件基础设施和通信基础设施上，如路、水、电、邮政、通信、网络等，这些都是国家或国有企业投资建设，还包括"四级"办广电制度、计划经济时代的电影发行和放映制度等，不管是城市居民，还是农村、偏远地区的群众都能享受到基本的现代化服务，也为基层生产和建设提供便利。

中国基层建设的基本经验是，面对如农村等落后、欠发达地区，借助国家力量，基层干部、科技人员和文艺工作者在基层从事生产、文化和社会建设，把资金、技术和生产者有机组织起来，让基层变成人民群众安居乐业的空间。

如果没有这些基层工作，基层将会沦为底层。如果有了这些，底层有可能变成有活力的社区，基层是实现底层社区化的关键。至今中国依然有40%、近6亿农村人口，这是基本国情，在城市中也存在因经济发展不平衡而带来的中低收入群体，这些都需要新的基层建设和基层工作。

孙：基层传播具体有哪些传播媒介、平台和方式呢？

张：基层传播作为发生在基层空间的传播行为，涉及的传播媒介也非常多样，有面对面的人际传播，也有依靠广播、电视完成的基层传播，现在更多依靠移动互联网时代的手机社交软件完成信息的传递与交流。其实宣传栏、布告栏是最经典的基层媒介，看起来不太智能化，但在基层空间中发挥着非常重要的作用。比如北京大学原来有一个贴布告、海报的地方叫三角地，是前互联网时代北大校园的文化交流中心，位于学生从宿舍区到教学区的路上，一个不大的三角形区域，却是信息发布、学生讨论的公共空间，后来北大 BBS 出来之后，三角地成为一个网络虚拟的"街角"。

基层是在地理空间上相对小的区域，一个村庄或者一个社区。在这个空间中，有三个因素决定基层传播的效果，即基层工作者、媒介平台和公共空间。

第一，基层传播最重要的不是媒介，而是基层工作者与群众的关系。在学校，反映在班主任、辅导员与学生的关系；在社区，反映在居委会干部与居民的关系；在农村，反映在村主任与村民的关系。目前参与基层治理的人员大概有三类。第一类是居委会主任、村主任等基层干部，是国家行政级别的最末端，村主任不是公务员，由村民委员会选举产生，不会向上晋升。基层干部的工作特点是一种偏女性的、母性的说服工作，典型的基层干部是居委会大妈，从电影《本命年》（1989年）、情景喜剧《我爱我家》（1993年）、电影《甲方乙方》（1997年）、情景喜剧《闲人马大姐》（2000年）等影视作品中可以清晰地看出这类基层工作者的形象，这些走街串巷、婆婆妈妈、啰里啰唆的大妈就是融洽邻里关系、解决鸡毛蒜皮的家庭矛盾的主力军。这类基层干部也是一种中国特色，前身是根据地时期出现的革命母亲、农村大娘以及基层连队政委的形象。她们一方面可以了解每家每户的人情冷暖，另一方面又可以把党和国家的政策及时与基层百姓沟通。这种细致的说服和面对面的交流就是"从群众中来，到群众中去"的群众路线。第二类是社会工作者、社区志愿者，这类的组成非常多元化，社工可以是专职的社会工作者，也可以是公益化的社会机构提供的社区服务，还可以是社区居民、大学生或者业主党员等组成的志愿者，属于义务劳动、志愿服务，如周星驰在《喜剧之王》（1999年）中扮演一位社区戏剧工作者，帮助街道居民排演话剧《雷雨》。第三类是城市住房商品化后出现的市场化的物业管理公司，业主委员会与物业公司签订合同，通过交物业费的方式，物业公司提供保洁、保安、维修等社区服务。在基层空间中，这三类权力关系的性质是不同的：基层干部与群众是一种政治关系，是党与人民、干部与群众关系的体现；社区志愿者与居民是一种社会互助关系，是服务与被服务或者相互服务的关系；业主与物业公司是一种市场契约关系，是雇佣与被雇佣的关系。这些不同的关系也决定了各自的职责和工作状态，但不管哪种关系，基层工作者与群众、居民、业主建立融洽互动，都是良性的基层工作的前提。

第二，基层传播所使用的媒介平台，可以分为传统媒体和现代媒体。在基层空间中最常见的传统媒体是黑板报、布告栏或宣传栏，一般在单位入口处或者社区门口，主要发布两类信息，一是国家、国际大事，二是与基层社区相关的消息，承担着向所在单位员工、社区居民通知、公示的职能，谁负责出黑板报、谁能够在宣传栏发布信息，这显然涉及基层民主和言论表达的问题，在特殊年代群众用贴"大字报"的形式来发表意见。在电影《李双双》（1962年）中，李双双认为妇女参加劳动不积极与记工分马虎有关，她就在村口黑板上贴了一首打油诗给干部提意见，"希望认真把分记，妇女能顶半边天"。这种把黑板报从教室内转移到教室外的做法，实现了从"五四"时代现代教室里的文化启蒙向农村公共空间的群众参与政治的转变。黑板报和"大字报"都是最简便易得的基层媒介，却发挥着基层宣传和群众民主的职能。有时候布告栏里也会贴上好人好事或者坏人坏事，起到榜样和警示的作用。在基层还有一种常见的传统媒介就是"刷墙"，从战争年代一直到现在，房屋沿街的外墙都会粉刷上各种用美术字写的标语，"美术字"也是一种把文字视觉化的特殊书法，是战争年代的宣传发明，好处是简便、醒目、扎眼、随处可见。现代媒介主要指广播、电影、电视等通信基础设施，依靠国家的力量来建设，以保证这些媒体既是国家的喉舌，又是服务基层的媒体。新中国成立之后，现代媒介开始借助国家力量深入基层，广播是第一个建立全国网络的电子媒介。由于广播是一种能够实现远距离传输的听觉媒介，不识字的群众也能听懂，比报纸具有更大的传播优势。20世纪50年代中期，政府整合邮电、电力和广播资源，建立了县级广播站为基础的全国有线广播网，一方面可以实现信息自上而下的传播，另一方面广播也是一种服务于基层的媒体，县级、公社都有基层广播站。就像黑板报一样，广播站除了发布国家、国际新闻外，还借助基层广播通讯员报道本县、本公社的新闻。广播是50年代到70年代覆盖面最广的大众媒介，直到当下农村地区，广播、高音大喇叭依然是重要的传播方式，是村庄组织公共生活的平台。80年代电视媒体也是如此，1983年借助行政力量"四级办电视"，使得电视成为覆盖全国的大众媒体,也形成了有中国特色广电制度,只是相比广播的大众性,作为置身于家庭内部的电视更多地发挥基层社会与外部世界的沟通功能。新世纪以来,基层的广电媒体受到互联网的兴起、中央与省级卫星电视等多重挑战,近些年推动的县级融媒体中心建设试图重新激活基层广电媒体的公共性和在地性,让县级广电在数字化、信息化的融媒体时代更多地参与到地方政府的基层治理中。

第三,基层公共空间建设。基层的主体是群众、居民,基层传播的意义不只是自上而下地传递消息,而是群众成为基层活动的参与者,这就需要基层有公共场所,如室内的会议室、活动室,室外的社区广场、街心公园等,这些都是休闲、娱乐和交流的空间。80年代农村实行"家庭联产承包责任制"改革以来,释放了以家庭为单位的发家致富的积极性,但也瓦解了农村的公共生活和集体事务。2006年农村取消农业税,也没能根本缓解农村处于被掏空的状态。2015年新闻摄影师焦波拍摄了一部纪录片《乡村里的中国》,这部片子呈现了山东淄博市沂蒙山区某乡村一年四季的生活,片中出现了广播喇叭、电视、手机等多种媒介,也展现了村主任为村庄发展、协调村民矛盾的日夜操劳的身影,有个情节是县里的驻村干部为村民筹资修建了一个乡村文化广场,春节的时候,村民们在广场上举办了春节联欢会,演员就是村民自己,取得了非常好的效果。这个文化广场看起来不像其他的富农项目可以直接增加村民的收入,却能给村民带来久违的快乐和放松。联欢会有一个节目是从外地回家的儿子给父亲唱了一首筷子兄弟的《父亲》,让站在旁边看节目的父亲感动落泪,还有喜欢琵琶的文艺老汉首次登台弹起了《沂蒙小调》,引得台下村民阵阵掌声。这台为村民提供文艺活动的舞台虽然简陋,节目也很业余,但发挥着重建农村公共文化生活的大功能。在当下新乡村建设的合作社实践中,群众文艺活动是重新组织村民参加公共事务的有效手段,如山西永济蒲韩社区是1998年开始成立的农民合作组织,最初培育村民参与意识就是通过动员妇女跳广场舞。和农村相似,90年代中期以来城市单位制解体、商业社区兴起,其实也缺乏有效的社区公共生活。在单位制时代家属院是"远亲不如近邻"的熟人社会,而商业社区里的业主、租户则是"老死不相往来"的"门口的陌生人"。近些年城市当中修建了越来越多的社区广场、街心花园,这极大地改善了居民公共活动的空间,只是缺少社区工作者组织社会化的公共活动,如联欢会、群众文艺活动、体育比赛等都与事业单位的工会、后勤设置有关。尽管如此,在很多城市自发兴起了广场舞,这也是一种群众文艺活动的延伸。还比如社区公园中摆放着很多健身器材,相比会员制、私人教练的健身房,这些露天的、免费的健身器材,看起来很粗笨，却是老人、孩子、妇女们边健身、边聊天的公共场所，是一种群众体育、全民健身传统的体现。

基层不只是居住的空间，还越来越承担着养老、教育孩子等社会职能。基层空间的社会化和公共化，不能只采用物业管理公司的商业模式，还需要基层干部、社区工作者的介入，通过基层传播的多重媒介，让群众、居民积极参与到社区事务中，发挥主动性、自觉性。当然，如果只把基层理解为社区，就忽视了工厂、公司、企业等生产场所也需要基层文化建设，工人、白领、程序员不只是流水线、格子间、电脑前的"生产者"，也需要获得工作的意义。另外，对于农村、第三世界地区，基层还承担着发展经济和组织生产的任务，这更需要加强基层与社会的沟通，让更多的科技工作者、农业工作者等专业人才参与到基层建设中。

孙：如何从基层传播的角度看待群众文化与公共文化服务体系建设之间的关系？

张：在中国，基层和社区分别对应着两套不同的话语，基层与国家、政党、基层干部、群众联系在一起，社区与社会、社工、居民（业主）、公共文化相关。这两套话语也代表着两个不同的时代：前者是50年代到70年代也就是计划经济时代，国家负责一切，所有人都在不同的单位制中，经济形态是公有制和集体所有制，个体流动性不强，社会被高度组织化；后者是80年代，尤其是90年代市场化改革后，国家从经济、社会、文化等领域退出，让出大部分空间使得市场成为主导性力量，包括社区领域，商业化的物业公司代替原有的单位后勤部门提供物业服务，使得那些能够买得起住房的群体可以享受专业化的物业服务，而对于依然生活在老旧社区、农村的群体，社区服务则处于弱化的状态。

这样两个时代产生了两种不同的基层文化以及对文化的定位。单位制时代，文化生产在国家的组织框架内，形成了两套系统：第一套是宣传、文化、新闻机构提供的文化、艺术、新闻产品，第二套是各个单位、机构有附属的宣传队、文艺队等基层群众文艺组织。在50年代到70年代，文化艺术活动不只是专业工作者的职责，也是普通群众积极参与的工作，包括在基层存在着大量的民间刊物、油印小报等，这种状况一直延续到80年代。2011年有一部中小成本电影《钢的琴》上映，其中呈现了东北下岗工人组成文艺小乐队自谋出路的故事，这个小乐队与工厂原有的文艺宣传队有关。2017年上映的电影《芳华》讲述了70年代末期军队文工团的故事，文工团也是军队系统的文化宣传部门，其任务就是下连队、为战士进行慰问演出。比较知名的文工团还有中国铁路文工团、中国煤矿文工团等。这种体制化的基层文宣组织有三个功能：一是配合党和国家的大政方针,为主流意识形态生产文艺作品;二是下基层体验生活,创作与所在行业、部门相关的文艺作品;三是到所在行业、部门的基层单位进行文艺演出活动。文工团、宣传队与基层群众之间不是演员与观众的市场关系,而是服务与被服务的政治关系。也就是说,不是群众买票到剧场观看文艺演出,而是演出队"下"到群众所在的基层单位进行文艺演出活动。基层群众不光可以免费观看,还能看到一种与自己的生活和工作状态文艺化、对象化的"节目",这是一种特殊的观众与演出的关系。这种服务于群众、基层的文宣组织形态来自根据地时期,是战争年代进行革命、社会动员的媒介。新中国成立之后,除了这些相对专业化的文工团、宣传队,在工厂、村庄、工地、机关等还存在着更为广泛的群众文艺活动,一般由工会、后勤部门组织,是一种动员群众广泛参与、群众自己演、自己看的文艺联欢活动,其实80年代以来出现的电视春节联欢晚会,就来自这种群众联欢的传统。这些群众文艺活动是一种特殊的基层传播实践,既有群众联欢、休闲的功能,又有政治教育、文化宣传的功能,其出现的制度前提是存在着单位制这种组织形态。

90年代以来的市场化改革,单位制向社区制转变。在农村,80年代"人民公社"解体,社员变成村民。在城市,90年代大部分国有企业破产重组,单位人变成社会人。群众文艺活动也随着单位制的解体而衰落,只在党政机关、事业单位中还残存着单位制式的群众文艺活动。在这种背景下,出现了社区文化、社区建设和公共文化服务的理念。1986年,民政部提出开展"社区服务",这是官方文件中第一次使用社区的概念。1999年,民政部制定《全国社区建设实验区工作实施方案》,明确提出"社区自治"概念,基层管理体制从行政化管理向法制框架下的社区自治转变。90年代,在单位制衰落、新的社区制度尚未建立的背景下,原有的依附于各级党政组织的文化、文艺团体面临生存压力,尤其是省级以下的文艺团体。2000年贾樟柯执导的电影《站台》就呈现了山西汾阳县文工团走向解体的过程。新世纪以来,随着国家经济实力的提升以及文化软实力、文化产业的发展,出现了一种新的国家公共文化服务体系建设的模式,把市场化、产业化的文化与公益性、服务性的公共文化区分开。一是,政府强调公共文化活动的公益属性,如各级图书馆、文化馆、博物馆等免费向公众开放;二是,政府扶持无法产业化或商业化的文化艺术活动,如非物质文化遗产保护、民间戏曲、传统文化等;三是,鼓励社会企业参与公共文化服务,政府购买企业服务。在这种背景之下,出现了各级财政支持的公共文化服务体系建设,党的十七大提出"文化惠民工程",包括广播电视村村通工程、全国文化信息资源共享工程、农村电影放映工程、农家书屋工程、西部开发助学工程和电视进万家工程等,还有建设基层综合文化服务中心、整合城乡社区公共文化服务资源等。这些都是国家提供的通信基础设施建设,可以让普通百姓、农民相对均等化地享受公共文化服务。

不过,硬件条件有了,现在比较缺乏的是从事基层工作的组织者。城市社区主要由物业公司提供安保、保洁等公共服务,很难开展社区建设,而社区居委会除了公安、户口等日常管理工作之外,也没有动力主动做社区工作。农村也是如此,每家每户的农民也很难形成有组织的公共生活。而对于农民工群体来说处在城市社区与农村的夹缝中,经常变成都市隐身人。这些年出现了另外一种社区服务机构,这就是公益基金支持的非政府组织,比如为外来打工者提供社区服务的公益机构,如打工妹之家、北京工友之家文化发展中心、北京木兰花开社工服务中心等,这些非营利组织为外来务工人员提供基本的就业、文化、法律咨询等服务,开展一系列以打工者为主体的文化艺术活动,让工友们在都市的丛林里有一个"临时"的文化空间,如地丁花家政工剧社、木兰花开剧社等会不定期排演一些与家政工生活有关的话剧,还有北京工友之家所举办的打工艺术节、打工春晚、新工人音乐、文学写作小组等活动,这些都有助于打工者融入城市生活,找到一些文化主体性。

孙:国家在基层建设、基层传播中扮演什么角色呢?

张:国家在基层建设、基层传播中扮演着重要角色,尤其是对于像中国这种第三世界来说更是如此。从20世纪中国近现代历史来看,国家作为一种新的政治和社会形态处于持续重构过程中,这体现在双重转型上,一是从封建王朝向现代民族国家演变,二是从半殖民地国家向主权独立国家转变,也就是从半封建、半殖民地国家变成与西方形式上平等的现代主权国家,这样两个任务是依靠中国共产党带领中国人民经历几十年漫长的武装革命实现的。与西方发达国家通过资产阶级革命完成现代转型不同,中国共产党这一中国化的列宁主义政党成为塑造中国国家制度和品性的核心,这种历史经验使得政党处在国家与人民的中介位置上,党代表国家,又代表人民,党既可以动员人民从事国家建设,又可以代表国家为人民谋发展。

具体到通信设施、交通网络来说,这是与国家治理能力和人民现代化生活都相关的领域。在古代,道路、河流、文字是帝国统治的媒介基础。中国很早就有大禹治水的传说,也被认为是中国集权化制度的缘起。秦国统一六国,建立了"书同文,车同轨,行同伦"的制度,确立文字、道路和伦理规范,这些都有利于幅员辽阔的帝国统治。在美国,有很多学者研究过美国国家制度与全国邮政网络建设的内在关系,深入社区和边疆的邮政系统有利于美国形成有效的国家治理,至今邮政部门还是美国少有的国有企业。近代以来铁路、电报、邮政、报纸等成为物资、信息交流的关键载体,也是构建现代国家的基础网络。直到新中国成立、国家主权独立之后,才逐渐建立自上而下、覆盖城乡的通信网络。

中国通信基础建设有这样几个特点:

第一,跨越城乡的行政化的发行网络。中国区域发展非常不平衡,城乡二元结构长期存在,东、西部差异比较大,但是在信息资源分布上,中国基本按照"全国一盘棋"的模式,相对均等化地分配信息资源。有一级政府,就建立一级发行渠道,如邮政、新华书店、广播站、电视台等都是如此,实现在基层也有邮局、书店、广播站、电视台等配套设施。第二,政府重视对水、路、电、网等基础设施的投资,50年代到70年代修建了大量水利设施、公路和铁路建设,80年代以来"想致富先修路"成为地方政府拉动经济的发动机,这使得高速公路、高铁、机场等"铁公鸡"项目被作为刺激经济的法宝,这为物资、人员、资本流动提供了基础。第三,与发达国家由民营资本控制通信基础设施不同,中国主要依靠国家和国有资本来掌握基础设施投资和建设,不容易受短期利益驱动,瞩目于长远目标,而且修建的速度快、质量好,这也是中国称为"基建狂魔"的来源,中国超级工程也成为"厉害了,我的国"的象征。

互联网的兴起改变了政府与通信网络的原有关系,在互联网之前,报纸、广电、电影等都是政府控制的文化宣传媒介,互联网对于中国来说是第一次以民营公司为主体形成的媒介制度。不过,互联网的网络基础设施由国有通信公司如移动、联通、电信等建设完成,这就使得中国的互联网延续广电制度,实现城乡全覆盖,这带来三重效果:一是中国网民数量增长迅速,2019年6月,中国网民规模达到8.54亿,互联网普及率达61.2%,手机网民规模达8.47亿,手机上网的比例高至99.1%;二是中低收入群体使用网络也很普遍,相比其他媒介形态,互联网既是底层发声、看见底层的主流媒介,又是底层休闲娱乐的廉价平台;三是农村用户借助网络进行电商活动,这也是淘宝村、快手村、农村直播等互联网电商能够快速发展的前提。还比如短视频网红李子柒得以出现,与贵州黔东南地区良好的通信网络有着直接关系。因此,基层传播的前提在于国家和地方政府掌握通信基础设施,可以用基层网络服务于地方生产和生活。从第三世界的角度看,这种国家主导的通信基础设施建设也是一种中国经验。

孙:在数字时代、互联网时代,我们该如何思考网络基层传播的问题?更多的普通人主动参与到网络文化生产中,这是否使得网络基层空间具有更大的公共性？

张：20世纪末互联网进入中国，确实形成了一种新的社区形态，这就是网络社区。随着移动互联网的普及，社交媒体、虚拟社区成为现代生活的常态。网络社区有四个突出特点。一是，去空间化。与真实地理空间上的社区、基层不同，网络社区是一种去空间化的、脱域化的媒体，这不是人类历史第一次实现脱域化，广播是一个改变了空间限制的现代媒介，在此之前，信息的传递、文化艺术的传播都需要借助人力、畜力、道路、河流等交通工具。二是，交互性（社交性）。与广播、电视、电影等单向度的媒体不同，互联网实现了信息交流的双向度和互动性，这动摇了专业化、精英化的新闻传播制度。三是，平台化。互联网、移动互联网的应用大多是平台化产品，互联网公司负责搭建平台，用户既是内容生产者，也是消费者，从而提升了用户参与生产的积极性，从网络文学到短视频平台，都是平台化媒体，传递信息的渠道比传递信息内容更重要。四是，社会化。从数字化文艺产品到网络购物，再到互联网金融，网络空间与真实的社会产生越来越密切的关联，数字化生存、网络生存变得越来越"真实"，互联网空间的"虚拟自我"也越来越重要，原有的政治、经济、法律框架面临挑战。

互联网被认为是一种扁平化的、去中心化的虚拟社区，是对科层制、等级化的资本主义政治、经济秩序的逃离，但是互联网依然要"镶嵌"到既有的政治和社会结构中，这导致三对基本矛盾。第一，美国的互联网霸权。作为互联网的发源之地，美国是互联网技术、应用、资源最发达的国家，掌握着大部分互联网运转的根服务器和产业标准，使得国家之间的互联网主权不平等。第二，互联网平台的社会化与互联网企业的私营化之间的矛盾。随着互联网平台的社会化，互联网公司取代了政府、社会机构的一部分社会职能，或者说政府、机构需要借助互联网平台完成社会治理，而这些应用平台又是互联网巨头追求利益最大化的商业产品，这就会损害这些平台的社会化和公共性。第三，国家与互联网企业联手监管、监控社会。互联网信息看起来虚无缥缈，不像刻在石头上或者写在纸上那样容易保存，但一旦接入网络，就会"雁"过留痕。随着大数据、云计算的成熟，大量社会化的数据成为互联网企业的"私人财产"，而国家也以社会治理的名义收集、分析海量的公民数字信息，这些都使得互联网更像一个现实版的"1984"。这使得国家与互联网企业在社会治理领域既是竞争者，又是合作者。

在中国，互联网与社区有两种结合方式：

第一种，20世纪90年代末期以来，中国出现了一系列本土的互联网虚拟社区。第一个阶段是 Web1.0时代，这是门户网站时期，大致从1998年到2008年前后，连接互联网的端口是电脑，虚拟社区主要有QQ、BBS（网络论坛）、网络文学社区、个人博客等。QQ 是第一代远距离社交软件，先是点对点交流，后来出现了 QQ 群。BBS 多是不同主题的兴趣小组，当时出现了一批知名的校园 BBS 如北大未名 BBS、水木清华社区等和文艺思想论坛如西祠胡同、天涯社区、世纪中国等，延续90年代对于民间社会、公共领域的想象。这个时期使用互联网的多是大学生，上网的空间多在校园机房和社会网吧。第二个阶段是 Web2.0时代，这是移动互联网时期，大致时间从2008年前后开始至今，连接互联网的设备是智能手机，网络基础是3G、4G 网络，出现了微博、微信、豆瓣、B 站、百度贴吧等社交平台，互联网应用更加社区化，网民变成粉丝，粉丝圈层变成饭圈。这一方面使得大众文化进一步分众化、圈层化、小众化，即便同一个年龄层也可能处于不同的二次元的"次元之壁"中，另一方面社交化、圈层化的传播又经常引发"破壁""出圈"的网络公共舆情，出现小粉红、网络民族主义、工业党、帝吧出征、肖战粉丝风波等现象。2012年以后，互联网使用更加社会化，网络购物、共享单车、滴滴打车、美团、支付宝、抖音、快手等各种应用在中国迅速普及，这使得中国成为世界上少有的互联网应用最发达的国家之一。

第二种，互联网应用到社区治理中。这不仅体现在原有的基层社群互联网化，如业主群在 BBS 时代就成为业主维护合法权益的媒介，更重要的是政府把互联网网格化的理念搭建到基层治理中，建立了社区网格员，随时把各种基层事务连接到网上，与其他部门联合处置。网格化和网格员完成了对基层社区的全面管理，如北京市西城区的"数字红墙"、朝阳区双井街道的"双井13"社区融媒体平台、丰台区的"掌上四合院"、西城大妈等，把大数据技术、一站式平台、线上虚拟社区、融媒体与群众动员结合起来，把"街乡吹哨，部门报到"的基层治理制度放在融媒体平台上。2014年，北京西长安街街道联合科技公司开发了全响应网格化社会服务管理系统"数字红墙"，把人口与法人库信息、地理信息标识、社会治安综合管理等信息都整合到统一的平台上，通过这些数据，街道制作了智能数字地图，实现实时汇聚和动态监管，把民生服务、应急指挥等功能实现网络化。双井街道的"13社区"集合了所属的九龙、富力、大望、百子园等12个社区，成为双井街道的第13个社区，也是唯一的虚拟社区。"13社区"提供多重社区公共文化服务，联动线下举办各种公益和文化活动，居民通过"幸福双井社区卡"进行积分，社区卡有党员、居民、学生等身份标识，引导不同群体参与各项公益志愿活动，有效地提升了社区凝聚力，使得双井街道成为一个和谐互融的社区共同体。

孙：这两年你还在学校里开非虚构写作的课，让同学们写非虚构作业，我们从"新青年非虚构写作集市"的公众号上看到很多大学生写的作品，题材很丰富，有身边亲人，也有海外华人，还涉及电竞、网红、数字劳工等主题，非虚构写作也和基层传播有内在关系吗？

张：非虚构（Non-fiction）写作本身是美国20世纪60年代出现的一种社会调查与深度报道结合起来的文体，1979年普利策新闻奖设立特稿写作奖，是新闻记者眼中的"诺贝尔奖"。与非虚构写作相似但不同的是，在社会主义国家中流行的纪实文体是报告文学，从冷战、后冷战的背景看，报告文学的失效和非虚构写作的流行是交替出现的。非虚构写作的兴起有两个背景：一是移动互联网成为人们接受信息的主导媒介，很多非虚构文章借助移动互联网成为爆款；二是纸质媒体的衰落，使得调查记者、深度报道的记者"转战"到自媒体。

非虚构写作有五个基本特征：一是文学性，非虚构叙事需要故事性，注重情节推演、人物塑造等文学效果；二是纪实性，非虚构的书写对象是真实发生的事和人物，有的就是真实发生的新闻事件，非虚构写作是对新闻事件的再阐释；三是调查性，非虚构写作的工作方式建立在长期、深入的采访、调研的基础上；四是社会性，非虚构写作擅长把新闻事件放在大的社会和历史背景中来考察，带有社会调查、人类学色彩；五是平民性，相当多的非虚构写作关注的是普通人，是那些被压抑、被边缘化的群体。好的非虚构作品既要有丰富的叙事性和文学性，又要有深刻的社会意识，更要有一套总体性地理解社会和世界的知识框架，才能让不可见的人群变得可见，让无声变得有声，让不被感知的事物变得可感。

我想把非虚构写作或者说纪实写作放在更大的背景下来理解，这至少意味着有两种非虚构写作者。一是与现实、社会高度结合的专业写作者。如美国记者杜鲁门·卡波特的《冷血》（1966年）、诺曼·梅勒的《夜幕下的大军》（1968年）、《刽子手之歌》（1979年）等被作为非虚构文学的经典之作，他们在深度调查中写出新闻背后的故事，参与到对60年代美国社会的自我反思和批判中。相同的时代，中国作家丁玲、柳青、赵树理等虽然不是从事非虚构写作，但也采取深入现实生活、用现实主义文学表现社会实践的创作模式，这也是一种特殊的非虚构式的虚构文学。另外，20世纪历史中如埃德加·斯诺、艾格尼丝·史沫特莱等"国际友人"写了大量关于中国的报道，其实也是一种特殊的非虚构作品，如国际主义战士白求恩，是非常有成就的外科医生，他在支援西班牙内战和中国晋察冀根据地抗战中，写了大量的文学、新闻报道。这些非虚构作品都是专业主义知识分子与民众生活、社会现实相结合的产物。二是非虚构写作者也包括群众写作、普通人写作的面向。写作本身是20世纪政治、文化宣传的媒介方式，相比电影、摄影来说，笔、纸和印刷是一种相对廉价的媒体形态，群众写作就是以写作为中介的群众动员和群众主体的创造活动。1936年上海生活书店的出版家邹韬奋看到苏联文学家高尔基正在发起"世界的一日"的征稿运动，就联合茅盾、陶行知等中国作家发起了"中国的一日"的征稿启事，号召人们写下1936年5月21日的"所见所闻，所作所感"，最终汇集成了《中国的一日》，全景式地再现了各个地方、各种职业所感受到的中国，看到当时民族危亡下普通中国人生活的"横断面"。受此启发，1941年冀中抗日根据地的主要领导发起了"冀中一日"的征文活动，号召根据地的普通军民纪录1941年5月27日这一天发生的故事，约有10万人参加写作，征集到5万份稿件，当时冀中文艺界的作家孙犁、王林和李英儒等把稿件汇编成册，真实反映了当时根据地时期军事、生产、生活的方方面面，现在读起来也非常生动和立体。不仅如此，在1936年到1941年之间还有一次群众写作运动，这就是1936年红军长征结束之后，党中央鼓励红军战士、干部写作亲历长征的故事，用这种文学、文字的方式宣传长征，后来结集出版了《红军长征记》，斯诺在写《红星照耀中国》时也参考了战士们写的长征故事。新中国成立之后，革命回忆录、口述史也是书写革命历史的重要媒介，1956年总政治部发起"中国人民解放军30年"的征文活动，到1982年陆续出版10卷"星火燎原"丛书，共收入文稿637篇。五六十年代还出现了有组织化的厂史、公社史、部队史的"三史"运动和写村史、家史、社史、厂史的"四史"编写运动，这些都是群众写作运动。在张艺谋拍摄的《山楂树之恋》（2010年）中，高中生静秋下乡的动机就是写西坪村的村史。那个时代更普遍的状况是，在建筑工地等基层单位有大量的群众写作小组，报告文学、诗歌是最重要的写作题材，如《火红的钢焰》（江西钢厂工人写作小组）、《钢花怒放》（涟钢工人业余创作组）、《红日照新港》（天津港工人写作组）、《"一二五"赞歌报告文学集》（上海"一二五"工人写作组）等工业报告文学，某种意义上是"工业党"网络文学的先声。即便在当下，这种群众写作的方式依然存在，如"睦邻文学奖"是深圳"全民写作计划·社区文学大赛"的专属奖项，鼓励深圳普通人以文学创作的方式，形成"睦邻"友好的城市生态。还有北京工友之家的文学写作小组，普通劳动者以"文学"为媒介，用写作的方式呈现一种文化和社会的主体性。

为了适应移动互联网时代新闻内容生产的变革，我尝试把非虚构写作与大学通识教育、本科新闻教育结合起来，通过鼓励大学生写作非虚构来培养社会批判意识和从事深度调查报道的能力。目前进行了四次主题写作,分别是"倾听他人""光影拼图""认识脚下的土地"和"我们的时代"。大学生进行非虚构写作大致有四个步骤:一是组建团队,一般两到三个人为一组;二是与老师一起商定选题;三是开始调研、查阅资料;四是完成写作。其中组建团队非常重要,相比个人化的非虚构写作,带有新闻意识和社会感的非虚构创作更需要团队的配合以及队员之间的相互讨论和争辩。在写作过程中,他们对自身和所采访的对象有了更深的理解,锻炼了从历史和社会的角度观察中国和世界的能力。在宏大理论失效的时代,非虚构写作的意义在于可以捕捉大量的生活经验,把无法被理论化的或者很难被概念化的经验"收集"起来,这些携带着历史和社会印记的经验,对于理解我们所身处的时代和社会有着重要的文化价值。在这个意义上,非虚构写作是用个人、民间、私人的方式参与到对时代、社会、文化记忆等核心命题的回应之上。问题不在于把非虚构变成学术研究的议题,而是让更多的学生、普通人把非虚构作为一种参与历史和社会建构的媒介。

孙:从基层传播的角度,是不是也可以反思电影的社会功能?

张:从大众媒介史的角度看,电影曾经是20世纪最大众化的艺术,这一方面指电影这种影像媒介比印刷媒介传播更广,没有文字阅读能力的人也能看懂,比如美国早期默片是底层移民最喜欢看的廉价艺术,又被称为镍币影院,另一方面看电影需要特殊的空间就是电影院,电影院也成为都市街区、社区最常见的公共文化空间。意大利有一部经典电影《天堂电影院》(1988年),就呈现了电视媒体兴起之前,电影院取代了教堂,成为小镇居民公共娱乐活动的中心,不同职业、不同阶级的人们都聚集在电影院,看电影是约会、朋友社交、全家人一起度过的文化仪式。20世纪五六十年代,随着电视的普及,电影在西方开始从全民文化变成青年文化。当然,不同国家电影发展的情况不同,直到今天,印度电影市场主要在农村,农村观众是宝莱坞的核心观众,这也是好莱坞无法进入宝莱坞的关键,因为印度农民不接受好莱坞电影。电影因其在电影院空间中共同经历一段光影之旅,而成为一种公共文化记忆,电影院就像文化"集市"一样,是一种陌生人之间交流、共享的空间。

具体到中国来说,电影也曾经是全民共享、深入基层的传播媒介。在50年代到70年代,新中国改变了民国时期只在大城市看电影的历史,把电影变成覆盖城乡、偏远地区的群众艺术,这体现在从电影生产到发行两个环节上来改造电影制度。首先是生产上,40年代后期陆续组建了东北、北京、上海、八一、珠江、西安等八大国营电影制片厂,分布在国家的不同区域,电影生产按照计划经济的模式,采用农业、工业、军队等题材来组织电影生产。其次,在电影发行上实行"统购统销"方式，建立了一套行政化的电影发行放映网络，和广电制度一样，有一级政府就有一级发行放映公司，农村和偏远地区采用流动电影放映队的方式。这跨越了城市与农村的界限，也创造了两种新的电影院空间。第一种是，城市中除了专门的电影院外，在基层单位还出现很多会议厅、剧院、大食堂兼具放映电影的职能，是一种真正的"多功能舞台"，既能开群众大会、联欢会演、集体聚餐，又能看戏、看电影。第二种是，在农村是电影放映队放映露天电影，这突破了封闭电影院放映电影的空间限制，扯上一块白色幕布，架上一台放映机，就可以把村庄、街道的某块空地临时变成一座没有围墙的电影院，四乡八镇的群众自己带着板凳，像赶集一样，去享受现代电影的魅力，农村露天电影院成为一座"移动城堡"。这种流动的露天电影院也来自根据地时期的流动演剧队、流动电影队的传统。电影虽然不能像广播那样实现即时的远距离传输，但是可以依靠几十万电影放映员的"身体"实现跨空间放映，这和报纸通过邮递员发行的"邮发合一"制度是一致的，也反映了计划经济时代所形成的行政化的文艺、新闻作品传播与流通的特殊模式。这种制度的优势是让电影深入农村，让更多的群众变成电影观众。

不仅如此，50年代到70年代所生产的人民电影或者说工农兵电影也可以说是一种基层电影，片中的工人、农民等人民群众都生活在一个又一个基层单位中，如连队、车间、村庄合作社、街道、工地等，电影则讲述了基层空间内生产、合作、婚姻、爱情的故事。这就出现了一种特殊的观众与银幕的关系，银幕下的观众在基层单位观看电影，而银幕上的电影所表现的又是基层群众的故事，从而实现了观影空间（基层影院）、观影主体（基层群众）与银幕空间（基层故事）的"三合一"。现实主义题材电影不是奇幻的世界，是与真实的现实生活平行的"镜像"，或者说真实生活中所发生的社会实践就像一场银幕中的电影。

80年代以来这种现实主义题材电影的美学机制受到怀疑，国营电影制片厂和电影放映体系也遇到经营难题。从90年代中期引进好莱坞电影，到2001年开启电影产业化改革，国营电影制片厂被民营电影公司取代、电影放映网络被商业院线制取代，中国电影也从表现各行各业的题材电影变成商业化的类型电影。在电影产业高速崛起的同时，商业院线也从一、二线城市向三、四线城市延伸，但是商业院线无法也不愿进入农村地区，因为农村没有电影市场。直到2005年国家启动了农村公益电影放映工程，采用数字化的"新"电影放映机和流动电影放映的"旧"制度来解决农村看电影的问题。虽然放映的都是城市类型片、缺乏与农村生活相关的电影作品，但是这种流动电影放映模式依然使得露天电影在农村保留一种重建村民公共文化生活的可能性。

基层传播作为一种产生于20世纪中国历史和社会发展中的经验，根植于国家、政党介入基层、改造基层的过程中。基层空间是人民群众生活、居住的场所，也是工作、生产的空间，基层"化"本身隐含着通过政治介入、社会革命、文化教育等手段，让普通百姓、人民群众成为社会空间的多重主体，这并非一朝一夕能完成的工作，而需要一场"漫长的革命"。基层传播在基层建设和治理中扮演着重要角色，是赋予基层表达、发声的平台，也是构建基层空间的公共性、社会性的媒介。如果给基层传播找一个对应的英语词语，我想用 People Communication 来表达，这联系着20世纪中国历史中人民政治的想象，也联系着在基层实现"人民当家作主"的理想。

2020年6月

参考文献

列宁，1985. 列宁全集：第31卷 [M]. 中共中央马克思恩格斯列宁斯大林著作编译局，编译. 北京：人民出版社.

列宁，1985. 列宁全集：第34卷 [M]. 中共中央马克思恩格斯列宁斯大林著作编译局，编译. 北京：人民出版社.

列宁，1985. 列宁全集：第35卷 [M]. 中共中央马克思恩格斯列宁斯大林著作编译局，编译. 北京：人民出版社.

列宁，1986. 列宁全集：第40卷 [M]. 中共中央马克思恩格斯列宁斯大林著作编译局，编译. 北京：人民出版社.

列宁，中共中央马克思恩格斯列宁斯大林著作编译局，1995. 列宁选集：第3卷 [M]. 北京：人民出版社.

列宁，中共中央马克思恩格斯列宁斯大林著作编译局，1979. 列宁论苏维埃俄国社会主义经济建设 [M]. 北京：人民出版社.

毛泽东，1991. 毛泽东选集：第1卷 [M]. 北京：人民出版社.

毛泽东，1991. 毛泽东选集：第2卷 [M]. 北京：人民出版社.

毛泽东，1991. 毛泽东选集：第3卷 [M]. 北京：人民出版社.

毛泽东，1983. 毛泽东新闻工作文选 [M]. 北京：新华出版社.

毛泽东，1993. 毛泽东军事文集：第1卷 [M]. 北京：军事科学出版社、中央文献出版社.

中共中央马克思恩格斯列宁斯大林著作编译局，1972. 马克思恩格斯选集：第4卷 [M]. 北京：人民出版社.

陈伯达，1965. 关于十年内战 [M]. 北京：人民出版社。

陈昌凤，2007. 中国新闻传播史：媒介社会学的视角 [M]. 北京：北京大学出版社.

陈昌凤，2003. 人文学科与社会科学汇流：世界新闻传播教育走向研究 [M]. 北京：北京大学出版社.

陈昌凤，1999. 蜂飞蝶舞：旧中国著名的报纸副刊 [M]. 福州：福建人民出版社.

陈力丹，2003. 马克思主义新闻思想概论 [M]. 上海：复旦大学出版社.

陈力丹，2006. 马克思主义新闻观思想体系 [M]. 北京：中国人民大学出版社.

陈力丹，2007. 世界新闻传播史 [M]. 上海：上海交通大学出版社.

陈力丹，2008. 新闻理论十讲 [M]. 上海：复旦大学出版社.

陈瘦竹，1980. 左翼文艺运动史料 [M]. 南京：南京大学学报编辑部.

戴锦华，2018. 隐形书写：90年代中国文化研究 [M]. 北京：北京大学出版社.

方汉奇，1979. 报刊史话 [M]. 北京：中华书局出版社.

方汉奇，1981. 中国近代报刊史 [M]. 山西：山西人民出版社.

方汉奇，陈业劭，1992. 中国当代新闻事业史 [M]. 北京：新华出版社.

方汉奇，陈业劭，张之华，1983. 中国新闻事业简史 [M]. 北京：中国人民大学出版社.

方汉奇，1992. 中国新闻事业通史：第1卷 [M]. 北京：中国人民大学出版社.

方汉奇，1996. 中国新闻事业通史：第2卷 [M]. 北京：中国人民大学出版社.

方汉奇，2000. 中国新闻事业编年史 [M]. 福州：福建人民出版社.

方汉奇，2000. 新闻史的奇情壮彩 [M]. 北京：华文出版社.

方汉奇，陈昌凤，2002. 正在发生的历史：中国当代新闻事业（上、下）[M]. 福州：福建人民出版社.

方汉奇，2003. 方汉奇文集 [M]. 汕头：汕头大学出版社.

方汉奇，吴廷俊，涂光晋，等，2004.《大公报》百年史（1902-06-17——2002-06-17）[M]. 北京：中国人民大学出版社.

方汉奇，2004. 世界新闻传播100年 [M]. 北京：中国人民大学出版社.

方汉奇，2006. 中国新闻事业通史 [M]. 福州：福建人民出版社.

方汉奇，李矗，2005. 中国新闻学之最 [M]. 北京：新华出版社.

方汉奇，2009. 中国新闻传播史 [M]. 北京：中国人民大学出版社.

方汉奇，2011. 民国时期新闻史料汇编 [M]. 北京：国家图书馆出版社.

方汉奇，2019. 民国时期新闻史料四编 [M]. 北京：国家图书馆出版社.

方汉奇，2020. 报刊史话 [M]. 北京：人民出版社.

高维进，2013. 中国新闻纪录电影史 [M]. 北京：世界图书出版公司.

郭守有，1935. 我国之教育电影运动 [M]. 北京：中国教育电影协会印行.

郭镇之，2000. 电视传播史 [M]. 北京：北京师范大学出版社.

顾棣，方伟，1989. 中国解放区摄影史略 [M]. 山西：山西人民出版社.

河北省社会科学院历史研究所，河北省档案馆，1983. 晋察冀抗日根据地史料选编（上、下册）[M]. 石家庄：河北人民出版社.

贺桂梅，2010. "新启蒙"知识档案：80年代中国文化研究 [M]. 北京：北京大学出版社.

贺桂梅，2020. 书写"中国气派"：当代文学与民族形式建构 [M]. 北京：北京大学出版社.

胡朋，2016. 晋察冀军区抗敌剧社简史 [M]. 内部资料.

黄瑚，2004. 中国新闻事业发展史 [M]. 上海：复旦大学出版社.

冀中人民抗日斗争史资料研究会，2015. 冀中人民抗日斗争文集：第10卷 [M]. 北京：航空工业出版社.

宗秉新，蒋社村，1937. 教育电影实施指导 [M]. 北京：中华书局.

李彬，2007. 中国新闻社会史（1815－2005）[M]. 上海：上海交通大学出版社.

李彬，2005. 全球新闻传播史（公元1500－2000年）[M]. 北京：清华大学出版社.

李彬，2005. 媒介话语：新闻与传播论稿 [M]. 北京：新华出版社.

李彬，王君超，2004. 媒介二十五讲 [M]. 北京：清华大学出版社.

李彬，2003. 符号透视：传播内容的本体诠释 [M]. 上海：复旦大学出版社.

李路路，李汉林，2019. 中国的单位组织：资源、权力与交换：修订版 [M]. 北京：生活·读书·新知三联书店.

李云雷，2014. 新世纪"底层文学"与中国故事 [M]. 中山大学出版社.

李云雷，2018. "底层文学"研究读本 [M]. 上海：上海书店出版社.

刘佳，胡可，等，1987. 抗敌剧社实录 [M]. 北京：军事译文出版社.

刘寅，2001. 刘寅文集 [M]. 北京：电子工业出版社.

刘建明，1992. 宣传舆论学大辞典 [M]. 北京：经济日报出版社.

刘妮，2012. 亲历延安岁月——延安电影团摄影纪实 [M]. 北京：人民出版社.

倪震，2008. 背着摄影机走向延安：吴印咸传 [M]. 北京：中国电影出版社.

齐武，1995. 晋冀鲁豫边区史 [M]. 北京：当代中国出版社.

秦晓宇，2015. 我的诗篇：当代工人诗典 [M]. 北京：作家出版社.

孙建秋，孙建和，2016. 孙明经西康手记 [M]. 北京：中国民族摄影艺术出版社.

唐小兵, 2018. 流动的图像：当代中国视觉文化再解读 [M]. 上海：复旦大学出版社.

童兵, 2009. 马克思主义新闻经典教程 [M]. 上海：复旦大学出版社.

童兵, 2004. 童兵自选集——新闻科学：观察与思考 [M]. 上海：复旦大学出版社.

王凤超, 岳颂东, 1984. 延安《解放日报》大事记 [M]// 中国社会科学新闻研究所《新闻研究资料》编辑部. 新闻研究资料：总二十六辑. 北京：中国社会科学出版社.

汪晖, 2020. 世纪的诞生：中国革命与政治的逻辑 [M]. 北京：生活·读书·新知三联书店.

王剑清, 冯健男, 1989. 晋察冀文艺史 [M]. 北京：中国文联出版公司.

汪民安, 2020. 现代性 [M]. 南京：南京大学出版社.

魏天柱, 2003. 从烽火到电讯——中国军事通信史话 [M]. 北京：国防大学出版社.

吴印咸, 1961. 摄影艺术表现方法（上册）[M]. 北京：中国电影出版社.

吴印咸, 1972. 怎样正确估计曝光 [M]. 上海：上海人民出版社.

辛萌, 2022. 山西抗日根据地的社会教育 [M]. 南京：江苏人民出版社.

徐耀魁, 1998. 西方新闻理论评析 [M]. 北京：新华出版社.

谢保杰, 2015. 主体、想象与表达：1949－1966年工农兵写作的历史考察 [M]. 北京：北京大学出版社.

严寄洲, 2005. 往事如烟——严寄洲自传 [M]. 北京：中国电影出版社.

杨保军, 2001. 新闻事实论 [M]. 北京：新华出版社.

杨保军, 2003. 新闻价值论 [M]. 北京：中国人民大学出版社.

杨保军, 2006. 新闻活动论 [M]. 北京：中国人民大学出版社.

杨保军, 2007. 新闻精神论 [M]. 北京：中国人民大学出版社.

杨保军, 2008. 新闻本体论 [M]. 北京：中国人民大学出版社.

杨保军, 2009. 新闻理论研究引论 [M]. 北京：中国人民大学出版社.

杨宏海, 2007. 打工文学备忘录 [M]. 北京：社会科学文献出版社.

邮电部邮电史编辑室, 1982. 难忘的战斗岁月——革命战争时期邮电回忆录 [M]. 北京：人民邮电出版社.

张慧瑜, 李云雷, 2022. 不远万里：国际友人与20世纪中国 [M]. 上海：上海大学出版社.

赵云泽，2012. 中国新闻传播史 [M]. 北京：中国人民大学出版社.

赵云泽，2017. 作为政治的传播——中国新闻传播解释史 [M]. 北京：中国人民大学出版社.

郑保卫，2003. 当代新闻理论 [M]. 北京：新华出版社.

郑保卫，2004. 中国共产党新闻思想史 [M]. 福州：福建人民出版社.

郑保卫，2005. 马克思主义新闻思想研究 [M]. 北京：中国人民大学出版社.

郑保卫，2007. 马克思主义新闻经典论著导读 [M]. 北京：中国人民大学出版社.

郑保卫，2011. 中国共产党领导人新闻实践与新闻思想研究 [M]. 北京：中国人民大学出版社.

周小普，2021. 中国电视新闻史（上、下册）[M]. 北京：中国传媒大学出版社.

周永明，2013. 中国网络政治的历史考察：电报与清末时政 [M]. 尹松波，石琳，译. 北京：商务印书馆.

朱德，1997. 朱德军事文选 [M]. 北京：解放军出版社.

竹潜民，沈瑞龙，2004. 人民电影的奠基者：宁波籍电影家袁牧之纪念文集 [M]. 宁波：宁波出版社.

中国人民解放军总参谋部通信部编研室，1991. 红军的耳目与神经——土地革命战争时期通信兵回忆录 [M]. 北京：中共党史出版社.

中国社会科学院新闻研究所，1980. 中国共产党新闻工作文件汇编（上）[M]. 北京：新华出版社.

中共中央宣传部办公厅，中央档案馆编研部，1996. 中国共产党宣传工作文献选编（1937－1949）（2）[M]. 北京：学习出版社.

中共中央宣传部，2022. 中国共产党宣传工作简史 [M]. 北京：人民出版社.

苏力，1996. 法治及其本土资源 [M]. 北京：中国政法大学出版社.

苏力，2000. 送法下乡——中国基层司法制度研究 [M]. 北京：中国政法大学出版社.

维尔，1997. 宪政与分权 [M]. 苏力，译. 北京：生活·读书·新知三联书店.

马歇尔·麦克卢汉，2000. 理解媒介：论人的延伸 [M]. 何道宽，译. 北京：商务印书馆.

R.E. 帕克，E.N. 伯吉斯，R.D. 麦肯齐，1987. 城市社会学 [M]. 宋俊岭，吴建华，王登斌，译. 北京：华夏出版社.

埃弗雷特·M. 罗杰斯，2002. 创新的扩散 [M]. 辛欣，译. 北京：中央编译出版社.

马克·赛尔登,2002. 革命中的中国:延安道路 [M]. 魏晓明,冯崇义,译. 北京:社会科学文献出版社.

爱德华·W. 苏贾,2004. 后现代地理学——重申批判社会理论中的空间 [M]. 王文斌,译. 北京:商务印书馆.

詹姆斯·J. 斯科特,2007. 弱者的武器 [M]. 郑广怀,张敏,何江穗,译. 郭于华,郇建立,译校. 南京:译林出版社.

佳亚特里·斯皮瓦克,2007. 底层人能说话吗? [M]// 陈永国,赖立里,郭英剑,等. 从解构到全球化批判:斯皮瓦克读本. 北京:北京大学出版社.

伊曼纽尔·沃勒斯坦,2011. 现代世界体系:第1卷 [M]. 郭方,刘新成,张文刚,译. 北京:社会科学文献出版社.

弗雷德·特纳,2013. 数字乌托邦:从反主流文化到赛博文化 [M]. 张行舟,等,译. 北京:电子工业出版社.

马歇尔·伯曼,2013. 一切坚固的东西都烟消云散了 [M]. 徐大建,张辑,译. 北京:商务印书馆.

罗伯特·E. 帕克,等,2016. 城市:有关城市环境中人类行为研究的建议 [M]. 杭苏红,译. 张国旺,校. 北京:商务印书馆.

本尼迪克特·安德森,2016. 想象的共同体:民族主义的起源与散布 [M]. 吴叡人,译. 上海:上海人民出版社.

埃德加·斯诺,2016. 红星照耀中国 [M]. 董乐山,译. 北京:人民文学出版社.

丹·席勒,2018. 信息资本主义的兴起与扩张——网络与尼克松时代 [M]. 翟秀凤,译. 王维佳,校译. 北京:北京大学出版社.

亨利·列斐伏尔,2015. 空间与政治 [M]. 李春,译. 上海:上海人民出版社.

亨利·列斐伏尔,2018. 日常生活批判 [M]. 北京:社会科学文献出版社.

路易·阿尔都塞,2019. 论再生产 [M]. 吴子枫,译. 西安:西北大学出版社年版.

斐迪南·滕尼斯,1999. 共同体与社会——纯粹社会学的基本概念 [M]. 林荣远,译. 北京:商务印书馆.

哈贝马斯,1999. 公共领域的结构转型 [M]. 曹卫东,等,译. 上海:学林出版社.

大卫·哈维,2006. 希望的空间 [M]. 胡大平,译. 南京:南京大学出版社.

林迈可,2013. 抗战中的中共——一个英国人不平凡经历的记述 [M]. 杨重光，郝平，译.李效黎，校.北京：解放军文艺出版社.

杰弗里·帕克，2007.城邦——从古希腊到当代[M].石衡潭，译.山东：山东画报出版社.

齐格蒙特·鲍曼，2018.流动的现代性[M].欧阳景根，译.北京：中国人民大学出版社.

帕萨·查特杰，2007.被治理者的政治：思索大部分世界的大众政治[M].田立年，译.桂林：广西师范大学出版社.

保罗·弗莱雷，2014.被压迫者教育学[M].修订版.顾建新，赵友华，何曙荣，译.上海：华东师范大学出版社.

伊莎白·柯鲁克，大卫·柯鲁克，2007.十里店（二）——中国一个村庄的群众运动[M].安强，高建，译.燕凌，校.上海：上海人民出版社.

伊尼斯，2013.帝国与传播[M].何道宽，译.北京：中国传媒大学出版社.

哈罗德·伊尼斯，2015.传播的偏向（中文修订版）[M].何道宽，译.北京：中国传媒大学出版社.

陈平原，山口守，2003.大众传媒与现代文学[M].北京：新世界出版社.

FOUCAULT M，1984. Space，Knowledge and Power[M]. RAINBOW P. The Foucault Reader. New York：Pantheon Books.

冀国钧，2007.诺尔曼·白求恩在晋察冀[M].北京：中国协和医科大学出版社.

阿梅，1961.形象和概念[J].美术（1）：18-19.

本报研究室，1946.太行冬学运动回顾[N].晋冀鲁豫《人民日报》，11-25（2）.

本报研究室，1946.太行组织冬季生产的经验[N].晋冀鲁豫《人民日报》，12-15（2）.

本报研究室，1946.办群众所喜爱的冬学——太行冬学转变形式主义作风经验[N].晋冀鲁豫《人民日报》，12-20（2）.

本报资料室，1947.加强部队战斗力的门板报[N].晋冀鲁豫《人民日报》，5-23（2）.

本报资料室，1947.人人学好，个个进步！——介绍前线部队记好学好运动[N].晋冀鲁豫《人民日报》，5-24（2）.

边区文联、边区文协分会，1947.纪念"五四"及文艺节[N].晋冀鲁豫《人民日报》，5-4（4）.

冰如，1947.谈发扬优点与批评[N].晋冀鲁豫《人民日报》，9-1（4）.

长风，1947."这和打仗一样重要"记防泛整险模范连 [N]. 晋冀鲁豫《人民日报》，8-26（1）.

冯淼，2019.《读书生活》与三十年代上海城市革命文化的发展 [J]. 文学评论（4）：106-114.

常江河，1947. 黑板报与广播台 农村来信之二 [N]. 晋冀鲁豫《人民日报》，8-15.

陈响园，李丹超，2014. 从文化领导权理论视角看延安《解放日报》改版——兼论"完全党报"范式对当前新闻业的启示 [J]. 江淮论坛（2）：134-138.

陈荒煤，1980.《中国电影发展史》重版序言 [J]. 电影艺术（8）：49-54.

程凯，2022. 从革命主体论及历史、现实的辩证关系看《讲话》[J]. 中国现代文学研究丛刊（5）：1-38.

程康，2019. 延安时期鲁艺的"转向"与毛泽东文艺思想主导地位的建构 [D]. 华中师范大学，硕士学位论文.

郭化若，1991. 我军第一个无线电队的组建和作用 [J]. 军事历史（2）：17-19.

贺桂梅，2016. 村庄里的中国：赵树理与《三里湾》[J]. 文学评论（1）：36-48.

何吉贤，2008. 行走在路上的戏剧——"流动性"与抗战时期的民众戏剧 [J]. 艺术评论（4）：18-23+17.

何吉贤，2018."流动"的主体和知识分子改造的"典型"——1940－1950年代转变之际的丁玲 [J]. 中国现代文学研究丛刊（4）：18-33.

济川，怀良，文显，等.1947. 黎城东关骡马大会 群众买了四百牲口 [N]. 晋冀鲁豫《人民日报》，4-15.

贾磊磊，2022. 影戏论——中国电影美学的源流辨析 [J]. 电影艺术（2）：12-20.

江峰，2003. 试论红军的通信建设 [J]. 军事历史研究（3）：65-74.

金进，1986. 革命战争时期解放区的医药生产 [J]. 中国药学杂志（3）：167-169.

荆学民，苏颖，2014. 中国政治传播研究的学术路径与现实维度 [J]. 中国社会科学（2）：79-95.

康健，1947. 前线部队的新创造——门板报 [N]. 晋冀鲁豫《人民日报》，（4）：29-4.

李彬，2021. 建设性新闻之辨 [J]. 学术前沿（9）：116-126.

李海波，2018. 党报、列宁主义政党与群众政治参与——延安新闻业群众路线的运作机理分析 [J]. 国际新闻界（3）：19-39.

李晖，2012. 论发展新闻学的发展分期 [J]. 国际新闻界（7）：72-78.

李辉荣，2013. 鲁班石的故事——纪念毛泽东诞生120周年 [J]. 下一代（12）：4-6.

李冀，1957. 对电影放映队的宣传工作提几点意见 [J]. 电影放映（2）：7.

李嘉卓，2015. 产消者：融合时代平台型媒体的核心 [J]. 青年记者（7）：57-59.

李金铮，2018. 读者与报纸、党政军的联动：《晋察冀日报》的阅读史 [J]. 近代史研究（4）：4-25.

李军全，2014. 民俗节日与革命动员：华北根据地、解放区乡村社会中的春节（1937-1949）[J]. 党史研究与教学（1）：4-16.

李乃华，1947. 军供政治部 组织政工人员写稿 [N]. 晋冀鲁豫《人民日报》，4-22（2）.

李屏，2011. 儿童冬学闹比邻——宋代私塾中的学生生活 [J]. 河北师范大学学报（教育科学版）13（5）：35-40.

李文，2008. 群众办报思想的重要实践基础——黑板报 [J]. 新闻知识（3）:64-66.

李文波，1947. 王楼战斗中的第三营 [N]. 晋冀鲁豫《人民日报》，3-4（4）.

李杨，2015. "赵树理方向"与《讲话》的历史辩证法 [J]. 文学评论（4）：31-40.

李云雷，2010. 新世纪文学中的"底层文学"论纲 [J]. 文艺争鸣（6）：25.

李镇，2019. 行走的人民电影——20世纪50年代电影放映队研究 [J]. 当代电影（10）：43-49.

柳，1947. 白手起家的电讯部队 [N]. 晋冀鲁豫《人民日报》，10-3（2）.

刘子闻，2015. 永不消逝的电波——无线电专家李强 [J]. 上海信息化（5）：80-82.

刘阳，2021. 延安时期音乐的大众化发展 [J]. 当代音乐（2）：78-80.

梁尔铭，2016. 中央苏区时期无线电事业的发展及其贡献 [J]. 中国井冈山干部学院学报（2）：88-94.

梁骏，2022. 旧组织与新思路：战时邮局与中共宣发工作的机制创新 [J]. 出版发行研究（8）：91-99.

林棵，王建华，2020. 让信息流动起来——延安《解放日报》在乡村的实践逻辑 [J]. 人文杂志（4）：78-85.

林蓉，2012. 浅析井冈山和中央苏区时期干部成长的途径 [J]. 传承（18）：6-7.

刘汉文，2012. 回望与期待：电影院线制改革十年的思考 [J]. 当代电影（6）：4-10.

刘继忠，梁运，2012. 论延安《解放日报》改版的政治逻辑 [J]. 新闻与传播研究（2）：11-19+109.

龙之庆，1947. 推动全村工作的火车头 记韩家村冬学 [N]. 晋冀鲁豫《人民日报》，2-17（2）.

鹿特丹，1947. 李文波营长的写作 [N]. 晋冀鲁豫《人民日报》，6-26（4）.

路杨，2019. 革命与人情：解放区文艺下乡运动的情感实践 [J]. 中国现代文学研究丛刊（6）：97-117.

路杨，2020. "古元的道路"：延安木刻下乡的情感实践 [J]. 中国现代文学研究丛刊（8）：1-25.

吕途，2015. 中国新工人：现状与未来 [N]. 社会科学报7-30（2）.

毛雍如，康进，1947. 冀鲁豫前线各部队 贯彻群众路线 [N]. 晋冀鲁豫《人民日报》，1-7（1）.

毛峥嵘，2012. "红色电波之父"——宋侃夫 [J]. 四川统一战线（1）：38-39.

毛泽东，1997. 对晋绥日报编辑人员的谈话 [J]. 新闻实践（9）：9-10.

闵大洪，1991. 我国报刊"邮发合一"述略 [J]. 新闻研究资料（1）：114-117.

明英，1945. 电影技师吴印咸同志 [N]. 解放日报，1-26（4）.

南飞，1947. 对新战士的思想领导 [N]. 晋冀鲁豫《人民日报》，5-9.

聂力，2016. 聂荣臻创建晋察冀根据地：构建新中国雏形 [J]. 法制博览（3）：85-86。

彭兰，2016. 万物皆媒——新一轮技术驱动的泛媒化趋势 [J]. 编辑之友（3）：5-10.

潘佼佼，2019. 扩散、转型与流变：对中国广播发展历程的回溯 [J]. 现代视听（9）：5-8.

潘祥辉，2017. "送字下乡"：晚清及民国时期扫盲运动的传播社会学考察 [J]. 浙江学刊（5）：145-157.

裴晓军，吴廷俊，2008.《解放日报》改版与毛泽东在党内领袖地位的确立[J].新闻知识（2）：6-8+42.

齐小林，2021.抗日战争时期中共军队无线通信技术的应用[J].近代史研究（3）：42-58+160.

齐小林，2021.抗日战争时期中共军队无线通信系统的危机与应对[J].史林（4）：135-148+221.

齐小林，2021.全面抗战时期中共军队无线通信系统的结构性扩张[J].河北学刊（5）：32-41.

钱有钰，1996.我在华北电影队的日子[J].电影创作（5）：68-73.

乔傲龙，岳谦厚，2018.社会动员视域下的大众化传播实践——以革命根据地乡村黑板报为中心的考察[J].编辑之友（5）：94-100.

沙垚，付薔，2018.实践中的人民性："送戏下乡"与"群众艺人"的主体性——20世纪60年代社会主义农村的戏曲民族志[J].开放时代（5）：66-76.

沙野，1948.深入宣传打破思想障碍 元朝全力开展生产[N].晋冀鲁豫《人民日报》，3-14.

尚枫，江河，东魁，1947.有声有色的北流村的生产宣传[N].晋冀鲁豫《人民日报》，6-8.

斯然畅畅，泰康空间，2011.从民国风度到延安精神——摄影大师吴印咸的"一张座右铭"[J].东方艺术（23）：130-135.

沈国凡，2016.一部电台十万兵——红军电台创始人王诤电讯传奇[J].党史纵横（10）：33-37.

宋琦，1947.为啥要投稿[N].晋冀鲁豫《人民日报》，5-10（4）.

唐莲英，叶福林，2011.反"围剿"时期红军对无线电技术的保护利用[J].江西社会科学（6）：124-128.

唐小兵，2017.聆听延安：一段听觉经验的启示[J].现代中文学刊，（1）：4-12.

滕代远，1947.人民日报是人民的报纸 纪念人民日报一周年[N].晋冀鲁豫《人民日报》，5-15.

田毅鹏，2007."典型单位制"的起源和形成[J].吉林大学社会科学学报（4）：56-62.

田中初，2008.黑板报："全党办报、群众办报"的一种实现方式——以中国革命根据地实践为视界[J].新闻与传播研究（4）：38-44.

吴本立，1997.抗日战争时期延安的摄影活动[J].新闻出版交流（1）：36-

38.

吴弢，1946. 一年来小学生增加十五倍 冀南教育飞跃进展 [N]. 晋冀鲁豫《人民日报》，6-26（2）.

吴印咸，1963."传家宝"——在祝贺我国人民的新闻电影事业创立二十五周年和中央新闻纪录电影制片厂建厂十周年纪念会上的讲话 [J]. 电影艺术（4）：4-5.

万立明，2004. 革命根据地的科学与技术（1927－1949）[D]. 福建师范大学，硕士学位论文．

万立明，2004. 试论抗日根据地的科技教育 [J]. 黔东南民族师范高等专科学校学报（1）：79-80.

万立明，2018. 试论土地革命时期革命根据地的科技队伍建设 [J]. 兰州学刊（12）：24-33.

王光远，1994. 划破长夜的红色电波——我党早期无线电通信事业的创建 [J]. 党史博采（2）：17-19.

王兰榜，1947. 后池村的生产宣传 [N]. 晋冀鲁豫《人民日报》，8-11.

王勤瑶，2016. 晋察冀边区的文化启蒙与建设——以《晋察冀日报》社论为对象的考察 [J]. 党的文献（4）：114-120.

王润泽，2009. 重塑党报：《解放日报》改版深层动力之探析 [J]. 国际新闻界（4）：105-111.

王润泽，余玉，2014. 群众：从"教育"，"反映"到"学习"的对象——党报群众性原则嬗变轨迹解读 [J]. 国际新闻界（12）：68-83.

王锡荣，2021. 斯诺和马海德赴陕北真相 [J]. 现代中文学刊（5）：4-12.

王晓梅，2005.1956年《人民日报》改版探源 [D]. 复旦大学，博士学位论文．

王维佳，2020. 社会发展视角下的健康传播——重访20世纪"第三世界"的历史经验 [J]. 兰州大学学报（社会科学版）（2）：58-67.

王宗祺，1947. 深入运动中的思想发动 [N]. 晋冀鲁豫《人民日报》，3-11（2）.

魏永征，1997. 关于组织传播 [J]. 新闻大学（3）：31-34.

吴象，1947. 门板报与记好学好运动 [N]. 晋冀鲁豫《人民日报》，6-5（4）.

熊国荣，2012. 版面安排及调整：从《红色中华》到延安《解放日报》[J]. 国际新闻界（1）：96-100.

徐匡，1960. 学习 [J]. 美术（6）：28.

徐涛，2017. 中共秘密电台的建立 [J]. 党史纵览（3）：41-44.

一山，1947. 新华书店设流动书店 [N]. 晋冀鲁豫《人民日报》，3-28（2）.

杨洪，2015. 延安时期马克思主义大众化的文化传播进路 [J]. 毛泽东邓小平理论研究（12）：69-76+90.

勇进，1947. 激励人民战士的新英雄主义 毅字部队创造门板报 [N]. 晋冀鲁豫《人民日报》，4-29（1）.

易莲媛，2020. "送瘟神"与新中国公共卫生事业 [J]. 读书（10）：3-10.

易莲媛，2019. "群众科学"与新中国技术政治研究述评 [J]. 开放时代（5）：63-75.

俞良早，1994. 论列宁关于"生产宣传"的思想与实践 [J]. 理论月刊（7）：3-6.

俞良早，1995. 论列宁转变工作重心思想的演进 [J]. 社会主义研究（4）：46-50.

俞敏，2015. 论列宁为实现工作重心转移加强"宣传生产和建设"的思想 [J]. 湖北行政学院学报（5）：34-38.

云国强，吴靖，2018. 重新寻找公共领域：时间、空间与"广播"的生产 [J]. 新闻与写作（6）：48-55.

曾晨英，2014. 红军"一部半电台"起家 [J]. 老友（1）：13-14.

曾春生，2021. 隐蔽战线上的密战 [J]. 红岩春秋（1）：56-60.

张慧瑜，2009. 异乡人与"少年故乡"的位置——对鲁迅《故乡》的重读 [J]. 粤海风（5）：60-65.

张慧瑜，2020. 触摸二十世纪的基层传播文化经验线索 [N]. 社会科学报，2-13（6）.

张慧瑜，2020. 让"工业"变得可见——一种有中国特色的社会主义城市文化 [J]. 上海文化（8）：5-10+124.

张慧瑜，2021. 基层传播：空间与主体的双重改造——以1960年的木刻版画《学习》为例 [J]. 四川戏剧（2）：11-16.

张慧瑜，2022. 朝向基层：逆向流动的文艺实践 [N]. 文艺报，5-25（4）.

张慧瑜，2022. 基层传播中逆向流动的知识分子 [N]. 社会科学报，5-13（6）.

张慧瑜，2022. 基层传播的理论来源与历史实践——以20世纪40年代《解放日报》改版和《在延安文艺座谈会上的讲话》为核心 [J]. 现代中文学刊（3）：15-26+2.

张慧瑜，2023. 生产宣传、基层传播与参与式新闻——以晋冀鲁豫《人民日报》中关于"生产宣传"的报道为例 [J]. 新闻与传播评论，（1）：5-15.

张晋德，1949. 华北人民解放军中的文化活动 [N].《人民日报》，3-15（4）.

张培礼，1946."不忠实自己丈夫"的徐爱夏 [N]. 晋冀鲁豫《人民日报》，6-14（2）.

张盛满，2020. 文艺下乡：新中国成立初期太湖流域评弹艺人的思想教育与身份重塑 [J]. 杭州师范大学学报（社会科学版）（3）：81-88.

张希坡，1988. 革命根据地的科技政策与法规 [J]. 法学杂志（2）：38-40.

张向辉，刘建理，2022. 延安时期大生产运动题材美术创作的劳动叙事与意蕴表达 [J]. 美术（5）：94-100.

张自春，2018. 经验互助与群众创作："《穷人乐》方向"与解放区－新中国的群众文艺运动 [J]. 文学评论（2）：154-163.

张志安，曾励，2018. 媒体融合再观察：媒体平台化和平台媒体化 [J]. 新闻与写作（8）：86-89.

郑保卫，1994. 列宁的经济宣传思想与我国当前的经济报道 [J]. 郑州大学学报（哲学社会科学版）（2）：4-11.

钟大丰，1996. 解放区电影的精神遗产 [J]. 电影创作（5）：62-63.

周保林，2000. 中共第一座无线电台 [J]. 湖南党史（2）：60.

周晨书，2019."十七年"农村电影放映再审视：放映员的身体作为媒介 [J]. 当代电影（10）：54-59.

周展安，2021. 农民问题、生产关系论与中国革命的政治经济学脉络——中国社会性质问题论战的思想和政治动能 [J]. 中共党史研究（1）：61-81.

弗雷德里克·杰姆逊，张京媛，1989. 处于跨国资本主义时代中的第三世界文学 [J]. 当代电影（6）：45-57.

GUNNING T，1986. The cinema of attraction：early film，its spectator and the avant-garde[J]. Wide Angle，8（3）：63-70.

HANSEN M B，2000. Fallen women，rising stars，new horizons[J]. Film Quarterly，54（1），10.

ROGERS E M，1976.Communication and Development：The Passing of the Dominant Paradigm[J]. Communication Research，3（2）：213-240.